"十三五"国家重点图书出版规划项目

国家社科基金重大项目"海外藏珍稀中国民俗文献与文物资料整理、研究暨数据库建设"（项目编号：16ZDA163）阶段性成果

海外藏中国民俗文化珍稀文献
编委会

主　编

王霄冰

编　委（以姓氏笔画为序）

刁统菊　　王　京　　王加华

白瑞斯（德，Berthold Riese）　　刘宗迪

李　扬　　肖海明　　张　勃　　张士闪

张举文（美，Juwen Zhang）

松尾恒一（日，Matsuo Koichi）

周　星　　周　越（英，Adam Y. Chau）

赵彦民　　施爱东　　黄仕忠　　黄景春

梅谦立（法，Thierry Meynard）

国家出版基金项目
NATIONAL PUBLICATION FOUNDATION

"十三五"
国家重点图书
出版规划项目

海外藏
中国民俗文化
珍稀文献

王霄冰　主编

吴雅迪　编

德国和捷克藏贵州『苗图』

Miao Albums of Guizhou Province in German and Czech Collections

陕西师范大学出版总社

图书代号　SK22N0166

图书在版编目（CIP）数据

德国和捷克藏贵州"苗图" / 吴雅迪编 . — 西安：陕西师范大学出版总社有限公司，2022.6
（海外藏中国民俗文化珍稀文献 / 王霄冰主编）
"十三五"国家重点图书出版规划项目　国家出版基金项目
ISBN 978-7-5695-2734-6

Ⅰ．①德… Ⅱ．①吴… Ⅲ．①苗族－民族志－中国－图集 Ⅳ．①K281.6-64

中国版本图书馆 CIP 数据核字（2021）第 263514 号

德国和捷克藏贵州"苗图"
DEGUO HE JIEKE CANG GUIZHOU "MIAOTU"
吴雅迪　编

出 版 人	刘东凤
责任编辑	王文翠
责任校对	刘存龙
出版发行	陕西师范大学出版总社
	（西安市长安南路199号　邮编　710062）
网　　址	http://www.snupg.com
印　　刷	陕西龙山海天艺术印务有限公司
开　　本	787 mm × 1092 mm　1/16
印　　张	37.5
插　　页	4
字　　数	185 千
图　　幅	484
版　　次	2022 年 6 月第 1 版
印　　次	2022 年 6 月第 1 次印刷
书　　号	ISBN 978-7-5695-2734-6
定　　价	298.00 元

读者购书、书店添货或发现印装质量问题，请与本公司营销部联系、调换。
电话：（029）85307864　85303635　传真：（029）85303879

海外藏中国民俗文化珍稀文献
总序

◎ 王霄冰

民俗学、人类学是在西方学术背景下建立起来的现代学科，其后影响东亚，在建设文化强国的大战略之下，成为当前受到国家和社会各界广泛重视的学科。16世纪，传教士进入中国，开始关注中国的民俗文化；19世纪之后，西方的旅行家、外交官、商人、汉学家和人类学家在中国各地搜集大批民俗文物和民俗文献带回自己的国家，并以文字、图像、影音等形式对中国各地的民俗进行记录。而今，这些实物和文献资料经过岁月的沉淀，很多已成为博物馆和图书馆等公共机构的收藏品。其中，不少资料在中国本土已经散佚无存。

这些民俗文献和文物分散在全球各地，数量巨大并带有通俗性和草根性特征，其价值难以评估，且不易整理和研究，所以大部分资料迄今未能得到披露和介绍，学者难以利用。本人负责的2016年度国家社科基金重大项目"海外藏珍稀中国民俗文献与文物资料整理、研究暨数据库建设"（项目编号：16ZDA163）即旨在对海外所存的各类民俗资料进行摸底调查，建立数据库并开展相关的专题研究。目的是抢救并继承这笔流落海外的文化遗产，同时也将这部分研究资料纳入中国民俗学和人类学的学术视野。

所谓民俗文献，首先是指自身承载着民俗功能的民间文本或图像，如家谱、宝卷、善书、契约文书、账本、神明或祖公图像、民间医书、宗教文书等；其次是指记录一定区域内人们的衣食住行、生产劳动、信仰禁忌、节日和人生礼仪、口头传统等的文本、图片或影像作品，如旅行日记、风俗纪闻、老照片、风俗画、民俗志、民族志等。民俗文物则是指反映民众日常生活文化和风俗习惯的代表性实物，如生产工具、生活器具、建筑装饰、服饰、玩具、戏曲文物、神灵雕像等。

本丛书所收录的资料，主要包括三大类：

第一类是直接来源于中国的民俗文物与文献（个别属海外对中国原始文献的翻刻本）。如元明清三代的耕织图，明清至民国时期的民间契约文书，清代不同版本的"苗图"、外销画、皮影戏唱本，以及其他民俗文物。

第二类是17—20世纪来华西方人所做的有关中国人日常生活的记录和研究，包括他们对中国古代典籍与官方文献中民俗相关内容的摘要和梳理。需要说明的是，由于原书出自西方人之手，他们对中国与中国文化的认识和理解难免带有自身文化特色，但这并不影响其著作作为历史资料的价值。其中包含的文化误读成分，或许正有助于我们理解中西文化早期接触中所发生的碰撞，能为中西文化交流史的研究提供鲜活的素材。

第三类是对海外藏或出自外国人之手的民俗相关文献的整理和研究。如对日本东亚同文书院中国调查手稿目录的整理和翻译。

我们之所以称这套丛书为"海外藏中国民俗文化珍稀文献"，主要是从学术价值的角度而言。无论是来自中国的民俗文献与文物，还是出自西方人之手的民俗记录，在今天均已成为难得的第一手资料。与传世文献和出土文物有所不同的是，民俗文献和文物的产生语境与流通情况相对比较清晰，藏品规模较大且较有系统性，因此能够反映特定历史时期和特定区域中人们的日常生活状况。同时，我们也可借助这些文献与文物资料，研究西方人的收藏兴趣与学术观念，探讨中国文化走向世界的方式与路径。

是为序。

2020年12月20日于广州

鸣谢

本书所收的海外"苗图"藏本得以首次在国内公开出版，与各本所在馆藏机构的大力支持和积极配合是分不开的。在此衷心感谢德国柏林民族学博物馆（Ethnologisches Museum，Staatliche Museen zu Berlin）、埃尔福特大学哥达研究图书馆（Forschungsbibliothek Gotha）、莱比锡格拉西民族学博物馆（Grassi Museum für Völkerkunde zu Leipzig）以及捷克布拉格纳普斯特克亚非美洲文化博物馆（Náprstkovo muzeum asijských, afrických a amerických kultur），为本书的出版提供高清图像并授予出版许可。

文字点校说明 / 001

导　言　"苗图"流传史及其在海外的收藏、研究情况 / 003

第一章　柏林民族学博物馆藏"苗图"册页 / 041

第二章　埃尔福特大学哥达研究图书馆藏《名人精写苗蛮图》 / 143

第三章　莱比锡格拉西民族学博物馆藏《贵州图册》 / 319

第四章　莱比锡格拉西民族学博物馆藏"苗图"卷轴 / 365

第五章　布拉格纳普斯特克博物馆藏"苗图"册页 / 373

附　表　各版本条目名称及排序对照表 / 544

附　录　莱比锡格拉西民族学博物馆藏《皇清职贡图》异本残页 / 549

参考文献 / 572

后　记 / 587

文字点校说明

一、点校的文字为每个藏本的说文及序、跋等附加中文信息。

二、点校使用的工作底本以《百苗图校释》、《百苗图疏证》、《百苗图抄本汇编》、《傅斯年图书馆藏未刊稿钞本》、《百苗图八种》、《谢遂〈职贡图〉满文图说校注》、康熙《贵州通志》、乾隆《贵州通志》为主,以已公布图像的各种"苗图"藏本为辅。

三、具体校勘内容如下:

1. 本书收录的各"苗图"藏本图册中原图并无编号,编者为了方便整理和研究,此次出版时图片按原图册顺序排列并添加了编号。

2. 原文中的用字不仅透露了大量绘制时间等关键信息,还反映了每一个藏本的特殊性。例如第五章布拉格本"寧"字皆作"寜"[①],可能是为避道光帝旻宁之讳,由此可推测此本的制作时间大致在道光朝或道光朝以后。另外,如布拉格本通篇有大量错别字,甚至将地名、神祇名等写错,说明绘者不仅在抄临时极不认真,且对贵州本地的基本情况知之甚少,暗示着这可能是一个以盈利为目的的晚期作坊抄本。因此,为呈现版本原貌,原文中的繁体字、异体字、错别字、特殊符号(如叠字符号)均做保留处理。"苗图"中族名多带反犬旁,是过去歧视少数民族的写照。但此次出版的各藏本在族名用字上并不统一,如第二章和第五章的哥达本及布拉格本都出现了删除部分族名中的反犬旁,或将反犬旁改为其他偏旁的情况[②],这些版本差异背后蕴藏的作者意图、传抄脉络等信息尤其值得注意。因此,虽然笔者不支持继续使用这些汉字,但基于尊重原文的立场,并为了展现不同版

[①] 参见本书第 388、400、402、410、478、496、510、516、538 页。

[②] 各本族名用字请参见本书第 544—547 页。

本在族称用字上的差别，这些汉字在文字点校部分、各版本简介、"附表：各版本条目名称及排序对照表"、直接引用原文以及出现在书名中时不做改动，其他情况下将反犬旁改为单人旁，特此说明。

脚注中与别的版本做对比时，引用别的版本原文中的繁体字也均做保留处理。

3. 异体字的校订方法为：在该字后加圆括号，括号内为对应的常用字。校订工作以《汉语大字典》《新华字典》《规范通用汉字表》等收录的正体字、异体字为准，古今一致的简体字不做繁简转换。例如第219页"男善畊作"句，"畊"为"耕"的异体字，因此处理为：畊（耕）。由于各藏本均为写本，保存状况不尽相同，汉字的工整程度不一，书法风格各异，个别原字笔画细节因过于潦草或过小等无法辨识。在无法准确进行正、异体字辨析的情况下，将直接录入该字的正体字。

4. 错别字的校订方法为：在该字后加方括号，括号内为勘误的正字。例如第410页"衣上青"句，"上"为错别字，应为"尚"，因此处理为：上［尚］。

5. 脱漏字的校订方法为：将脱漏的字补充到相应位置，并以大括号括起。例如第454页"出入以封之"句，"以"和"封"之间缺"泥"字，因此处理为：出入以｛泥｝封之。

6. 原文用小字书写的注释以"［注：］"的形式标明。例如第60—61页，原文左半部分"又一种白猱狫……以贩茶为业"以小字书写，因此处理为：［注：又一种白猱狫……以贩茶为业。］

7. 衍字、词序颠倒或其他讹误以脚注的方式进行说明。例如第184页"衣尚白衣"句，脚注中说明第二个"衣"疑为衍字。第456页"三人共弓一张"句词序颠倒，因此在脚注中给出词序正确的写法"三人共张一弓"。

导言 "苗图"流传史及其在海外的收藏、研究情况

一、"苗图"释名

"苗图"是反映贵州多民族衣冠状貌、历史背景、文化习俗等情况的图说性文本的总称,亦名"黔苗图",在西方被译为"Miao Album"。"苗"曾是一个宽泛的称呼,指涉的是贵州乃至南方诸非汉民族,而不仅仅是今天的苗族。目前海内外收藏的"苗图"超过百种,各版本包含的族群数量从数个到百个不等,但大多不超过82个。因一些晚期版本扩大了体例,族群数量在100个上下,"苗图"又常被概称为"百苗图"。现存世的"苗图"版本繁多,最常见的形式为册页本,纸本设色,有图有说,即以图文并构的形式在绘有某族群人物形象的前后页或该绘画内书写该族群的简介。就现存世的多种版本来看,"苗图"在规格、绘画手法、说文形式等多方面并不完全统一,如按体例可分为册页本、卷轴、散页,其中册页本最常见;按图画类型可分为手绘本、木刻本、石印本,其中手绘本最常见;按绘画内容可分为人物特写本、生活场景本,前者指不含背景,单绘人物肖像画,后者指将人物置于有山水、屋舍的背景中,反映其生活场景;按说文形式可分为有说文本、无说文本、说文伴七言诗本,其中有说文本较常见。

本书书名使用"贵州'苗图'"这一概念,是因为此次收录的藏本除附录莱比锡丙本外皆为关于贵州地区的民族图册。历史上,"苗图"一词亦曾用于指代云南乃至其他省份的民族图册,这一习惯至今仍在中西方学界延续,在一些论著

中"苗图"甚至直接成为中国早期民族图志①（illustrated ethnography）的代名词。然而，不同地区的民族图志各有其发展脉络，在族群类别、所涵盖地域等方面都几乎没有交叉，艺术风格上各有千秋，且在命名上有很大差异。如云南的"滇夷图"、台湾的"番社采风图"以及海南的"琼黎图"，都是不同省份自成系统的独立民族图志。正如祁庆富、史晖等所说："用'百苗图'、'苗蛮图'、'苗图'指称所有的少数民族图册是一种谬误，应当重新正名。"②而描绘与中央朝廷有朝贡关系的外国及异族的"职贡图"又和上述这些地方图志不论在创作目的、内容还是风格体例上都存在显著的差异。葛兆光也认为应将国家和地方上的民族图志区分开来，他将"帝国图像"分为三种："第一种是帝国表示自己控制疆域的'舆地图'，第二种是帝国想象自己笼罩天下的'职贡图'，第三种则是帝国清点管辖之内的异族臣民的'蛮夷图'。"③按照这个思路，中国早期民族图志可分为两个大类。第一类可称为"国家民族图志"，是站在国家的宏观角度，描绘与朝廷建立外交或朝贡关系的境内外民族的图志。此类以各朝"职贡图"最具代表性，如清乾隆时期朝廷组织绘制的《皇清职贡图》及地方上呈的为绘制该图提供的各原始稿本。作为宣扬国家威服四海的手段，这一类图志带有非常浓厚的政

---

① 这与现代意义上的民族志不能直接画等号。这些图文因与现代民族志有相似性，所以才有"早期民族图志"之名。参见何罗娜：《〈百苗图〉：近代中国早期民族志》，汤芸译，载《民族学刊》2010年第1期，第105—119页。David M. Deal & Laura Hostetler, *The Art of Ethnography: A Chinese "Miao Album"*, Seattle: University of Washington Press, 2006.

② 祁庆富、史晖等：《清代少数民族图册研究》，中央民族大学出版社，2012年，前言第1页。

③ 葛兆光：《化"生"成"熟"？——从清代"苗蛮图像"思考民族史研究中的问题》，载《古今论衡》2019年第33期，第15页。

治色彩,有较统一的固定格式。① 第二类可称为"地方民族图志",是边疆地区针对某地民族的图说,包括"黔苗图"和"滇夷图"等。这一类图志风格种类繁多,绘制目的也不尽相同。其中有些是地方官府下令制作,有些是当地官吏或文人墨客的自发行为,有些是职业画手为迎合艺术品市场而作,带有强烈的地方特色和绘者的主观感情。因此,虽然各地区的图志制作时遵循基本固定的框架,但各版本间在体例、风格、内容上都有或多或少的差别,呈现出"家族相似性"(family resemblance)。研究"苗图"等民族图志的前提是先将它们分门别类,分别梳理各类图志独立的发展脉络,求证各类别之间可能的关联性,最后将各类图志的研究成果整合在一起,方能展现中国早期民族图志的历史全貌。

二、 重考"苗图"史

就现存版本来看,大多"苗图"是参照了至少一种母本的摹本。由于绝大多数"苗图"未题写绘者和绘制时间,伪托名家的仿冒本又屡见不鲜②,想厘清"苗图"的发端及其传抄史非常困难。关于贵州"苗图"起源说,目前最主要的观点有以下三种:①八寨同知陈浩绘《八十二种苗图并说》,绘制时间可能在嘉庆年间,

---

① 参见庄吉发校注:《谢遂〈职贡图〉满文图说校注》,台北故宫博物院,1989年;畏冬:《〈皇清职贡图〉创制始末》,载《紫禁城》1992年第5期,第8—12页;畏冬:《乾隆时期〈皇清职贡图〉的增补》,载《紫禁城》1992第6期,第22—23页;畏冬:《嘉庆时期〈皇清职贡图〉的再次增补》,载《紫禁城》1993年第1期,第44—46页;祁庆富:《〈皇清职贡图〉的编绘与刊刻》,载《民族研究》2003第5期,第69—74页;赖毓芝:《图像帝国:乾隆朝〈职贡图〉的制作与帝都呈现》,载《"中央研究院"近代史研究所集刊》2012年第75期,第1—76页;Irina Popova, "Depictions of Tributaries of the August Qing 皇清职贡图 and Hyacinth Bichurin's First Album", in Tōhōgaku kenkyū ronshū kankōkai (ed.), *East Asian Studies: Festschrift in Honor of the Retirement of Professor Takata Tokio*, Kyōto-shi: Rinsen Shoten, 2014, pp. 401-415; Laura Hostetler, "The Qing Court and Peoples of Central and Inner Asia: Representations of Tributary Relationships from the *Huang Qing Zhigong tu*", in Dittmar Schorkowitz & Ning Chia (eds.), *Managing Frontiers in Qing China: the Lifanyuan and Libu Revisited*, Leiden: Brill, 2017, pp. 185-223;黄金东:《彩绘本〈皇清职贡图〉版本研究》,载《图书馆研究与工作》2020年第10期,第60—66页;黄金东:《〈皇清职贡图〉刻本考述》,载《文献》2020年第6期,第137—148页。

② 参见杜薇:《台湾新版〈番苗画册〉真伪及价值考辨》,载《民族研究》2000年第4期,第95—100页。

现存抄本都是该本的摹本①；②"苗图"是受到乾隆朝《皇清职贡图》的启发之后产生的②；③"苗图"与其他类似的清朝关于异族的图志都是 18 世纪全世界范围内掀起的民族志热潮的产物，与早期近代化进程有关。③ 以上观点都把"苗图"的起始时间定在 18 世纪至 19 世纪初。然而，仔细梳理史料笔者发现，18 世纪以前不仅早有关于西南民族的绘画，还有与现存"苗图"体例相似的《贵州诸夷图》，时间可追溯至 15 世纪的明代。另外，本次收录的柏林本和史料中记载的其他清代"苗图"也证明了在陈浩之前已有其他清代官员绘制的"苗图"，含 82 种族群的版本至晚在乾隆时期已经出现。导言部分拟通过整理至今未获重视的清以前及清康雍乾时期关于西南民族图志的史料，结合此次出版的德国和捷克藏本，重新探索"苗图"的肇端，并梳理明代至民国的"苗图"流传史。

1. 清代以前的西南民族图志

现存清代以前绘有西南民族人物形象的图画实物不多，有代表性的如 9 世纪绘成的《南诏图传》（又名《南诏中兴二年画卷》《南诏中兴画卷》）中有唐时期南诏地区的民族形象，但其主题和风格都与清代民族图志有很大的差异。另有

---

① 参见杨庭硕：《"百苗图"贵州现存抄本述评》，载《贵州民族研究》2001 年第 4 期，第 79—85 页；杨庭硕：《〈百苗图〉（乾隆）对〈贵州通志·苗蛮志〉的批判与匡正（上）》，载《吉首大学学报》2006 年第 4 期，第 83—88 页；杨庭硕：《〈百苗图〉对〈贵州通志·苗蛮志〉（乾隆）的批判与匡正（下）》，载《吉首大学学报》2006 年第 5 期，第 38—45 页；杨庭硕：《贵州省博物馆藏〈黔苗图说〉评述》，载《贵州文史丛刊》2021 年第 4 期，第 76—86 页；刘锋：《百苗图疏证》，民族出版社，2004 年。

② 石健中：《〈百苗图〉与苗族的历史和文化》，载《中央民族大学学报》（哲学社会科学版）1997 第 1 期，第 48 页；胡起望：《东京所见"苗图"概述》，见中央民族学院民族研究所编：《民族研究论文集》（第 5 辑），中央民族学院民族研究所，1985 年，第 167 页。

③ Laura Hostetler, "Qing Connections to the Early Modern World: Ethnography and Cartography in Eighteenth-Century China", *Modern Asian Studies*, 34 (3), 2000, pp. 623-662; Laura Hostetler, *Qing Colonial Enterprise: Ethnography and Cartography in Early Modern China*, Chicago: The University of Chicago Press, 2001；何罗娜：《〈百苗图〉：近代中国早期民族志》，汤芸译，载《民族学刊》2010 年第 1 期，第 105—119 页；何罗娜：《图绘和民族志：早期近代的表现模式》，吴雪梅译，载《华中师范大学学报》2015 年第 2 期，第 137—147 页。

疑为明代作品的《斗牛图》①以及《么些图卷》②，前者为立轴，绘有疑似苗瑶民族欢聚在一起吹笙起舞、斗牛饮酒的热闹场面，后者则以横幅展现云南么些狩猎、农耕、舞蹈、聚会等多个生产生活场景。画中对人物形象和自然环境的绘法与清代民族图志有较多相似之处，但没有附说文，而且这样以长卷单绘一种族群的形式在现存清代民族图志中极为罕见，暂时无法确定它们是否与清代民族图志有直接关联。《中国古代农业科技史图谱》称中国历史博物馆（现国家博物馆）藏有元人《苗蛮图》③，但国家博物馆藏品目录中的 5 种民族图册都注明是清代藏品④，元代的说法可能不实。美国学者何罗娜（Laura Hostetler）称美国自然史博物馆（The American Museum of Natural History）藏有一本名为《仇十州先生山水苗景人物真迹》⑤的"苗图"，但未公布图像，尚无法获知该图册是否真如何罗娜和朱敬推测的那样⑥，是出自明代名画家仇英之手。

另有明代描绘异族的《异域图志》、《三才图会》人物卷以及与之相关的晚明民间通俗日用类书"诸夷门"部分⑦、明清民间刊刻《职贡图》⑧包含有西南夷、僚、木直夷等族群及盘瓠等传说人物，都来自今天的西南地区。值得注意的是，

---

① 熊丽芬：《清代〈普洱府图说〉概况述略》，见林超民编：《西南古籍研究》，云南大学出版社，2011 年，第 381 页。

② 中国国家博物馆编：《中国国家博物馆馆藏文物研究丛书·绘画卷（风俗画）》，上海古籍出版社，2007 年，第 96—107 页；宋兆麟：《一幅珍贵的纳西族风俗画》，载《民族研究》1989 年第 6 期，第 59—66 页。

③ 陈文华编著：《中国古代农业科技史图谱》，农业出版社，1991 年，第 371 页。

④ 参见中国国家博物馆：中国国家博物馆藏品总目（第二期），http://www.chnmuseum.cn/portals/0/web/zt/cangpin/colletionlistdetail.html?id=2。（2021 年 2 月 1 日）

⑤ Laura Hostetler, *Qing Colonial Enterprise: Ethnography and Cartography in Early Modern China*, Chicago: The University of Chicago Press, 2001, p. 213.

⑥ Laura Hostetler, *Chinese Ethnography in the Eighteenth Century: Miao Albums of Guizhou Province*, Philadelphia: University of Pennsylvania, 1995, p. 284; Jing Zhu, *Visualising Ethnicity in the Southwest Borderlands: Gender and Representation in Late Imperial and Republican China*, Leiden: Brill, 2020, p. 13.

⑦ 这些文献的传抄关系研究，参见 Yuming He, *Home and the World: Editing the "Glorious Ming" in Woodblock-Printed Books of the Sixteenth and Seventeenth Centuries*, Cambridge: Harvard University Press, 2013, pp. 202-244。鹿忆鹿：《异域、异人、异兽：〈山海经〉在明代》，秀威经典，2021 年，第 15—91 页。

⑧ 参见 Cordula Bischoff, „Chinoise Musterblätter. Vorlagen für die Angewandten Künste", in Staatliche Kunstsammlungen Dresden, Cordula Bischoff, Petra Kuhlmann-Hodick (eds.), *La Chine: Die China-Sammlung des 18. Jahrhunderts im Dresdner Kupferstich-Kabinett*, Dresden: Sandstein Verlag, 2021, p. 64。

第一，这些文献与现存"苗图"的体例相仿，都是以一图一说介绍一种族群，《异域图志》《三才图会》还结合了图说分页与说在图中这两种体例。图画为人物特写，人物数量不定，基本不绘背景（图1），这与此次出版的柏林本等"苗图"类似。第二，同一条目的绘画和文字在不同文献中均有或多或少的差异，如《异域图志》的西南夷人物背在身后的那把剑以及右腿旁的箭匣在《三才图会》中没有，但《三才图会》的绘画水平比前者更高一筹，这说明这些文献的图文在传抄过程中也和"苗图"的图文一样被多次重新加工。虽然目前尚无表明"苗图"与

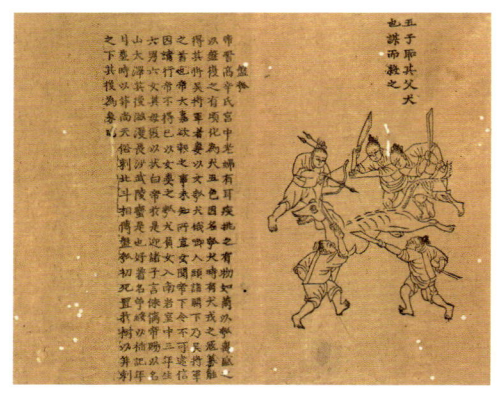 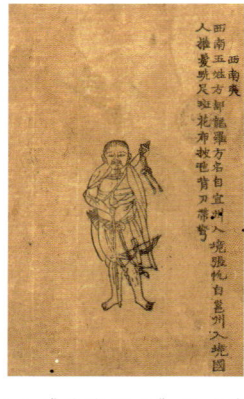 

1.1《异域图志》盘瓠　　1.2《异域图志》西南夷　1.3《异域图志》僚

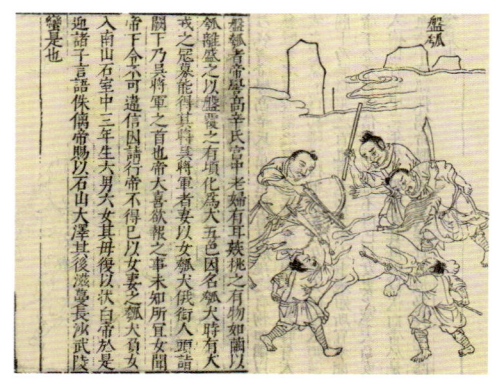 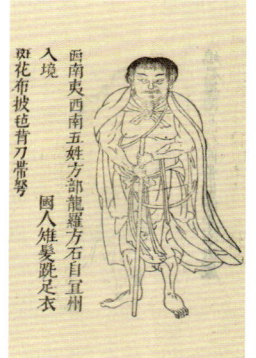 

1.4《三才图会》盘瓠　　1.5《三才图会》西南夷　1.6《三才图会》僚

图1 《异域图志》[①]与《三才图会》[②]中的西南族群及传说人物图说

① 佚名：《异域图志》（明刻本），剑桥大学图书馆（Cambridge University Library）藏，索书号：FC.246.5。图片来源：Yi yu tu zhi（FC.246.5），Cambridge University Library, reproduced by kind permission of the Syndics of Cambridge University Library。

② ［明］王圻纂集，王尔宾重校：《三才图会》（重修明万历己酉刊本），卷十，哈佛大学哈佛燕京图书馆（Harvard-Yenching Library of the Harvard College Library, Harvard University）藏，索书号：990079101430203941。

这一系列文献有直接关系的实证，但不能排除"苗图"的体例及传抄方式可能有其他题材的图说类文本的影响。

除绘画实物外，多种史料记载了关于西南民族的绘画的信息。早期文献如东晋《华阳国志》，书中提到"诸葛亮乃为夷作图谱"①，称诸葛亮绘制了蜀地蛮夷的族源传说及长官巡游、牵牛负酒等社会生活场景，其真实性无考。除此以外，唐至明代的若干史料能确证彼时确有关于西南民族的图志。首先，在国家民族图志方面，《旧唐书》记载了贞观三年（629）东谢蛮酋长谢元深入朝觐见，中书侍郎颜师古欲绘其衣冠样貌，获得唐太宗首肯之事。②《宋史》艺文志部分记有佚名《西南蛮夷朝贡图》一卷③，应是宋朝关于西南地区民族的官修图志。其次，在地方民族图志方面，最迟北宋仁宗时期（1022—1063）已有关于西南地区的民族图志问世。南宋理宗时（1224—1264）成书的《方舆胜览》在谈及四川成都府四路监司的民风时称当地人"民性循柔"，并注曰："田况《四蜀蕃夷图序》云云，'喜文而畏兵'。"④这样对一个族群性格特征的固化描写在清代民族图志中比比皆是。该引文也出现在元代《新编事文类聚翰墨》《群书通要》，以及明代《全蜀艺文志》、天启《新修成都府志》等诸多文献中。"四蜀"在《群书通要》中作"西蜀"。⑤田况（1005—1063），字元均，祖籍河北信都，徙居河南开封，为北宋仁宗时期名臣，曾任成都知府。根据《四蜀蕃夷图序》这一标题可推测，在宋仁宗时期，曾存在一部名为《四蜀蕃夷图》的作品，很可能是关于四川非汉民族的图画，成都知府田况的序言说明其绘制时有官吏参与。

---

① ［晋］常璩：《华阳国志》，刘琳校注，巴蜀书社，1984年，第364页。
② ［后晋］刘昫等：《旧唐书》（第一六册），中华书局，1975年，第5274页。
③ ［元］脱脱等：《宋史·艺文志》，黄虞稷、倪灿等撰订，徐松、叶德辉等辑考，商务印书馆，1957年，第83页。
④ ［宋］祝穆编：《宋本方舆胜览》，祝洙补订，上海古籍出版社，2012年，第453页。
⑤ ［元］刘应李辑：《新编事文类聚翰墨全书》，见《续修四库全书1220，子部：类书类》，上海古籍出版社，2002年，第543页；［清］阮元辑编：《宛委别藏080：群书通要》（三），江苏古籍出版社，1988年，第1156页；［明］杨慎编：《全蜀艺文志》（下），刘琳、王晓波点校，线装书局，2003年，第1499页；［明］冯任修，张世雍等纂：《天启新修成都府志》（熊承显抄本），见《中国地方志集成·四川府县志辑》（1），巴蜀书社，1992年，第669页。

表 1 明代书目中著录的西南民族图志

书名	作者	内容
①《百川书志》	高儒（？—1553）	《贵州诸夷图》一卷［注：不著作者，诸夷凡存八十余种，中多残阙，前后无序文可考］《云南诸夷图》一卷［注：不著作者，凡载夷人三十七种，前有本朝御史瓯闽杜琮序文］①
②《脉望馆书目》	赵琦美（1563—1624）	《云南诸夷图》一本……《贵州诸夷图》一本②
③《绛云楼书目》	钱谦益（1582—1664）	《贵州诸夷图》……《云南诸夷图》［注：元张道立有《云南风土记》，见本传。又郝天挺修《云南日录》五卷］……《云南七十三种夷人图》［注：一作"三十七"］、《建昌诸夷图》③
④《玄赏斋书目》	董其昌（？）（1555—1636）	《云南三十七种夷人图》……《建昌诸夷图》……《云南诸夷图》……《贵州诸夷图》④
⑤《近古堂书目》	佚名	《贵州诸夷图》……《云南诸夷传图》……《云南三十七种夷人图》《建昌诸夷图》⑤
⑥《述古堂藏书目》	钱曾（1629—1701）	《建昌诸夷图》一卷［注：抄］……《贵州诸夷图》一卷［注：抄］、《云南诸夷图》一卷［注：抄］⑥

---

① ［明］高儒：《百川书志》（上海辞书出版社图书馆藏本），见《续修四库全书 919，史部：目录类》，上海古籍出版社，2002 年，第 356 页。

② ［明］赵琦美：《脉望馆书目》（涵芬楼秘笈本），见《丛书集成续编·史部》（第 68 册），上海书店出版社，1994 年，第 342 页。

③ ［明］钱谦益：《绛云楼书目》（粤雅堂丛书本），陈景云注，中华书局，1985 年，第 33 页。

④ ［明］董其昌：《玄赏斋书目》，见《董其昌全集》（8），上海书画出版社，2013 年，第 66—68 页。

⑤ ［明］佚名：《近古堂书目》（玉简斋丛书本），见《丛书集成续编·史部》（第 68 册），上海书店出版社，1994 年，第 584 页。

⑥ ［清］钱曾：《述古堂藏书目（附宋版书目）》，中华书局，1985 年，第 32 页。

续表

书名	作者	内容
⑦《也是园藏书目》	钱曾	《建昌诸夷图》一卷、《青州诸夷图》一卷、《云南诸夷图》一卷①
⑧《读书敏求记》	钱曾	《建昌诸夷图》一卷［注：建昌所部夷九种。嘉靖戊子夏，备兵使上蔡周汝勤，遍访其风俗所尚，并图其形状刻之］ 《贵州诸夷图》一卷［注：贵藩参议李公重刊《贵州夷图》，共三十五种。宣德甲寅岁丑月，征右参议清阳贾昭为之序］ 《云南诸夷图》一卷［注：云南夷三十七种，旧有图，刊其为官、学佛、渔猎、贸易诸状，其部落种类，质之勇怯，心之慈暴，与居处之险易，各题于其上。岁久漫漶，布政使毗陵殷公请于黔国公，重锓诸梓。宣德辛亥夏，巡按御史瓯闽杜琮序其首］②

　　明至清初，著名藏书家高儒、赵琦美、钱谦益和钱曾等撰写的私家书目为追索明代西南民族图志提供了重要线索（见表1）。尤其值得注意的是，这8本书目每本都记录了《贵州诸夷图》和《云南诸夷图》这两个书名，《建昌诸夷图》只有前两种书目没有提到。《近古堂书目》和《玄赏斋书目》据考都是抄袭《绛云楼书目》的伪作③，这可以解释为何3本书的字句几乎完全一致，因此不纳入讨论。据考，赵琦美的脉望馆藏书全部转送给了钱谦益，而钱谦益

---

① "青"为讹误，应作"贵"。［清］钱曾：《也是园藏书目》（玉简斋丛书本），见《丛书集成续编·史部》（第68册），上海书店出版社，1994年，第648页。

② ［清］钱曾著，管庭芬、章钰校证：《读书敏求记校证》，上海古籍出版社，2019年，第187—188页。多位学者也已讨论过此文献，引文第二句在其他论著中都断句为"旧有图刊"，以处句读疑有误。例如方国瑜：《云南史料目录概说》，中华书局，1984年，第461—462页；黄才贵：《〈黔苗图说〉与民族识别》，载《贵州民族研究》1996年第3期，第85页；李孝友：《〈清代滇黔民族图谱〉序》，见云南大学图书馆：《清代滇黔民族图谱》，云南美术出版社，2005年，第6页；萧霁虹：《古代少数民族图像著述初探》，见林超民主编：《西南古籍研究》（2001年），云南大学出版社，2002年，第261页；干小莉：《图像"滇夷"——明清云南苗（夷）图的民族考古研究》，云南人民出版社，2019年，第8—9页。

③ 李丹、武秀成：《一部伪中之伪的明代私家书目——董其昌〈玄赏斋书目〉辨伪探》，载《中国典籍与文化论丛》2006年第9辑，第184—215页；李丹：《明代私家书目伪书考》，载《古籍研究》2007年第1期，第134—144页。

又将其绛云楼火后劫余的藏书全部赠给钱曾①，也就是说，赵琦美、钱谦益和钱曾撰写的共5本书目（表1中的书目②③⑥⑦⑧）记录的很有可能是同样的《贵州诸夷图》和《云南诸夷图》两本书，而《建昌诸夷图》有可能先是钱谦益搜集到，再传到了钱曾手上，但也不排除赵琦美已有此书但漏记的可能。高儒与这三者的关系目前还不清楚，但他和钱曾都确切地记录了他们收藏的《云南诸夷图》有杜琮的序言，可见他们手中的《云南诸夷图》应是同一本，或至少是来自同一个母本的复制品。但高儒的《贵州诸夷图》在篇幅上与钱曾的不吻合，而且与钱曾的描述相反的是，这本书没有序言，说明高儒的《贵州诸夷图》与从赵琦美传到钱曾手上的《贵州诸夷图》可能是同名但内容不同的两本书。但也不能排除二者实际上也出自同一母本，高儒那本书的序言等部分已散佚或他对此书的记录有误的可能。此外，唯有钱谦益记载了两种云南"夷图"，即《云南诸夷图》与《云南七十三（三十七）种夷人图》，不知是他有两种不同的书籍，还是误将同一本书重复录入了两遍。

首先，从书名上看，这几本书都以"地名+诸夷图"的形式命名，可知内容是关于一个地区的非汉民族。其中，《建昌诸夷图》中的"建昌"位于四川省。明洪武年间，原建昌府改为建昌军民指挥使司，治所在今四川西昌。高儒和钱曾的注释非常明确地提到这几本书包含当地民族若干种，特别是钱曾在《云南诸夷图》的简介中提到"其为官、学佛、渔猎、贸易诸状，其部落种类，质之勇怯，心之慈暴，与居处之险易，各题于其上"，说明其图文结合的体例甚至说文的主题都与现存清代民族图志相似度很高。由此可证，这三本"诸夷图"应是以图文并构的形式介绍居住在贵州、云南以及四川建昌的各非汉民族在生产、生活等方面的书籍。

其次，从形式上看，这三本书在各书目中记载的都是"一卷"或"一本"，说明没有分册。"图其形状刻之""重刊""图刊"和"重锓诸梓"等字眼则说明三本书都是刻本，而非绘本。只有《述古堂藏书目》中每本书后都注一"抄"字，鉴于明清藏书家常有抄录藏书的习惯，有可能钱曾同时拥有这三本书的原刻本和抄本。

---

① 参见王立民、余彦焱：《钱曾藏书之来源概述》，载《图书馆杂志》2009年第4期，第75—79页；郑爽：《〈脉望馆书目〉浅析》，载《图书馆界》2013年第4期，第21—22、62页。

（1）《建昌诸夷图》

据钱曾的记载，《建昌诸夷图》由备兵使上蔡周汝勤于嘉靖戊子年（嘉靖七年，1528）根据亲身的调查走访绘制并刊刻，包含建昌9种族群。根据嘉靖《四川总志》、康熙《上蔡县志》等方志，周汝勤，字懋学，河南上蔡县人，正德九年（1514）进士，曾任四川雅州府分巡道等职，嘉靖六年（1527）起任四川省按察司副使。①"备兵使"即"按察司兵备副使"，正与此处的官职名吻合，应为同一人。"建昌九夷"这一概念出现在明清多部文献中，如明朝《蜀中广记》载："建南者非汉所称'西南夷'……至我明来部落散处，君长不齐，约其九种可得而言。曰：一僰人，二猓猡，三白夷，四西蕃，五么些，六狪獞，七青海，八回子，九渔人是也。"②《建昌诸夷图》描绘的是否就是这9种族群，它对之后清代描绘四川民族的《苗瑶黎僮等族衣冠图》③及其他图册是否有影响，这些问题尚待考察。

（2）《云南诸夷图》及其他明代云南民族图志

虽根据钱曾提到的序言撰写时间宣德辛亥年（宣德六年，1431）可推测《云南诸夷图》的绘制时间应为1431年左右，但"旧有图刊"点明它并不是第一本云南民族图卷，而是有一含图画的刊本作为母本，"岁久漫漶"说明该母本的产生时间可能远早于1431年。钱曾共提到了三个人物："布政使毗陵殷公"应是云南左布政使殷序，字序宾，江苏无锡人。④"黔国公"是沐晟（1368—1439），字景茂，安徽定远人，因平交趾有功，永乐六年（1408）被封为"黔国公"⑤。序言作者"巡按御史瓯闽杜琮"，字孟清，号蒙斋，福建瓯宁人，活跃于明永乐、宣德时期的政坛，曾在应天府、上高、全椒等多地为官，后拜监

---

① ［明］刘大谟、杨慎等纂修：《（嘉靖）四川总志》（嘉靖刻本），见《北京图书馆古籍珍本丛刊42：史部·地理类》，书目文献出版社，1996年，第34页；［清］杨廷望、张沐：《上蔡县志》（康熙二十九年刊本），成文出版社，1976年，第595页。

② ［明］曹学佺：《蜀中广记（外六种）》，上海古籍出版社，1993年，第446页。

③ 畏冬、刘若芳：《〈苗瑶黎僮等族衣冠图〉册及〈职贡图·第六册〉考》，载《故宫学术季刊》2009年第2期，第193—240页。

④ ［明］刘文征：《滇志》，古永继校点，云南教育出版社，1991年，第403页。

⑤ ［明］李中溪纂修：《云南通志》（民国二十三年龙氏重印本），见《西南稀见方志文献》（第二十一卷），兰州大学出版社，2003年，第226页。

察御史、山东布政司左参议。《云南通志》历任巡按御史中有杜琼之名。① 概言之，此书的制作背景为：1431年左右，云南左布政使殷序获得黔国公沐晟的首肯，在一老云南民族图刊本的基础上，重新刊刻，印成了一卷本《云南诸夷图》，巡按御史杜琼为其撰写了序言。书中描绘了37种族群，并对各族群在生产方式、文化习俗等方面的特征进行了介绍。揣振宇发现，明代刘文征《滇志》中有具体记述的夷人正好37种，可能就是出自《云南诸夷图》，而这些文字又与台湾"中研院"史语所傅斯年图书馆藏清初《滇夷图说》47个族群的其中37个的说文部分基本相同，甚至连明代的老地名都没有改动。② 这说明现存世清代诸"滇夷图"中有明代《云南诸夷图》的摹本，"滇夷图"的起始时间最晚可以追溯到1431年。

《云南诸夷图》并不是明代唯一关于云南的民族图志。《滇志》载："黄公所采《民风图》，纪滇中诸夷甚详"③。"黄公"据方国瑜考证是嘉靖三十一年（1552）起任云南巡按御史的黄中，字文卿，号西野，浙江遂昌人。④《民风图》是黄中的创作，还是参照已有的《云南诸夷图》产生的抄本，目前尚无法解答。另有《内阁藏书目录》提到明朝廷内阁的藏书中有"《云南诸夷图说》二册全，万历乙未[笔者注：万历二十三年（1595）]巡抚大中丞陈用宾撰"⑤。陈用宾（1550—1617），字道亨，号毓台，福建晋江人，万历二十一年（1593）任云南巡抚。方国瑜推测《云南诸夷图说》是进呈内廷的写本⑥，但尚不知它与《云南诸夷图》及《民风图》之间的关联性。

（3）《贵州诸夷图》

上文已述，高儒与钱曾的《贵州诸夷图》可能是两本不同的书。高儒收藏的《贵州诸夷图》到1540年他撰写《百川书志》时已"中多残阙"，说明成书时间应远早于1540年。虽然高儒记载书中有族群80多种，但直至清初，关

---

① [明]李中溪纂修：《云南通志》（民国二十三年龙氏重印本），见《西南稀见方志文献》（第二十一卷），兰州大学出版社，2003年，第232页；[明]黄仲昭修纂：《八闽通志》下（明弘治刻本），福建人民出版社，1990年，第554页。
② 揣振宇主编：《滇省夷人图说》，中国社会科学出版社，2009年，第1—2页。
③ [明]刘文征：《滇志》，古永继校点，云南教育出版社，1991年，第994页。
④ 方国瑜：《云南史料目录概说》，中华书局，1984年，第461页。
⑤ [明]孙能传、张萱等：《内阁藏书目录八卷》（适园本），见《丛书集成续编·史部》（第67册），上海书店出版社，1994年，第928页。
⑥ 方国瑜：《云南史料目录概说》，中华书局，1984年，第461页。

于西南的书籍中提到的贵州族群类别大多在 40 种以内。因此这里的"八十"可能并不属实。

钱曾对他的《贵州诸夷图》的介绍比高儒更翔实。钱曾强调这本《贵州诸夷图》是"重刊",说明和《云南诸夷图》一样,也是以更早的版本作为底本,重新刊印而成。据李宗昉所述,陈浩《八十二种苗图并说》也曾有收藏于官府的刻本①,看来明清时期曾有刊印"苗图"的传统,可能是因为刊本比手绘本更便于保存和流通。其序言的撰写时间是宣德甲寅岁(宣德九年,1434),说明成书时间不会晚于 1434 年,与《云南诸夷图》的制作时间相近,此时贵州刚建省 20 年左右。钱曾提到了两个人名,一个为"贵藩参议李公"。宣德至正统年间贵州有官员名李睿,山东济宁人,曾任贵州按察司副使、参议。弘治《贵州图经新志》有"贵藩……大参山东李睿""今之按察司副使济宁李睿,前任本布政司参议"②的记载,万历《贵州通志》也提到"李睿自昔参议贵藩"③,另有嘉靖《贵州通志》"宣德壬子[笔者注:1432 年],今宪副李睿来参贵藩时"④一句,说明李睿可能 1432 年已任贵州按察司副使,这些都与钱曾记述的官职名、时间吻合。另一人名为"右参议清阳贾昭",嘉靖、万历《贵州通志》在右参政的列表中都载有"贾昭,淄川人"⑤。淄川即今山东淄博淄川区。嘉靖《山东通志》、万历《济阳县志》等多部方志则记载贾昭为山东济阳人(今山东济南济阳区),洪武中举人,历任灵石教谕、湖广布政司左参政、云南布政使等⑥。在诸文献中,其籍贯写为济阳的占绝大多数,但淄川和济阳两地相距不远。钱

---

① [清]李宗昉:《嘉庆黔记》(道光十四年刻本),见《中国地方志集成·贵州府县志辑》(5),巴蜀书社,2016 年,第 577 页。
② [明]沈庠删正,赵瓒编集:《贵州图经新志(点校本)》,张祥光点校,贵州人民出版社,2015 年,第 156、209 页。
③ [明]王直:《宣慰司儒学记》,见[明]王耒贤、许一德纂修:《(万历)贵州通志》(万历二十五年刻本),书目文献出版社,1991 年,第 495 页。
④ [明]谢东山删正,张道编集:《(嘉靖)贵州通志》(嘉靖刻本),张梓光、林建曾、王尧礼点校,贵州人民出版社,2019 年,第 335 页。
⑤ [明]谢东山删正,张道编集:《(嘉靖)贵州通志》(嘉靖刻本),张梓光、林建曾、王尧礼点校,贵州人民出版社,2019 年,第 296 页;[明]王耒贤、许一德:《(万历)贵州通志》(万历二十五年刻本),书目文献出版社,1991 年,第 36 页。
⑥ [明]陆钶等纂修:《(嘉靖)山东通志(二)》(山东省图书馆藏明嘉靖刻本),见《四库全书存目丛书·史部一八八》,齐鲁书社,1996 年,第 332 页;[明]邢其谌、侯加乘:《万历济阳县志》(抄本),见《中国地方志集成·善本方志辑·第一编》(30),凤凰出版社,2014 年,第 158、204—205 页。

曾提及的应该就是此人，但将"参政"误写为"参议"，"济阳"误写为"清阳"。也就是说，此书的制作背景为：在参照原有刊本的基础上，《贵州诸夷图》由贵州参议李睿于 1434 年左右刊刻而成，参政贾昭为其作序。和《云南诸夷图》《建昌诸夷图》一样，《贵州诸夷图》也是由身处当地的汉族官吏主持修撰。

按钱曾的记载此书含 35 种族群。明代关于贵州民族的各方志、私撰书籍中提到的族群数量一般为 20 至 30 多个。如田汝成（1503—1557）《炎徼纪闻》中提到了贵州的 28 个族群，分别是：① 生苗，② 克孟苗，③ 牯羊苗，④ 九名九姓苗，⑤ 紫姜苗，⑥ 卖爷苗，⑦ 短裙苗，⑧ 八番子，⑨ 黑苗，⑩ 夭苗，⑪ 黑罗罗，⑫ 白罗罗，⑬ 花仡佬，⑭ 红仡佬，⑮ 打牙仡佬，⑯ 剪头仡佬，⑰ 猪屎仡佬，⑱ 木佬，⑲ 佯僙，⑳ 仲家，㉑ 宋家，㉒ 蔡家，㉓ 马镫龙家，㉔ 大头龙家，㉕ 狗耳龙家，㉖ 冉家，㉗ 僰人，㉘ 峒人。① 郭子章（1543—1618）的《黔记》比《炎徼纪闻》多了东苗、西苗、小平伐司苗、西山阳洞司苗、九股苗、镇远苗、耐德、曾竹龙家、土人、蛮人、杨保这 11 个族群②，共有 39 个族群。这些族群大部分都出现在现存"苗图"中。可见 35 这一数字与明代文献记录的贵州族群数量相当。

除以上三本书外，几乎同时还有描绘与贵州邻近的湖南五溪地区民族的《五溪蛮图志》。该书原含图 44 幅，配诗 44 首，现存民国改绘本，体例与以上三种云贵川"诸夷图"有相似之处。其原作者是江苏昆山人沈瓒。明成化六年（1470），在辰州任教谕三年多的他"颇留心异域，周咨博采，乃得其俗之一二。故因旧图与诗，更新题咏，而又编摩事实为之志"③。说明这本图志同样是在参照业已存在的母本的基础上产生的。到了乾隆十六年（1751），在辰州为官的李涌对该绘本重加整理，直至 1931 年陈心传在泸西县发现此绘本的残本后，着手抄录重编。④ 结合三种"诸夷图"的信息与《五溪蛮图志》400 多年内完整、清晰的传抄史可知，明代中国早期西南民族图志呈现出如下特征：一是主要由在职的汉族地方官吏主持编修；二是通常有母本作为参考，而非完全出自原创，可能是在临摹、改绘和

---

① ［明］田汝成：《炎徼纪闻》，见《中国野史集成：先秦—清末》（23），巴蜀书社，1993 年，第 581—585 页。
② ［明］郭子章：《黔记》（万历刻本），见《北京图书馆古籍珍本丛刊 43：史部·地理类》，书目文献出版社，1998 年，第 992 页。
③ ［明］沈瓒编撰，［清］李涌重编，陈心传续编：《五溪蛮图志》，伍新福校点，岳麓书社，2012 年，第 9 页。
④ ［明］沈瓒编撰，［清］李涌重编，陈心传续编：《五溪蛮图志》，伍新福校点，岳麓书社，2012 年，导言第 2 页。

增补这三个步骤下完成的，多有时间跨度很长的流传路径；三是刊本和绘本两种形式都存在；四是内容为图文并构的形式，以介绍当地族群生产生活的特殊性为主。这些特征与现存世的各类民族图志高度吻合，说明清代至民国早期的民族图志承袭了明代民族图志的编绘概念。贵州"苗图"并不是18世纪的清代乾嘉时期才出现，其产生时间至少可追溯至15世纪的明代宣德年间。

2. 康熙"苗图"：《贵州通志·蛮獠》

到了清代，地方民族图志呈现百花齐放的态势。除为人熟知的各版本"黔苗图""滇夷图""番社图""琼黎图"外，还有四川的《内府精绘苗蛮图》，广西的《粤西诸蛮图》《粤西种人图》，湖南的《红苗归流图》《楚南苗疆图说》，西藏的《卫藏图识·番民种类图》，新疆的《西域图册》等，但就抄本数量和流传广度来说，最著名的还是"黔苗图"。

雍正朝以前是否已有单独成册的清代"苗图"尚无法确证。德国柏林州立图书馆（Staatsbibliothek zu Berlin）曾藏有一本写明是清顺治九年（1652）顾大申所绘的"苗图"，但现已不知所终，具体情况详见第一章。美国自然史博物馆藏有一本《雍正御制苗图十开》[①]，尚未公布图像，亦无法考辨真伪。但笔者找到了以下史料，它们以直接或间接的形式记录了清代康熙到乾隆年间的"苗图"，而此次出版的柏林本则是乾隆时期"苗图"的一个非常宝贵的实证。

康熙《贵州通志》"蛮獠"部分按照图文并构的形式对贵州各族群进行了介绍，与"苗图"相似度非常高，虽不像存世"苗图"那样单独成册，而且是刊本而非绘本，但应被视为一种形式特殊的"苗图"，是目前存世且能断定年代的贵州"苗图"中最早的版本。康熙《贵州通志》凡三部，第一部（即"曹志"），康熙十二年（1673）由贵州巡抚曹申吉修，因三藩之乱未获通行。第二部（即"卫志"），康熙三十一年（1692）由贵州巡抚卫既齐主持编撰，因卫获罪亦未能广泛流传。康熙三十六年（1697），继任巡抚阎兴邦对第二部进行了增补，第三部（即"卫阎志"）终得以刊行。

这三个版本的《贵州通志》都含有"蛮獠"图说。曹志未记录绘者姓名，卫志绘者名为方策，书中记载他是"贵阳府儒学生员"[②]，推测是贵阳本地的文人。

[①] Laura Hostetler, *Qing Colonial Enterprise: Ethnography and Cartography in Early Modern China*, Chicago: The University of Chicago Press, 2001, p. 213.

[②] ［清］卫既齐修，薛载德纂，阎兴邦补修：《康熙贵州通志》（康熙三十六年刊本），见《中国地方志集成·省志辑·贵州》，凤凰出版社，2010年，第31页。

曹志含 30 帧，卫志含 31 帧，除罗鬼女官是后者所加外，其他的 30 帧所涉及的族群都相同。卫阎志收录了卫志"蛮獠"图说的全文，且未做任何改动。但此前学者未注意到的是，曹志与卫志不论在族群排序、图画命名乃至内容上都有差别，说明卫志并没有完全抄录曹志，而是做了相当大幅度的改绘。曹志每个条目的标题结构为"族名＋（之）图"，每个条目的族群名如下：① 花苗，② 东苗、西苗，③ 牸羊苗，④ 青苗，⑤ 白苗，⑥ 谷蔺苗，⑦ 平伐司苗，⑧ 九股黑苗，⑨ 紫姜苗，⑩ 短裙苗，⑪ 夭苗，⑫ 生苗、红苗，⑬ 阳洞罗汉苗，⑭ 黑罗罗，⑮ 白罗罗，⑯ 打牙仡佬，⑰ 剪头仡佬，⑱ 木老，⑲ 仲家，⑳ 狗耳龙家，㉑ 马镫龙家，㉒ 宋家，㉓ 蔡家，㉔ 八番，㉕ 土人，㉖ 佯广，㉗ 蛮人，㉘ 杨保，㉙ 僰人，㉚ 峒人。而卫志的标题结构为"族名＋活动＋（之）图"，如"黑罗罗打围图""罗鬼女官出行之图""白罗罗贩茶图"等。

两个版本的说文区别不是很大，只有少数条目的内容有所增减。然而两个版本绘画的差别非常大，有些图做了部分调整，有些图则完全改绘。从排序、说文内容到绘画细节，卫志比曹志与现存"苗图"的关系更近。如狗耳龙家在

2.1 康熙《贵州通志》（卫志）①　　　　　　　　2.2 哥达本②

图 2　康熙《贵州通志》（卫志）与哥达本"苗图"狗耳龙家绘画对比

---

① ［清］卫既齐：《（康熙）贵州通志》（康熙三十一年刊本），法国国家图书馆（Bibliothèque nationale de France）藏，索书号：Chinois 1794。
② 佚名：《名人精写苗蛮图》（写本），埃尔福特大学哥达研究图书馆藏，索书号：Ms. orient. Ag. 17a-b。图片来源：名人精写苗蛮图，Ms. Orient. Ag 17a-17b, Forschungsbibliothek Gotha, Universität Erfurt。

《贵州通志》说文中的一段为："男子束发而不冠，善石工。妇人辫发螺结，上指若狗耳之状。衣斑衣，以五色药珠为饰，贫则以薏苡代之。春时立木于野，谓之'鬼竿'。男女旋跃而择对。既奔，则女氏之党以牛马赎之，方通媒妁。"①此次出版的哥达本说文中则有："男子蒙首不冠，妇女辫发螺髻，束以布而结于顶，以布结之，若狗耳然。衣斑衣，以五色药珠为饰。立春后竖木于野，谓之'鬼杆'。俾男女自择配。既奔，则女家以牛马赎之，通媒妁。"②两段文字只有零星几个字的差别。"苗图"中狗耳龙家各版本绘画（如图 2.2 所示）反映的普遍都是男女在空旷的野外竖立"鬼竿"，绕竿择配的场景，卫志描绘的也是同样的画面，构图和人物动作都相似（图 2.1）。但曹志则完全不同，描绘的是男女肩扛锄头、手提小篮的场景。③《贵州通志》也存在与其他"苗图"完全不同的图文，如蔡家在"苗图"中描绘的基本都是娘家人来抢夺孀妇，以阻止其殉葬这一风俗，但《贵州通志》蔡家的说文却对此习俗绝口不提，曹志描绘的是一男一女扛着锄头准备去耕作的场景④，卫志则表现的是男子担柴、妇孺在室内烤火取暖的场景⑤。在各版本"苗图"中，特别是柏林本、普林斯顿本等与卫志的相似度很高，细节见正文第一章。可见《贵州通志·蛮獠》图说尤其是卫志与单独成册的"苗图"息息相关，应该源自同一传统。《贵州通志·蛮獠》不仅产生时间早，而且其内部的版本差别清晰地反映了"苗图"制作中临摹、改绘和增补这三个重要步骤，具有重要的研究价值。

3. 乾隆"苗图"之一：王友询《苗蛮全图》

乾隆时期产生了著名的《皇清职贡图》，其中的贵州部分与"苗图"有非常多相同或相似之处，说明地方与国家民族图志产生了交集，可以视为"苗图"的一种延伸。在同一时期也有真正意义上的"苗图"问世，并且如今学界普遍认可的含 82 种族群的全本也在此时期已经出现。

---

① ［清］卫既齐修，薛载德纂，阎兴邦补修：《康熙贵州通志》（康熙三十六年刊本），见《中国地方志集成·省志辑·贵州》，凤凰出版社，2010 年，第 468 页。
② 见本书第 175 页。
③ ［清］曹申吉修，潘驯等纂：《（康熙）贵州通志三十三卷》（晒印本），见《湖北省图书馆藏稀见方志丛刊》（86），国家图书馆出版社，2018 年，第 433—446 页。
④ ［清］曹申吉修，潘驯等纂：《（康熙）贵州通志三十三卷》（晒印本），见《湖北省图书馆藏稀见方志丛刊》（86），国家图书馆出版社，2018 年，第 456—457 页。
⑤ ［清］卫既齐修，薛载德纂，阎兴邦补修：《康熙贵州通志》（康熙三十六年刊本），见《中国地方志集成·省志辑·贵州》，凤凰出版社，2010 年，第 469—470 页。

目前已知乾隆朝最早的版本为王友询绘《苗蛮全图》。咸丰《青州府志》载："王友询，字梅若，临淄人。……友询少好学，工书画。著有《西征纪略》《苗蛮全图》《教练辑要》《阅史约记》各若干卷。"[①] 类似的信息还见于《山东通志》《临淄县志》等多部方志。《苗蛮全图》一名与现存版本的诸多题名如《全黔苗图》《苗蛮图说》等类似，应该如李宗昉所说就是一本"苗图"[②]，但他未对此进行过详细考察。王友询是康熙至乾隆年间的著名武将，除各方志外还有《高宗纯皇帝实录》《世宗宪皇帝朱批谕旨》等史料都提及了此人。他康熙五十一年（1712）登武进士第，康熙五十八年（1719）任陕西旧县关游击，雍正八年（1730）任督标中营副将，雍正十二年（1734）至乾隆五年（1740）任潼关营副将，因从征西藏、青海有功，擢升为贵州安笼总兵。乾隆六年（1741）改镇守古州，成功平息当地苗变，次年卒于官[③]。虽是行伍出身，但王友询工书善画，尤长于诗，因而被称为"儒将"。民国《临淄县志》收录了王友询诗词两首，其跋文曰："乾坤丁巳之岁，余年五十有一，协守潼关"[④]。"乾坤丁巳"应为"乾隆丁巳"的讹误，即乾隆二年（1737），与方志记录他在潼关的任职时间1734至1740年吻合。据"五十有一"可逆推他的出生时间为康熙二十五年（1686），乾隆七年（1742）去世时56岁。从他的生平看，王友询在贵州任职的时间是他生命的最后三年，之前没有他去过贵州的记录，因此《苗蛮全图》的绘制时间可能就在1740至1742年。

《苗蛮全图》的重要性在于：第一，它的存在进一步否定了陈浩《八十二种苗图并说》是"苗图"之源的说法；第二，《皇清职贡图》是乾隆十六年（1751）才开始绘制，《苗蛮全图》证明了乾隆朝在《皇清职贡图》之前已有人绘制"苗图"。因此，"苗图"是受到《皇清职贡图》的启发才出现这一说亦无法成立。

4. 乾隆"苗图"之二：柏林本《苗民图四十种》

如果此次出版的柏林本是真迹，那么便是目前已知能考订时间的最早且单独成册的"苗图"写本。笔者在正文部分根据图册序跋的内容考证出了这本图册

[①]〔清〕毛永柏修，李图、刘耀椿纂：《青州府志（二）》（咸丰九年刻本），见《中国地方志集成·山东府县志辑》（32），凤凰出版社，2004年，第273—274页。

[②] 李宗昉：《〈黔苗图说〉及异本的初步研究》，载《西南民族学院学报》（哲学社会科学版）1995年第4期，第35页。

[③]〔清〕毛永柏修，李图、刘耀椿纂：《青州府志（二）》（咸丰九年刻本），见《中国地方志集成·山东府县志辑》（32），凤凰出版社，2004年，第273—274页。

[④] 舒孝先修、崔象谷纂：《民国临淄县志》（民国九年石印本），见《中国地方志集成·山东府县志辑》（8），凤凰出版社，2004年，第266页。

的绘制和传抄过程。该图册原名《苗民图四十种》，是在贵州任参将的山东高密人薛隆绍在当地请画师绘制而成，绘制时间不晚于乾隆二十八年（1763）。他从贵州调任至湖南常德后，于乾隆三十二年（1767）向澧州文人陈宗昂展示此书，并请他抄写说文。由陈宗昂撰写文字部分的抄本于乾隆三十三年（1768）制成，便是现在的柏林本。该图册为纸本设色的册页本，原应含 40 个条目，现存 39 个。与杨庭硕、潘盛之在《百苗图抄本汇编》（为行文方便，以下简称《汇编》）中勘定的 82 个条目的名称和排序对比，这 39 个条目大多位于《汇编》的上半部分，部分名称与《汇编》不同，如补笼仲家在此本中称"补笼苗"。另有《汇编》不存的 3 个条目，分别是民家、侎伴伶僮侗瑶和大肚苗。在说文内容上，此本也有与其他现存版本的诸多不同之处，如黑倮㑩练习镖枪的细节，笔者在绝大多数其他版本中未见。该图册绘画着重强调人物，并未对景观多加着色，绘画细节与美国普林斯顿大学图书馆（Princeton University Library）藏《苗瑶族生活图》、英国大英图书馆（British Library）《苗图 Miao tu [Illustrations of Miao tribes]》、威尔康典藏馆（Wellcome Collection）《狑狇狑狪瑶獞》有较高相似性。

这本图册虽然绘制时间很早，但引首、序跋、钤印、购买记录和入藏记录都保存完好，而且内容上与康熙《贵州通志》"蛮獠"部分、《皇清职贡图》都有联系，具有非常重要的研究价值，详情参见正文第一章。

5. 乾隆"苗图"之三：陆湘八十二种"苗图"

藏于美国哈佛大学哈佛燕京图书馆的清代《小停云馆芝言》这一诗集中有关于八十二种"苗图"的重要记录，似乎还未引起学界的注意。嘉庆十年（1805）付梓的《小停云馆芝言》编者为师范（1751—1811），字端人，号荔扉，别号金华山樵，云南大理赵州人，工诗善画，著作等身，著有《滇系》《滇南诗略》等。师范曾任云南剑川州儒学训导，嘉庆六年（1801）起任安徽望江县令。"小停云馆"是他在望江县署内与友人谈诗论文之地。"每拈五七字纪其事，其未经至馆者，亦以邮筒相往来，时日渐久，积卷成袠，题曰《小停云馆芝言》。"① 这便是此诗集的由来。

《小停云馆芝言》收录了一首名为《陆楚青学使黔中还，出示苗图，为作长歌》的长诗。此诗出自第二册，即曹三选的《吹云阁诗稿》内。师范在诗集目录中对曹三选的介绍如下："曹三选，字涓之，号扶谷，浙江桐乡人。戊申［笔

---

① ［清］师范编：《小停云馆芝言》（第 1 册），哈佛大学哈佛燕京图书馆藏本，序言。

者注：乾隆五十三年（1788）]科举人，署宣城县知县。"①嘉庆《四川通志》等方志也有关于此人的信息，他应生活于乾隆至道光时期，除安徽宣城知县外，后来还担任过直隶怀柔县知县、四川龙安府平武县知县、四川金堂县知县等，参与过嘉庆《桐乡县志》的采访工作。标题阐明了作诗起因，即一名为陆楚青之人曾在贵州任学官，归来后向此诗的作者曹三选展示了一本"苗图"。据《贵州省志·教育志》等文献，"陆楚青"即陆湘，楚青是他的字，直隶清苑（今河北保定清苑区）人。乾隆三十七年（1772）壬辰科进士，先在四库馆任分校官，乾隆五十四年（1789）以内阁中书任贵州学政。②台北故宫博物院藏军机处档折件中有陆湘当年向乾隆皇帝上呈的《奏为恭报到任日期由》，文中他向皇帝禀报自己"自京就道，于十一月十九日抵贵州省城"③。时任贵州巡抚额勒春乾隆五十五年（1790）的奏折《奏报学政陆湘并无劣迹》中提到，陆湘在贵州视学期间公正严明④。乾隆《镇远府志》里刊印了陆湘撰写的序言手迹，落款为"乾隆庚戌［笔者注：乾隆五十五年］冬至日，钦命提督贵州学政内阁中书兼翰林院检讨陆湘"⑤。以上这些关于陆湘的史料都与标题中的"陆楚青学使黔中"吻合。关于他离职的时间，道光《贵阳府志》载曰："湘以五十七年去"⑥，即乾隆五十七年（1792）。因此，陆湘应是1792年学政任期结束离开贵州后与曹三选会面，在聚会上向他展示了一本"苗图"。他们见面的地点不详，但"还"字暗示着陆湘可能返回北京，继续回到内阁任职。档案记载，嘉庆九年（1804），55岁的陆湘任宗人府主事⑦，说明他应生于乾隆十四年（1749），生活在乾嘉时期，一生主要在京城为官。

---

① ［清］师范编：《小停云馆芝言》（第2册），哈佛大学哈佛燕京图书馆藏本。
② 参见贵州省地方志编纂委员会编：《贵州省志·教育志》，贵州人民出版社，1990年，第769页；钱伟强：《倪涛〈六艺之一录〉研究》，中国美术学院博士学位论文，2013年，第49页。
③ ［清］陆湘：《奏为恭报到任日期由》［1789年（乾隆五十四年）11月20日］，军机处档折件，文献编号042887，台北故宫博物院。
④ ［清］额勒春：《奏报学政陆湘并无劣迹》［1790年（乾隆五十五年）12月16日］，军机处档折件，文献编号046970，台北故宫博物院。
⑤ ［清］蔡宗建修，龚传坤等纂：《乾隆镇远府志》（乾隆刻本），见《中国地方志集成·贵州府县志辑》（16），巴蜀书社，2016年，第11页。
⑥ ［清］周作楫修、萧琯等纂：《道光贵阳府志（二）》（咸丰二年朱德璲绥堂刻本），见《中国地方志集成·贵州府县志辑》（13），巴蜀书社，2016年，第285页。
⑦ 秦国经主编：《中国第一历史档案馆藏：清代官员履历档案全编》（24），华东师范大学出版社，1997年，第114页。

长诗体裁为七言，合 24 句，计 168 言。按内容可分为两个部分，第一部分描述"苗图"中描绘的内容，第二部分歌颂鄂尔泰等封疆大吏的同时也对满目疮痍的改土归流地区表示同情。长诗开篇曰："开图恍若行万里，黔冈赭阜郁相起。彼哉何人虱其间，八十二种烦屈指。"① 第一句暗示着图上绘有贵州山川、屋舍等自然和人文景观，与现存"苗图"的画面布局吻合。第二句非常重要，"八十二种"点明了图中有 82 种族群。接下来的"归装但留数尺图，好奇为我前陈说"②，表明这本图册是陆湘在从贵州离任时将其带走的，向曹三选展示时还为他做了解说。也就是说，该"苗图"应该是在贵州本地绘制的，绘制时间不会晚于他离开贵州之时，即 1792 年。诗中直接提到的族群有苗、瑶、仡佬、僰人、土人、罗鬼，都是"苗图"中出现的族称，如"曰苗曰瑶曰狑狪，僰人土人自相保"③。另外还提及桶裙、偏架、芦笙、铜鼓、跳月、舂椎，是"苗图"中仡佬、九股苗、补笼仲家、狗耳龙家、黑苗、车寨苗、八番苗说文中特有的文化事项。又如"腰悬环刀脚偏架，坐麈抹色更苴横"④ 一句，上半句的环刀出现在"苗图"多幅绘画中，而偏架是"苗图"中九股苗的标志性武器，作者注曰："偏架，苗人弩名，以脚发之。"⑤"苗图"的九股苗绘画一般表现的就是三人共同以脚张弩的场景。下半句汉、彝语夹杂，作者注曰："更苴，头目也，管兵者曰'抹色'。"⑥ 而多个版本的"苗图"中的"黑㑩㑩"条说文亦有"最贵者曰'更苴'"⑦ 一句，证明这些诗句都是作者根据图说细节写就。

---

① 〔清〕曹三选：《陆楚青学使黔中还，出示苗图，为作长歌》，见师范编：《小停云馆芝言》（第 2 册），哈佛大学哈佛燕京图书馆藏本。
② 〔清〕曹三选：《陆楚青学使黔中还，出示苗图，为作长歌》，见师范编：《小停云馆芝言》（第 2 册），哈佛大学哈佛燕京图书馆藏本。
③ 〔清〕曹三选：《陆楚青学使黔中还，出示苗图，为作长歌》，见师范编：《小停云馆芝言》（第 2 册），哈佛大学哈佛燕京图书馆藏本。
④ 〔清〕曹三选：《陆楚青学使黔中还，出示苗图，为作长歌》，见师范编：《小停云馆芝言》（第 2 册），哈佛大学哈佛燕京图书馆藏本。
⑤ 〔清〕曹三选：《陆楚青学使黔中还，出示苗图，为作长歌》，见师范编：《小停云馆芝言》（第 2 册），哈佛大学哈佛燕京图书馆藏本。
⑥ 〔清〕曹三选：《陆楚青学使黔中还，出示苗图，为作长歌》，见师范编：《小停云馆芝言》（第 2 册），哈佛大学哈佛燕京图书馆藏本。
⑦ 杨庭硕、潘盛之编著：《百苗图抄本汇编》（上），贵州人民出版社，2004 年，第 3 页。关于更苴、抹色及水西政治制度的研究，参见温春来、黄国信：《改土归流与地方社会权力结构的演变——以贵州西北部地区为例》，载《"中央研究院"历史语言研究所集刊》第 76 本第 2 分，2005 年，第 351—410 页。

诗中只言陆湘是此"苗图"的拥有者,却未指出谁是作者。最后诗歌以"我知画工有深意,饱尔禾黍常安居"①作结,意为画工绘制此"苗图"实际上表达了他希望当地岁稔年丰、百姓安居乐业的愿望,暗示着绘画可能并不完全写实。"画工"可以理解为以绘画为职业之人,那么这本"苗图"可能与上述柏林本的母本一样,也是由贵州本地的专职画家绘制而成,由来到贵州理政的外地官吏收藏。

以上这三种"苗图"表明:第一,乾隆时期出现过多种"苗图",已知的上述三种都与贵州地方官吏有关,可能官吏多是早期"苗图"的绘制发起人、收藏者,甚至是绘制者。第二,含82种族群的"苗图"的出现时间并不是目前学界普遍认为的嘉庆时期,其时间下限是乾隆五十七年(1792),绘制地点就在贵州本地,绘制者为专职画工。第三,含82种族群的"苗图"最晚1792年已流传到贵州之外,可能传至京城,在文人墨客的交际圈内传阅。

除以上这些版本外,目前还有以下这些声称是乾隆时期绘制的"苗图"。一为1935年北京琉璃厂文禄堂书店的售书目录中记有"《苗蛮图》册页,乾隆年绘图一册"②,但现已无法求证真伪。二为《南方民族古史书录》《〈黔苗图说〉及异本的初步研究》中提及的故宫博物院《苗图百幅》,称绘制时间为乾隆二十六年(1761)③,但尚未公布图像数据,无法考辨真伪。三为点明绘制于乾隆五十一年(1786)的美国国会图书馆(Library of Congress)《苗蛮图册页》,据杨庭硕、李凌霞考证可能是伪作。④四为2016年法国Auction Art拍卖的一册六开本《百苗图》,上有乾隆内廷画家罗福旼的落款,说文以两种文字写成,一种为汉字,另一种被识别为满文⑤。然而,笔者请教满语学者,验证发现这些文字实际不是满文,更像是不识满文之人故意模仿满文创造出来的"伪满文",以接近清代宫廷绘画题识的形式。因此该图册也有作伪之嫌。另外,安徽省博

---

① [清]曹三选:《陆楚青学使黔中还,出示苗图,为作长歌》,见师范编:《小停云馆芝言》(第2册),哈佛大学哈佛燕京图书馆藏本。

② 王摺青编:《文禄堂书籍目》,文禄堂书店,1935年,哈佛大学哈佛燕京图书馆藏,索书号:990094289470203941。

③ 吕名中主编:《南方民族古史书录》,四川民族出版社,1989年,第247页;李宗放:《〈黔苗图说〉及异本的初步研究》,载《西南民族学院学报》(哲学社会科学版)1995年第4期,第31页。

④ 杨庭硕、李凌霞:《美国国会图书馆藏〈苗蛮图册页〉辨伪》,载《贵州民族大学学报》(哲学社会科学版)2016年第3期,第1—14页。

⑤ 马晓霞:《清乾隆罗福旼绘〈百苗图〉册页(六开)赏析》,见 Auction Art (ed.), *Arts D'ASIE (Mardi 13 Décembre 2016)*, Paris: Auction Art, 2016, pp. 32-37。

物院藏有一本名为《边疆少数民族风俗图》的册页，含20帧，每段说文后据称都有"萨克达氏"和"观生阁主"两枚钤印①。这两枚钤印属于清代著名满族女画家萨克达·介文（1767—1827）。萨克达·介文，号观生阁主人，生活于乾隆朝中后期至道光朝，其父阿思哈曾于乾隆朝任云贵总督。此图册同样尚未公布图像资料，无法辨别真伪。如果这是真迹，那么它可能也是一本珍贵的现存世乾隆朝"苗图"。

6. 陈浩《八十二种苗图并说》与张某《八十二种苗蛮诗记》

再回过头来看目前被普遍认为是现存抄本母本的陈浩《八十二种苗图并说》。此书和陆湘本一样，目前未找到原书，所知信息全部来自李宗昉《黔记》。李宗昉（1779—1846），江苏山阴人，字静远，号芝龄，活跃于嘉庆至道光间的政坛，官至礼部尚书。嘉庆十八年（1813）视学黔中，亦曾绘制《黔苗图》。《黔记》卷三李宗昉恰好记录了82种族群，并写道："《八十二种苗图并说》原任八寨理苗同知陈浩所作。闻有版刻，存藩署，今无存矣。"②但这里并未介绍具体的绘制时间和陈浩的生平。学界已有多篇对该引文的考论，据考，在记载历任八寨同知的史料中并无陈浩一名，但很多学者认同陈浩于嘉庆时期在职的推测。③如果陈浩果真是嘉庆时任八寨同知，那么上文介绍的陆湘"苗图"已推翻了陈浩《八十二种苗图并说》是82种"苗图"的首创这一说。学界也有对嘉庆说的质疑声，如果如张琍等推测的④，陈浩实为乾隆时人，那么陆湘藏本和陈浩本是否有关？这个问题目前尚无法解答。

关于82种"苗图"的来源，清末官吏桂馥（1824—？）有另一种说法。在其《黔南苗蛮图说》序言中，他说，清末市面上画工所绘"苗图"都是"本黔人张某所

---

① 安徽省地方志编纂委员会编：《安徽省志：文物志》，方志出版社，1998年，第535页。
② [清]李宗昉：《嘉庆黔记》（道光十四年刻本），见《中国地方志集成·贵州府县志辑》（5），巴蜀书社，2016年，第577页。
③ 例如杨庭硕：《〈百苗图〉对〈乾隆〉〈贵州通志·苗蛮志〉的批判与匡正（上）》，载《吉首大学学报》2006年第4期，第83—88页；杜薇：《百苗图汇考》，贵州民族出版社，2002年，前言第11页；李汉林：《〈百苗图〉族称名源探析例举》，载《船山学刊》2002年第3期，第40页；杨庭硕、潘盛之编著：《百苗图抄本汇编》（上），贵州人民出版社，2004年，前言；谭卫华、罗康隆：《〈百苗图〉传世抄本收藏情况概说》，载《贵州文史丛刊》2010年第1期，第109页。
④ 张琍：《关于苗蛮图研究的一点商榷与一个建议》，载《遵义师范学院学报》2016年第6期，第20页。

作《八十二种苗蛮》诗记"。① 笔者认为此处句读有误,应为《八十二种苗蛮诗记》。朱敬推测,"张某"这一称呼说明此人地位不高,可能是一名画师,或贵州本地名不见经传的文人②。这里的"诗记"说明图说含诗。无独有偶,1902 年在贵州进行过田野调查的鸟居龙藏记载了《黔苗诗说》"系写本,用诗文说明黔苗图说者,其中苗蛮数计八十二种"③。芮逸夫 1930 年曾在北京琉璃厂书铺也见到一种《黔苗诗说》,"也是八十二种苗蛮图"④,根据他的描述可知,该书形式应与现存世的多种含诗词的"苗图"版本一致。以上这些可以证实,桂馥提及的张某《八十二种苗蛮诗记》确实被广泛传抄过。这位"张某"究竟是谁?陆湘藏八十二种"苗图"、陈浩《八十二种苗图并说》与张氏《八十二种苗蛮诗记》之间有怎样的关系?这些问题尚待考察。

7. 清中叶到民国初期的"苗图"概说

如今尚存世的版本绝大多数都推测是清中叶以后,特别是清末至民国早期的抄本。这一时期的版本数量大、种类多,总的来说呈现出以下特点:第一,每个版本虽篇幅不同,但绝大多数没有超过 82 种。第二,虽每个版本几乎都能找到与其有关联的其他版本,但又都有各自的特殊性,很难建立一个清晰的涵盖每个抄本的传抄关系链。第三,虽然绝大多数版本都没有记载绘者和时间,但综合已有的研究成果⑤和相关史料可知,绘制"苗图"的背景和目的并不总是相同的,以下三种情况比较常见。一是一定数量的"苗图"作者或发起者以地方官吏为主,很多这样的版本含序言,都以彰显这些官员体察民风民情,将各"苗蛮"化"生"为"熟"的政绩为主,具有强烈的政治色彩。如清末重臣郭嵩焘(1818—1891)记载:"《黔苗图说》二册,嘉庆时期贵州巡抚文干所进,图分三十六段,每段

---

① 李德龙:《〈黔南苗蛮图说〉研究》,中央民族大学出版社,2008 年,第 151 页。

② Jing Zhu, "Empire and Visual Pleasure: Reinterpreting the Miao Albums of Yunnan and Guizhou", *British Journal of Chinese Studies*, 8, 2018, p. 21.

③ 鸟居龙藏:《苗族调查报告》,国立编译馆译,贵州大学出版社,2009 年,第 2 页。

④ 芮逸夫:《川南的鸦雀苗及其家制》,载《"中央研究院"历史语言研究所集刊》第 34 本下册,1963 年,第 370 页。

⑤ Laura Hostetler, *Qing Colonial Enterprise: Ethnography and Cartography in Early Modern China*, Chicago: The University of Chicago Press, 2001;占跃海:《桂馥的〈黔南苗蛮图说〉和作者的民族地区治理情结》,载《贵州大学学报》(艺术版)2011 年第 4 期,第 90—96 页;Jing Zhu, *Visualising Ethnicity in the Southwest Borderlands: Gender and Representation in Late Imperial and Republican China*, Leiden: Brill, 2020.

各系以说，于苗人族姓风俗颇为详备。"① 文干（1765—1823），原名文甯，满洲正红旗，嘉庆二十一年（1816）三月至十一月任贵州巡抚。该文献证明曾有贵州地方官吏向皇帝进献"苗图"。二是有文人墨客将"苗图"作为品玩或唱和的艺术品，一些版本中每页不同的钤印说明它们可能是由多人合作完成，或由多个收藏家鉴赏过。如日本早稻田大学图书馆藏《贵州全省苗图》，每页说文的落款、钤印都不相同，包括松峰、南园主人、玉亭等化名②，说明是多位文人集体创作的成果。三是以盈利为目的的作坊复制品亦不少见，这与19世纪中叶以后"苗图"受到艺术品市场的青睐有直接联系，详情参见下文第三节。

晚期"苗图"体例的扩大反映了汉族对贵州族群认识逐渐深入的过程。现存抄本中超过82种族群的版本几乎都是清末以后制作的。其中具有代表性的是上文提到的桂馥《黔南苗蛮图说》。在这本光绪年间制成的图册里，作为身处贵州多年的官吏，桂馥不仅将族群数量添加到86个，增订了很多各族群历史、文化的细节，还将一些族群的人物形象绘制于原《耕织图》《棉花图》的背景中，反映了他希望民族地区实现以男耕女织为主的汉族生活范式的愿景③，与陆湘"苗图"的作者不谋而合。此外，桂馥留下的文字还记载了当时不同"苗图"的绘者私交甚好，曾共同切磋画艺的实例。④ 除桂馥之外，还有绘者将"苗图"的篇幅扩大到100帧，如意大利地理学会（Società Geografica Italiana）《百苗图》、贵州省民族研究所《百苗图咏》等，甚至还存在过108帧的"苗图"⑤，使得"苗图"又有了"百苗图"这一别称。

"百苗图"之名可能也与这一时期出现的一系列彩色套印本"苗图"有关，其发行时间据考为民国初，标题正是《百苗图》。⑥ 现存版本包括贵州省博物馆《百苗图》（博乙本）、贵州省图书馆藏本（贵省图本）、贵州师范大学藏本（贵

---

① ［清］郭嵩焘：《郭嵩焘日记（咸丰时期）》（第1卷），湖南人民出版社，1980年，第326页。
② 佚名：《贵州全省苗图》（写本），早稻田大学图书馆藏，索书号：二 16 02532。
③ 参见古跃海：《桂馥的〈黔南苗蛮图说〉和作者的民族地区治理情结》，载《贵州大学学报》（艺术版）2011年第4期，第90—96页。
④ 韦天亮、杨振宇：《桂馥及其〈黔南苗蛮图说〉考略》，载《兴义民族师范学院学报》2017年第1期，第1—9、39页。
⑤ 参见吴雅迪：《20世纪30年代之前欧美汉学界的"苗图"研究》，载《艺术与民俗》2020年第3期，第39—51页。
⑥ 李汉林：《〈百苗图〉题解》，载《吉首大学学报》（社会科学版）2000年第3期，第127页。

师大本)、贵州省档案馆《贵州百苗图》、中央民族大学《中国边疆苗族风俗图考》、加拿大多伦多大学（University of Toronto）图书馆 Ethnography of the Lolo and Miaotzu tribes of Szechuan [i.e., Kweichow] Province（《四川（贵州）罗罗与苗子部落民族志》）等。① 还有与之相仿的绘本，包括中央民族大学图书馆《旬格图》前12帧②、中国民族图书馆《百苗图》③、台湾大家艺文天地的《太平欢乐图》④ 等。根据目前存世情况来看，这种印本当时应当有一定规模的发行量，流传范围较广，又被频繁重印、仿刻或临摹，因而有较多良莠不齐的版本传世。据占跃海研究，很多版本都是坊间以多色套印的办法刊印而成，一些甚至存在相同的缺漏和瑕疵，说明属于同一批成品。其图像风格与《皇清职贡图》接近，都是无背景的单人肖像，部分图像在细节上也能与《皇清职贡图》同名族群对应，但应当也有其他"苗图"绘本的影响。⑤

民国初期，在中国报刊行业迅猛发展的时代背景下，"苗图"开始以照片这一新形式出现在各类报纸杂志上，拓宽了"苗图"的流传广度。如《上海漫画》《北平画报》在20世纪20年代分别连载过《苗民风俗图》和《贵州苗蛮风俗图》两种抄本的部分图文。

三、"苗图"在海外的收藏与研究

为了便于读者对此次出版的德国与捷克藏本的历史背景有清晰的认识，本节将大致回顾"苗图"在海外的收藏与研究情况。主要工作在于添补前人未提及的材料及新近研究成果，并根据已有的研究数据，以图表的形式反映海外"苗图"的综合收藏情况，分析"苗图"收藏在空间和时间上的特征。

---

① 参见占跃海：《贵州省博物馆〈百苗图〉乙本及其同版印本》，载《贵州文史丛刊》2012年第4期，第97—108页。
② 参见郝宇星：《以图证史——〈旬格图〉研究》，中央民族大学硕士学位论文，2020年。
③ 中国民族图书馆编：《百苗图》，河北教育出版社，2002年。
④ 参见马雅贞：《风俗、地方与帝国——〈太平欢乐图〉的制作及其对"熙皞之象"的呈现》，载《"中央大学"人文学报》2011年第45期，第176页。该绘本与其他《太平欢乐图》完全不同，描绘的是贵州各族群。
⑤ 占跃海：《贵州省博物馆〈百苗图〉乙本及其同版印本》，载《贵州文史丛刊》2012年第4期，第97—108页。

1. 海外"苗图"收藏情况

到 19 世纪下半叶,"苗图"已成为市场青睐的艺术品。生活在道光年间的诗人毛贵铭在贵阳时曾写道:"明日别汝去,城中看画图",注曰:"黔城多张卖诸苗图状者"。① 此时"苗图"在贵州本土市场上的热度可见一斑。除了国人之外,该时期来到中国的西方学者、传教士、商人等也都对"苗图"产生了极大的兴趣,使得"苗图"的市场从贵州一直延伸到其他中国大城市乃至日本。美国汉学家卫三畏(Samuel Wells Williams,1812—1884)、艾约瑟(Joseph Edkins,1823—1905)等都曾记载北京、上海等多地的市场上有很多"苗图"流通,此次出版的哥达本便是德裔美国汉学家夏德(Friedrich Hirth,1845—1927)1883 年从上海一旧书商处购得,而柏林本同样是 1883 年通过购买获得。德国汉学家颜复礼(Fritz Jäger,1886—1957)记载了日本东京售卖中国民族图册的情况。② 在这样的风潮下,书画商看准了其中的商机,制造了专人专地批量复制"苗图"的流水线。英国法籍东方学家、语言学家拉克伯里(Terrien de Lacouperie,1844—1894)在 1894 年出版的著作中说:"作为一项生意,复制这些图册的地点在北京一条特别的马路上。最常复制的是含 82 个部落(的苗图)。依据售价,复制品在制作上有精有粗,差别体现在设计和说文的长短上。我见过大概 15 本这样的复制品。"③ 通过这条非常重要的关于"苗图"晚期抄本由来的记录可知,清末在北京有批量生产、销售"苗图"的特定地点,这里的商家手上有不同规格和形式的母本,他们聘请职业画手就地进行临摹然后卖出,还设置不同档次的价位以满足各类买家的需求。此次出版的布拉格本和日本京都大学《进贡苗蛮图》的情况恰好与拉克伯里的叙述吻合。布拉格本中个别族群的绘画出现了两至三次,但是每幅绘画都不完全相同,而大部分与旁边配的说文和族群名都不吻合。可能绘者抄临了两个以上的母本,再将这些来自不同母本的绘画错误地装进同一个图册中,并且胡乱配以其他条目的说文。《进贡苗蛮图》④ 中也是多个族群出现过

---

① 〔清〕毛贵铭:《西垣诗钞二卷附黔苗竹枝词一卷》,见徐丽华主编:《中国少数民族古籍集成(汉文版)》(第 89 册),四川民族出版社,2002 年,第 6 页。

② 参见吴雅迪:《20 世纪 30 年代之前欧美汉学界的"苗图"研究》,载《艺术与民俗》2020 年第 3 期,第 39—51 页。

③ Terrien de Lacouperie, *Beginnings of Writing in Central and Eastern Asia, or, Notes on 450 Embryo-Writings and Scripts*, London: D. Nutt, 1894, p. 128.

④ 〔清〕陈枚:《进贡苗蛮图》(写本),日本京都大学附属图书馆藏,索书号:RGTN:831008。

两次,虽然图和文是吻合的,但关于同一个族群的每张图文都不完全相同,有些绘画甚至没有任何相关性。封面后还有名画家陈枚的署名,很显然这只是为了提高价格冒充名人手迹。虽然这是两本质量不高的抄本,但它们是晚期抄本的实证,反映了成为艺术品市场的商品之后"苗图"的传抄情况。与上文讨论的彩色套印本"苗图"的流传情况结合在一起看,如今海内外存在如此众多规格不同、篇幅各异且质量上差别很大的晚期抄本,甚至伪托为名家真迹的仿冒本,应与当时"苗图"制作商业化、批量化、异地化有密切关系。

图书馆和博物馆等文化机构是海外"苗图"的主要藏地。艾伯华(Wolfram Eberhard,1909—1989)、刘咸(1901—1987)、赫伯特·布劳提加姆(Herbert Bräutigam,1927—2020)、白佐良(Giuliano Bertuccioli,1923—2001)、李世佳(Vladimír Liščák)、何罗娜、胡起望,还有祁庆富和史晖等都对海外"苗图"的收藏情况先后做过考察。尤其是何罗娜20世纪90年代曾根据实地调查走访,首次基本摸清了"苗图"在世界各国的收藏情况。她对中外65种贵州"苗图"的版本信息做了详细说明,其中有39种为海外藏本。① 之后祁庆富、史晖等将何罗娜的调查结果翻译成中文,并增补了一些何罗娜没有调查到的版本。何罗娜、祁庆富、史晖统计的海外"苗图"共计49种。② 近几年,得益于更多"苗图"研究成果的问世和馆藏机构的数字化建设,又有不少藏本的相关信息得以公之于世。据笔者统计,尚有至少23种海外官藏"苗图"不在何罗娜、祁庆富、史晖等的统计表中③,这23种是:①②③日本早稻田大学《贵州全省苗图》《蛮苗图说》《黔省诸苗全图》④,④⑤⑥⑦日本京都大学《进贡苗蛮图》《黔省苗图》《苗图》《苗族画谱》⑤,⑧东京大学《苗族风俗图》⑥,⑨日本

---

① Laura Hostetler, *Chinese Ethnography in the Eighteenth Century: Miao Albums of Guizhou Province*, Philadelphia: University of Pennsylvania, 1995, pp. 283-347.

② 祁庆富、史晖等:《清代少数民族图册研究》,中央民族大学出版社,2012年,第221—247页。

③ 只包括现收藏于官方机构并至少披露了简要信息的版本。海外私人藏本的数量应该也非常多,但本次不纳入讨论。

④ 简要信息参见早稻田大学图书馆检索系统。该馆还藏有《苗人图》,是《皇清职贡图》刊本的贵州部分,因此不纳入讨论。

⑤《进贡苗蛮图》全文影像参见东京大学图书馆检索系统。另外三个版本的图像尚未公布,参见宇佐美文理、木津祐子:《京都大学所藏「苗蛮図」五種調査報告:平成30年度成果報告》,京都大学,2019年。

⑥ 简要信息参见东京大学图书馆检索系统。

国立国会图书馆《苗蛮图说》①，⑩美国国会图书馆 The Illustrated Album of the Kemeng Guyang Miao People（《克孟牯羊苗图册》）②，⑪ 美国华盛顿大学东亚图书馆（East Asia Library, University of Washington）《贵州百苗图》③，⑫ 何罗娜本，即出版在其 The Art of Ethnography: A Chinese "Miao Album"（《民族志的艺术：一种中国"苗图"》）中的图册④，⑬ 加拿大多伦多大学图书馆《四川（贵州）罗罗与苗子部落民族志》⑤，⑭ 加拿大卡尔加里大学（University of Calgary）图书馆无名"苗图"⑥，⑮ 加拿大大维多利亚区美术馆（Art Gallery of Greater Victoria）无名"苗图"⑦，⑯ 澳大利亚国家图书馆（National Library of Australia）《中国西南地区少数民族生活习俗画册》⑧，⑰ 法国波尔多教区图书馆（Bibliothèque diocésaine de Bordeaux）无名"苗图"⑨，⑱ 此次出版的捷克布拉格本，⑲ 意大利地理学会无名"苗图"（编号：Inv：116）⑩，⑳ ㉑ 俄罗斯圣彼得堡国立大学（Санкт-Петербургский государственный университет）图书馆《全黔苗图》、无名"苗图"（编号：Xyl. F-25-a）⑪，㉒ 德国汉堡民族学博物馆（Museum für Völkerkunde Hamburg，现更名为 Museum am Rothenbaum）

---

① 简要信息参见日本国立国会图书馆检索系统。
② 全文影像参见美国国立图书馆官网。
③ 简要信息参见华盛顿大学图书馆检索系统官网。
④ David M. Deal & Laura Hostetler, *The Art of Ethnography: A Chinese "Miao Album"*, Seattle: University of Washington Press, 2006. 该本现藏地未知，仅有的信息是 1976—1977 年间，这本图册的照片从美国史密森博物学院弗瑞尔美术馆、亚瑟·M. 塞克勒美术馆寄到此书作者处。
⑤ 全文影像参见 archive.org。
⑥ 绘画部分影像参见加拿大卡尔加里大学图书馆官网 Chinese Language Book 部分。
⑦ 全文影像参见大维多利亚区美术馆官网。
⑧ 全文影像参见澳大利亚国家图书馆检索系统。
⑨ 具体信息参见：https://www.bibliothequediocesebordeaux.fr/evenements/exposition-1/album-miao。（2021 年 2 月 5 日）
⑩ Chiara Pross, *Gli "album dei Miao": Un esempio di rappresentazione dell'altro*, Venezia: Università Ca' Foscari Venezia, 2012, p. 85.
⑪ Т. С. Миронова, Н. А. Сомкина, Д. И. Маяцкий, *Нравы народов Китая. Иллюстрированное описание народов юга и запада провинции Юньнань*, Санкт-Петербург: Санкт-Петербургский государственный университет, 2020, p. 7, p. 12; Dmitri Maiatckii, *Qing Ethnographic Albums: Political, Functional, or Commercial Goals?*, Leipzig: EACS, 2021. 俄罗斯布良斯克国立大学 Ekaterina Zavidovskaya 博士也为笔者提供了藏本信息，在此致谢！李世佳听说俄罗斯至少有 10 种"苗图"，但未见具体信息。参见 Vladimír Liščák, "'Miao Albums': Their Importance and Study", *Český lid*, 2, 1991, pp. 96-101.

无名"苗图"①，㉓英国曼彻斯特约翰·莱兰兹图书馆（John Rylands Library）的《贵州全省捌拾贰种苗图》。也就是说，现存海外"苗图"官藏本应至少有72种之多。

就目前掌握的信息来看，海外官方机构收藏的"苗图"主要集中在英国和美国，其次是日本和意大利（见图3）。意大利和英国的藏本特别集中，尤其是意大利，其藏本都来自意大利地理学会（12种）②，英国藏本大部分都来自大英图书馆（8种）。藏有多种版本的机构还有美国哈佛大学燕京图书馆（5种）。这72种中目前有36种③的入藏时间可考（见图4），通过这36种藏本的入藏时间笔者发现，海外"苗图"的入藏高峰期在1881至1940年之间，绝大部分藏本都在20世纪60年代以前入馆。鸦片战争以后，大量外国人士涌入中国，中外经济、文化各方面的交流逐渐深化，而动荡的时局也导致大量文物流向海外。与此同时，19世纪末至20世纪初，中国边疆研究成为欧美汉学界的热门选题，博物馆对派到中国搜集文物的汉学家强调，他们"特别渴望获得的是原住民区域的民族学研究（藏品）"④。而绘画较文字来说更直观生动，对西方人特别具有吸引力，此时期风靡一时的"外销画"就是一个例子。"苗图"等民族图册既充满异域风情又有艺术收藏价值，还是研究边疆民族的珍贵史料，因而有大量"苗图"在这一时期被收入外国各机构或私人手中。在这36种官藏本中，入藏时间最早的是大英图书馆1847年从苏富比拍卖行购入的《罗甸遗风，农桑雅化》，最晚的是加拿大大维多利亚区美术馆2017年获捐赠的无名"苗图"。法

---

① Jing Zhu, *Visualising Ethnicity in the Southwest Borderlands: Gender and Representation in Late Imperial and Republican China*, Leiden: Brill, 2020, p. 267.

② 据称除意大利地理学会外，意大利还有一个藏本在罗马亚非学院（Istituto Italiano per l'Africa e l'Oriente）图书馆，但尚未披露任何细节。参见 Lionello Lanciotti, "Reviewed Work(s): L'altra faccia della Cina. L'etnia Miao negli Album della Società Geografica Italiana by Miriana Di Angelo Antonio and Maria Luisa Giorgi", *East and West*, 57(1/4), 2007, pp. 415-416。

③ 数据来自 Laura Hostetler, *Chinese Ethnography in the Eighteenth Century: Miao Albums of Guizhou Province*, Philadelphia: University of Pennsylvania, 1995, pp. 283-347; 祁庆富、史晖等：《清代少数民族图册研究》，中央民族大学出版社，2012年，第221—247页；Jing Zhu, *Visualising Ethnicity in the Southwest Borderlands: Gender and Representation in Late Imperial and Republican China*, Leiden: Brill, 2020, p. 267; 美国自然史博物馆检索系统；加拿大大维多利亚区美术馆官网；曼彻斯特大学曼彻斯特数字藏馆官网以及本书中各版本的入藏时间。

④ Herbert Müller, „Bericht über eine Tätigkeit in China vom Oktober 1912 bis zum Januar 1913", in Hartmut Walravens (ed.), *Herbert Müller (1885-1966): Sinologe, Kunsthändler, Jurist und Journalist*, Berlin: C. Bell Verlag, 1992, p. 94.

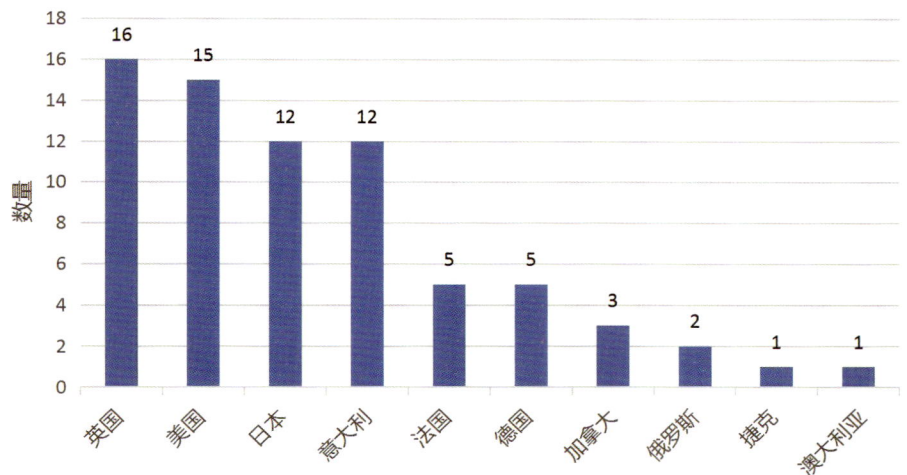

图 3 海外"苗图"所在国别分布图

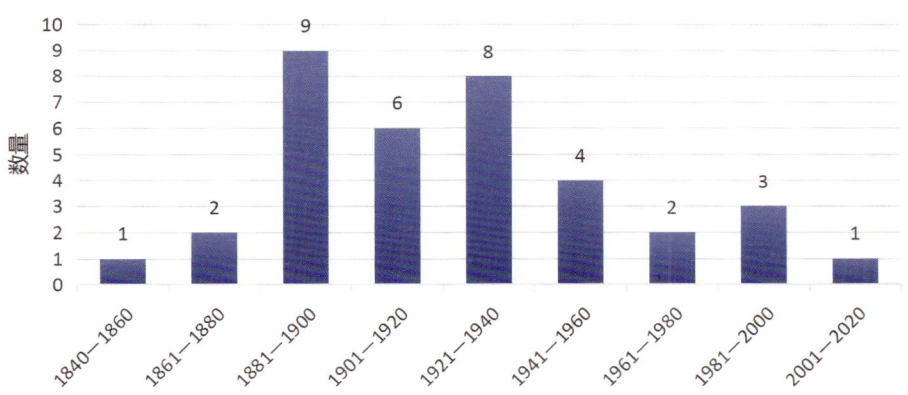

图 4 海外"苗图"入藏时间分布图

国集美博物馆（Musée Guimet）《苗图六十四页》1891年被登记在册，但图册背后的圆形标贴上写有"1828年"[1]，可能实际入藏时间比《罗甸遗风，农桑雅化》更早。另外，不同国家的藏本之间可能存在关联性。如日本东洋文库《苗册》与英国博德利图书馆（Bodleian Library）《苗疆图说》上都有"王钧"一名[2]，

---

[1] Laura Hostetler, *Chinese Ethnography in the Eighteenth Century: Miao Albums of Guizhou Province*, Philadelphia: University of Pennsylvania, 1995, p. 329.

[2] 胡起望:《东京所见"苗图"概述》，见中央民族学院民族研究编:《民族研究论文集》(第五辑)，中央民族学院民族研究所，1985年，第169页; Laura Hostetler, *Chinese Ethnography in the Eighteenth Century: Miao Albums of Guizhou Province*, Philadelphia: University of Pennsylvania, 1995, p. 287.

很可能出自同一画家或同一收藏家。意大利藏本据白佐良研究可能来自意大利外交官朱塞佩·罗斯（Giuseppe Ros，1883—1948）的私藏，而台湾傅斯年图书馆、广州中山图书馆等也都有罗斯捐赠的"苗图"[1]，它们可能是由罗斯通过同样的途径搜集到的。

2. 海外"苗图"研究

正是在"苗图"收藏热的这段时间之内，"苗图"受到了若干海外学者的关注，相关研究也拉开了序幕。目前已知最早的"苗图"研究成果是1837年德国汉学家卡尔·弗里德利希·诺尔曼（Carl Friedrich Neumann，1739—1870）对广州克拉克（Clarke）先生私藏本的翻译。多位汉学家将"苗图"带回欧美，引起了欧美学者的注意。如美国语言学家、汉学家、传教士卫三畏在北京购买了一本"苗图"带回国，并做了相关学术报告。德裔美籍汉学家夏德将一本1883年购于上海的"苗图"转赠给德国哥达公爵图书馆（Herzogliche Bibliothek in Gotha），即此次出版的哥达本。这些私人带到欧美的"苗图"中，英国传教士、医师雒魏林（William Lockhart，1811—1896）的藏本对欧洲"苗图"研究产生了重要影响。他的藏品包括"黔苗图""滇夷图"和"番社采风图"[2]，其中"黔苗图"不下两种。20世纪初以前至少有两篇关于"苗图"的论文都以他的藏本为研究对象，他收藏的82帧"苗图"说文1859年由裨治文（Elijah Coleman Bridgman，1801—1861）翻译出版，是最早的关于"苗图"全本的研究成果。若干论著曾引用雒魏林本的文字或绘画，还有在西方临摹雒魏林本绘画的情况。可以说雒魏林藏本是最早获得学界多方关注的版本。除此之外，还有白挨底（George Macdonald Home Playfair，1850—1917）、乔治·威廉·克拉克（George William Clark，1849—1919）、柯乐洪（Archibald Ross Colquhoun，1848—1914）、邱长康（1900—1960）等对多个版本进行了比较和翻译，舒特（P. Aloys Schotter，1857—1924）记录下了亲眼看见贵州地方官吏绘制"苗图"的情况。[3]

---

[1] 参见 Giuliano Bertuccioli, "Chinese Books from the Library of the Italian Geographical Society in Rome Illustrating the Lives of Ethnic Minorities in South-West China", *East and West*, 37(1/4), 1987, p. 399；郭明芳：《"罗斯文库"广州旧藏流散考述》，载《古典文献与民俗艺术集刊》2013年，第2期，第47—76页。

[2] Terrien de Lacouperie, *Beginnings of Writing in Central and Eastern Asia, or, Notes on 450 Embryo-Writings and Scripts*, London: D. Nutt, 1894, p. 128.

[3] 参见吴雅迪：《20世纪30年代之前欧美汉学界的"苗图"研究》，载《艺术与民俗》2020年第3期，第39—51页。

直到 20 世纪 60 年代,德国在"苗图"研究界处于领先地位。一是因为此时期许多重要论著都出自德国汉学家之手,夏德、颜复礼、艾伯华对 20 世纪初以前的研究成果进行过详细梳理,已开始系统性地搜集整理欧洲各藏本,并进行版本对照,同时将"苗图"与其他史料结合起来,研究"苗图"与《皇清职贡图》等文献的关系。艾伯华首次真正使用民族学方法考察"苗图",其著名的 Kultur und Siedlung der Randvölker Chinas(《中国边境各民族的文化和居住地》)、Lokalkulturen im alten China(《中国地方文化》)两本书中的大量材料都来自他搜集到的西方各本"苗图"。① 之后,德国汉学家赫伯特·布劳提加姆首次将中外"苗图"统合在一起做对照研究,除了欧美藏本外,他还找到了北京大学、中山大学等收藏的 10 个国内藏本,② 可以说他开启了真正意义上的世界范围内"苗图"版本的对照研究。二是虽然德国官方机构收藏的版本数量不及美、英等国,但德国官藏本的统计、整理及对比工作比其他各国早得多。1916 年,颜复礼已将他调查到的 3 个德国官藏本和 1 个私藏本的信息公之于世。之后,艾伯华又继续调查,1937 年出版了 8 个德国藏本的信息。布劳提加姆则在 60 年代又对艾伯华的整理进行了补充。有了他们的成果,德国 100 多年来的"苗图"收藏和研究史变得非常明晰。而在同一时间,学界对其他国家官藏本的情况还知之甚少。当时他们调查到的德国藏 9 种"苗图"信息③ 如下:① 柏林民族学博物馆甲本(ID 10825),② 柏林民族学博物馆乙本(ID 8756),③ 柏林民族学博物馆卷轴画(ID 24957),④ 柏林 Hahn 女士私藏本,⑤ 柏林私藏本(x),⑥ 莱比锡格拉西民族学博物馆苗图(OAs 9864),⑦ 莱比锡格拉西民族学博物馆散页(OAs 13298、13965、13967),⑧ 莱比锡格拉西民族学博物馆散页(OAs 4082—4094),⑨ 哥达图书馆藏本。⑥—⑨正是本次出版的莱比锡和哥达各藏本。上述每个藏本的内容和保存情况详见正文部分。

与艾伯华同时期的刘咸出版了第一篇中文研究成果,首次披露了大英图书

---

① 参见吴雅迪:《20 世纪 30 年代之前欧美汉学界的"苗图"研究》,载《艺术与民俗》2020 年第 3 期,第 48 页。

② Herbert Bräutigam, „Über Miao-Alben", *Sonderdruck aus der Zeitschrift Mitteilungen des Instituts für Orientforschung*, IX (2/3), 1963, pp. 284-309.

③ Wolfram Eberhard, „Die Miaotse-Alben des Leipziger Völkermuseums", in Wolfram Eberhard (ed.), *China und seine westlichen Nachbarn: Beiträge zur mittelalterlichen und neueren Geschichte Zentralasiens*, Darmstadt: Wissenschaftliche Buchgesellschaft, 1978, pp. 314-328. 第 8 项为布劳提加姆后来补充,参见 Herbert Bräutigam, „Über Miao-Alben", *Sonderdruck aus der Zeitschrift Mitteilungen des Instituts für Orientforschung*, IX (2/3), 1963, p. 285。

馆、博德利图书馆、皮特·里弗斯博物馆（Pitt Rivers Museum）10 种藏本的详细信息和 3 幅绘画。①20 世纪 50 年代，奥地利民族学家雨果·贝纳茨克（Hugo Bernatzik，1897—1953）在其 Akha und Meau（《阿卡与苗》）中征引了很多艾伯华出版的德国各藏本的说文作为苗族研究的史料②。50 至 60 年代，德国民族学家鲍克兰（Inez de Beauclair，1897—1981）在对苗族、仡佬族的研究论著中多次引用了"苗图"③。70 年代，法国汉学家克劳婷·苏尔梦（Claudine Lombard-Salmon）首次公布了法国三个官藏本的信息，分别是法兰西研究院汉学研究所（Institut des hautes études chinoises）《苗种图说》（即《汇编》"法兰本"）、集美博物馆《中国内地番苗风俗图》和《苗图六十四页》，并刊登了其中两幅绘画④。80 年代美国人类学家戴瑙玛（Norma Diamond，1933—2011）有关"苗图"的论述，以及捷克李世佳、意大利白佐良和胡起望分别对捷克、意大利和日本藏本的研究都已由史晖、吴合显、耿中耀、马国君等讨论过。2003 年奈戈·艾伦（Nigel Allan）对英国威尔康典藏馆藏本的介绍以及澳大利亚学者王富文（Nicholas Tapp，1952—2015）对大英图书馆藏本的研究也已由史晖进行过详细梳理⑤。李世佳的论文细节将另在第五章谈到。

21 世纪以来海外"苗图"研究界最具有代表性的是美国学者何罗娜。她和王富文关于"苗图"的专著掀起了又一轮"苗图"研究热。与王富文着眼于"他者"视角不同，何罗娜将"苗图"放在帝国殖民扩张的语境下，认为它是中国早期民族志，是清廷治理苗疆的政治手段之一，并且与当时世界范围内地图、民族

---

① 刘咸：《苗图考略》，载《山东大学科学丛刊》1933 年第 2 期，第 351—365 页。

② Hugo Bernatzik, *Akha und Meau: Probleme der angewandten Völkerkunde in Hinterindien*, München: Verlag F. Bruckmann, 1951.

③ Inez de Beauclair, "The Representatives of the Lao in Kweichow Province", *Annals of Academia Sinica*, 3, 1956, pp. 302-309. Inezde Beauclair, „A Miao Tribe of Southeast Kweichow and its Cultural Configuration", *Bulletin of the Institute of Ethnology Academia Sinica*, 10, 1960, pp. 127-199.

④ Claudine Lombard-Salmon, *Un exemple d'acculturation chinoise: la province du Guizhou au XVIIIe siècle*, Paris: École française d'Extrême-Orient, 1972, pp. 34-35.

⑤ 史晖：《国外"苗图"收藏与研究》，中央民族大学博士论文，2009 年；白佐良：《意大利地理学会图书馆珍藏的中文图志：对中国西南各族民风的图文阐释》，吴合显、皇甫睿译，载《贵州大学学报》（社会科学版）2017 年第 4 期，第 103—118 页；耿中耀、杨庭硕：《简论白佐良其文所涉及到的几个关键问题》，载《贵州大学学报》（社会科学版）2017 年第 4 期，第 119—124 页；马国君、张振兴：《近二十年来"百苗图"研究文献综述》，载《中央民族大学学报》（哲学社会科学版）2011 年第 4 期，第 44—52 页。

志的制作热潮是分不开的①。她的理论引起了较大反响，史晖已对此进行了述评。正如史晖所说："她的研究目的不在'苗图'本身，而是利用'苗图'和其他清代地图材料，作为广阔历史的'透镜'，对作为独立整体的清王朝进行观察，考察其多样复杂的历史发展动因。"②虽然何罗娜实地调查了世界多地的藏本，但她的着眼点并不在"苗图"的版本考证上。

近些年关于海外"苗图"又有不少新的成果，尤其是意大利藏本获得中外颇多关注。2008年，意大利地理学会出版论文集 *L'altra faccia della Cina. L'etnia Miao negli Album della Società Geografica Italiana*（《中国的另一面：意大利地理学会图册中的苗族》）③。2012年，琪娅拉·普洛斯（Chiara Pross）撰写了关于这些藏本的毕业论文，她发现了白佐良没有注意到的馆内另一个藏本④。2017至2018年之间，吉首大学多位学者针对意藏本发表了论文，包括吴合显、皇甫睿对白佐良研究的翻译，张宝元的《意大利地理学会图书馆所藏"百苗图"抄本述论》，以及关于意藏本所涉苗族文化生态、爷头苗犁具的论文等⑤。目前，杨庭硕、张宝元、耿中耀带领的课题组对意大利藏本的研究正在进行中，2021年出版了初步成果。⑥美国藏本的研究也逐步展开。2013年，弗朗西斯·米勒（Francis Miller）以宾夕法尼亚大学考古学与人类学博物馆（University of

---

① Laura Hostetler, *Chinese Ethnography in the Eighteenth Century: Miao Albums of Guizhou Province*, Philadelphia: University of Pennsylvania, 1995; Laura Hostetler, "Qing Connections to the Early Modern World: Ethnography and Cartography in Eighteenth-Century China", *Modern Asian Studies*, 34(3), 2000, pp.623-662; Laura Hostetler, *Qing Colonial Enterprise: Ethnography and Cartography in Early Modern China*, Chicago: The University of Chicago Press, 2001.

② 史晖：《国外"苗图"收藏与研究》，中央民族大学，2009年，第28页。

③ Miriana di Angelo Antonio & Maria Luisa Giorgi (eds.), *L'altra faccia della Cina. L'etnia Miao negli Album della Società Geografica Italiana*, Roma: Società Geografica Italiana, 2008.

④ Chiara Pross, *Gli "album dei Miao": Un esempio di rappresentazione dell'Altro*, Venezia: Università Ca'Foscari Venezia, 2012.

⑤ 白佐良：《意大利地理学会图书馆珍藏的中文图志：对中国西南各族民风的图文阐释》，吴合显、皇甫睿译，载《贵州大学学报》（社会科学版）2017年第4期，第103—118页；张宝元：《意大利地理学会图书馆所藏"百苗图"抄本述论》，载《贵州大学学报》（社会科学版）2017年第4期，第125—134页；张宝元：《意大利藏"百苗图"抄本所涉贵州苗族文化生态研究——以生产生活工具为中心》，吉首大学硕士论文，2018年；张宝元：《西南山涧湿地的苗族文化生态研究——以意大利藏"百苗图"所载"爷头苗"的特殊犁具为例》，载《原生态民族文化学刊》2018年第4期，第12—21页。

⑥ 杨庭硕、张宝元、耿中耀：《协和众志，同步中华：意大利所藏中国西南民族图志整理与研究》，载《原生态民族文化学刊》2021年第5期，第1—18页。

Pennsylvania Museum of Archaeology and Anthropology)《全黔苗图》为题撰写了毕业论文①。2018年，哈佛大学8种民族图册由乐怡整理出版②，其中5种是"苗图"。日本"苗图"也陆续得到重视，现有如李国栋、张宝元的《日本早稻田大学所藏〈蛮苗图说〉评介》③。论文涉及的《蛮苗图说》已以全文影印的形式出版于《日本藏西南地理文献珍本汇刊》中。④京都大学藏本的研究有宇佐美文理、木津佑子2019年撰写的调查报告⑤，同年葛兆光、早川太基等在复旦大学举办了"京都大学藏《苗蛮图》调查报告会"。除了部分在《汇编》内出版的《苗种图说》外，法国藏本的研究成果较少，2002年田涛对《苗种图说》做过版本提要⑥，2016年凯瑟琳·薄扎特（Catherine Bourzat）在关于苗族服饰的论著中讨论了法国波尔多教区图书馆藏本关于纺车的绘画⑦。俄国藏本原久被束之高阁，所幸圣彼得堡大学东方系尼古拉·萨摩依洛夫（Nikolay Samoylov）、德米特里·马雅斯基（Dmitri Maiatckii）、布良斯克国立大学的叶可佳（Ekaterina Zavidovskaya）等不久前形成了课题组，目前正对当地所藏西南民族图册及中国风俗画进行整理与研究，现已将其中一本云南图册翻译成俄语出版，并在学术会议上公布了藏品中《全黔苗图》的个别图像。⑧

最近，朱敬的论著为"苗图"研究开拓了新的研究方向，她着重考察"苗图"满足受众视觉愉悦的目的和"苗图"观看者的多样性，尤其注重绘画对性别、他

---

① Francis Miller, *A Miao Album for All of Guizhou Province: An Investigation, Explication, and Translation*, Philadelphia: University of Pennsylvania School of Arts and Sciences, 2013.
② 乐怡整理：《百苗图八种》，广西师范大学出版社，2018年。
③ 李国栋、张宝元：《日本早稻田大学所藏〈蛮苗图说〉评介》，载《贵州民族大学学报》（哲学社会科学版）2016年第3期，第15—29页。
④ 李勇先、王强主编：《日本藏中国西南地理文献珍本汇刊》（11），巴蜀书社，2019年，第301—462页。
⑤ 宇佐美文理、木津祐子：《京都大学所藏「苗蛮図」五種調査報告：平成30年度成果報告》，京都大学，2019年。
⑥ 田涛主编：《法兰西学院汉学研究所藏汉籍善本书目提要》，中华书局，2002年，第65—67页。
⑦ Catherine Bourzat, *Les chants du fil: Textiles tribaux du sud-ouest de la Chine*, Paris: éditions Olizane, 2016, p.125, p.151.
⑧ Т. С. Миронова, Н. А. Сомкина, Д. И. Маяцкий, *Нравы народов Китая. Иллюстрированное описание народов юга и запада провинции Юньнань,* Санкт-Петербург: Санкт-Петербургский государственный университет, 2020, p.7, p.12. Dmitri Maiatckii, *Qing Ethnographic Albums: Political, Functional, or Commercial Goals?* Leipzig: EACS, 2021.

者等主题的表达方式①。在论著中她参引了很多尚未公布图像的英国藏本的绘画，为学界了解这些版本提供了渠道。

结合国内外目前的研究情况来看，"苗图"研究的角度变得越来越宽，与此同时，越来越多长期被遗忘在图书馆角落的海外藏本重新回到学者的视野。

四、德国、捷克藏本特征概说

德国、捷克的"苗图"除哥达本在1937年由邱长康出版过绘画部分的黑白照片、柏林本的两幅绘画2005年被何罗娜引用在一篇论文中之外，都尚未公之于众。这些藏本大都入藏时间早，且有早期整理和研究记录，每本都有自己的特点，又和世界其他藏本有关联性，具有重要的研究价值，却因为长期尘封在馆内，无法获得学界的重视。

此次出版的是王霄冰教授和笔者目前在德国和捷克找到的6个官藏本。德国藏本分别是柏林民族学博物馆藏本（柏林本）、哥达研究图书馆藏本《名人精写苗蛮图》（哥达本）、莱比锡格拉西民族学博物馆《贵州图册》（莱比锡甲本）、莱比锡格拉西民族学博物馆卷轴画（莱比锡乙本）及莱比锡格拉西民族学博物馆散页（莱比锡丙本），捷克藏本则为布拉格纳普斯特克博物馆藏本（布拉格本）。

这些藏本囊括了多种体例风格，反映了"苗图"的版本多样性和各版本间错综复杂的关系。从形式来看，所有藏本都是纸本设色。从体例来看，这些藏本涵盖了册页本、卷轴画、散页三种形式，卷轴画在国内外藏本中都非常少有。从制作时间来看，这些藏本的绘制时间跨度较大，柏林本应是一本珍贵的早期"苗图"，布拉格本则是一个有代表性的晚期抄本。从条目来看，每个藏本的族群数目不同，排序也有很大的差别（见附表）。莱比锡乙本最少，只有两个条目，是一个残本。布拉格本最多，有82个条目，是一个全本。这些藏本有一些其他版本少有或没有的条目，如柏林本的民家、大肚苗，哥达本的𤞑子。从绘画内容来看，既有含

---

① Jing Zhu, *Visualising Ethnicity in the Southwest Borderlands: Gender and Representation in Late Imperial and Republican China*, Leiden: Brill, 2020. Jing Zhu, "Empire and Visual Pleasure: Reinterpreting the Miao Albums of Yunnan and Guizhou", *British Journal of Chinese Studies*, 8, 2018, pp. 29-62. Jing Zhu, "Visualising Human Differences in Late Imperial China: Body, Nakedness and Sexuality", *Ming Qing Studies*, 23, 2019, pp. 169-198. Yadi Hölzl, "Reviewed Work: Zhu, Jing: Visualising Ethnicity in the Southwest Borderlands. Gender and Representation in Late Imperial and Republican China", *Anthropos*, 116 (2), 2021, pp. 546-547.

风景、屋舍的全景画,又有无背景的单人肖像。除莱比锡甲、乙本的绘画具有相似性外,每个藏本的绘画风格迥异,水平高低不一。哥达本的艺术水平颇高,人物勾勒得较细腻,基本贴近说文的描述。从图说布局来看,既有右图左说的版本,也有说文在图内的版本,还有一个可能是有图无说的半成品。从说文内容来看,有的版本的说文非常翔实,如哥达本,有的版本则错漏频出,如布拉格本。这些藏本的数条说文中都有在其他版本中少见的词句,是研究贵州民族文化变迁的重要材料。从附加内容来看,柏林本含序、跋、购买时的笔记及入藏信息,在"苗图"中极罕见,透露了作者、绘制时间、流通途径等宝贵信息。而哥达本内保留的捐赠者手迹则透露了该藏本的购买渠道以及捐赠者为研究此图册进行的准备工作。最后,比较特殊的是莱比锡丙本。该本一直被认作贵州"苗图",但事实上与贵州无关,也不是"苗图"。它可能是《皇清职贡图》异本的一个残本,包含四川和广东的一部分,与现存《皇清职贡图》各版本在绘画和说文上都有差异。这种形式的异本至今尚不为学界所知,是了解《皇清职贡图》绘制与传抄过程的又一新材料。莱比锡丙本不属于贵州"苗图"的范畴,因此作为附录置于书末。

每个藏本各附一篇介绍,内容包括两个部分:① 简介,即该版本的收藏、研究史和内容概说;② 基本信息,即标题、作者、绘制时间、规格等版本信息。笔者对各页面汉字均进行了转录、点校,对说文内容做了初步的版本对照。5个"苗图"藏本所含族群种类及排序情况的对比见附表。每篇介绍以展现对应藏本的基本情况为主要目标,由于篇幅所限,笔者未对每幅绘画的手法细节进行逐一分析,也无法对每篇说文的遣词造句一一斟酌。在版本对照时,笔者仅以数种版本的个别帧为例进行对比说明。这些藏本在历史学、民族学、文献学、艺术史学等各方面的意义还有待学界进一步评说。本书希望抛砖引玉,将这些长期尘封在德国和捷克的藏本介绍给世人,为深化"苗图"研究、进一步了解中国早期民族图志提供一点资料。

第一章 柏林民族学博物馆藏『苗图』册页

简 介

1. 柏林"苗图"收藏与研究情况

柏林本藏于德国柏林民族学博物馆。博物馆现坐落于柏林博物馆岛上的洪堡论坛（Humboldt Forum）内。该馆的前身是1873年建立的王家民族学博物馆（Königliches Museum für Völkerkunde），以收藏欧洲以外民族的藏品为主要目标。虽然二战时大量藏品被损毁或遗失，但该博物馆仍是目前世界最大的民族学博物馆之一，馆内的东亚藏品多达45000件。

1916年，颜复礼首次调查德国"苗图"的收藏情况时提及，他曾从夏德处得知在柏林民族学博物馆有一本"苗图"①，但他应该没有见到实物。哥达研究图书馆藏夏德手稿（详见第二章）中，夏德提到柏林民族学博物馆本有一种"苗图"，而且"最近威廉·约斯特［笔者注：Wilhelm Joest，1852—1897］博士将另一个版本交给了柏林民族学博物馆，这是由上海《德文新报》（*Ostasiatischer Lloyd*）编辑冯·君德拉赫先生（Herr von Gundlach）购买的"②。夏德手稿最晚写于1890年。看来在1890年以前，柏林民族学博物馆已有至少两种"苗图"。约斯特是德国旅行家、收藏家、民族学家，19世纪80年代前曾到过中国。冯·君德拉赫的生平不详。在一本专著中，约斯特记述了冯·君德拉赫办报的细节③，证明他们确有私交。夏德对这本图册的细节并未提及太多，只说它的说文比哥达本短得多，是一个全本④。但现在出版的柏林本只有39帧，并非全本，因此

---

① Fritz Jäger, „Über chinesische Miaotse-Albums", *Ostasiatische Zeitschrift*, 4, 1916, p. 274.
② Friedrich Hirth, *Bemerkungen zu einem chinesischen Manuskript mit Aquarellzeichnungen, das Leben der Miao-tzŭ-Stämme in der Provinz Kuei-chou betreffend*, Forschungsbibliothek Gotha.
③ Wilhelm Joest, *Die Aussereuropäische deutsche Presse*, Köln: Verlag der M. DuMont-Schauberg'schen Buchhandlung, 1888, p. 24.
④ Friedrich Hirth, *Bemerkungen zu einem chinesischen Manuskript mit Aquarellzeichnungen, das Leben der Miao-tzŭ-Stämme in der Provinz Kuei-chou betreffend*, Forschungsbibliothek Gotha.

不可能是夏德提及的这本图册。

艾伯华在1937年写成的论文中罗列了位于柏林的5个藏本。他能够接触到这些藏本可能和他20世纪30年代初在柏林民族学博物馆做过四年助理有关。虽然在论文中他没有对这些藏本做过多介绍，但这些藏本的说文多次出现在之后他关于中国民族的论著中，由此可以大致了解这些藏本的特征。以下是各本的具体情况[①]：① 柏林民族学博物馆甲本（ID 10825）：设色，图说并构，册页，四册本，每册各12帧，共48帧。② 柏林民族学博物馆乙本（ID 8756）：设色，图说并构，册页，二册本，82帧。③ 柏林民族学博物馆卷轴画（ID 24957）：设色，图说并构，7幅卷轴画，每幅包含3个族群，共21个族群。④ 柏林 Hahn 女士私藏本：设色，图说并构，册页，一册本，含约28帧。⑤ 柏林私藏本（x）：设色，图说并构，册页，一册本，含约54帧。其中第二种是一个全本，可能就是夏德提及的那本图册。早在1931年，艾伯华还在一本期刊中使用了这本图册的两幅绘画作为插图，一张是卡尤仲家，位于图册第77帧，另一张是八寨黑苗，位于图册第3帧。[②] 就目前所知，这可能是以上五个版本中唯一留下了部分图像资料的版本。1978年艾伯华将该文收入论文集 China und seine westlichen Nachbarn: Beiträge zur mittelalterlichen und neueren Geschichte Zentralasiens（《中国与其西面的邻居：中亚古代和近代史论文集》）时，他还特别注明："本文手稿完成于1937年初。我不清楚这些图册是否在战争（1939—1945）中幸存。"[③] 这5个藏本中，2个私藏本的信息太少，无法追踪，另外3个理应在柏林民族学博物馆的藏本现在下落不明。

除此之外，柏林州立图书馆（Staatsbibliothek zu Berlin）也曾藏有一本"苗图"，未被艾伯华提及。1913至1932年该馆中国藏书目录对一件手稿的具体描述如下："12幅苗子图。无中文标题，彩绘。作者顾大申，第六幅上有日期1652年。册页本，说文在绘画的对面，画幅边缘有主题的简短称呼及画家的名字。在三张折页上有克劳德·杜布瓦雷蒙教授（Prof. Dr. Claude du Bois-Reymond，1926年

---

① Wolfram Eberhard, „Kultur und Siedlung der Randvölker Chinas", *T'oung Pao*, 36, 1942, pp. 1-506.

② Wolfram Eberhard, „Heiratssitten und Feste der Miaotse von Kueichou", *Der Weltkreis: Zeitschrift für Völkerkunde, Kulturgeschichte u. Volkskunde*, 7-8, 1931, pp. 114-121.

③ Wolfram Eberhard, „Die Miaotse-Alben des Leipziger Völkermuseums", in Wolfram Eberhard (ed.), *China und seine westlichen Nachbarn: Beiträge zur mittelalterlichen und neueren Geschichte Zentralasiens*, Darmstadt: Wissenschaftliche Buchgesellschaft, 1978, p. 314.

去世）对较长说文的翻译。准备这些翻译的（笔记）装在一个信封里。"① 杜布瓦雷蒙教授是德国医学家，对艺术收藏也颇有研究。因曾在上海工作多年，他藏有数量颇丰的中国绘画。② 可惜的是，二战时期该馆大量藏书被转移至别处，战后"中国藏书的很大一部分都未再回到柏林"③。2009 年德国汉学家魏汉茂（Hartmut Walravens）出版该藏书目录时确认这本"苗图"已散佚。如果此版本是清初顺治、康熙年间著名画家顾大申的真迹，那么应该是比目前已知其他版本都早很多的"苗图"。

  现在柏林民族学博物馆的"苗图"正是本次出版的这一本册页，这一本并不在艾伯华当年讨论的 5 种柏林藏本之内。何罗娜在其博士论文中提及过此书的基本信息，主要介绍了序、跋、末页题署中的部分内容④，但出现了一些错误，如称图册中有图说的折页共 37 帧，但实为 39 帧，还误认为序言未提及作者的籍贯。祁庆富、史晖等将何罗娜的版本信息翻译成了中文，但将规格抄录错误⑤。2005 年何罗娜又在一篇"苗图"的介绍性文章中刊出了柏林本宋家苗和蔡家苗的绘画⑥，但没有对图册内容进行进一步探析。除笔者对该图册"大肚苗""狇犵狑獞狪猺"等条目进行了考察外⑦，目前还没有其他的相关研究成果。

---

  ① Hartmut Walravens (ed.), *Chinesische und manjurische Handschriften und seltene Drucke*, Teil 6, Stuttgart: Franz Steiner Verlag, 2009, p. 214. 杜布瓦雷蒙的卒年在其他文献中均记为 1925，此处的 1926 可能有误。参见 Peter W. Ruff, *Emil du Bois-Reymond: Biographien hervorragender Naturwissenschaftler, Techniker und Mediziner*, Band 54, Leipzig: BSB B.G. Teubner Verlagsgesellschaft, 1981, p. 92。

  ② 参见 Otto Fischer, „Chinesische Bilder aus der Sammlung Claude du Bois-Reymond", in Max Perl (ed.), *Auktion 178*, Berlin: Max Perl, 1935, pp. 55-58。

  ③ Hartmut Walravens (ed.), *Chinesische und manjurische Handschriften und seltene Drucke*, Teil 6, Stuttgart: Franz Steiner Verlag, 2009, p. 14.

  ④ Laura Hostetler, *Chinese Ethnography in the Eighteenth Century: Miao Albums of Guizhou Province*, Philadelphia: University of Pennsylvania, 1995, pp. 69-73, p. 288; Laura Hostetler, *Qing Colonial Enterprise: Ethnography and Cartography in Early Modern China*, Chicago: University of Chicago Press, 2001, pp. 176-178, pp. 213-214.

  ⑤ 祁庆富、史晖等：《清代少数民族图册研究》，中央民族大学出版社，2012 年，第 244 页。

  ⑥ Victor H. Mair, Nancy S. Steinhardt, Paul R. Goldin (eds.), *Hawai'i Reader in Traditional Chinese Culture*, Honolulu: University of Hawai'i Press, 2005, p. 563.

  ⑦ 吴雅迪：《柏林藏〈苗民图四十种〉考释》，载《文化遗产》2021 年第 6 期，第 130—139 页。

2. 柏林本内容概说

该册页的装帧比较普通,上夹板上没有标题。每个族群的绘画在右,说文在左,围绕着有图说的页面四周用颜色稍黄的纸镶边,纸张的最外缘还贴有一条极薄的棕色纸。大部分折页下端有水渍,多个页面之间已断开。

与大部分存世版本不同,柏林本有非常翔实的关于绘制时间、地点、绘者的信息,连购买记录以及入藏信息都全部被写在图册中,还有大量钤印。入藏信息为德语,用铅笔书写在最后一页的下方,内容为:"[苗子图册,水彩画配说文,一乾隆时期作品的抄本。]1883(?)前的抄本,1889年购入。"入藏信息的上方是汉字写的购买记录,笔画特别生疏,句法结构也很怪异,很像孩童或是母语非中文之人所写。卖方"福林堂"无考,应是一商铺名。德语小字提及绘制时间为1883年前,应该就是通过购买记录中的"光绪玖年"推测出来的。

图册引首为"有苗来格",用《尚书》典,原文为"帝乃诞敷文德,舞干羽于两阶,七旬有苗格"[①]。这一说法常被用于称赞贤君治国有方,描述四方蛮夷咸来臣服的景象,如《萝图荟萃》跋文曰"我世宗宪皇帝安辑蛮夷,有苗来格,倮㑩猺獞献地归流"[②]。

和购买记录中记载的"四拾章"一样,序言也提及图册含"四十种"族群。但现在仅存39帧,而且多帧之间已经断开,说明图册原有40帧,其中1帧在1883年后遗失了。序、跋出自一人之手,作者署名"陈宗昂",在序言中,他对这本图册的来龙去脉介绍得非常清楚。"我朝圣圣相继百余年",说明时间在清开国后100多年,正是乾隆年间。"大参戎薛公以丙戌岁自黔南迁守常郡,携有《苗民图四十种》,汇为一册",丙戌岁即乾隆三十一年(1766),常郡即湖南常德的简称。此处介绍了此图册的来源,即一位"大参戎薛公"从黔南调任到常德,带来了一册《苗民图四十种》,黔南既可指贵州南部,也可指代贵州。"公……令绘事者描形肖像",表明这本图册是这位薛姓官员在黔南为官时专门请画家绘制的。"其同与异种种相错落,咸载《省志》无遗",表明说文是在《省志》的基础上考订而成,清代关于贵州全省的方志即《贵州通志》。"丁亥冬,余来寓鼎城,越月得谒公于官署别业,出是图见示,且命以四体字法各书其说于后。"丁亥即乾隆三十二年(1767),鼎城是湖南常德的别称之一,今常德市有鼎城区。此句说明在薛公调到常德一年以后,陈宗昂也来到此处,

---

① 李学勤主编:《十三经注疏·尚书正义》,北京大学出版社,1999年,第99页。
② 上海书店出版社编:《清代档案史料选编》(三),上海书店出版社,2010年,第826页。

在官署别业拜见了这位薛公，薛向他展示了此图，并请他以四种书法字体撰写说文。序言落款时间为乾隆三十三年（1768）春，是此图册绘制时间的下限。撰写地点为"鼎城官署之延青斋中"，"延青斋"无考，应是一常德官署内的书房名。

作者自称"楚澧后学陈宗昂"，"楚澧"中"楚"是湖南、湖北的代称，"澧"即澧州，治所在今湖南常德澧县，说明陈宗昂是湖南澧州人。"后学"说明他是一位文人。再根据跋的落款"爱梅宗昂又书，时季七十四"可知，陈宗昂的字号为爱梅，而序言上的钤印正是"宗昂""爱梅"。跋文落款处有"宗昂""非赵"二印，在锅圈犵狫说文页还有另外一枚铭文也为"非赵"的钤印，说明除爱梅外，陈宗昂的另一个字号可能是非赵。他自述当年74岁，因而可以逆推他的出生时间应是康熙三十三年（1694）。此人生平无考，可能有极少作品传世，如1936年北京琉璃厂九经堂书店的售书目录中记有《陈宗昂墨迹》一册[①]，可能出自此人，但已无法获见此书原貌。另有2012年北京东方艺都春季拍卖会上的《万横香雪图》立轴[②]，此画绘于乾隆癸酉，即乾隆十八年（1753）。题识落款亦为"楚澧陈宗昂"，旁边两枚钤印与此图册第27帧说文上的两枚钤印完全相同，题识的笔迹也与此书一致。绘画主题是梅花，恰好与其字号"爱梅"呼应。如此说来，这本图册可能并非如德语小字所写是一个抄本，而是乾隆时期陈宗昂的原本。

除陈宗昂外，序言中另一重要人物便是"大参戎薛公"。"大参戎"是对参将的敬称，说明这是一位薛姓参将。乾隆《南笼府志》中有"国朝左营游击……薛隆绍，山东人，世袭，在任三年，升抚标参将"[③]。并载"左营游击一员，分驻普安州之黄坪"[④]，普安当时隶属南笼，南笼即今贵州兴义，正是位于黔南。道光《贵阳府志》记载薛隆绍乾隆二十四年（1759）任参将，并载"参将署，乾隆二十六年参将薛隆绍……请帑增修"[⑤]，说明他曾因升任参将，1759年从南笼调任到贵阳府，由此可逆推他在南笼任左营游击的起始时间应为乾隆二十一年

---

① 九经堂书店编：《九经堂书籍目录》（第一期），九经堂书店，1936年，第140页。
② 参见北京东方艺都编：《濡古怡心：中国书画》（二），北京东方艺都，2012年，第222页。
③ ［清］李其昌纂修：《乾隆南笼府志》（乾隆二十九年稿本），见《中国地方志集成·贵州府县志辑》（27），巴蜀书社，2016年，第555页。
④ ［清］李其昌纂修：《乾隆南笼府志》（乾隆二十九年稿本），见《中国地方志集成·贵州府县志辑》（27），巴蜀书社，2016年，第551页。
⑤ ［清］周作楫修、萧琯等纂：《道光贵阳府志（一）》（咸丰二年朱德璲绥堂刻本），见《中国地方志集成·贵州府县志辑》（12），巴蜀书社，2016年，第512页。

（1756）左右。而《湖南通志》则有"原设常德营游击……薛隆绍，山东高密，世袭，［笔者注：乾隆］三十一年任"①。图册序言中的常郡、鼎城都指常德，而乾隆三十一年也与序言所述薛公"以丙戌岁自黔南迁守常郡"的时间吻合，因此可以确定序言中的薛公就是薛隆绍。史料中关于薛隆绍的记载不少，他生活在乾隆时期，是山东高密人，生于武将世家，曾在山东、贵州、广东、湖南等地任军职，乾隆四十一年（1776）因"筹备差费银两，捏称捐俸，擅挪取悦上司"②，被贬至新疆，后卒于该地。笔者目力所及未发现薛隆绍在南笼任游击之前在贵州任职的记载，由此可推测薛隆绍从贵州带来的那本图册的绘制时间应该不会早于1756年。序言称薛隆绍"自黔南迁守常郡"，然而史料显示，薛隆绍乾隆二十八年（1763）曾从贵州先调任至广州，任广州城守营副将③，但乾隆三十年（1765）即因下属玩忽职守却"漫无觉察，含糊支饰"④被降级，次年被调至常德⑤。看来陈宗昂在撰写序言时有意将这一事件隐去了。通过以上种种可以得到如下结论：这本图册原名应为《苗民图四十种》，是薛隆绍在贵州为官时请画家绘制而成，绘制时间应在1756至1763年之间。陈宗昂1768年只是抄写了说文，添加了序跋，因此可能现在的这本图册是当时从贵州带到常德去的原本的一个抄本。但现在这本图册中的绘画是来自原图册中，还是1768年和说文一起重新抄临的新图，就不得而知了。

图册中的39个族群与《汇编》勘定的顺序完全不同，主要集中在《汇编》的前44种之内（见附表）。若干族称有差别，如女官在此书说文中称为"猓猡"，补笼独家作"补笼苗"，狗耳龙家作"龙家子"，九股苗作"九股黑苗"，阳洞罗汉苗作"罗汉苗"，等等。还有在其他版本里未见或少见的族群，即民家、大肚苗、狑犵羜獞狪猺，不在《汇编》勘定的82个族群之内。民家虽不在"黔

---

① ［清］王煦等纂，翁元圻等修：《（嘉庆）湖南通志·卷七十八》（清嘉庆二十五年刊本），哈佛大学哈佛燕京图书馆藏，索书号：990074648640203941。

② ［清］马齐：《清实录·高宗纯皇帝实录（一三）》（第21册），中华书局，1986年，第436页。

③ ［清］兵部："兵部为奉上谕一道由"［1763年（乾隆二十八年）12月］，内阁大库档案，登录号196716，"中央研究院"历史语言研究所。

④ ［清］刘统勋："题覆广州协副将薛隆绍于该管守备王泰临弓马平庸、操防懈怠等情漫无觉察，含糊支饰，实系有心徇庇，照例降二级调用"［1765年（乾隆三十年）2月28日］，内阁大库档案，登录号064604，"中央研究院"历史语言研究所。

⑤ ［清］讬庸："题报湖南常德城守营游击等员缺候推游击薛隆绍等员拟补理合开列职名"［1766年（乾隆三十一年）2月15日］，内阁大库档案，登录号063986，"中央研究院"历史语言研究所。

苗图"中，但在"滇夷图"的"白人"条说文中出现，如《夷人图说目录》称："白人……又谓'民家子'"①，可能是从云南迁至贵州的白人，与现在的白族有关。另外，"民家"也可能与其他贵州族群有关，例如现主要居住在黔西北的待识别民族穿青人也曾有"民家"这一他称。一般认为，这一称呼的目的在于与明初调北征南随军入黔的汉人移民集团"军家"区别开来，是明代军户制度的遗留，但柏林本却与此相悖，称"民家古称'军家'"。"民家"条说文内还提及了另一种名为"乡谈人"的族群，文字称他们除农耕外还有畜牧业，甚至过着"广畜驼牛移徙"的游牧生活。笔者尚未在其他版本或"苗图"以外的史料中找到有关乡谈人的记录。大肚苗在普林斯顿大学图书馆藏《苗猺族生活图》中亦存在，其说文与其他版本的短裙苗有诸多相似之处，不排除是短裙苗的别称或与短裙苗有关的一个族群名。狑犵羚獞狪猺实则是将6个从广西划归贵州的族群并举，在《苗猺族生活图》等少数版本及《皇清职贡图》中亦有，大多数版本都将这些族群拆分成水家苗、犵家苗等。②

说文正如序言所说，以隶、草、楷、行四种字体写成，书法水平较高。"寕"字通篇都没有异写。第9帧地名"南笼"，此地在嘉庆二年（1797）改为"兴义"。这些都能进一步说明这本图册应出自乾隆年间。前文已述，此书的说文是在《贵州通志》的基础上形成的，至1768年，清代已刊行的有康熙《贵州通志》（简称"康志"）和乾隆《贵州通志》（简称"乾志"），关于族群的介绍分别位于康志"蛮獠"和乾志"苗蛮"部分。通过对比这三种文献笔者发现，此书与乾志更接近。一是二者有更多同名条目，如犵兜、狑人、六额子、狑犵羚獞狪猺在此书和乾志中都有，但康志无。二是此书说文的一些细节只在乾志中存在。如犽家"惟病不服药，尚鬼信巫"③与此书第36帧犽家的"有疾病，俱系做鬼，不服药"句，虽在遣词造句上有差异，但句意一致，而康志没有相似的描述。宋家苗在康志中未提及地点，但乾志和此书都有"在贵阳"④三字。然而此书的

---

① 佚名：《夷人图说目录》（写本），哈佛大学哈佛燕京图书馆藏，索书号：990091358430203941。
② 吴雅迪：《柏林藏〈苗民图四十种〉考释》，载《文化遗产》2021年第6期，第130—139页。
③ ［清］鄂尔泰等修，靖道谟、杜诠纂：《乾隆贵州通志（一）》（嘉庆修补本），见《中国地方志集成·贵州府县志辑》（4），巴蜀书社，2016年，第120页。
④ ［清］鄂尔泰等修，靖道谟、杜诠纂：《乾隆贵州通志（一）》（嘉庆修补本），见《中国地方志集成·贵州府县志辑》（4），巴蜀书社，2016年，第120页。

九股黑苗与康志一致①,此族群在乾志中却被称作"九股苗"②,可能作者将乾志和康志都纳入了参考范围。同时,一些细节可能出自作者的观察,如独家、民家女性开始有缠足之风,这一描述笔者在其他版本中未见,是乾隆年间当地民族受汉文化影响的实证。

与现存大部分"苗图"版本比较不难发现,此书条目的编排方式与其他版本"苗图"区别较大。例如,此书和乾志都将九名九姓苗编于紫姜苗之中,但其他"苗图"大都将其单列为一个条目。独家在其他很多版本中都被细分成卡尤独家、补笼独家、青独家等支属,此本则没有这样清晰的划分方式。刘锋等考证出里民子至六洞夷人18种中,除白龙家、短裙苗外,16种都是含82帧的"苗图"后来添加③,此图册中恰好不含这16种族群。这些特征进一步反映出此书应是一本早期"苗图"。与此同时,部分条目的说文也与乾志接近,而与其他"苗图"迥异。现以犵兜的说文为例,以下是乾志、《汇编》博甲本(即贵州省博物馆藏《黔苗图说》)"犵兜"条的说文,画线部分为二者与此书相同的地方:

<u>犵兜镇远、施秉、黄平皆有之</u>。好居高坡,<u>不篱不垣</u>。男子衣类土人。<u>女子短衣偏髻</u>,<u>绣五彩于胸袖间</u>,<u>背负海巴蚕茧</u>,<u>累累如贯珠</u>。人多嗜酒。四时佩刀弩,<u>入山逐鹿罗雀</u>。其箭伤人,<u>见血立死</u>。<u>然无敢为盗</u>。④(乾志)

<u>花犵狫</u>又名<u>犵兜</u>,<u>在镇远、施秉</u>、石阡、龙泉、平越、<u>黄</u>平州等处。男子懒耕而好猎。每以逐鹿罗雀为事。妇女衣则<u>绣五彩于</u>袖间,周边饰以<u>蚕茧</u>,<u>累累如贯珠</u>。乃古犵狫之五。⑤(博甲本)

如博甲本一样,绝大多数"苗图"中犵兜皆名花犵狫,只在说文中注明"又名'犵兜苗'"。但乾志与此书相同,只称其为"犵兜",未提及"花犵狫"。很显然,乾志与此书这一条目的说文几乎无差,而博甲本的说文有若干此书没有的信息。

序、跋页以及每张说文页的文末均有一至两枚钤印。部分钤印出现过两至三

---

① [清]卫既齐修,薛载德纂,阎兴邦补修:《康熙贵州通志》(康熙三十六年刻本),见《中国地方志集成:省志辑·贵州》,凤凰出版社,2010年,第484页。

② [清]鄂尔泰等修,靖道谟、杜诠纂:《乾隆贵州通志(一)》(嘉庆修补本),见《中国地方志集成·贵州府县志辑》(4),巴蜀书社,2016年,第122页。

③ 刘锋:《百苗图疏证》,民族出版社,2004年,第315—316页。

④ [清]鄂尔泰等修,靖道谟、杜诠纂:《乾隆贵州通志(一)》(嘉庆修补本),见《中国地方志集成·贵州府县志辑》(4),巴蜀书社,2016年,第125页。

⑤ 杨庭硕、潘盛之编著:《百苗图抄本汇编》(上),贵州人民出版社,2004年,第168—169页。

次，如"折花入瓶"印落在第9帧和第19帧。数枚钤印虽铭文内容相同，但同一个字的字体、排版等都不同。如第2帧的第二枚钤印、第10帧的第一枚钤印以及跋文落款处第二枚钤印，虽铭文均为"非赵"，但从大小和字体可辨别出第2帧和跋文页的"非赵"是同一枚钤印，但第10帧的"非赵"是另一枚钤印。前文已述，铭文为"宗昂""爱梅""非赵"的钤印无疑是作者陈宗昂的名章。其余钤印大多以一句一印的形式构成，没有明示姓名的文字内容，其中可能有属于陈宗昂或薛隆绍的钤印，其实际归属者有待进一步考察。如在第10帧上，"无能自号痴顽老"与作者名章"非赵"同时出现，"痴顽老"这一自称也与跋文提及的作者时年七十四吻合，说明这可能是陈宗昂的另一枚钤印。而第9、22帧的钤印"戎马书生"暗示着该印所有者应在军中，因此可能与任武将的薛隆绍有关。另外，在这些钤印中，铭文"览花竹山水妙境""少出街""博采诗集禅道等书""折花入瓶""低声读""瞑目""短睡""常作文""晤对知友""击磬""烹茶""焚香扫地""检时文""散步"均出现在其他主题为"王阳明读书十八则"或含类似篇名的印谱中。海内外现存大量从清代乃至现当代以这些文字镌刻的成套式篆刻作品，较著名的有乾隆朝王玉如《研山印草》中的《读书十八则》、嘉庆朝赵锡绶《云峰书屋集印谱》的《阳明先生读书十八则》。由此可推测，铭文为以上这14句的钤印可能是一组，由一人所有。

图册的绘画手法比较质朴，与其他版本的区别在于，此本绘画着重强调人物，人物在画幅内所占比例较大，但对环境的描绘从简，一部分图中甚至只绘出了地面，其余背景留白。绘画与说文吻合度高，如独家的绘画将说文中提及的女性长裙短衣，衣袖、衣边有彩绣，以及鸡毛球等细节全都表现了出来。但一些族群的说文与绘画明显无法相配，如第4帧猺人的绘画描绘的是纺织、濯发的情景，但说文完全没有提及这两个事项。该绘画与其他多个版本中的阳洞罗汉苗绘画类似，而阳洞罗汉苗在此本中写作"罗汉苗"①，在第32帧，说文中点明他们"巧能织锦"，"濯发自娱"，与第4帧的绘画吻合。

与此图册在条目编排、绘画、说文上都有相似性的是上文提及的《苗猺族生活图》，但这本图册每帧只有若干人物，无背景，说文写在画幅中。通过与普林斯顿本对比笔者发现，柏林本第3、4、5、7、26、32帧的图说确实被张冠李戴。具体情况为：第3帧峒人苗说文配的是猺人绘画，第4帧猺人说文配的是罗汉苗绘画，第5帧克孟牯羊苗说文配的是六额子绘画，第7帧剪发犵狫说文配的是峒

---

① 参见吴雅迪：《柏林藏〈苗民图四十种〉考释》，载《文化遗产》2021年第6期，第135页。

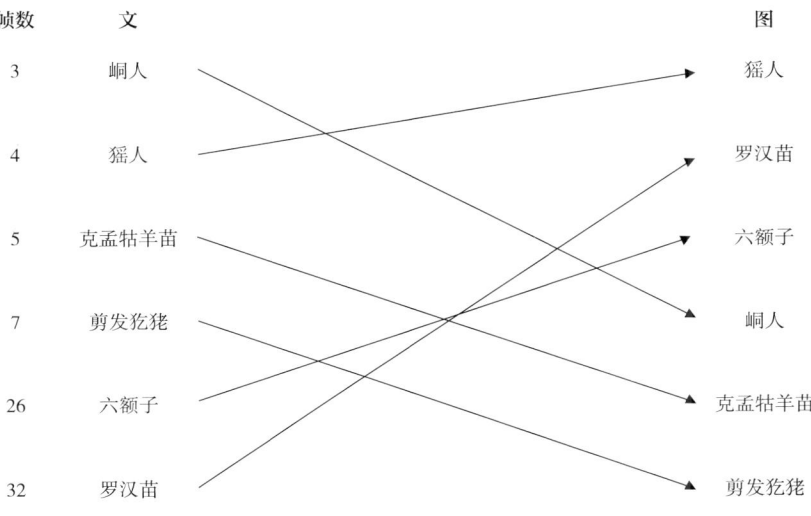

图 5　柏林本图文错置情况示意图

人苗绘画，第 26 帧六额子说文配的是克孟牯羊苗绘画，第 32 帧罗汉苗说文配的是剪发犵狫绘画。（图 5）结合这本书的保存情况来看，可能册页断开以后，后人在不知原装帧顺序的情况下将这些散开的页面随意拼接，发生了张冠李戴的问题，但也不能排除是图册在最初装帧时发生的错误。

除普林斯顿本外，与此图册有关联的还有大英图书馆《苗图 Miao tu [Illustrations of Miao tribes]》、威尔康典藏馆《狆狑狤狪猺獞》。现以这四个版本都有的花苗图像做比较（图 6.1—6.3）。这四幅绘画的构图几乎完全一致，人物衣冠的颜色和细节上，柏林本与普林斯顿本更接近。威尔康本的区别更大一些，不仅左右相反，还改变了孩童的位置，又添加了两个人物。在说文上，普林斯顿本与大英图书馆本几乎完全一致，而柏林本多出了丧礼的过程，但没有对"闹丧"的描述（见本书第 94—95 页）。

除其他版本的"苗图"之外，柏林本绘画还与"苗图"之外的文献有关联性（图 6.4—6.5）。康志"蛮獠"部分的绘画虽线条简单，未设色，但不少人物衣冠、动作、站位等都与柏林本相似，可能与柏林本来自同一个母本，或柏林本受到过康志的影响。《皇清职贡图》贵州部分与柏林本的绘画也有关系，若干条目的单个男女肖像可以在此书的同条目绘画中找到对应的人物。例如柏林本花苗绘画中，最右侧的女性与《皇清职贡图》花苗女性相似度很高，都做摇铃起舞状。蓬松的发髻都斜梳在右边，衣着虽颜色不同，但形制一致。左手舞彩带的动作是相同的，拿着铃铛的右手只是位置不同。而站在后排的男性与《皇清职贡图》

6.1 普林斯顿本①　　　　6.2 大英图书馆本②　　　　6.3 威尔康典藏本③

6.4 康熙《贵州通志》（卫志）④　　　　6.5 乾隆《皇清职贡图》⑤

图 6　普林斯顿大学、大英图书馆、威尔康典藏馆 "苗图" 与康熙《贵州通志》、乾隆《皇清职贡图》花苗对比

---

① 佚名：《苗猺族生活图》（写本），普林斯顿大学图书馆特藏室（Special Collections, Princeton University Library）藏，索书号：C-223/No.2146。

② 佚名：《苗图 Miao tu [Illustrations of Miao tribes]》（写本），大英图书馆藏，索书号：Or 4153。图片来源：苗图 Miao tu [Illustrations of Miao tribes], Or 4153, British Library, by permission of the British Library。参见刘咸：《苗图考略》，载《山东大学科学丛刊》1933 年第 2 期，第 364 页。

③ 佚名：《狑犷狑狪猺獞》（写本），威尔康典藏馆（Wellcome Collection）藏，索书号：WALRAVENS No.99。图片来源：Chinese Miao-tzu album. Shui Yang Ling T'ung Yao Chuang. Wellcome Collection. Attribution 4.0 International（CC BY 4.0）。

④ ［清］卫既齐：《（康熙）贵州通志》（康熙三十一年刊本），法国国家图书馆藏，索书号：Chinois 1794。

⑤ ［清］谢遂：《皇清职贡图》（写本），台北故宫博物院藏，索书号：中画 00004900000。

花苗男性也可对应，二者都做双手捧芦笙状，只是朝向相反。头上都是椎髻，头帕颜色也一致，衣服颜色、款式吻合，只是腰带的颜色不同。

图册末尾的跋文题为《苗域见闻十则》，包括 10 首关于贵州地理环境以及民族服饰、婚丧习俗等方面的诗词。诗词用词较通俗，风格与其他清代竹枝词非常类似。虽然题目中"见闻"二字暗示着作者曾亲赴贵州，但陈宗昂不一定真有在贵州生活的经历，也可能他只是根据这本图册的图文写成了这些诗词，或誊抄了他人的作品。

综上所述，该图册的族群命名方式和说文应主要来源于康熙、乾隆《贵州通志》，说文并未完全照抄《贵州通志》，而是做了或多或少的改动，一些内容可能来自其他文献或作者的亲身观察。绘画可能并非自主创制，而是来自其他母本，这个母本与康熙《贵州通志》"蛮獠"的绘画有渊源关系。相较其他现存版本而言，此本图册确有较多早期"苗图"的特征。图册包含了翔实的绘制、传抄信息，购买、入藏信息，是目前已知能考订时间的"苗图"写本中最早的版本，还与同一时期的国家民族图志、地方志有交集，是现存世抄本中非常特殊的一个版本。

版 本 信 息

标　　题：无（据序言其母本原题为《苗民图四十种》）

作　　者：陈宗昂

绘制时间：乾隆三十三年（1768）

形　　式：纸本设色，册页本

规　　格：一册本，27.3cm×31.8cm

页　　数：1.序跋：各2开；2.绘画：39；3.说文：39

图说布局：右图左说

封　　面：册页装在两片红棕色木夹板中间

钤　　印：宗昂（第58、62、138页）、爱梅（第58页）、非赵（第62、78、138页）、松巢（第64、124、128页）、莲楼蓑翁（第68、116页）、信手拈来（第70页）、览花竹山水妙境（第72、132页）、少出街（第74页）、博采诗集禅道等书（第74页）、折花入瓶（第76、96页）、戎马书生（第76、102页）、无能自号痴顽老（第78页）、有感则鸣（第80、106页）、低声读（第82、122页）、瞑目（第86页）、短睡（第86、134页）、数点梅花天地心（第88页）、寡过未能（第90页）、强恕（第96页）、常作文（第98页）、晤对知友（第98、112页）、击磬（第100页）、无人无我（第110、134页）、勿辜事君意（第112页）、志在学不叕（辍）（第114、136页）、烹茶（第118、130页）、焚香扫地（第118、126页）、何如（第120、126页）、检时文（第120、122页）、清风朗月不用一钱买（第124页）、散步（第130页）［另外少部分钤印不能辨识］

藏　　地：德国柏林民族学博物馆

索 书 号：ID 46973

入藏信息：1883年购于福林堂，1889年入藏柏林民族学博物馆附属图书馆

引　首

有苗来格①

---
① 本章图片来源：Miao Album, ID 46973, Ethnologisches Museum, Staatliche Museen zu Berlin; Fotograf: Claudius Kamps。

序

　　造物之生人也，肢體官骸一其形，思憲（慮）智慧一其心，此自有天地以來，莫不皆然。間有同而異（異）、々而同者，何也？九土之燦（燥）濕各別，五方之風氣不齊耳。我朝聖聖相繼百餘年，四海徔（從）風昭々矣。遐陬重譯、納貢來王者，每間歲（歲）常以不獲睹其奇形恠（怪）狀爲恨。大条（參）戎薛公以丙戌歲（歲）自黔南遷守常郡，攜（攜）有《苗民圖四十種》，彙爲一册（冊）。凢（凡）山川、人物、衣冠、裹（裝）飾泊乎，歲（歲）時、伏臈（臘）①、婚（婚）娶、喪葵（葬）之類約略，其同與異（異）種々相錯落，咸載《省志》無遺。公於退食之暇采風問俗，留心教化，令繪事者描形肖像，並取全志所載，叅（參）伍較正，而苗疆之峻险、習尚之美惡具焉。昔朱紫陽②以利濟爲懷（懷），范文正③以天下爲己任，公之爲此也，一而巳［已］矣。丁亥冬，余來寓鼎城，越月得謁公於官署別業，出是圖見示，且命以四體字法各書其說於後。乃不揣谫劣④，逐類塗抹，俾覽者有尺幅萬里之勢。嗟夫！《齊諧》⑤之譎怪，《山海》⑥之新奇，其間變々幻（幻）々，疊出不窮，有難以遍觀而指数者，又奚必六合⑦以外，始在存而不論之列也哉。是爲引。

　　峕（時）乾隆三十三年，歲（歲）在戊子暮春之初，書于鼎城官署之延青齋中。
　　楚澧後學陳宗昂拜撰。

---

① 伏臘，指伏祭、臘祭两种古代祭祀之日，后用来泛指节日。
② 朱紫阳，即朱熹，其别称有"紫阳先生""紫阳夫子"等。
③ 范文正，即范仲淹，"文正"为其谥号。
④ 谫劣，浅薄低劣。
⑤ 《齐谐》出自《庄子》："齐谐者，志怪者也"，疑为先秦志怪书籍。后世另有刘宋东阳无疑《齐谐记》及南朝梁吴均《续齐谐记》。
⑥ 《山海》，指《山海经》。
⑦ 六合，指上下和东西南北四方，泛指天下。

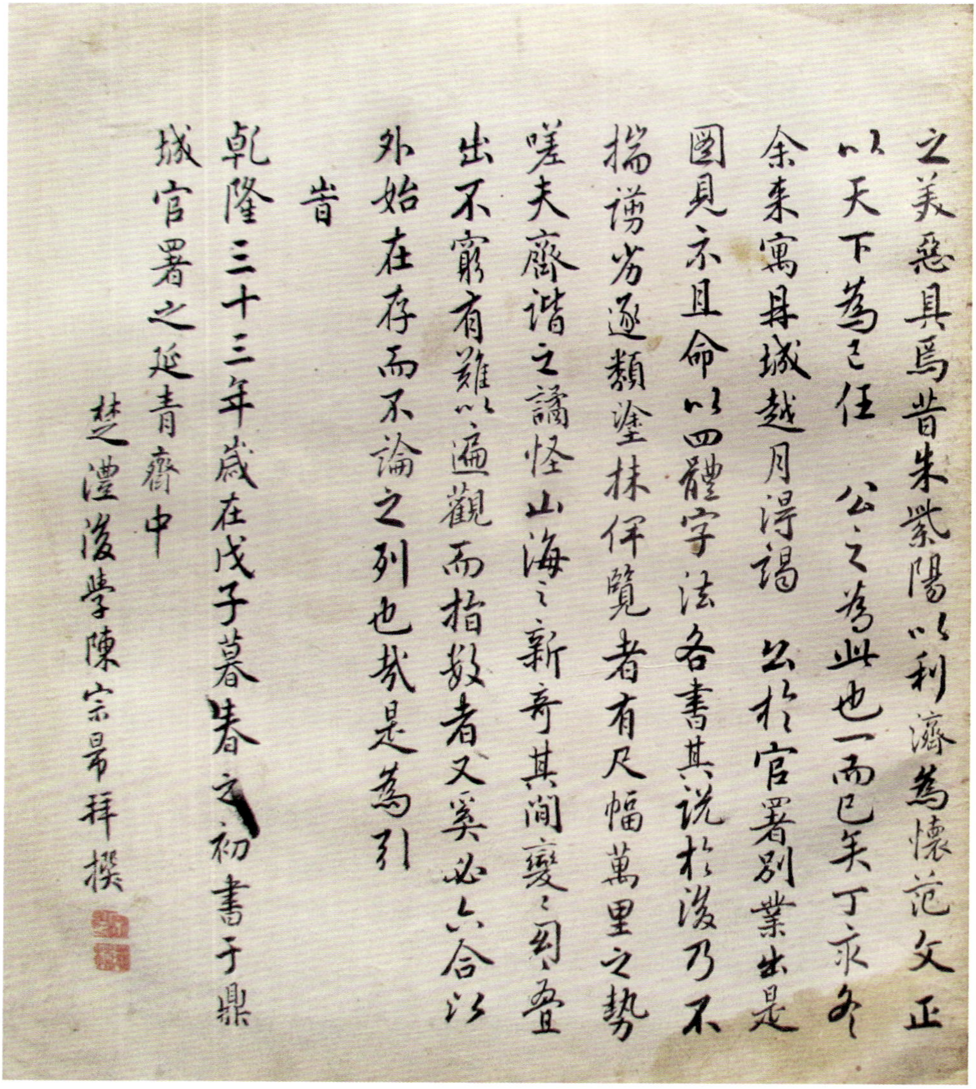

之美懇具焉昔朱紫陽以利濟為懷范文正
以天下為己任 公之為此也一而已矣丁亥冬
余來寓丹城越月得謁 公於官署別業是
圖見亦且命以四體字法各書其說於後乃不
揣譾劣遂類塗抹俾覽者有尺幅萬里之勢
嗟夫廋辭諧之譎怪山海之新奇其間變之則疊
出不窮有難以遍觀而指毀者又奚必六合以
外始在存而不論之列也哉是為引
　昔
乾隆三十三年歲在戊子暮春之初書于鼎
城官署之延青齋中
　　　楚灃後學陳宗昌拜撰

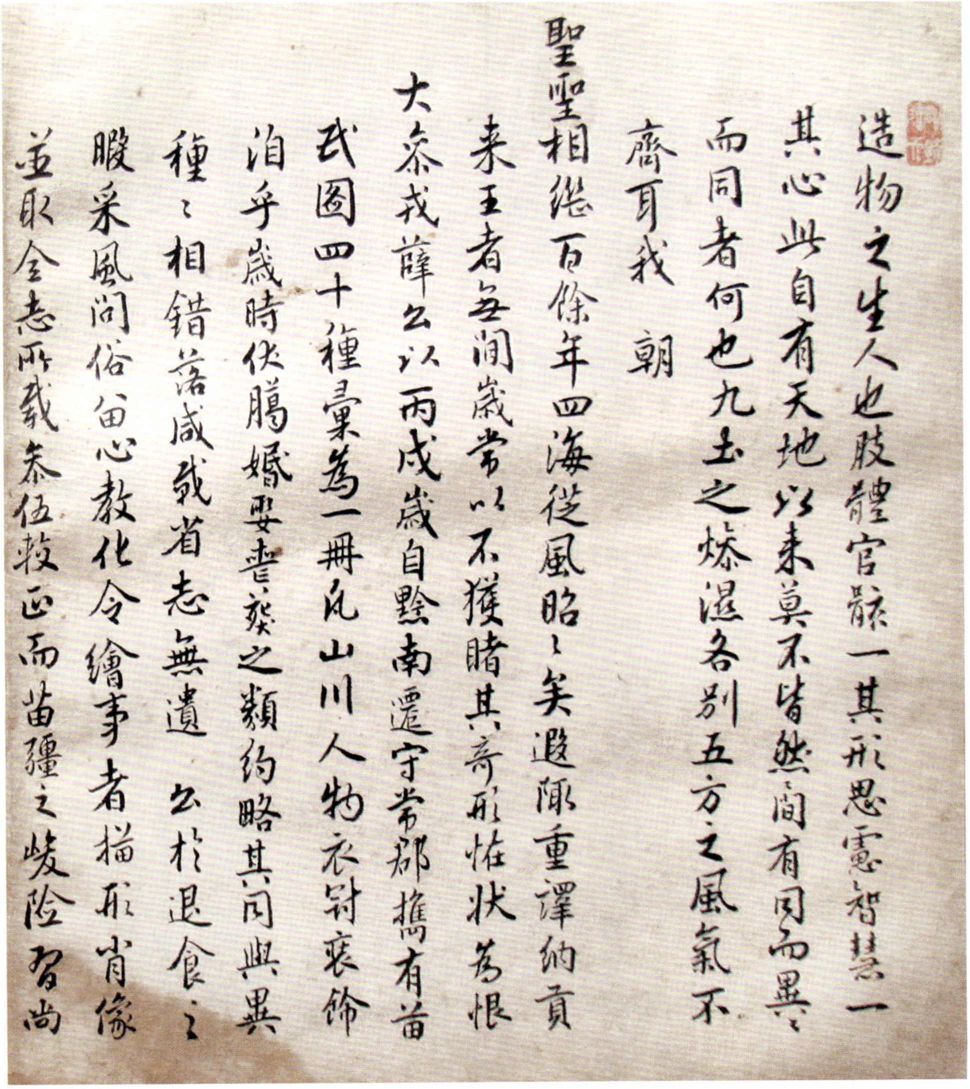

造物之生人也肢體官骸一其形思慮智慧一
其心此自有天地以來莫不皆然聞有同而異
而同者何也九土之燥濕各別五方之風氣不
齊耳我朝
聖聖相繼百餘年四海從風昭〻笑遨隊重譯納貢
來王者無間歲常以不獲睹其奇形怪狀為恨
大秦戎薛公以丙戌歲自黔南遷守常郡攜有苗
武圖四十種彙為一冊凡山川人物衣冠喪飾
泊乎歲時伏臘婚娶燕饗之類約略其同與異
種〻相錯落我省志無遺公於退食之
暇采風問俗留心教化令繪事者摹取肖像
並取全志所載恭伍校正而苗疆之峻險習尚

> 黑猓玀形黑又名烏蠻居平遠大定黔西威寧慣習標鎗其法各挾竹筒於脅下驟馬飛標貫筒為膝獵即以標取物無不中者
> 又一種白猓玀為黑猓之奴食無鹽豉以三足釜灼毛齕血無論鼠雀蠕動之物攫而蜡之攢食若鼠人死以牛馬皮裹而焚之居普定者為阿和其俗相同以販茶為業

一、黑猓玀形黑，又名"烏蠻"，居平遂（遠）、大芝（定）、黔西、威宁①。惯习标鎗，其法各挟竹筒於脅下，驟馬飛標，貫筒為（爲）勝。獵（獵）

---

① 此处绝大多数现存版本仅"大定府"一个地名。傅斯年图书馆《苗蛮图（乙）》、康熙《贵州通志》则记载"居平遠、大定、黔西、威寧者爲黑羅羅，亦曰'烏蠻'"，与此本相同。参见李汉林：《百苗图校释》，贵州民族出版社，2001年，第232页；刘铮云编：《"中央研究院"历史语言研究所傅斯年图书馆藏未刊稿钞本·史部》（第21册），"中央研究院"历史语言研究所，2015年，第449页；[清]卫既齐修，薛载德纂，阎兴邦补修：《康熙贵州通志》（康熙三十六年刊本），见《中国地方志集成·省志辑·贵州》，凤凰出版社，2010年，第459页。

即以標取物，無不中者①。［註：又一種白猓玀，為（爲）黑猓之奴。食無盟（盤）琖（盞），以三足釜。灼毛齰血，無論鼠雀，蠕動之物，攫而蜡之，攢食若虦。人死以牛馬皮裹而炛（焚）之。居普芝（定）者為（爲）阿和，其俗相同，以販茶為（爲）業。］

---

① 除普林斯顿大学图书馆《苗猺族生活图》、中国社会科学院民族研究所《黔西苗俗图》外，笔者未在其他已知版本中找到此句。《黔西苗俗图》的后半部分为"骤马飞驰，标贯筒为胜"，与此本有差异。田榕《黔苗竹枝词》亦有类似记录，曰："骤马飞枪，以贯筒为胜。"参见贵州省文史研究馆编：《贵州竹枝词集》，见《续黔南丛书》（第十二辑），贵州人民出版社，2019年，第18页。

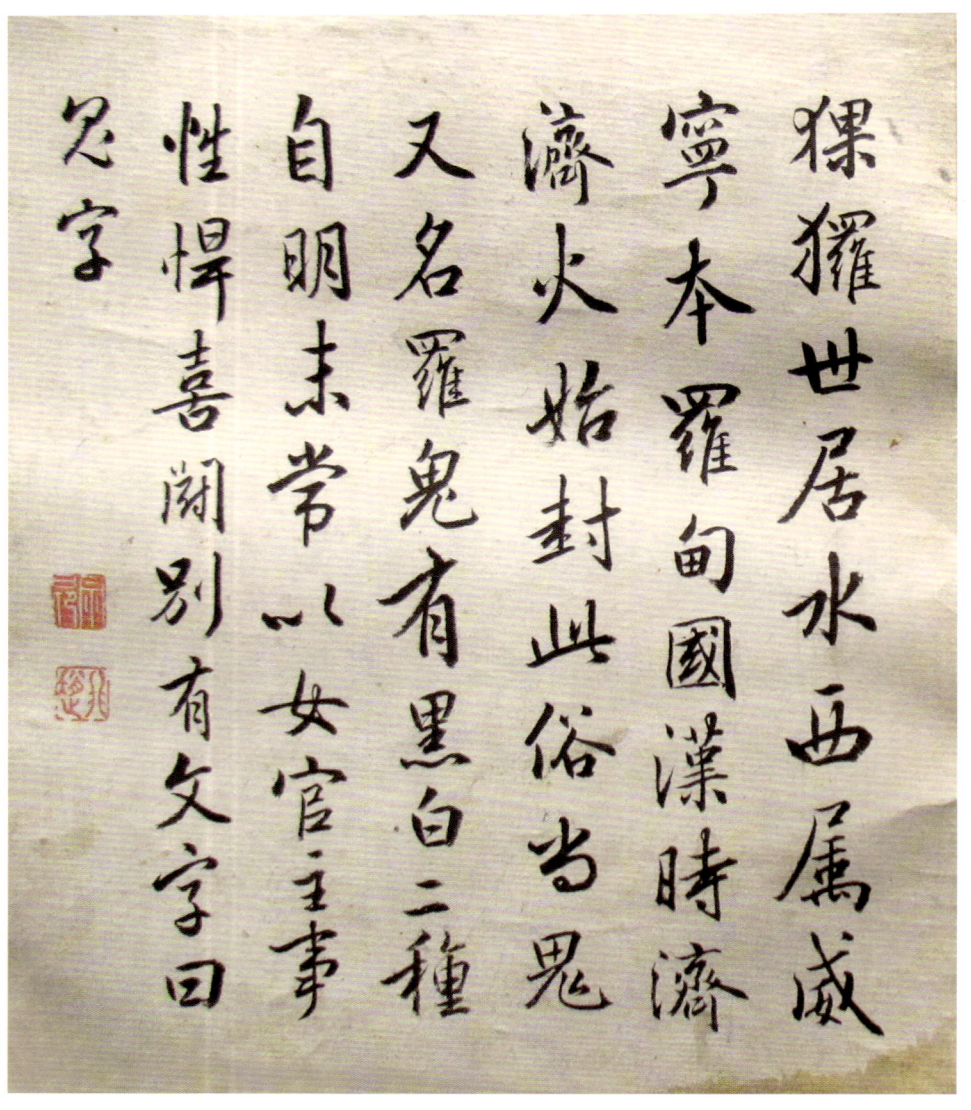

二、猓玀世居水西，属威寧，本羅甸國，漢（漢）時濟濟火始封此。俗尚鬼（鬼），又名"羅鬼"。有黑、白二種，自明末常以女官主事。性悍，喜鬭（鬥）。別有文字，曰"鬼字"。①

---

① 除《苗猺族生活圖》外，此本女官的說文與絕大多數存世版本完全不同。《皇清職貢圖》與此本類似，曰："猓玀在威寧州之水西。蜀漢時，有濟火者……有黑白二種，別有文字，曰'鬼字'。"參見莊吉發校注：《謝遂〈職貢圖〉滿文圖說校注》，台北故宮博物院，1989年，第599頁。

三、峝人苗皆在下游。冬采茆（茅）苍（花）爲絮以禦寒。飯食避鹽酱（醬）。夫婦出人[入]必偶。性多忌，喜殺，不離鏢弩。在石阡司、朗谿司者，頗類漢人。在永從諸寨者，常負固自匿。在洪州者，刦（劫）殺爲盗。[1]

---

[1] 此说文最后三句在其他版本中极少见。除《苗猺族生活图》外，《黔南苗蛮图说》也有与之类似的句子，参见李德龙：《〈黔南苗蛮图说〉研究》，中央民族大学出版社，2008年，第191页。

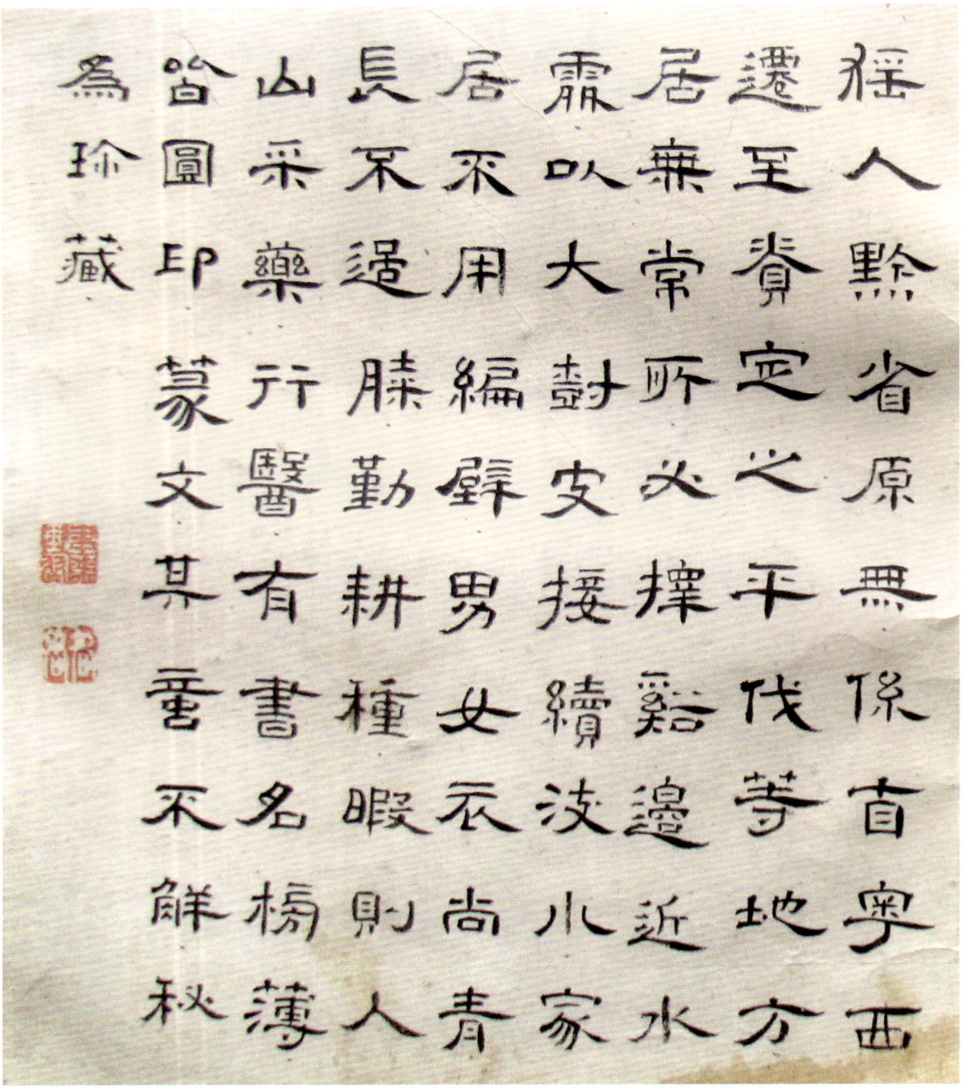

猺人黔省原無係自粤西
遷至貴定之平伐等地方
居無常所必擇谿邊近水
處以大尌皮接續汥水家
居不用編辟男女衣尚青
長不過脨勤耕種暇則人
山采藥行醫有書名榜簿
皆圖印篆文其啻不觧秘
爲珎藏

四、猺人黔省原無，係自粤西遷至貴定之平伐[①]等地方。居無常所，必擇谿邉（邊）近水處，以大尌（樹）皮接續汥水。家居不用編壁。男女衣尚青，長不過脨（膝）。勤耕種，暇則人［入］山采藥行醫。有書名《榜簿》，皆圖印篆文。其啻（意）不解（解），秘爲珎（珍）藏。

① 他本多作“貴定、清平、獨山”，或“貴州清平、獨山”。参见杨庭硕、潘盛之编著：《百苗图抄本汇编》（上），贵州人民出版社，2004 年，第 236—241 页。

五、克孟枯[牯]羊苗在廣順州之金筑司。擇懸崖鑿（鑿）竅而居，不設床笫，楣（構）竹梯上下，高（高）者百仞。耕不輓犁，以鐵鏵發（發）土。男女踞笙而偶，生子免乳而歸（歸）。親死不哭，笑舞浩歌，謂之"鬧喪"。明年聞杜鵑（鵑）聲，舉家哭泣，曰："鳥猶歲（歲）至，親不返矣。"

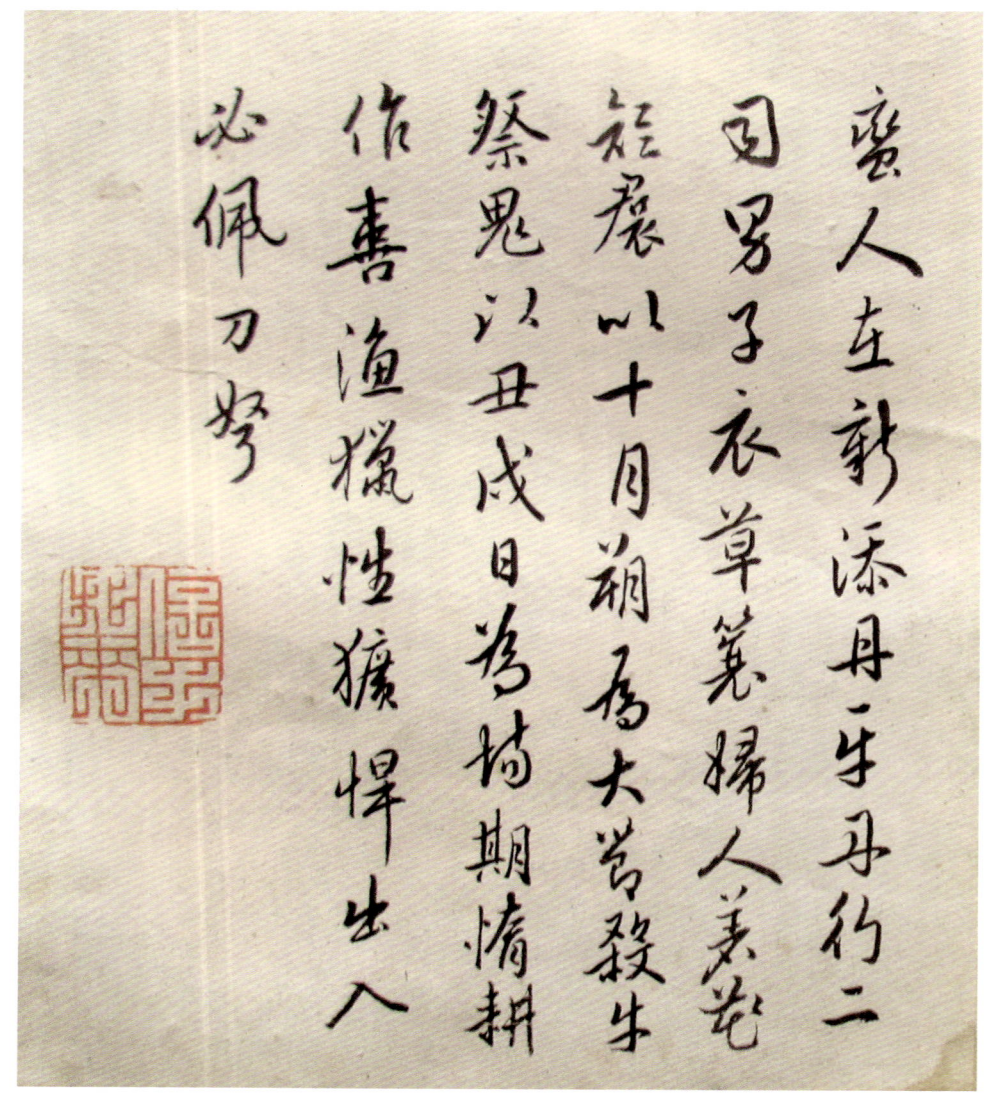

六、蠻人在新添丹平、丹行二司①。男子衣草簑，婦人著（着）花短裹（裙）。以十月朔為（爲）大節，殺牛祭鬼（鬼）。以丑戌[戌]日為（爲）場期。惰耕作，喜漁獵。性獷悍，出入必佩刀弩。

---

① 他本多作"新添、丹江二处"。参见杨庭硕、潘盛之编著：《百苗图抄本汇编》（上），贵州人民出版社，2004年，第219—220页。相关讨论参见吴雅迪：《柏林藏〈苗民图四十种〉考释》，载《文化遗产》2021年第6期，第135页。

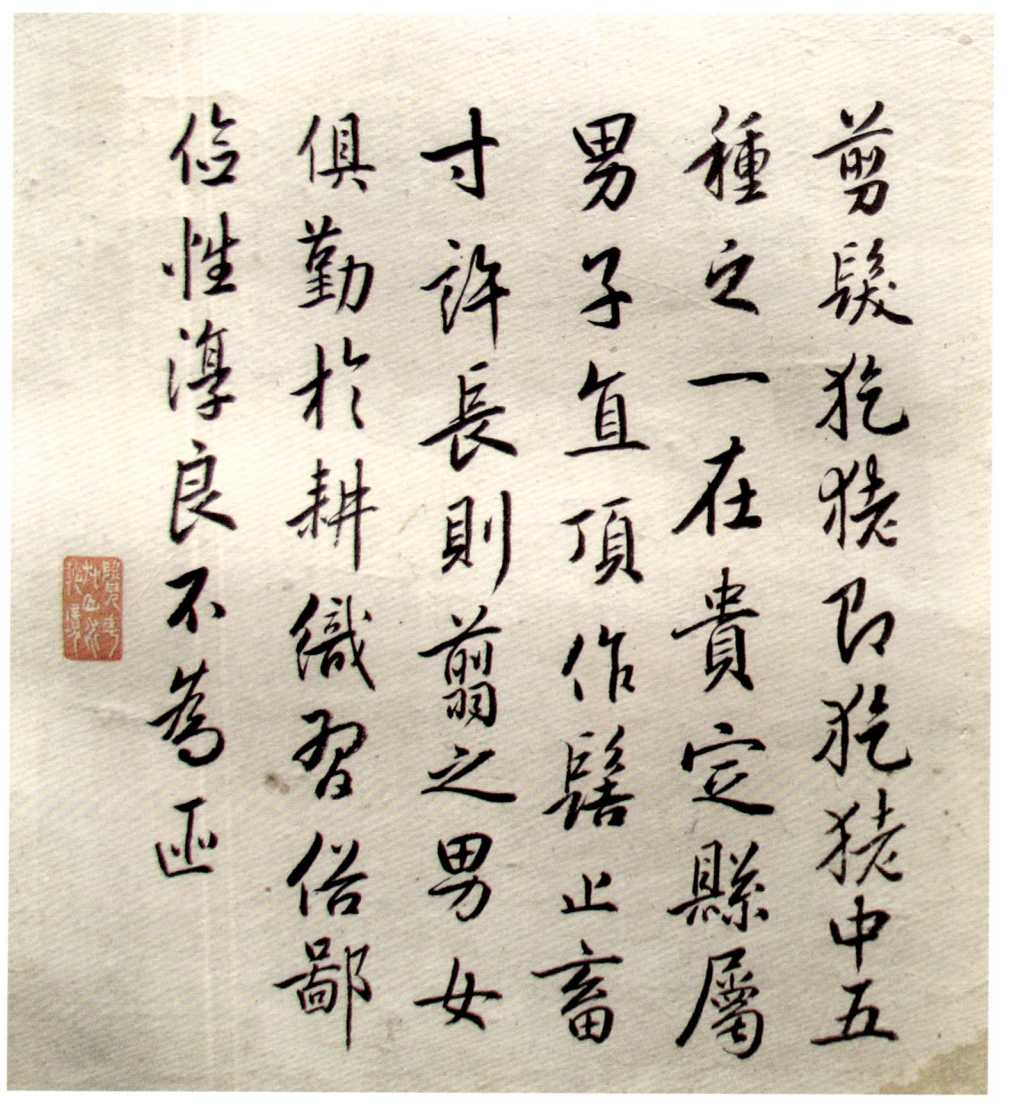

七、剪髮犵狫即犵狫中五種之一，在貴定（定）縣屬①。男子②直頂作髻，止畜（蓄）寸許，長則翦之。男女俱勤於耕織。習俗鄙俭，性淳（淳）良，不爲匪。

---

① 哥达本、布拉格本及其他大多数版本此处作"贵定、施秉、平远"，参见本书第201、424页；李汉林：《百苗图校释》，贵州民族出版社，2001年，第223页。
② 哥达本、布拉格本及其他大多数版本此处作"男女"，参见本书第201、424页；李汉林：《百苗图校释》，贵州民族出版社，2001年，第223页。

八、東苗在貴筑、龍里、清平。有旀（族）無姓。衣淺藍，短不過膝，以苍（花）布束髮。婦人華（花）衣無袖，惟兩幅遮前覆後，細摺［褶］短裳（裙）。親族（族）逝，擇牡牛，以毛煜（旋）頭角正者爲佳。飼至禾熟牛肥，釀酒，砍牛，集親属劇［聚］飯。以中烁（秋）祭先祖。跳月與華（花）苗同。①

---

① 此本對東苗衣服顏色、擇牛祭祀的描寫在少數其他版本中亦存在，如《苗猺族生活圖》、賓夕法尼亞大學圖書館《全黔苗圖》、美國國會圖書館《克孟牯羊苗圖》、哈佛燕京圖書館《黔苗圖說》等。參見樂怡整理：《百苗圖八種》（下），廣西師範大學出版社，2018年，第302頁。

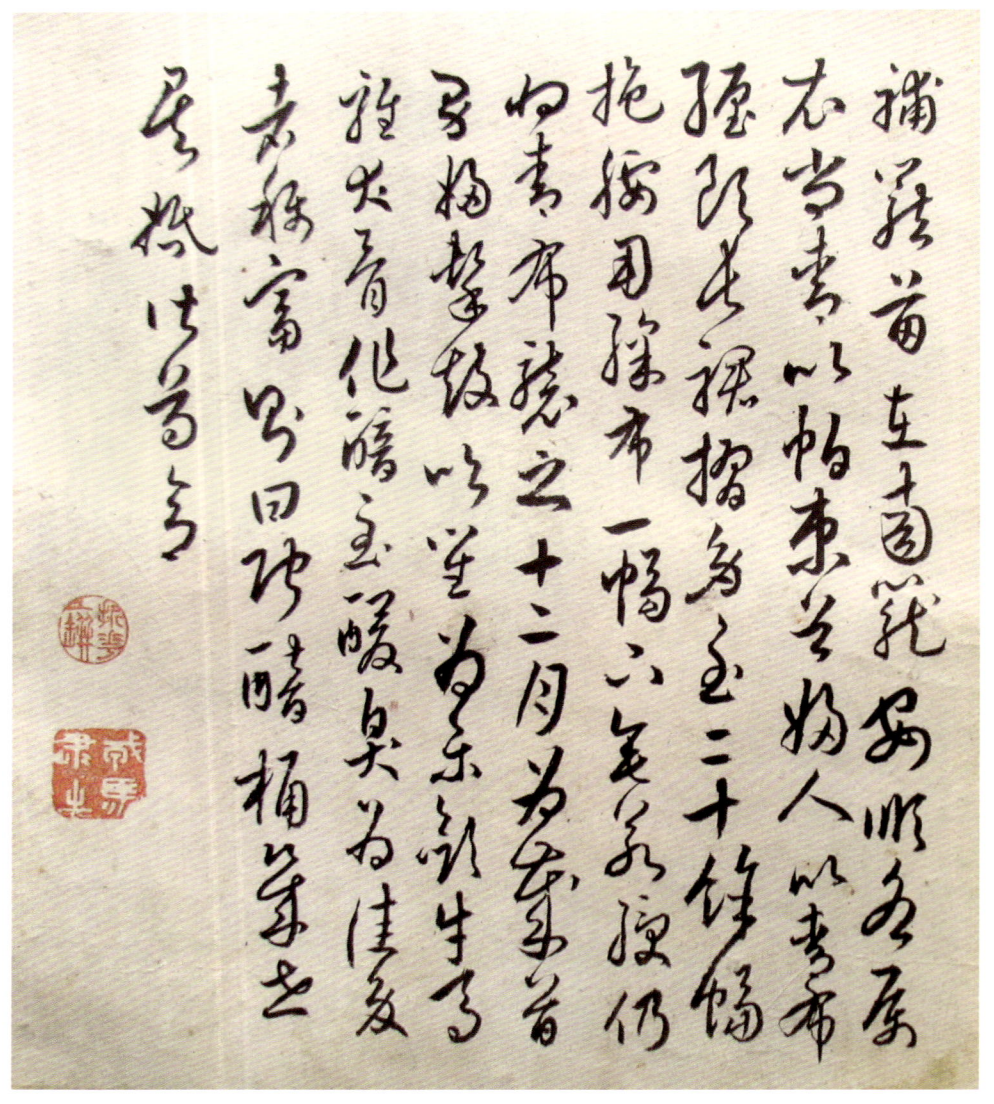

九、補籠苗在南籠、安順各屬。衣尚青，以帕束首。婦人以青布纏頭，長裙，摺［褶］每至二十餘幅。拖腰用綵（彩）布一幅，下垂若綬，仍以青布襲之。十二月为歲首，男婦擊鼓吹笙为乐。斂牛馬雞犬骨作醋，至酸臭为佳。多者稱富，則曰："貯醋桶幾世矣"。婚皆苟合。①

---

① 此帧族群在他本多称为"補籠狆家"。与此说文相同或相近的版本极少，如《苗猺族生活图》、宾夕法尼亚大学图书馆《全黔苗图》以及《皇清职贡图》。参见庄吉发校注：《谢遂〈职贡图〉满文图说校注》，台北故宫博物院，1989年，第583页。

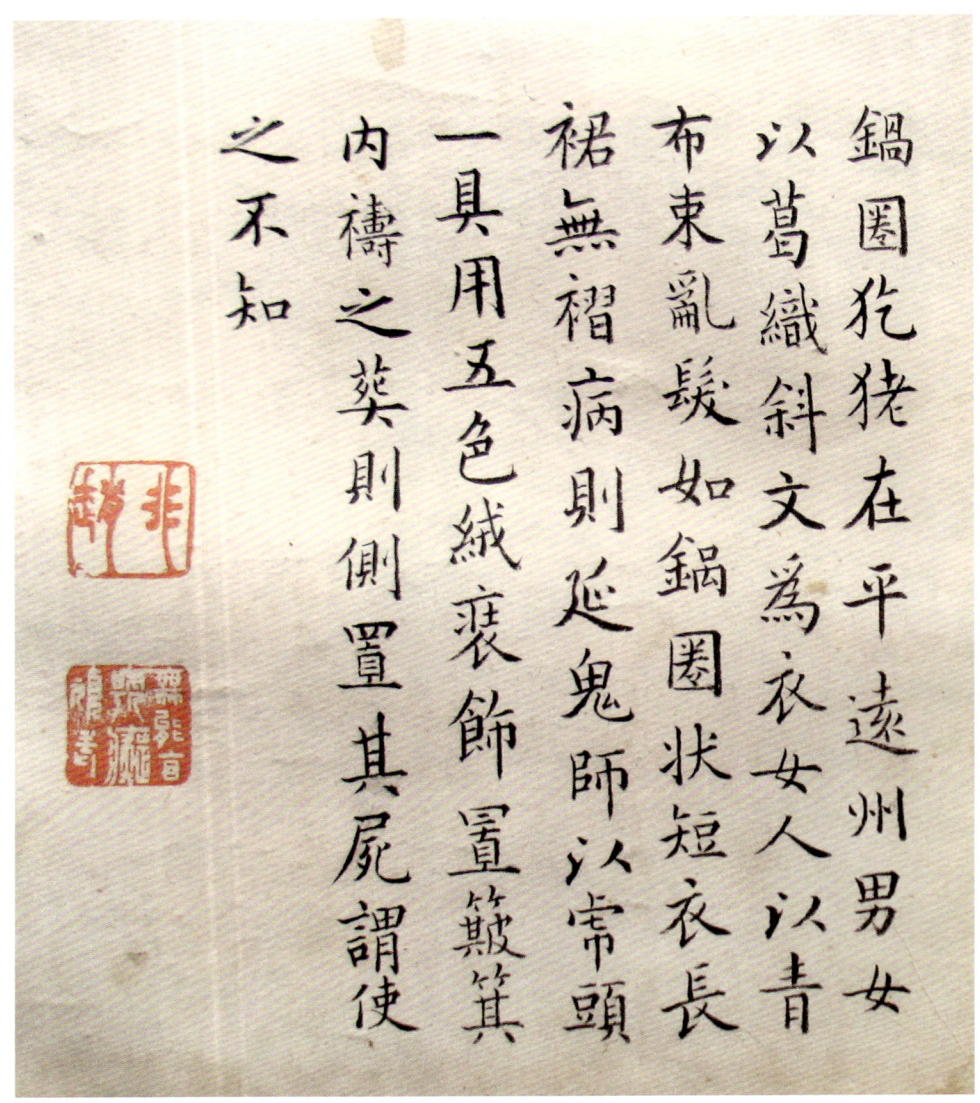

十、鍋（鍋）圈（圈）犵狫在平逺（遠）州。男女以葛織斜文（紋）｛布｝爲衣。女人以青布束亂（亂）髮，如鍋（鍋）圈狀，短衣，長裙無褶①。病則延鬼師，以席（虎）頭一具，用五色絨裹（裝）飾②，昰（置）簸箕內禱之。葵（葬）

---

① 他本多作"青衣短裙"或類似語句，參見本書第215、434頁。此本的描述更符合該族群的衣著習慣。

② 博甲本等部分版本作"用面作虎頭"及"紅綠線"，參見楊庭碩、潘盛之編著：《百苗圖抄本彙編》（上），貴州人民出版社，2004年，第184頁。

则侧置其尸，谓使之不知。[1]

[1] 此句在极少其他版本中亦存在，如《苗猺族生活图》、美国国会图书馆《克孟牯羊苗图》。

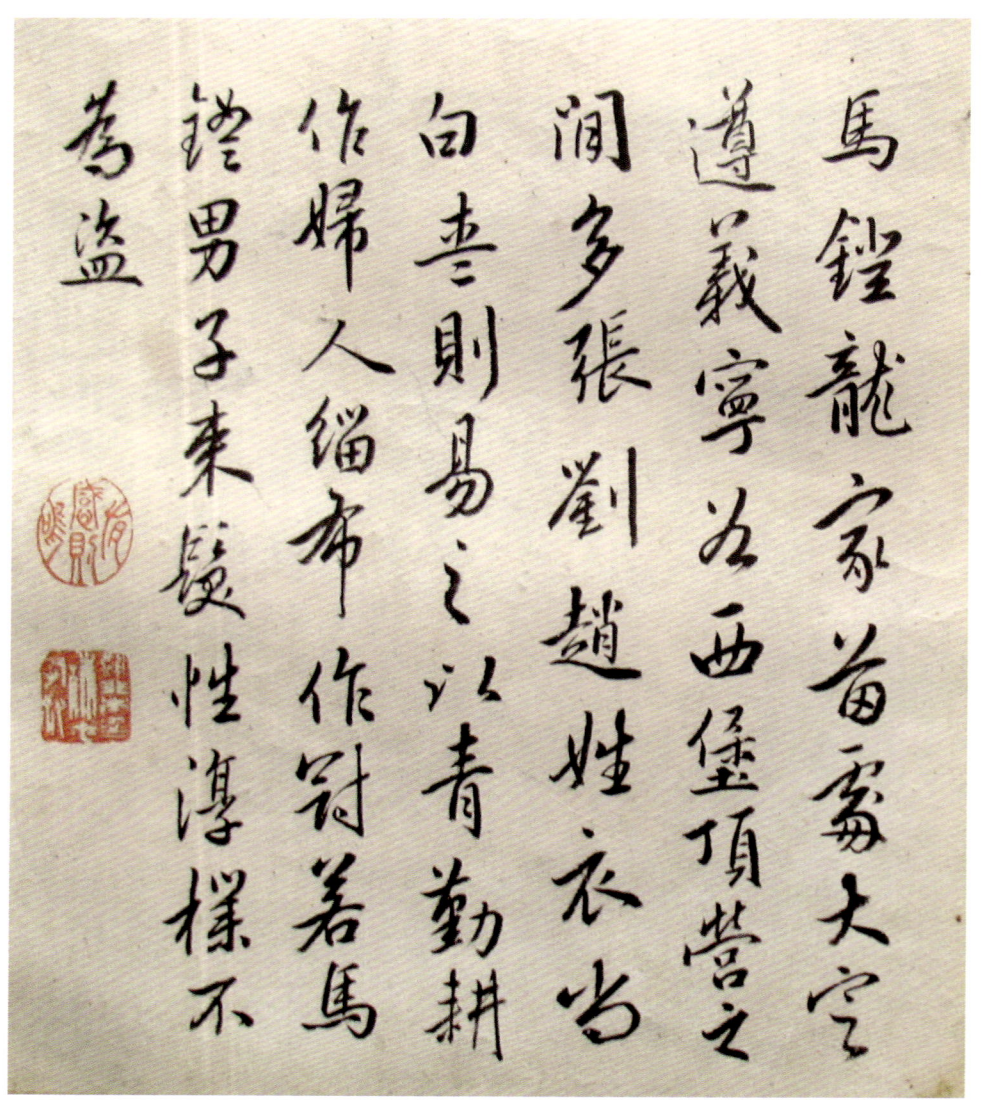

十一、馬鐙龍家苗處（處）大定、遵義①、寧谷、西堡、頂營之間。多張、劉、趙姓。衣尚白，喪則易之以青。勤耕作，婦人緇布作冠，若馬鐙。男子束髮。性淳（淳）樸，不為（爲）盜。

---

① 这两处地名在他本中多不存，参见李汉林：《百苗图校释》，贵州民族出版社，2001年，第285页。

十二、青苗習類羅々，居鎮寧①。衣裙俱尚青，故名。女戴青布，制如九華巾。衣蓋霄（腰），裠（裙）掩䣛（膝）。性悍，健鬥（鬬），喜爲盜賊，出入恒帶刀弩②。未婚（婚）男女於每歲（歲）孟春至郊外聚歌，相悅（悅）者通媒妁結婚（婚）。

---

① "習類羅羅"在他本中极少见。他本此处还提及黔西、修文、贵筑、平远等地名，参见李汉林：《百苗图校释》，贵州民族出版社，2001年，第22页。

② 他本此处多与之完全相反，写作"今亦馴良"，参见李汉林：《百苗图校释》，贵州民族出版社，2001年，第22页。

第一章 柏林民族学博物馆藏"苗图"册页 | 083

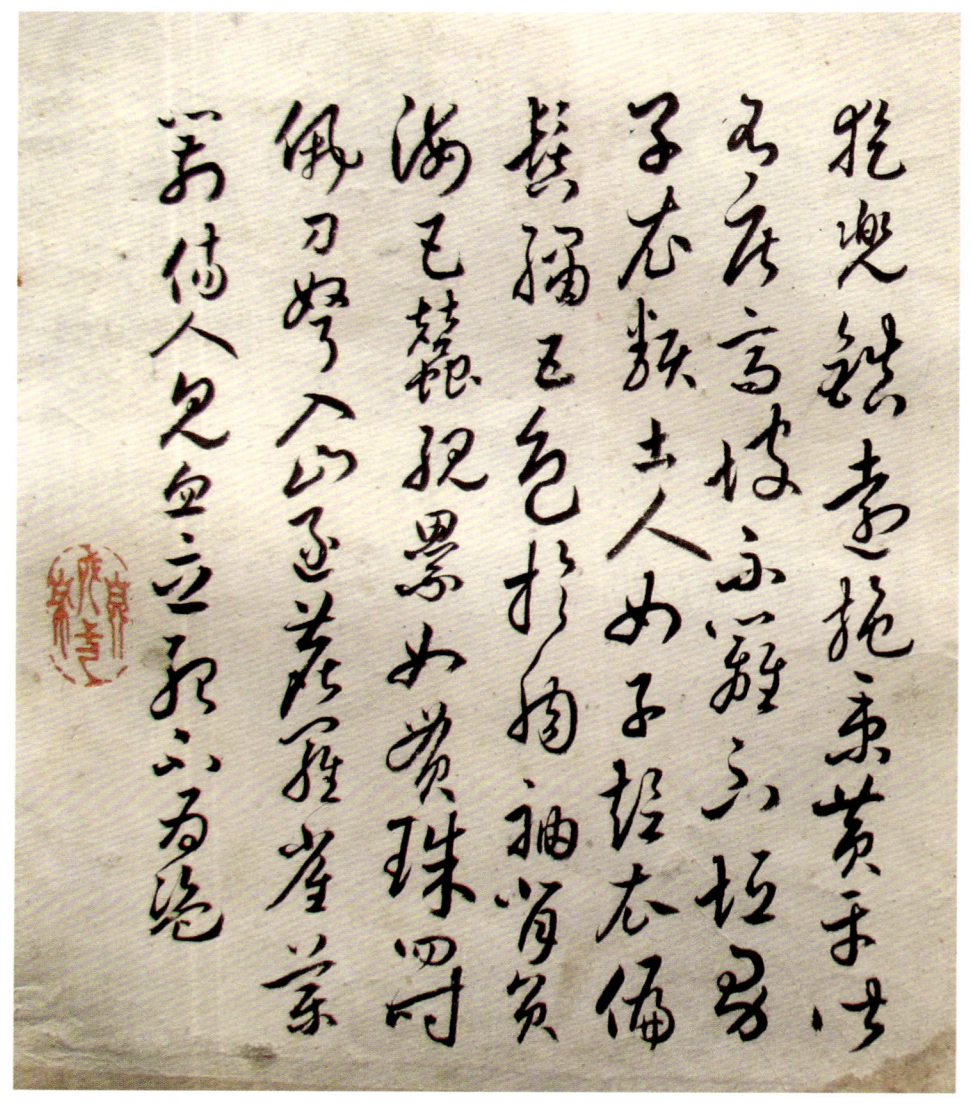

十三、犵兜鎮遠、施秉、黃平皆有①。居高坡，不籬不垣。男子衣類土人。女子短衣偏髻，繡五色於胸袖，背負海巴蠶䗶（繭），累如貫珠。四時佩刀弩入山，逐鹿羅雀。藥箭傷人，見血立死。不為盜。

---

① 他本此幀族群多被稱為"花犵狫"，地點則為"施秉、龍泉及平越、黃平"，參見楊庭碩、潘盛之編著：《百苗圖抄本匯編》（上），貴州人民出版社，2004年，第167頁。

第一章 柏林民族学博物馆藏"苗图"册页 | 085

十四、蔡家苗在貴筑、修文、威寧、大㲼（定）、平逺（遠）。男子製氊（氈）為（爲）衣。婦人以氊（氈）爲髻，餙（飾）以青布，若牛角狀，高（高）尺許，長簪綰之，短衣長裠（裙）。翁媳不通言。夫死，将（將）婦殉塟（葬），婦家率衆（衆）搶去乃免。

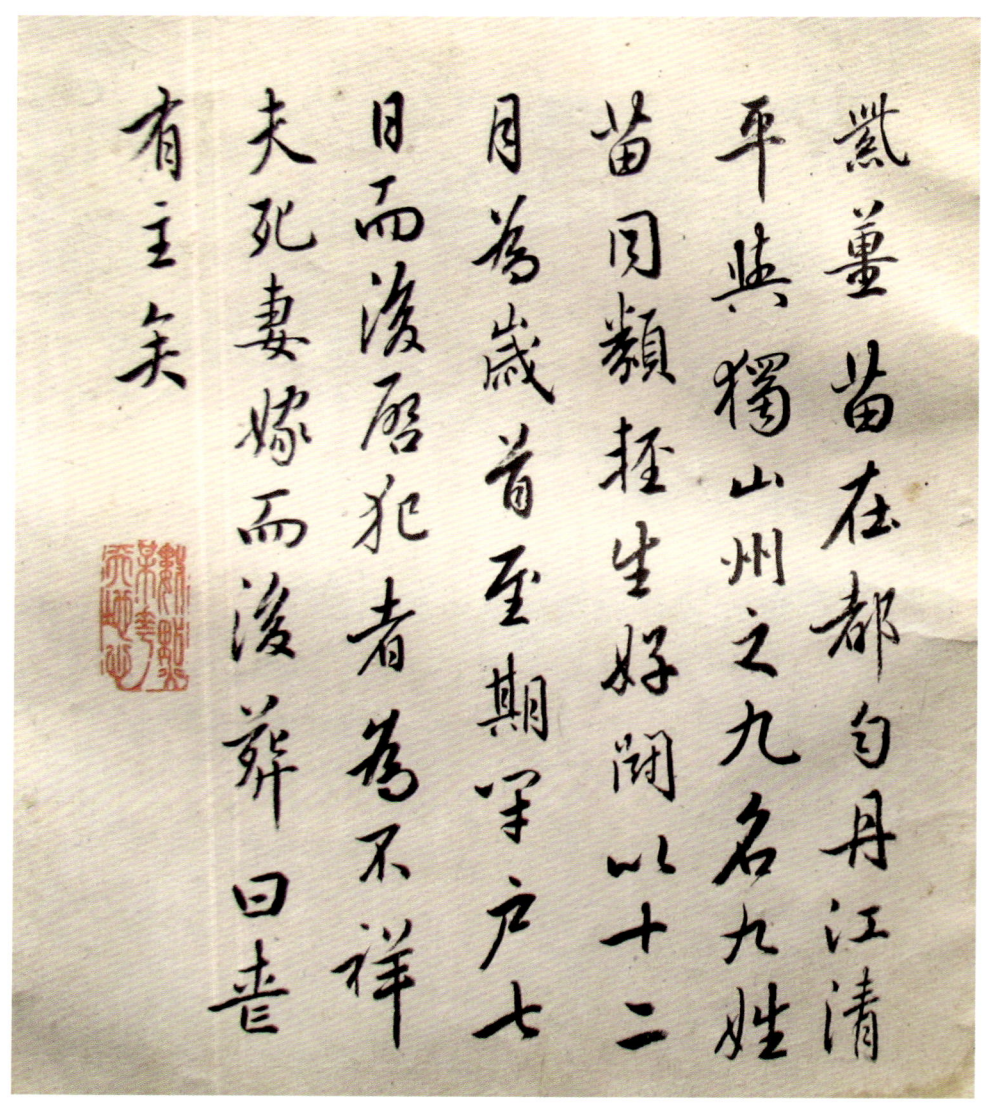

十五、紫薑苗在都勻、丹江、清平[1]。與獨山州之九名九姓苗同類，輕（輕）

[1] 他本多作"黄平、清平、丹江等處"，参见杨庭硕、潘盛之编著：《百苗图抄本汇编》（下），贵州人民出版社，2004年，第275页。乾隆《贵州通志》此处与此本完全相同，参见[清]鄂尔泰等修，靖道谟、杜诠纂：《乾隆贵州通志（一）》（嘉庆修补本），见《中国地方志集成·贵州府县志辑》（4），巴蜀书社，2016年，第124页。《皇清职贡图》则称"都勻、平越、黄平、清平、丹江皆有之"，涵盖了以上两种说法中的地名，参见庄吉发校注：《谢遂〈职贡图〉满文图说校注》，台北故宫博物院，1989年，第591页。

生好鬪（鬥）。以十二月①為（爲）歳（歲）首，至期閉户，七日而後啓，犯者為（爲）不祥。夫死，妻嫁而後葬，曰"喪有主矣"。

---

① 此处的时间不统一，还有十月、十一月等版本，参见本书第231、460页；李汉林：《百苗图校释》，贵州民族出版社，2001年，第49页。

十六、八番苗在定番州。衣服與漢人同。其俗女勞男逸。檴［獲］稻和稭儲之。刳木作臼，每臨炊，始取稻把人［入］臼，手舂而食之。寅（寅）午日爲市，擊長腰鼓爲樂。十月望日爲歲（歲）首。塟（葬）不擇日，夜靜而瘞［瘞］，謂不忍使其親知之。

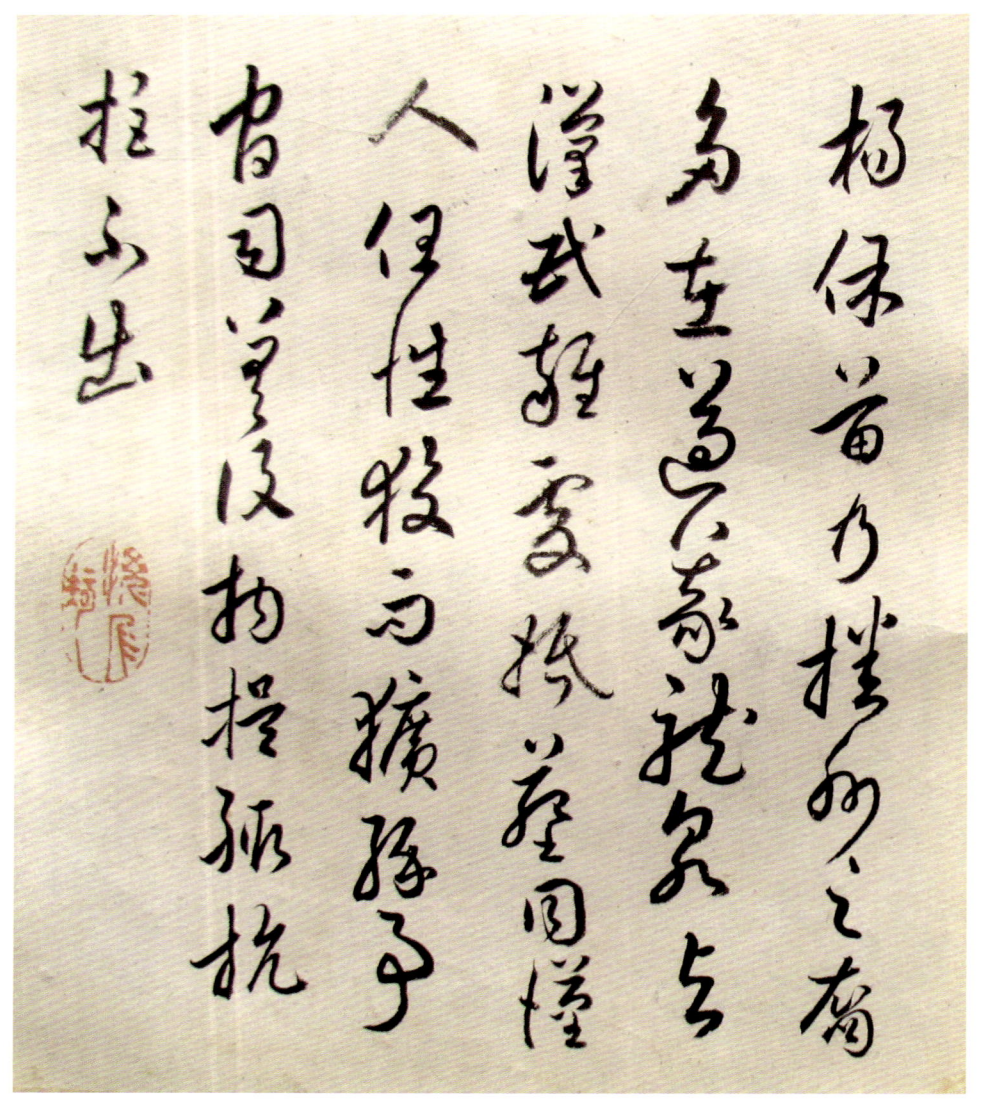

十七、楊保苗乃播州之裔，多在遵義、龍泉。與漢民雜處，婚塋（葬）同漢人。但性狡而獷，緣事官司，差役拘提，輒抗拒不出。

十八、花苗二種，有大頭、小花之別，其俗性皆同。衣無衽竅（竅），提其領，自首貫於身，以蠟花布為（爲）之。女戴髻，大如斗，馬尾雜棕髮為（爲）之①。孟春，男女野合，名"跳月"。男編竹作笙前吹，女振鈴於後，歌舞盤（盤）𣄰（旋），終日不倦。情授（投）挈［契］而共處（處），生子乃歸夫家。以季夏為（爲）歲（歲）首，屠牛釀釀以祀天。親喪則宰牛，召戚屬遠（遠）近奔赴，

---

① 多本此處對花苗服飾的描述不同，如哥達本作"衣用敗布緝條為之"，布拉格本與之基本相同。女性頭戴大如斗的發髻這一細節亦見於其他較少版本。參見本書第182、404頁；李漢林：《百苗圖校釋》，貴州民族出版社，2001年，第15頁。

攜（攜）酒食以賻之，環（環）哭盡哀。塟（葬）不用棺，斂手足而瘞之。其卜地以雞子，擲之不破者為（爲）吉。病不服藥，惟禱鬼信巫。

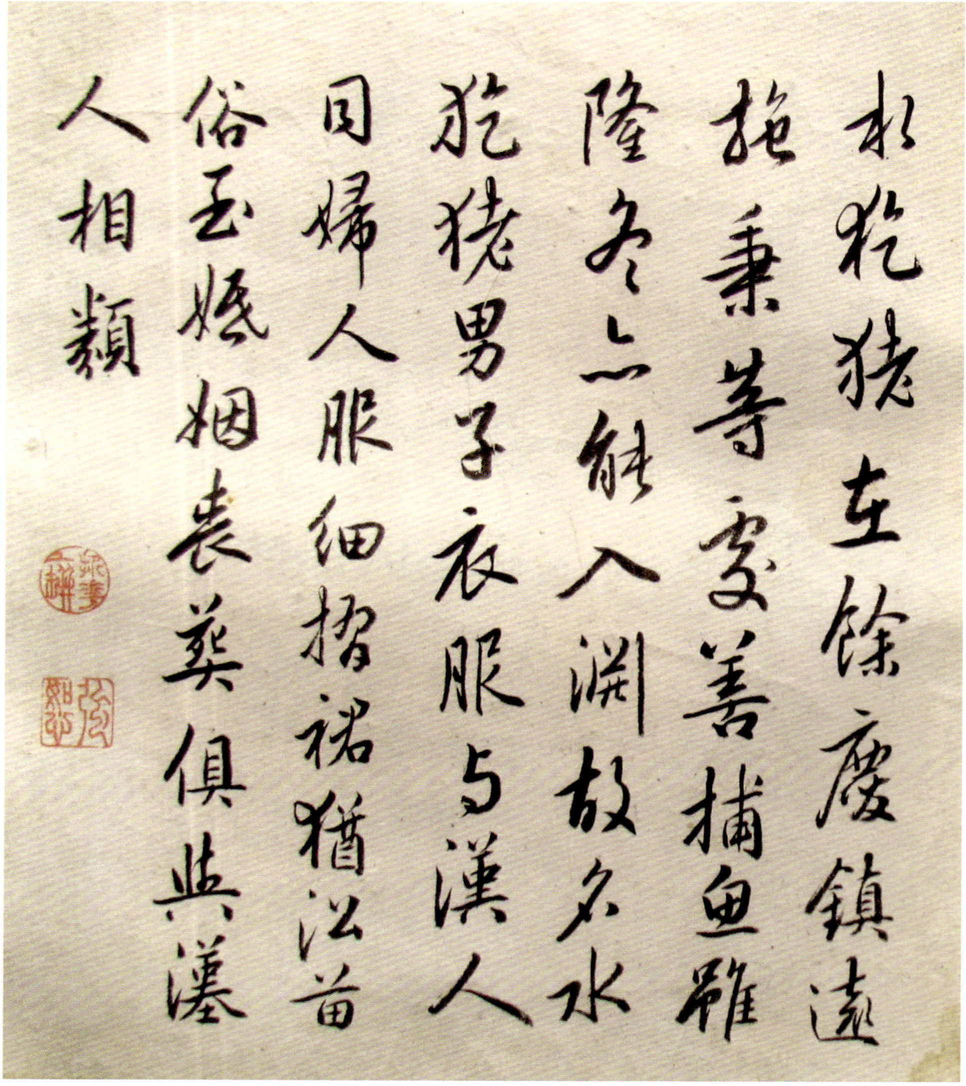

十九、水犵狫在餘慶、鎮逺（遠）、施秉等處。善捕魚，雖隆冬亦能入淵，故名“水犵狫”。男子衣服與漢人同。婦人服細摺［褶］裙，猶沿苗俗。至婚姻、喪葵（葬），俱與漢（漢）人相類。

二十、龍家子在鎮寧者名"狗耳"[1]，女子髻外另作狗耳形於首。衣雖有青、藍、紅、皁（黑），獨于黃、白，必加以爲飾[2]。春日立竿野外，男女繞舞擇對，謂"跳兜（鬼）竿"。女既奔，親黨贖以牛馬，男始通媒妁焉。喪則歌且哭，葵（葬）必幽巖，祭以七夕爲度。

---

[1] 此幀族群在他本一般被稱作"狗耳龍家"，聚居地爲"安順、大定及廣順之康佐司境"。參見本書第175、398頁。

[2] 此句在他本多作"衣斑衣，以五色藥珠爲飾"，或類似語句，參見本書第175、398頁。

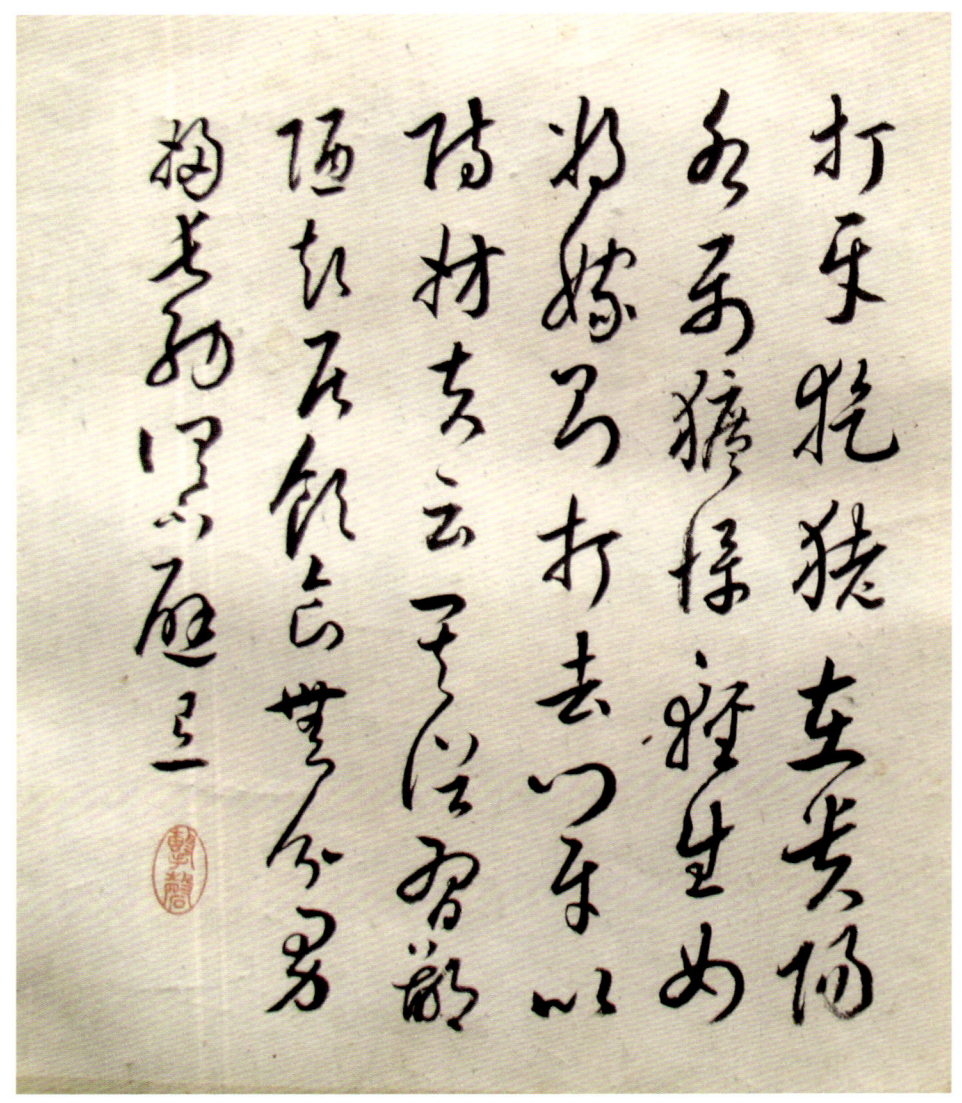

二十一、打牙犵狫在貴陽各屬。獷悍輕（輕）生。女將嫁，即打去門牙，以恐妨夫云。其俗習鄙陋，起居飲食無分男婦長幼，俱不避忌。①

---

① 此说文较其他多数版本短，但最后一句在其他版本中较少见。此族群的聚居地在他本中大多包括黔西、平越、清镇、清平等，除普林斯顿本、威尔康本外，笔者目前未见其他版本在此帧提及贵阳。参见本书第 199、422 页；李汉林：《百苗图校释》，贵州民族出版社，2001 年，第 215 页。

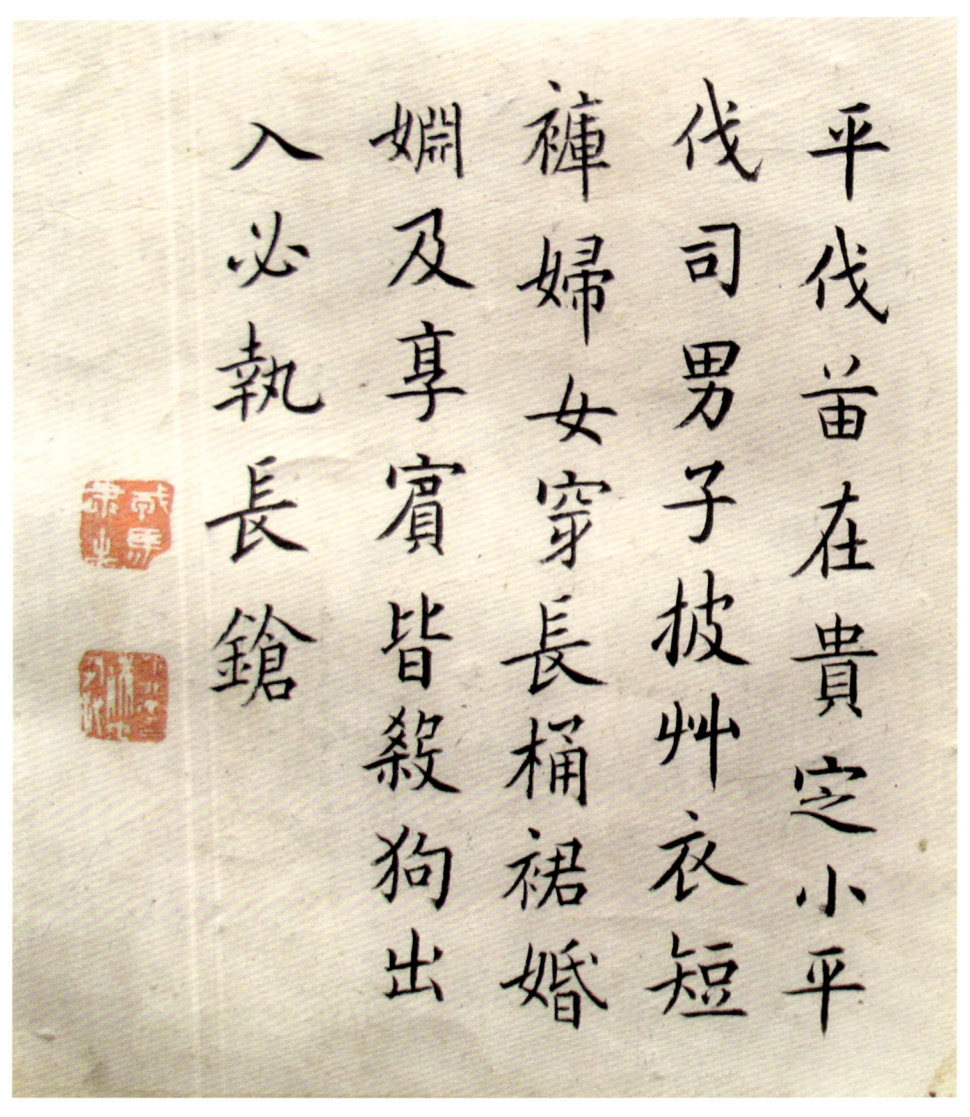

二十二、平伐苗在貴㝎（定）小平伐司①。男子披艸（草）衣，短褲②，女穿長桶裙。婚媌（姻）及享（享）寔（賓）皆羉（殺）狗。出入必執長鎗。

---

① 此处他本多作"新添营"，参见本书第245、502页；李汉林：《百苗图校释》，贵州民族出版社，2001年，第5页。

② 多个版本此处为"短裙"，据李汉林考证，此族群曾确有男子穿短裙的习惯，参见李汉林：《百苗图校释》，贵州民族出版社，2001年，第6页。

二十三、民家古稱"軍家"。其俗狡甚。男女似漢非漢。女亦梳頭、纏足，以藍花布纏頭束臀（腰），用銀泡釘勒於領，穿齊肩衣褂。頗通漢語。另有鄉談人，多不識婚喪禮略，與漢同稼穡。遇有水處皆作田，並種山坡。廣畜駝牛移徙。男則肩挑，女則背負。疾病信鬼，不服藥。

二十四、谷藺苗在定番州。男女皆短衣。婦人以青布蒙髻。勤紡織,其布冣(最)精密,有"谷藺布"之名。男子甚剽悍,蕭[善]擊刺,出入必持鎗弩,諸苗皆畏。

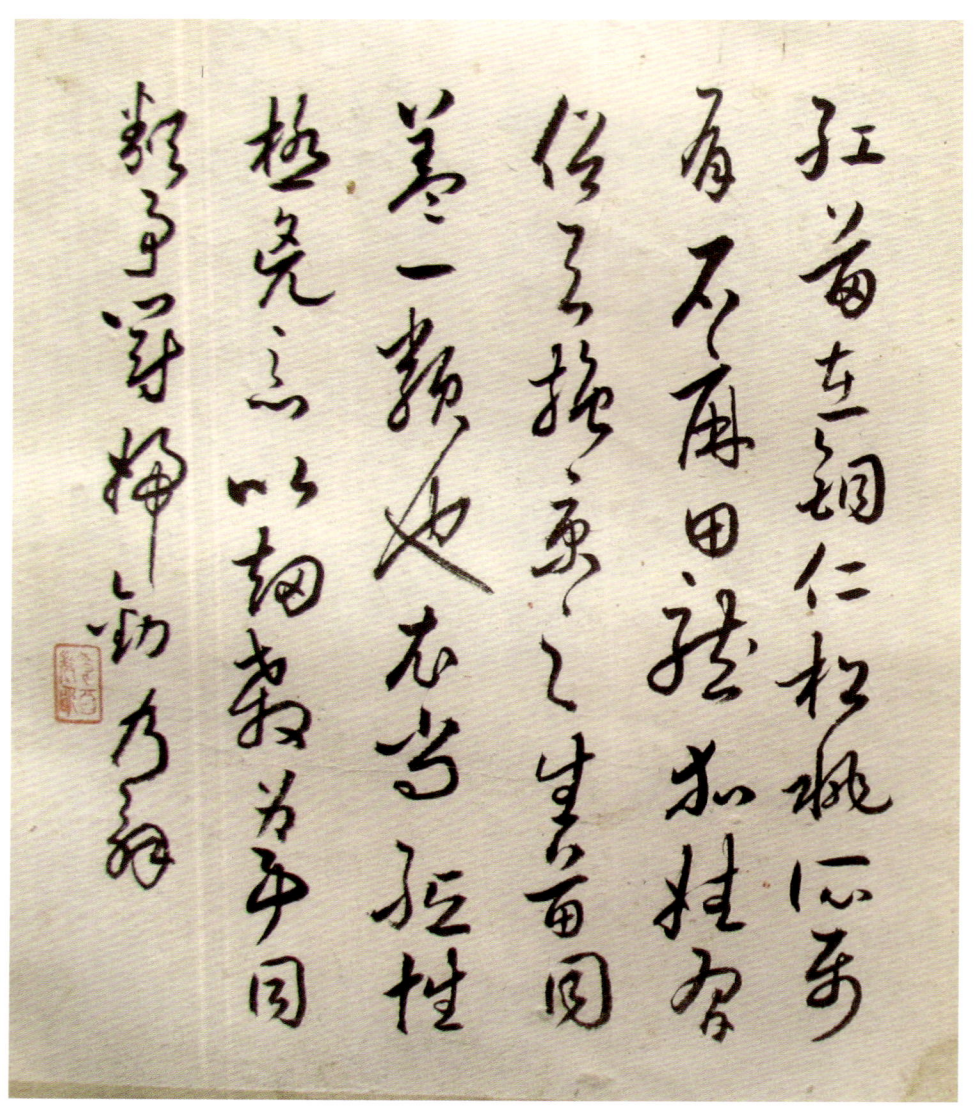

二十五、红苗在铜仁、松桃所属。有石、麻、田、龙等姓[1]。习俗与施秉之生苗同,盖一类也。衣尚红。性极兇(凶)恶,以劫杀为事。同类争斗,妇劝乃解。[2]

---

[1] 此处哥达本作"吴、石、麻、白",布拉格本作"龙、吴、麻、白",参见本书第236、406页。其他版本还有"龙、吴、石、麻、白"一说,参见杨庭硕、潘盛之编著:《百苗图抄本汇编》(上),贵州人民出版社,2004年,第84—89页;李汉林:《百苗图校释》,贵州民族出版社,2001年,第102页。然而,《皇清职贡图》"红苗"条与柏林本相同,记为"苗有石、麻、田、龙等姓",参见庄吉发校注:《谢遂〈职贡图〉满文图说校注》,台北故宫博物院,1989年,第555页。

[2] 对此帧图文的对比分析参见吴雅迪:《柏林藏〈苗民图四十种〉考释》,载《文化遗产》2021年第6期,第130—139页。

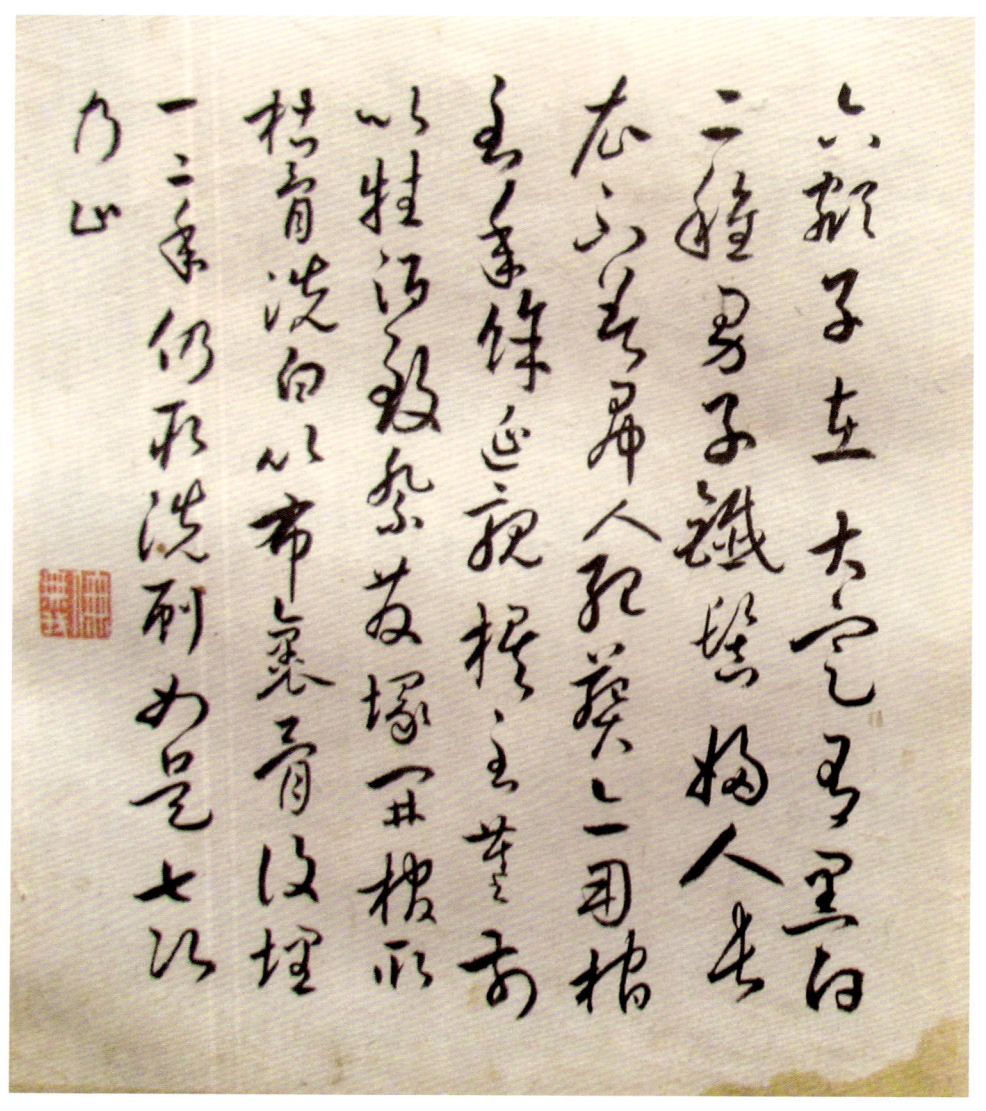

二十六、六額子在大定,有黑白二種。男子鐵髻①,婦人長衣不著帬(裙)。人死,葖(葬)亦用棺。至年餘,延親族至墓前,以牲酒致祭。發塚開棺,取枯骨洗白,以布裹骨復埋。一二年仍取洗刷,如是七次乃止。

---

① "鐵髻"不可解,疑為訛誤。普林斯頓本此處作"尖髻",哥達本、布拉格本等多數其他版本作"尖頂髻",參見本書第287、478頁。

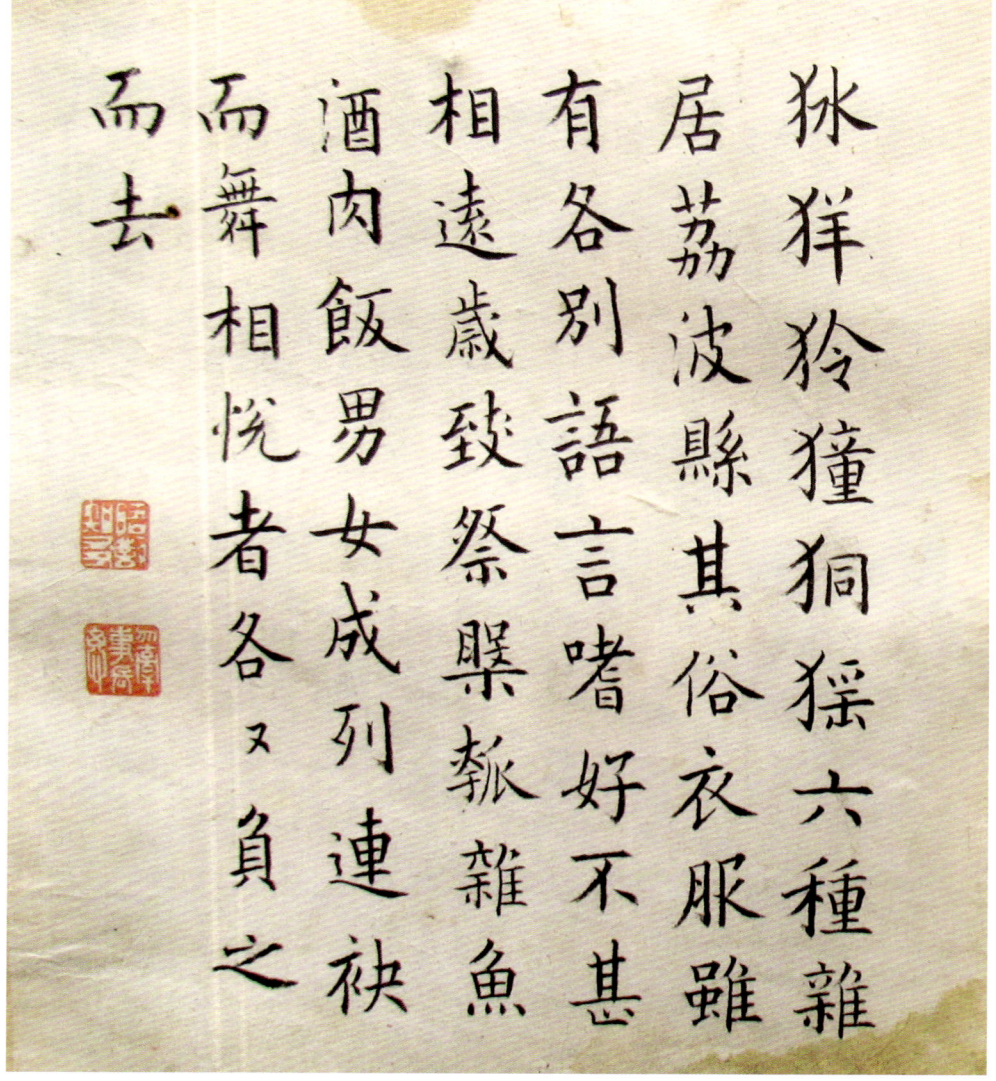

二十七、狑、猙、狑、獞、狪、猺六種，雜（雜）居荔波縣。其俗、衣服雖有各別，語言、嗜好不甚相逺（遠）。嵗（歲）致（致）祭槃（盤）瓠（瓠），雜（雜）魚、酒、肉、飯。男女成列，連袂而舞，相悅（悅）者各々負之而去。[①]

---

① 對此幀圖文的對比分析參見吳雅迪:《柏林藏〈苗民圖四十種〉考釋》，載《文化遺產》2021年第6期，第130—139頁。

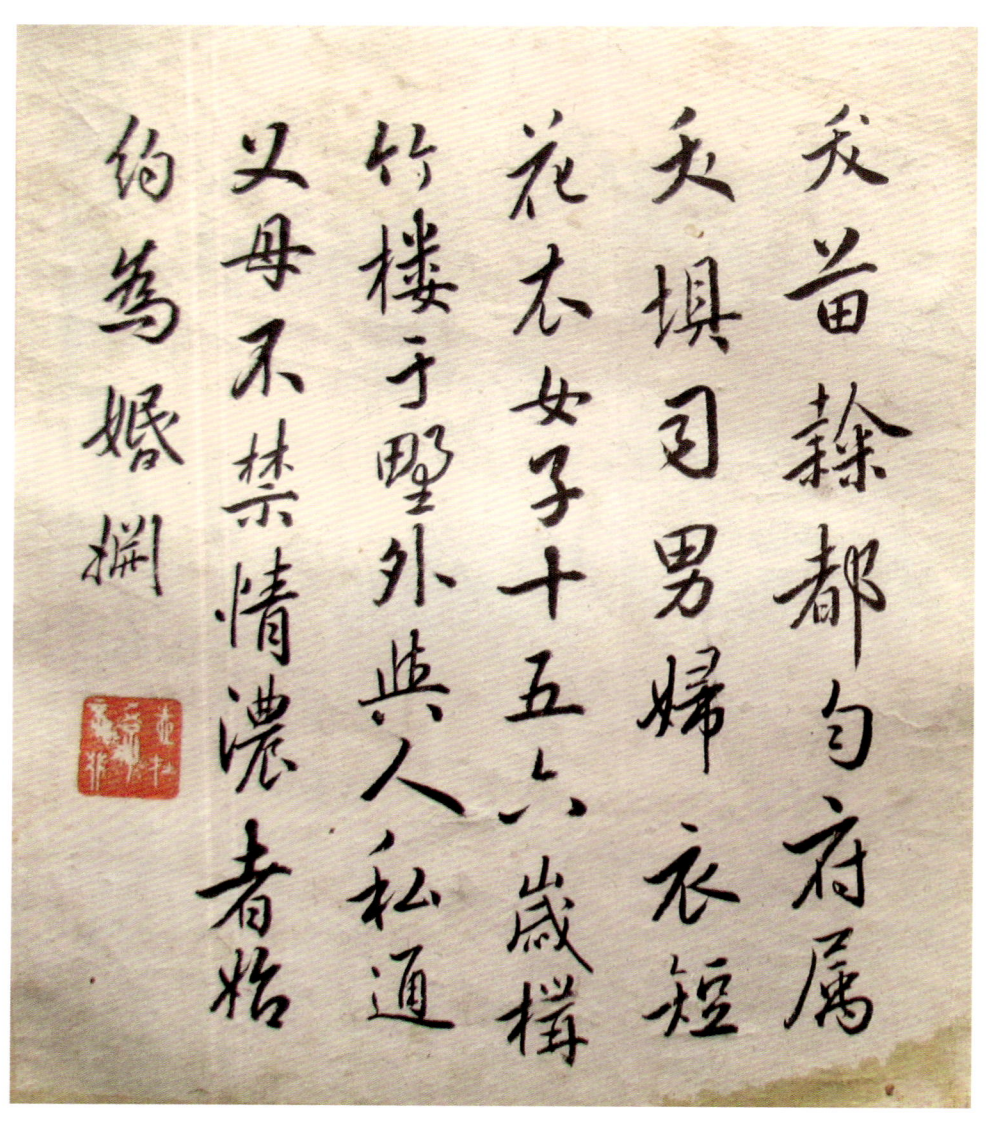

二十八、夭苗隸（隸）都匀府属夭垻司。男婦衣短花衣。女子十五六岁（歲），構竹楼于野外，與人私通，父母不禁。情濃者始約爲婚（婚）媟（姻）。

第一章 柏林民族学博物馆藏"苗图"册页 | 115

二十九、白苗在贵定、龙里两县所属。男科头，女蓬髻，短衣长裙，色俱尚白。而喜畜犍牛，不用耕田。於歳（岁）时各出牛驱之，使鬬（斗），以牛之胜负定族（族）之强弱。囚头垢面，见者掩鼻。生涯佣佃耳。[①]

[①] 此帧对白苗斗牛的描写与其他多数版本不同，最后一句在其他版本中亦极少见。参见本书183、408页；李汉林：《百苗图校释》，贵州民族出版社，2001年，第1页。

第一章 柏林民族学博物馆藏"苗图"册页 | 117

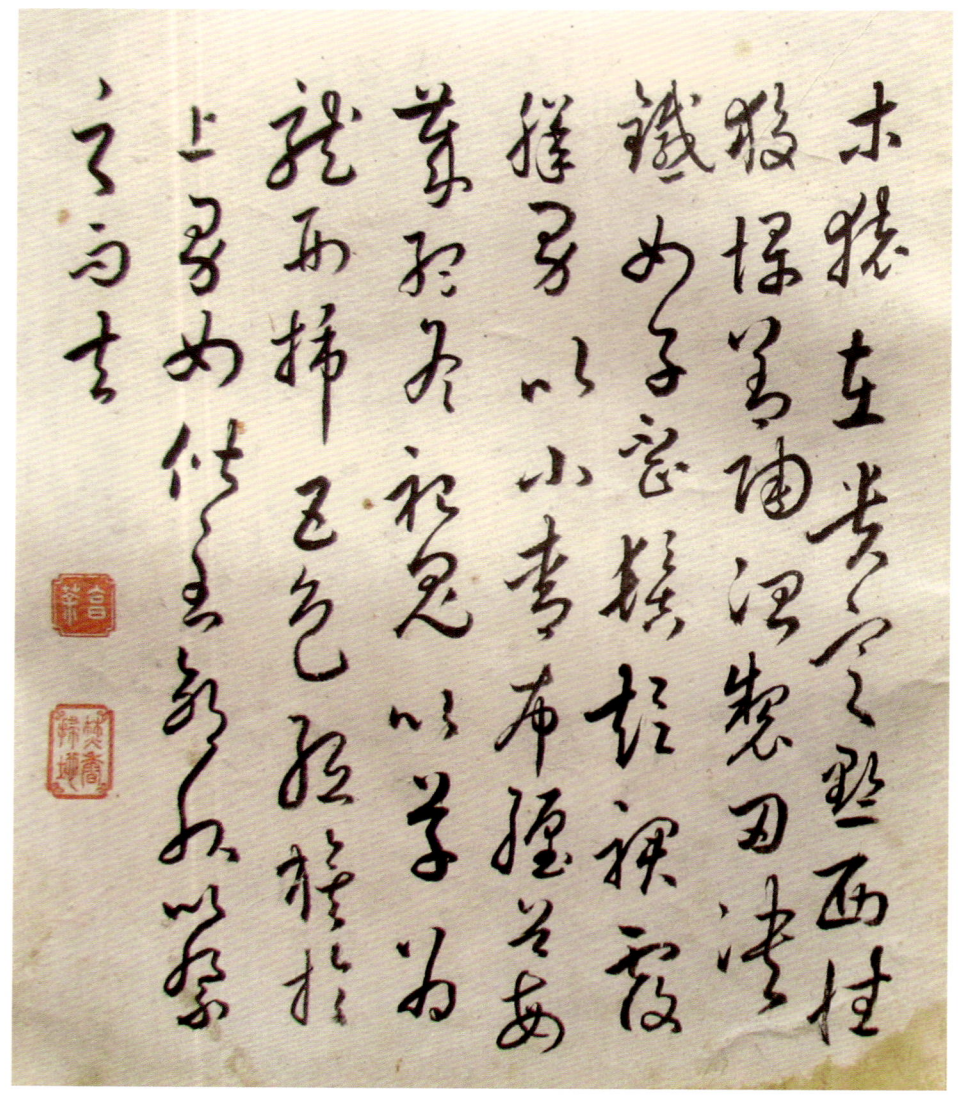

三十、木狫在貴定、黔西①。性狡悍，善陶冶，製刃（兩）決鐵。女子歪髻，

---

① 他本此处为"散居各府縣"或其他句意相同的句子，参见杨庭硕、潘盛之编著：《百苗图抄本汇编》（上），贵州人民出版社，2004年，第201页。《皇清职贡图》作"貴定、黔西等處"，与此本一致，参见庄吉发校注：《谢遂〈职贡图〉满文图说校注》，台北故宫博物院，1989年，第619页。康熙《贵州通志》（卫志、卫阎志）记为"貴定、都勻、黔西皆有之"，与此本较接近。参见［清］卫既齐修，薛载德纂，阎兴邦补修：《康熙贵州通志》（康熙三十六年刊本），见《中国地方志集成·省志辑·贵州》，凤凰出版社，2010年，第466页。乾隆《贵州通志》虽亦称"所在多有之"，但又特别提到"在貴定、黔西者，娶婦異寢……"，参见［清］鄂尔泰等修，靖道谟、杜诠纂：《乾隆贵州通志（一）》（嘉庆修补本），见《中国地方志集成·贵州府县志辑》（4），巴蜀书社，2016年，第125页。

短裙覆膝。男以小青布缠首。每岁孟冬祀鬼,以草为龙形,插五色纸旗於上。男女偕至郊外,以^①祭之而去。

---

① "以"可能为衍字。

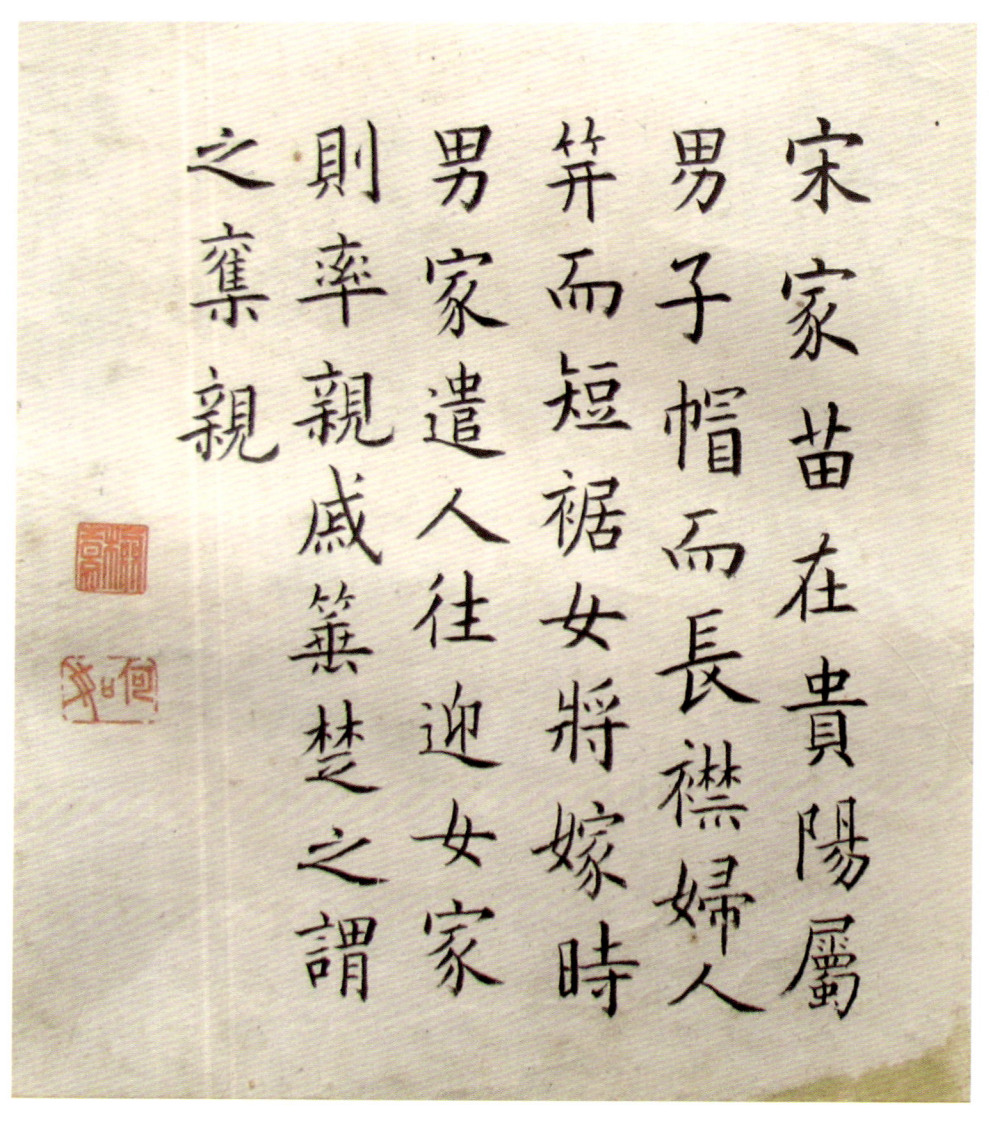

三十一、宋家苗在貴陽屬。男子帽而長襟，婦人笄而短裙。女將（將）嫁時，男家遣人往（往）迎，女家則率親戚箠楚之，謂之"龑（奪）親"。

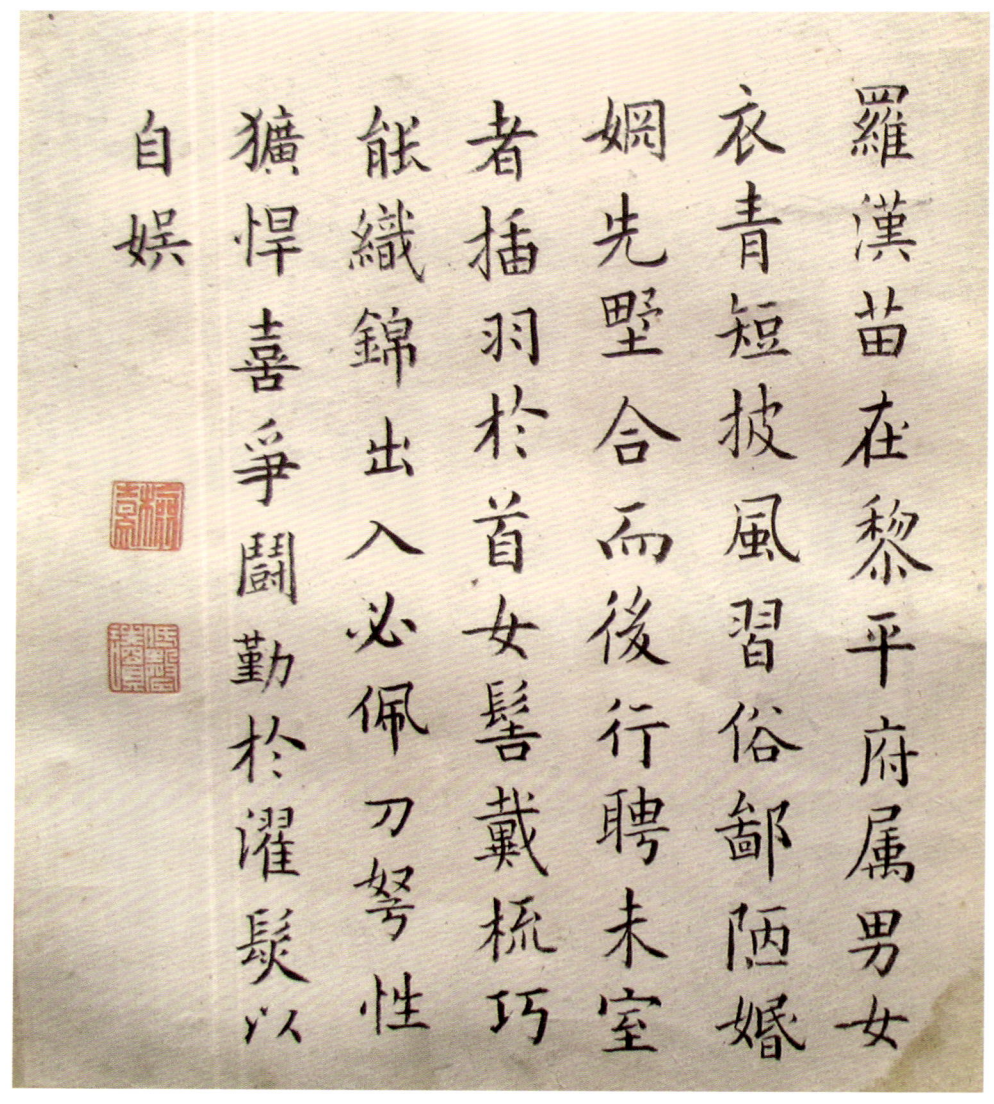

三十二、羅漢苗①在黎平府屬。男女衣青，短披風。習俗鄙（鄙）陋，婚（婚）姻（姻）先野合而後行聘。未室者插羽於首，女髻戴梳，巧骶（能）織錦。出入必佩刀弩，性獷悍，喜爭鬭（鬥）。勤於濯髩（髮）以自娛。

---

① 此族群在他本中一般被称为"陽洞羅漢苗"，相关讨论参见吴雅迪：《柏林藏〈苗民图四十种〉考释》，载《文化遗产》2021年第6期，第130—139页。

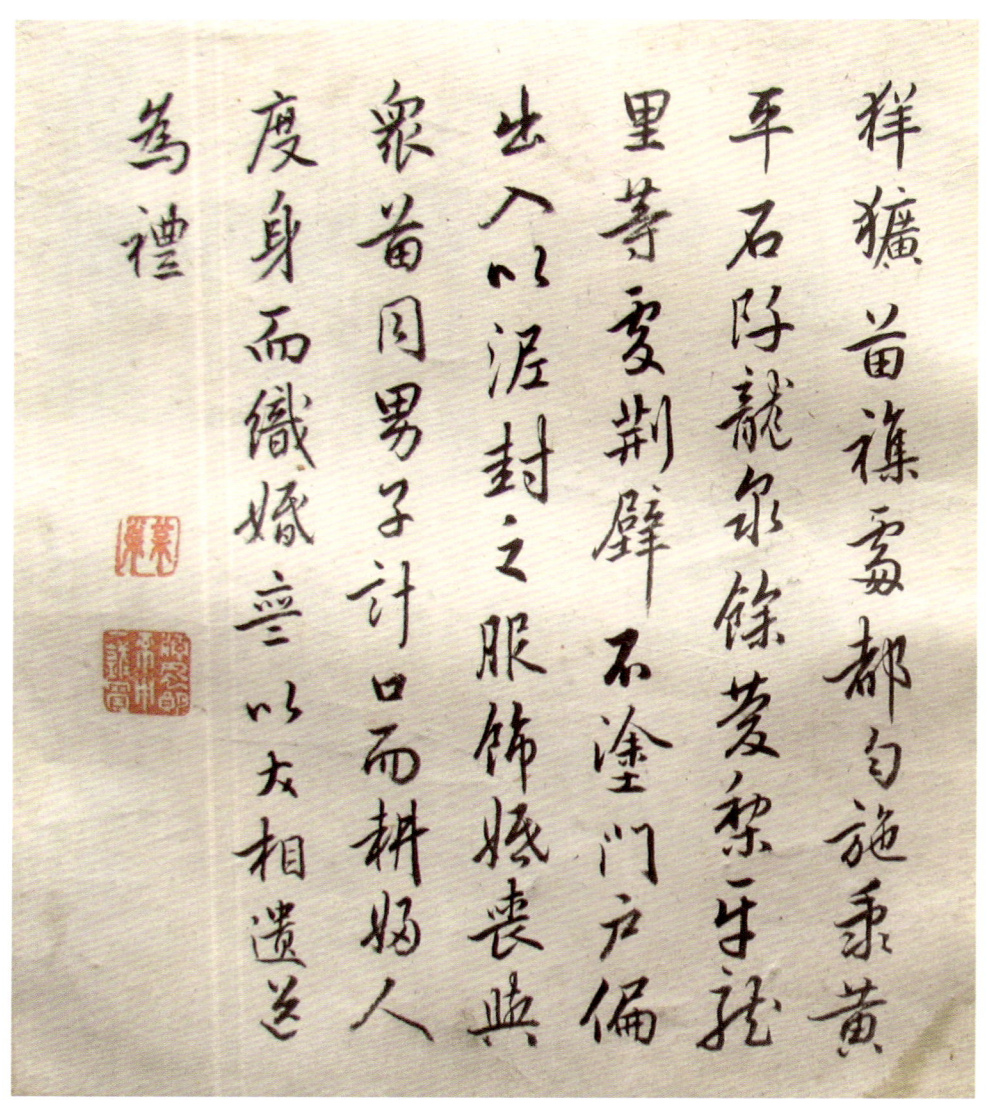

三十三、狋獴苗襟（雜）處（處）都勻、施秉、黃平、石阡、龍泉、餘慶、黎平、龍里等處。荊壁不塗，門戶偏①，出入以泥封之。服飾、婚喪與犵（𫏋）苗同。男子計口而耕，婦人度身而織。婚喪以犬相遺送爲禮。

---

① 此句不可解，疑为讹误，多版本此处写作"門戶不扃"。参见杨庭硕、潘盛之编著：《百苗图抄本汇编》，贵州人民出版社，2004 年，第 251—257 页。

三十四、土人在貴筑、貴定、廣順間。男子貿易，娘（婦）人力耕。歲（歲）首則迎山鬼，以爲儺。戎服妝飾，吹笙擊鼓，以唱神歌，遍歷（歷）遠近村屯。每至一處，男女聚觀，餉以酒食而散。

三十五、猓玀分黑白二種,黑者為主,白者為奴。性情頑悍,最聽土目管束。男以青扣布包頭,畜（蓄）髮。身穿藍白布衫,披羊皮。女頭戴青布帽,以錫泡釘帽邊,長衣。男女俱穿褲,赤腳。開種山坡為生。儉樗[淳]者多。男女俱不慣肩挑,日用薪水俱用背負。歲時伏臘（臘）,於十月初一日大過年節,伏臘（臘）與漢同。葵（葬）則用火化,罈裝安埋。有疾病不服藥,俱係做鬼。

第一章　柏林民族学博物馆藏"苗图"册页 | 129

三十六、狆家男俱剃頭。冬春則用青花布纏頭，夏秋則戴篾笠草帽。衣青藍布衫，著褲，穿鞋襪。富者衣帽與漢人同。性寂（最）刁點，慣行鼠竊，嗜酒多淫。女穿長帬（裙）短衣，俱以各色紬（綢）緞飾衣袖及邉（邊）。青花布包頭，復用青帕一幅覆（覆）頂。大耳瓌（環），以銀為（爲）飾。婚（婚）姻（姻）每于新春以雞毛作毬（球）①抛擲，歌唱相協，即同奔苟合，男家始請人求婚。出嫁後，女仍居母家，俟生子始歸夫家。男則耕田，女則紡織，同攜（攜）栽插。間有用

---

① 他本此處多為用彩帶結成的"花毬/球"，參見本書第166、390頁；李漢林：《百苗圖校釋》，貴州民族出版社，2001年，第151頁。

白布裹腳穿鞋者。每年於六月廿四日大過年。人死則化尸骸，撿骨用罈裹（裝）埋。信地理，有疾病，俱係做鬼（鬼），不服藥。①

---

① 此本以一个条目统说独家，其中包含了他本卡尤独家说文中的部分内容，参见本书第165—166、390页；李汉林：《百苗图校释》，贵州民族出版社，2001年，第151页。

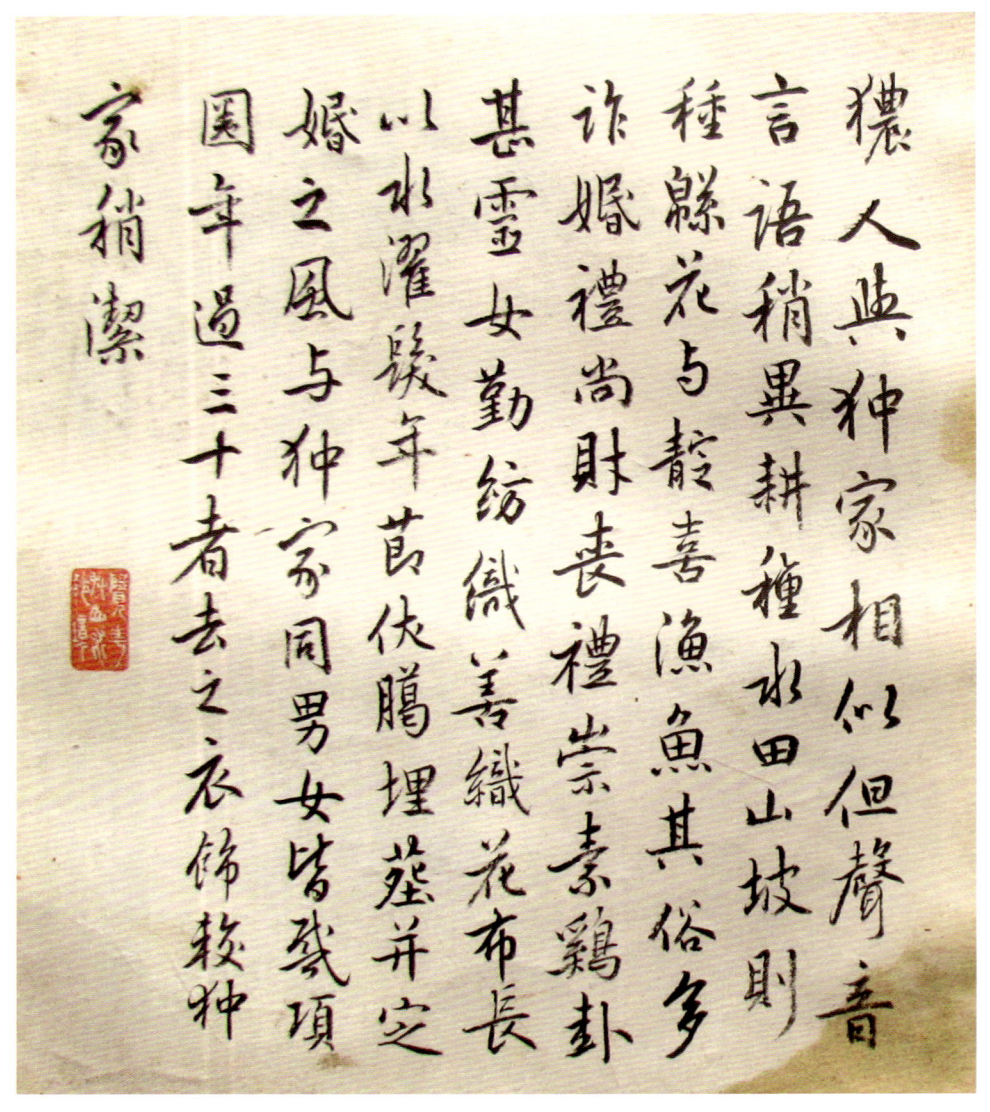

三十七、獽人與狆家相似,但聲音言語稍異(異)。耕種水田,山坡則種緜(棉)花与靛,喜漁魚。其俗多诈。婚(婚)禮尚財,喪禮崇素。雞卦甚靈。女勤紡織,善織花布,長[常]以水濯髮。年節、伏臘(臘)、埋葊(葬)并之(定)婚(婚)之風与狆家同。男女皆戴項圈,年過三十者去之。衣飾較狆家稍潔。①

---

① 此说文与他本区别颇大,参见本书第197、420页;李汉林:《百苗图校释》,贵州民族出版社,2001年,第159页。

> 九股㤿苗在鎮遠施秉清平凱里一帶環處清水江邊恒聚爲患善造強弩名偏架一人持其中兩人蹶而張貫重凱之矢發則能

三十八、九股（股）㤿（黑）苗在鎮遠、施秉、清平、凱里一帶[1]，環處清水江邊（邊），恒聚而爲患。善造強弩，名"偏架"，一人持其中，兩人蹶而張

---

[1] 此族群他本多稱作"九股苗"，居住地則記爲興隆、凱里，參見李漢林：《百苗圖校釋》，貴州民族出版社，2001年，第63頁。與此本相同的是，康熙、乾隆《貴州通志》亦寫作"九股黑苗"，參見〔清〕衛既齊修，薛載德纂，閻興邦補修：《康熙貴州通志》（康熙三十六年刊本），見《中國地方志集成・省志輯・貴州》，鳳凰出版社，2010年，第484頁；〔清〕鄂爾泰等修，靖道謨、杜詮纂：《乾隆貴州通志（一）》（嘉慶修補本），見《中國地方志集成・貴州府縣志輯》（4），巴蜀書社，2016年，第122頁。

之矣。叜(發)則能(能)貫重凱。①

---

① 哥达本等多个版本文末尚有一句:"雍正十三年剿後,搜繳甲兵,建城安汛焉。"参见本书第227页。

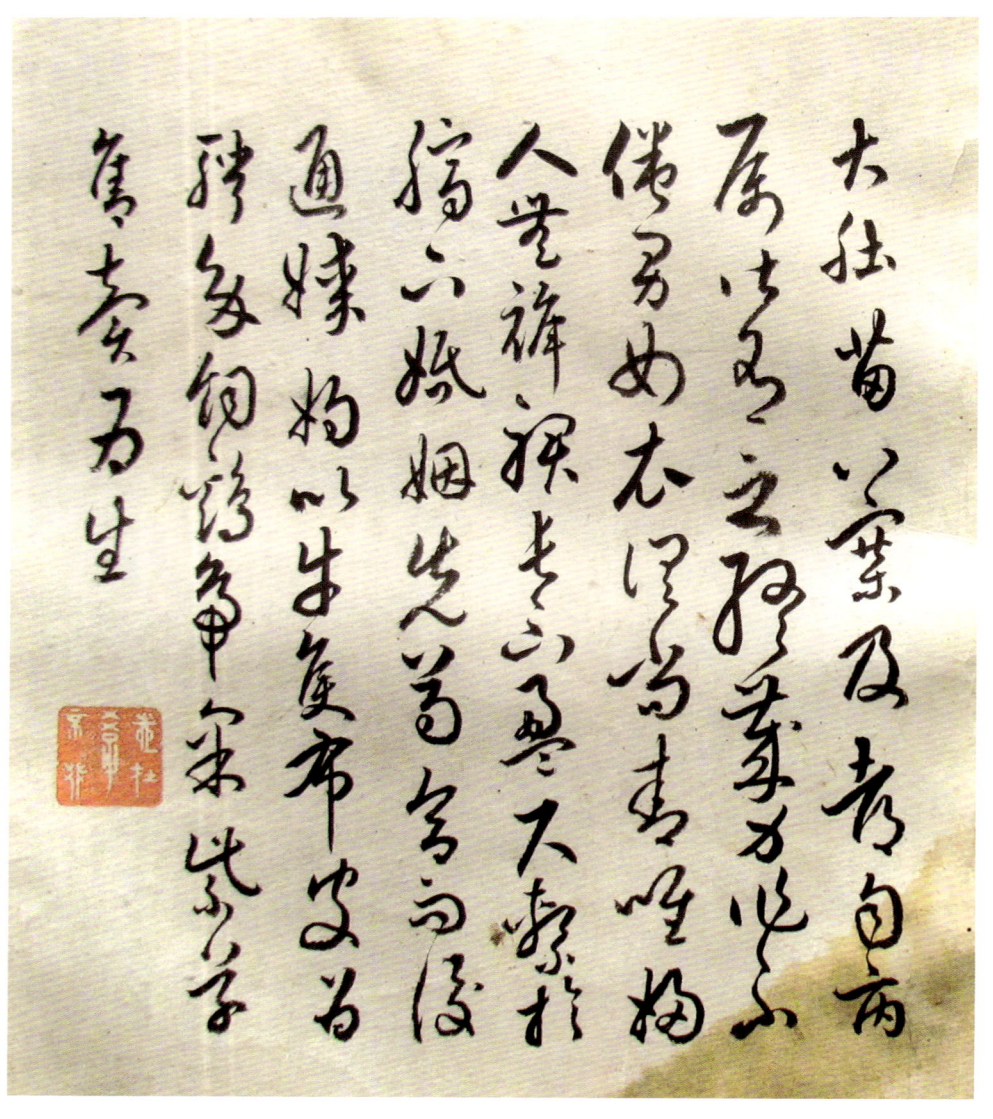

三十九、大肚苗,八寨及都匀府属皆有之。终年力作不倦,男女衣俱尚青,唯妇人无裤,裙长不盈尺,系于脐下。婚姻先苟合而后通媒妁,以牛只布皮[匹]为聘。多饲鸡鸭,采紫草售卖为生。①

---

① 对此帧图文的对比分析,参见吴雅迪:《柏林藏〈苗民图四十种〉考释》,载《文化遗产》2021年第6期,第135—138页。

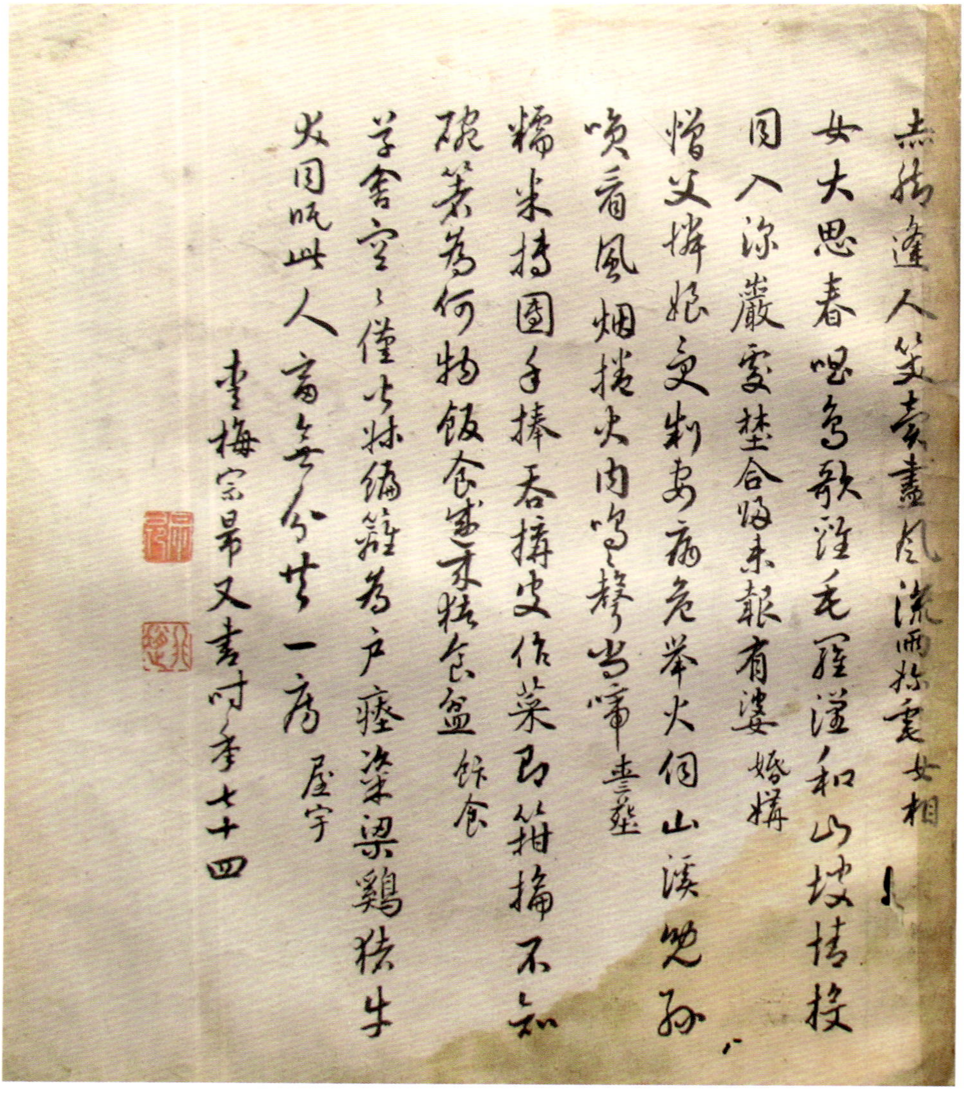

赤榜逢人笑春畫風流兩鬢垂女相
女大思春唱烏歌誰毛羅滏和山坡投
同人涼巖雯堃合歸來報有婆媒娉
憎文擇娘文制安庵危舉火侗山溪炮孫
喊看風烟揉火肉鳴擊出喃畫堃
糯米搗圖手捧吞捧虫作菜罕箱掄不知
破簍為何物飯食竟永枯食盆飲食
茅舍空、僅火妹編簍為户瘊梁梁雞猴生
火因吼此人高等分芝一房 屋宇

李梅宗昂又書时季七十四

苗域见闻十则

山径高山之上山峯峻崎嶺峯插漢立前行也
随予履级黑雾遙迷心膽寒寒山
山嶺不但呈周门睡眠扶節走忘慌露霜
溶溶陰切切消涯斜石磷羊腸險路
無分男女性強梁肯負彎弓手執筑米監
瑣眉睚眦像身渡次孫當抃償似殺
苗寨初临望眼迷人之一色美兮衣女嚴男
裤無雙件破大視圓頭稚飾
粗眉鷹眼頰無髮物理人情紹不知餒手瑛
胸吞臂儻山龜见儵禽鵐男相
亂髮盤髮善頼眉矬裸齋膝肉無衣坦胷

跋

苗域見聞十則

山頂高山々上山，峯（峰）巘斷處水潺々。前行忽墮千層級，黑箐透迤心膽寒。［註：巒山］

山嶺尺徑足周行，晴燥扶節走亦慌。霾霧漾々陰切々，滑泥斜石轉羊腸。［註：險路］

無分男女性強梁，背負彎弓手執鎗。米鹽瑣屑睚眦隙，身後兒孫當報償。［註：仇殺］

苗寨初臨望眼迷，人々一色著（著）烏衣。女裳（裙）男褲無雙件，碗大銀圈鎖耳頤。［註：服飾］

粗眉鷹眼頰無髭，物理人情說不知。雙手環胸喜蹲踞，隔山遙見像禽鴟。［註：男相］

亂（亂）髮盤鬆蓋額眉，短裙齊腝（膝）內無衣。坦胃（胸）赤腳逢人笑，賣盡風流兩妳（奶）垂。［註：女相］

女大思春唱鳥歌，雞毛羅漢和山坡。情投同入冰巖處，埜（野）合歸來報有婆。［註：婚媾］

憎父憐娘受制妻，病危舉火伺山溪。兒孫笑看風烟捲，火內嗚々聲當啼。［註：喪葬（葬）］

糯米摶團手捧吞，構皮作菜即箱楄。不知碗箸為何物，飯食盛來豬食盆。［註：飦（飯）食］

草舍空々僅火牀（床），編籬為戶瘦棌梁。雞豬牛犬同眠此，人畜無分共一房。［註：屋宇］

愛梅宗昂又書，時季七十四

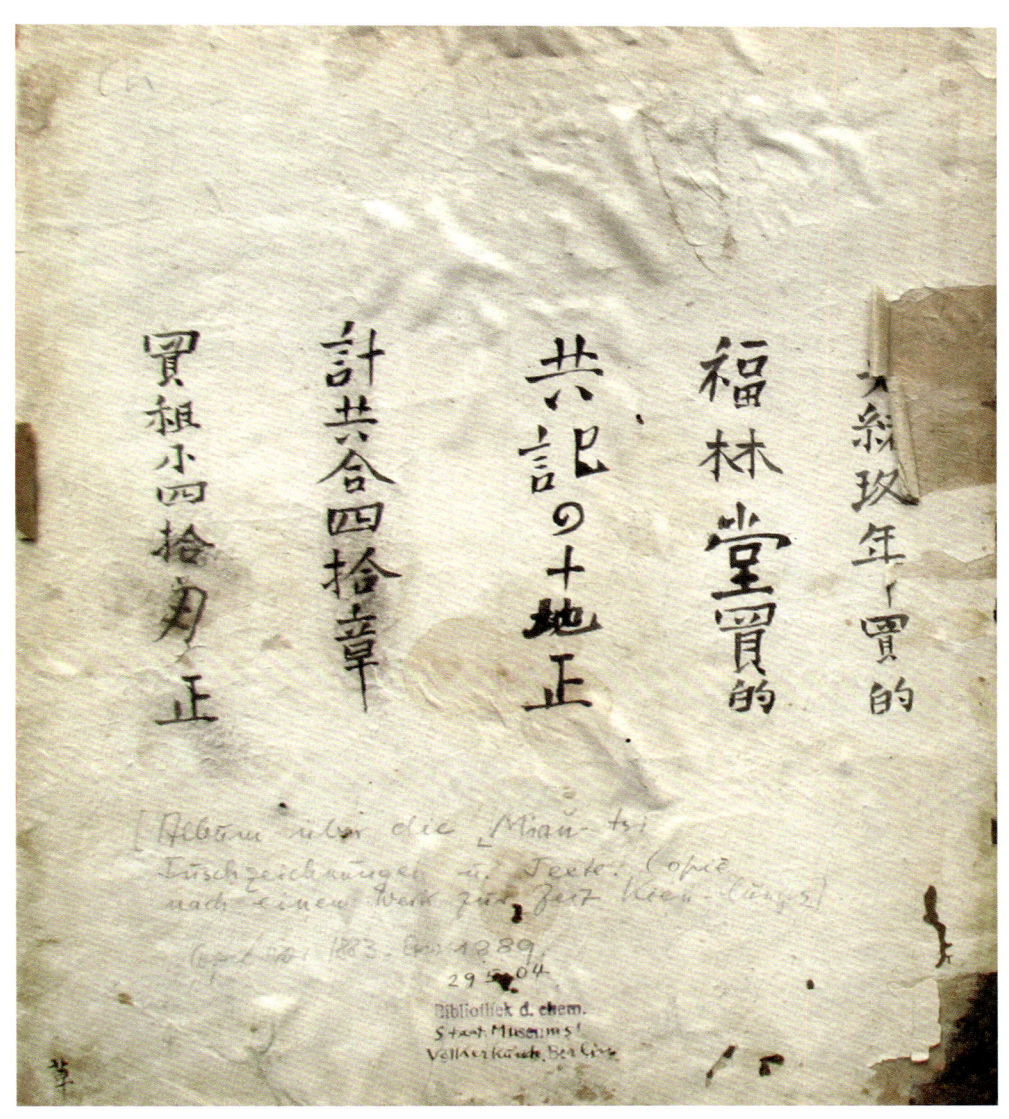

末页题署

光绪玖年买的。福林堂买的。共记四十地正。计共合四拾章。买租小四拾刋（两）正。

第二章
埃尔福特大学哥达研究图书馆藏《名人精写苗蛮图》

简 介

1. 哥达"苗图"收藏与研究情况

哥达仅藏一本"苗图",即本次出版的《名人精写苗蛮图》。馆藏地为哥达研究图书馆,其前身是哥达公爵图书馆。该馆由萨克森－哥达(Sachsen-Gotha)公爵恩斯特一世(Ernst I. der Fromme,1601—1675)创建于1647年,馆址在今图灵根州哥达市弗里登施泰因宫(Schloss Friedenstein)西塔楼内。1918年公爵制被废黜后直至二战结束,大量藏书被售出或作为战利品运到了苏联,幸而这本"苗图"未受牵连。1968年,图书馆因其珍贵的历史特藏获得"研究图书馆"之名,1991年被正式命名为哥达州立研究图书馆(Forschungs- und Landesbibliothek Gotha),1999年与埃尔福特大学图书馆合并,成为大学的一部分。现在图书馆的常用名是德国埃尔福特大学哥达研究图书馆。该馆的中国藏品不仅限于图书,还有绘画、瓷器、漆器、首饰等。1800年后,当时的公爵奥古斯特(Herzog August von Sachsen-Gotha-Altenburg,1772—1822)专门在馆内建立了一间"中国珍藏室"(Chinesisches Cabinet)。19世纪初,馆内有2232件来自中国、日本、印度尼西亚的藏品,据称在彼时是除伦敦外欧洲最著名的收藏中国艺术品的所在地。[①]

哥达本"苗图"是德裔美国汉学家夏德于1890年捐赠给图书馆的。哥达是夏德的家乡,1845年他出生于此。1870年起,夏德任职于广东、厦门、上海等地海关,在中国工作了20多年。1902至1917年,他在美国哥伦比亚大学东亚系工作,之后回到德国慕尼黑度过晚年。夏德的研究领域非常宽泛,著作颇丰,而中国艺术史是他最擅长的主题之一。尤其在晚年,"夏德的学术兴趣转向了中

---

① Marco Karthe, *Pressemitteilung 67-14: Neue Sonderausstellung "Gotha und der Ferne Osten: Kostbarkeiten aus dem Chinesischen Kabinett"*, Gotha: Stiftung Schloss Friedenstein Gotha, 2014, p. 3.

国绘画"①，他始终强调清代绘画对中国艺术史研究的重要性。他还有数量可观的私藏品，其中绘画超过600幅，1897年德国德累斯顿民族学博物馆（Museum für Völkerkunde zu Leipzig）举办过夏德中国绘画藏品特展。②夏德关于中国西南民族的收藏应该不仅限于"苗图"，例如，莱比锡格拉西民族学博物馆1896年的档案记载了夏德曾在当年向该馆捐赠了一套"苗子婚礼套装"③（Hochzeitsanzug einer Miaotsa）。

购买和捐赠这本"苗图"的过程，他自己和图书馆都有记录。非常重要的是，图书馆将捐赠时夹在该图册中的夏德写的手稿保存至今。这部手稿的标题为 *Bemerkungen zu einem chinesischen Manuskript mit Aquarellzeichnungen, das Leben der Miao-tzǔ-Stämme in der Provinz Kuei-chou betreffend*（《论一本关于贵州苗子部落生活的含水彩画的中国手稿》），由两部分组成。第一部分是一篇13页的德语论文，介绍了这本图册的由来和重新装订的过程，分析了它和当时其他论著讨论的"苗图"的异同，特别是以列表的形式对此书与诺尔曼、裨治文、白挨底所涉"苗图"的条目排序方式进行了对比。由于未题写日期，笔者推测这篇论文写于他捐赠此图册之前，也就是1890年以前。在文中他提到，1883年10月在上海的一位旧书商处购买了此图册，"他听说我对这样的物品感兴趣，便向我兜售此书"（图7）④。在1904年的一篇论文中他也谈道："我目前得知的最完整的版本包含81张水彩画，1883年10月被交到了我手上。"⑤经查，1875年他从厦门调任至上海，直到1888年都在上海担任海关税务司统计部主任⑥，这与他自述中购买图册的时间和地点都是吻合的。第二部分是一个小册子，其中46开写有汉字，以中式三眼缀订法装订在一起，说明可能是

---

① 程龙：《德裔美国汉学家夏德学术述论》，载《汉学研究通讯》2011年第31卷第1期，第43页。

② Anon, *Chinesische Malereien auf Papier und Seide aus der Sammlung des Herrn Professor F. Hirth*, Dresden: Königliches Zoologisches und Anthropologisch-Ethnographisches Museum zu Dresen, 1897, p. 1.

③ Museum für Völkerkunde zu Leipzig (ed.), *Vierundzwanzigster Bericht des Museums für Völkerkunde in Leipzig*, Leipzig: Museum für Völkerkunde zu Leipzig, 1896, p. 27.

④ Friedrich Hirth, *Bemerkungen zu einem chinesischen Manuskript mit Aquarellzeichnungen, das Leben der Miao-tzǔ-Stämme in der Provinz Kuei-chou betreffend*, Forschungsbibliothek Gotha.

⑤ Friedrich Hirth, „Chinesische Ansichten über Bronzetrommeln", in Eduard Sachau (ed.), *Mitteilungen des Seminars für Orientalische Sprachen an der Königlichen Friedrich-Wilhelms-Universität zu Berlin*, Berlin: Kommissionsverlag von Georg Reim, 1904, p. 244.

⑥ 程龙：《德裔美国汉学家夏德学术述论》，载《汉学研究通讯》2011年第1期，第39页。

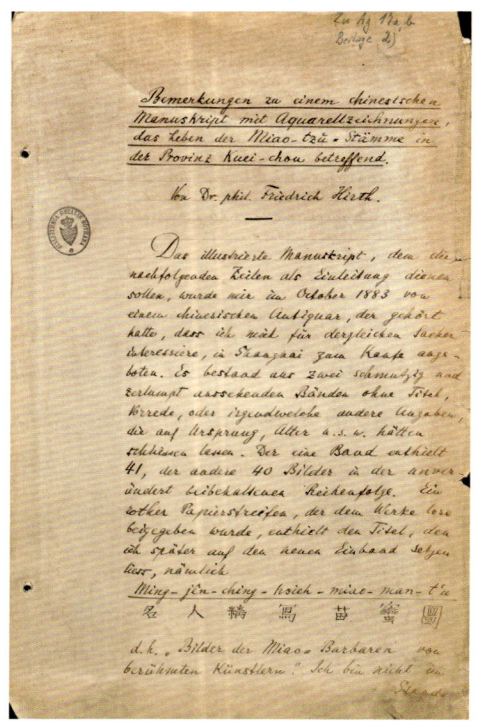

7.1 第一部分首页　　　　　　7.2 第二部分"卡尤仲家"页

图 7　夏德手稿示例[①]

在中国写成并装订后才带到德国。每一开上是用毛笔书写的"苗图"中一个条目的说文,字体非常工整。夏德在手稿第一部分中提到,为读懂原文潦草的字迹,他请了一位本地文人将草书转换为可识读的字体[②],因而可以推测这个小册子是在上海制作的。与哥达本原文对比笔者发现,这46条在原文中的确都以草书写成,对于母语非汉语的夏德来说应难以识读,誊抄者忠于原文,基本未出现错漏。

此图册1890年捐赠给当时的哥达公爵图书馆后就一直被保存在此处。虽然夏德没有出版这篇手稿,但发表了学界第一篇"苗图"研究综述,梳理并点

[①] Friedrich Hirth, *Bemerkungen zu einem chinesischen Manuskript mit Aquarellzeichnungen, das Leben der Miao-tzǔ-Stämme in der Provinz Kuei-chou betreffend*, Forschungsbibliothek Gotha. 图片来源：Ms. Orient. Ag 17a-17b, Forschungsbibliothek Gotha, Universität Erfurt。

[②] Friedrich Hirth, *Bemerkungen zu einem chinesischen Manuskript mit Aquarellzeichnungen, das Leben der Miao-tzǔ-Stämme in der Provinz Kuei-chou betreffend*, Forschungsbibliothek Gotha.

评了直至当时的相关研究成果。①1893年的馆藏东方藏书目录对这一图册的描述②与此书今天的面貌完全相同，说明其保存情况良好，保持了100多年前的原貌。

1916年，德国汉学家颜复礼介绍了这本"苗图"的大致情况，还刊登了其中谷蔺苗、郎慈苗的绘画，并将这一版本与慕尼黑《黔省八十二种苗图》的郎慈苗、打牙犵狫进行了粗略的比较。③1937年，邱长康以这本"苗图"作为博士论文的研究主题，将全文翻译成德语出版，书名为 Die Kultur der Miao-tse: nach älteren chinesischen Quellen（《苗子的文化：以更老的中文文献为根据》）。④邱长康（1900—1960），字寿亭，福建三明将乐县人，约1921至1931年间在德国留学，师从汉堡大学民俗学教授、汉堡民族学博物馆馆长提伦纽斯（George Thilenius，1868—1937），曾在汉堡大学汉学系、汉堡民族学博物馆等处工作，获汉堡大学人类学博士学位。学成归国后，他主要活跃于政坛，曾在中国驻德使馆、福建教育厅、福州市政协等处任职。邱长康的书出版后得到了艾伯华的肯定，同时艾伯华批评了他没有和其他版本做对比研究，且没有对说文晦涩之处做出解释。⑤正如艾伯华所说，邱长康对哥达本的研究只停留在翻译层面，虽然他是首次将一本"苗图"的绘画全部出版之人，但说文部分没有附原文，使得读者无法得知图册的全貌。且囿于当时的印刷条件，黑白照片的清晰度不足，无法了解绘画的细节。艾伯华在同时期开始以哥达本和其他几个版本作为文献材料，研究西南民族，在他的论著中多次引用这本图册的说文，但也没有针对这本"苗图"做过单独的研究。在此之后，除何罗娜对其版本信息做过介

---

① 参见 Friedrich Hirth, „Chinesische Ansichten über Bronzetrommeln", in Eduard Sachau (ed.), *Mitteilungen des Seminars für Orientalische Sprachen an der Königlichen Friedrich-Wilhelms-Universität zu Berlin*, Berlin: Kommissionsverlag von Georg Reimer, 1904, pp. 244-245。另见吴雅迪：《20世纪30年代之前欧美汉学界的"苗图"研究》，载《艺术与民俗》2020年第3期，第47页。

② Wilhelm Pertsch (ed.), *Die orientalischen Handschriften der Herzoglichen Bibliothek zu Gotha*, Gotha: Friedrich Andreas Perthes, 1893, pp. 11-12.

③ Fritz Jäger, „Über chinesische Miaotse-Albums", *Ostasiatische Zeitschrift*, 4, 1916, pp. 266-283.

④ Chang-Kong Chiu, *Die Kultur der Miao-tse: nach älteren chinesischen Quellen*, Hamburg: Kommissionsverlag, 1937.

⑤ Wolfram Eberhard, „Reviewed Work(s): Die Kultur der Miao-tse nach älteren chinesischen Quellen by Chang-kong Chiu", *Artibus Asiae*, 8 (1), 1940, pp. 63-64.

绍外①，再无关于这本图册的其他研究成果问世。

2. 哥达本内容概说

夏德在手稿中透露，这本图册原本的保存情况非常糟糕，所幸原顺序未被打乱，他核查了每一开的图与说，发现都是吻合的。于是他将很脏的夹板和罩在上面的破布都去掉，请人换为覆有锦缎的新夹板。这并不是收藏者重新装订"苗图"的单例，集美博物馆（Musée Guimet）一藏本中有一个信封，上面用法语写着："我在山西买了这些散页，在北京将它们装订在一起，一共花了50法郎。"②看来"苗图"藏本中可能存在一些后人重新装订的版本。在书中夏德找到了一张红纸条，上面写有《名人精写苗蛮图》这一标题。他不知这是此书的原名，还是本书原无标题，那位书商有意加了这个书名。夏德请人将此标题题写在新制作的夹板上③。每册开头空白页都有一枚相同的深蓝色钤印，是图书馆藏书印，铭文为用拉丁语写的哥达图书馆名。绘画和说文先被绘在规格相同的单页上，再按照左图右说的顺序被一一贴在图册底页上，四周都镶有纸质边框。有绘画和说文的纸张颜色比四周纸质边框的颜色稍黄。

图册共绘有81个族群，与《汇编》勘定的82个族群顺序相比，只有1至12帧的顺序与《汇编》吻合，之后大多有意按照族群的相关程度排序，如将族称以"龙家""犵狫"结尾的都排在一起。该本缺少"生苗""白儿子"，但多出"㧱子"。与图册中其他族群的说文比较，"㧱子"的说文过于简略，语焉不详，连聚居地都没有给出。邱长康认为这是这本图册独有的族群。④事实上，虽然大部分存世版本确实不包括这个族群，但中央民族大学《黔南苗蛮图说》、日本京都大学图书馆《进贡苗蛮图》、贵州省民族研究所《百苗图咏》以及部分"滇夷图"里都有此项，写作"羿子"或"㧱子"，柏林已佚的一种"苗图"（ID 24957）还有"黑羿子""白羿子"两种分支。值得注意的是，这些图册关于这个族群的说文与哥达本有很大的区别。

---

① Laura Hostetler, *Chinese Ethnography in the Eighteenth Century: Miao Albums of Guizhou Province*, Philadelphia: University of Pennsylvania, 1995, p. 328.

② Laura Hostetler, *Qing Colonial Enterprise: Ethnography and Cartography in Early Modern China*, Chicago: The University of Chicago Press, 2001, p. 193.

③ Friedrich Hirth, *Bemerkungen zu einem chinesischen Manuskript mit Aquarellzeichnungen, das Leben der Miao-tzǔ-Stämme in der Provinz Kuei-chou betreffend*, Forschungsbibliothek Gotha.

④ Chang-Kong Chiu, *Die Kultur der Miao-tse: nach älteren chinesischen Quellen*, Hamburg: Kommissionsverlag, 1937, p. 31.

图册未题写绘制时间。说文中直接的时间线索是第 36 帧的"雍正十三年"（1735），这是绘制时间的上限。另外，只存在于嘉庆二年（1797）前的地名南笼、永丰分别出现在第 6、7 帧和第 21、67 帧，1797 之后的新名贞丰、兴义并未出现在说文中。第 6、19、20 帧说文提到的"平越府"实则在嘉庆三年（1798）已改为平越直隶州。但除哥达本外，布拉格本第 19、20、41 帧同样出现了"平越府"这一政区名。李汉林已指出，很多版本都仍沿用这一旧地名[1]，因此这不能当作考证图册制作时间的线索。第 5、13、16 等帧"宁"字未避道光的讳。通过以上信息可推测，此图册或其母本的绘制时间可能在 1797 年以前。

说文以楷书、行书和草书交替写成，讹误出现的频率较高，如第 58 帧族称"水家苗"误写为"休家苗"。法国《苗种图说》、中国国家图书馆《黔苗图说》等将此族群写为"狄家苗"，可能此书的母本也是"狄"字，作者将反犬旁改为单人旁，从而变成了"休"。第 76 帧"扮摊"无解，其实是"扮傩"的讹误，指傩戏。第 14 帧"从笼下"无解，其实是"从头笼下"，即贯首衣从头部套入的穿衣办法。另外还有"磔碎鸡器"，句意不通，其实是词序颠倒，原句为"磔鸡碎器"，指仪式后杀鸡、打碎祭器。第 18 帧"急公服役，比良民"一句，笔者在其他版本中未找到，但乾隆《贵州通志》、《皇清职贡图》"东苗"条末句和此句几乎完全相同，为"急公服役，比于良民"[2]，说明此句脱"于"字。值得注意的是，这本图册的族称中，有个别族类名的汉字删除了反犬旁，或将反犬旁改为双人或单人旁，如"猓猡"此本皆作"猓罗"，"猺人"作"徭人"，"狆家"作"仲家"，但"犵狫""狑苗"等均未做改动。同样的用字情况亦见于康熙《贵州通志》、《汇编》刘甲本、中国国家图书馆《黔省苗图》。此书在"狄狫"说文末尾还以小字注曰"《志》称木老"，说明作者很注意族称的用字。此处的《志》应指涉一部方志，明代《贵州通志》都作"狄狫"[3]，康熙、乾隆《贵州通志》都删除了反犬旁，正写作"木老"[4]。但囿于信息过少，无法确认具体是哪一部方志。

---

[1] 李汉林：《百苗图校释》，贵州民族出版社，2001 年，第 79 页。
[2] 庄吉发校注：《谢遂〈职贡图〉满文图说校注》，台北故宫博物院，1989 年，第 563 页。
[3] ［明］王耒贤、许一德纂修：《（万历）贵州通志》（万历二十五年刻本），书目文献出版社，1991 年，第 298 页。
[4] ［清］卫既齐修，薛载德纂，阎兴邦补修：《康熙贵州通志》（康熙三十六年刻本），见《中国地方志集成·省志辑·贵州》，凤凰出版社，2010 年，第 465 页；［清］鄂尔泰等修，靖道谟、杜诠纂：《乾隆贵州通志（一）》（嘉庆修补本），见《中国地方志集成·贵州府县志辑》（4），巴蜀书社，2016 年，第 125 页。

说文中还有一些少见或不见于其他版本的细节。如第 2 帧女官"亦称'官娘子'",这一称呼在笔者目前所见的版本中并未提及。乾隆《毕节县志》有相似的记载:"倮㑩……称主曰'官家',主母曰'官娘'。"① 说明这是当时彝族对首领正妻的称呼。温春来、黄国信在田野调查中也查访到,黔西北民众对彝族土目及其亲属的敬称皆以"官"字开头。② 第 6 帧卡尤仲家在葬礼上用的牛被称为"替列",这一描述在其他版本中极为少见。《黔南苗蛮图说》中有"丧则斫牛,名曰'替厉'"③,"替列"与"替厉"音相近,说明二者可能都是对一非汉语词语的音译。第 17 帧"所私,女子谓之'阿妹'、'阿姝'"句,"阿姝"在其他大多版本中不存,博甲本、台甲本及图咏本此处作"女子所私,谓之'阿妹'",与此本较类似,舒位在其《黔苗竹枝词》中介绍:"或召少年往来,谓之'阿妹'。曰妹,讳之也。"④ 第 31 帧"旁竖木主"指在逝者旁树立一个木主,即木制的神位,这与多个其他版本在此处的含义完全不同。如刘甲本为"傍树木为主",博甲本为"旁种树木",台甲本为"傍水"⑤。康熙、乾隆《贵州通志》作"树木主于侧"⑥,含义与此本一致。该句在明朝文献中已有,如田雯《炎徼纪闻》此处作"以木主若圭,罗树其侧"⑦,郭子章《黔记》只有一个字有差别,曰:"以木立若圭,罗树其侧"⑧。"圭"指祭祀用长条形、上尖下方的玉制礼器,看来是以若干形似圭的木条树立在逝者的一侧,可能这

---

① 〔清〕董朱英、陆元升:《毕节县志》(乾隆校注本),见中共毕节市七星关区委史研究室编:《毕节县志:乾隆、同治、光绪校注本》,方志出版社,2017 年,第 70 页。
② 温春来、黄国信:《改土归流与地方社会权力结构的演变——以贵州西北部地区为例》,载《"中央研究院"历史语言研究所集刊》第 76 本第 2 分,2005 年,第 377 页。
③ 李德龙:《〈黔南苗蛮图说〉研究》,中央民族大学出版社,2008 年,第 176 页。
④ 参见李汉林:《百苗图校释》,贵州民族出版社,2001 年,第 59—60 页;〔清〕舒位:《瓶水斋诗别集(及其他三种)》,见《丛书集成初编》,中华书局,1985 年,第 35 页。
⑤ 杨庭硕、潘盛之编著:《百苗图抄本汇编》(上),贵州人民出版社,2004 年,第 158—164 页。
⑥ 〔清〕卫既齐修,薛载德纂,阎兴邦补修:《康熙贵州通志》(康熙三十六年刻本),见《中国地方志集成·省志辑·贵州》,凤凰出版社,2010 年,第 465 页。〔清〕鄂尔泰等修,靖道谟、杜诠纂:《乾隆贵州通志(一)》(嘉庆修补本),见《中国地方志集成·贵州府县志辑》(4),巴蜀书社,2016 年,第 124 页。
⑦ 〔明〕田汝成:《炎徼纪闻》,见《中国野史集成:先秦—清末》(23),巴蜀书社,1993 年,第 583 页。
⑧ 〔明〕郭子章:《黔记》(万历刻本),见《北京图书馆古籍珍本丛刊 43:史部·地理类》,书目文献出版社,1998 年,第 992 页。

才是当时犵狫葬俗中"家亲殿"的真正情况,但后世"苗图"在传抄中却以讹传讹,曲解了原文的本意。第 35 帧狰獌"暇则挟戈操笱,以渔猎为事",意为渔猎时携带戈和笱,笱又称"鱼笱",是传统的竹制捕鱼工具。但《汇编》博甲本、刘乙本等多个版本中,此句上半部分写作"暇则挟戈㧖狗"①,意为渔猎时带着戈和狗。结合绘画来看,此书的绘画展现的是女子在水中以鱼笱捕鱼的场景,《汇编》博乙本、大英图书馆《罗甸遗风,农桑雅化》等描绘的是男子正在编鱼笱的情形,都与此书的说文更契合。另外,康熙《贵州通志》、乾隆《镇远府志》等也都写作"挟戈操笱"②,看来此书的写法才是母本的原意。比较各版本说文,与此书说文最相近的依次是《汇编》博甲本、刘乙本(即《汇编》收录的刘雍藏《黔苗图说四十幅》)以及台湾傅斯年图书馆《黔苗图说(甲)》。如第 72 帧黑仲家末句"今则设有连环保矣"也出现在前两个版本中,其他版本此处则作"近亦息矣"③或近似的句子。不同的是,此书说文多处用词更通俗,如第 41 帧红苗五月寅日夫妇"不敢出声",其他版本多作"不敢言"④。另外,第 50 帧黑生苗在其他版本中末句多为"雍正三十三年征服,今亦守法"⑤,在此书中却缺少这一句。

此书绘画水平较高且极具特色。画家使用的颜色不多,人物衣冠以灰、黑、白为主色调,杂以淡蓝、黄色等,没有其他图册中的衣冠那么鲜丽,但人物面部、服饰、用品等细节描绘得比较细腻。背景则几乎不设色,以水墨画的形式表现山川、屋舍,写意性很强。图画与说文基本吻合,如六额子、白额子在其他版本中女性大多穿短衣、短裙,但说文描述女性衣长不穿裙,此书的绘画中女性正如说文所述,长衣及踝,穿裤不穿裙,与柏林本相似。还有第 4 帧宋家的说文中说"男子衣襟长,妇人短",绘画非常准确地反映了这一差别。第 5 帧蔡家将环境置于山中,人物皆穿白衣,男性手拿锄头、箩筐,女性头上还带着白

---

① 杨庭硕、潘盛之编著:《百苗图抄本汇编》(上),贵州人民出版社,2004 年,第 253—257 页。

② [清]卫既齐修,薛载德纂,阎兴邦补修:《康熙贵州通志》(康熙三十六年刻本),见《中国地方志集成·省志辑·贵州》,凤凰出版社,2010 年,第 473 页;[清]蔡宗建修,龚传坤等纂:《乾隆镇远府志》(乾隆刻本),见《中国地方志集成:贵州府县志辑》(16),巴蜀书社,2016 年,第 88 页。

③ 杨庭硕、潘盛之编著:《百苗图抄本汇编》(下),贵州人民出版社,2004 年,第 450 页。

④ 杨庭硕、潘盛之编著:《百苗图抄本汇编》(上),贵州人民出版社,2004 年,第 84—89 页。

⑤ 杨庭硕、潘盛之编著:《百苗图抄本汇编》(上),贵州人民出版社,2004 年,第 425 页。

帕，这些都体现出他们是在举办下葬仪式，非常精准地还原了说文"夫葬，以妇为殉，女家夺之乃免"的场面。乾隆时人余上泗在其《蛮峒竹枝词》谈及蔡家这一习俗时写道："邀请六亲如小战，山头夺得女郎归"①，明确指出地点是在山中，与此图吻合。而在其他版本中人物所处的环境都是在家门口，且穿常服。第22—23、26—27、30—31帧，女性的桶裙样式非常类似，应是绘者有意将犵狫的这几个分支的服饰绘成统一的样式，而夹杂其中的第28帧狆犵狫不属于犵狫，因此未穿桶裙，可见画家有意通过绘画细节展现这些族群的关联和差异。

与此书绘画相似度最高的是日本京都大学《进贡苗蛮图》。例如狑家苗在大多数版本中描绘的是男女歌舞的场景，但此书描绘的是一家子在房屋中设坛祭拜。《进贡苗蛮图》的狑家苗绘画与此书几乎无差，只是人物衣冠有区别。画面反映的可能是说文中生子"回亲"的场景，但此书未谈及具体的仪式细节，《进贡苗蛮图》说文则载："两家各敬先祖，谓其子有后人矣"②，说明是"回亲"时举办祭祖仪式的场面。㑩子在其他版本中非常少有，而且说文与此书差别很大，《进贡苗蛮图》与此书的㑩子绘画非常相似，只有人物的衣服颜色有区别。但此书的青苗、车寨苗、箐苗、红犵狫、短裙苗、曾竹龙家的绘画与《进贡苗蛮图》完全不同，九股苗等有差别，可能是因为它或《进贡苗蛮图》有超过一个母本。第32帧犵獞的绘画与很多版本中狑家苗的绘画高度相似，与此书狑家苗说文"男女相聚歌舞"吻合，却与犵獞的说文无关，可见这本图册中有两幅狑家苗的绘画。又如九股苗绘画中身穿盔甲、手拿盾牌、口衔利刃的男子与《皇清职贡图》九股苗男性特别类似③，《进贡苗蛮图》虽也有此人，但描绘的是此人的背面。

除此以外，每一幅绘画的上方正中空白处都有铅笔写的阿拉伯数字，夏德手稿中提及这是他自己书写的页码④。第36帧九股苗的绘画上端空白处还有两行铅笔小字："H. Yule, Marco Polo, 2. ed., vol. II, p.68"，意即亨利·玉尔的《马可·波

---

① 赵荣搜集：《余上泗〈蛮峒竹枝词〉一百首》，见中国人民政治协商会议镇宁布依族苗族自治县委员会文史资料委员会编：《镇宁文史资料选辑》（第3辑），中国人民政治协商会议镇宁布依族苗族自治县委员会文史资料委员会，1992年，第179页。

② ［清］陈枚：《进贡苗蛮图》（写本），日本京都大学附属图书馆藏，索书号：RGTN：831008。

③ 庄吉发校注：《谢遂〈职贡图〉满文图说校注》，台北故宫博物院，1989年，第575页。

④ Friedrich Hirth, *Bemerkungen zu einem chinesischen Manuskript mit Aquarellzeichnungen, das Leben der Miao-tzǔ-Stämme in der Provinz Kuei-chou betreffend*, Forschungsbibliothek Gotha.

罗之书》第二版第二册的第68页。此书出版于1875年，这一页上正是雏魏林"苗图"中生苗（实为九股苗）的一幅临摹，应该是有人发现了两幅图的相似之处，因而将《马可·波罗之书》的页码写在图旁。①

---

① 参见吴雅迪：《20世纪30年代之前欧美汉学界的"苗图"研究》，载《艺术与民俗》2020年第3期，第46页。

版 本 信 息

标　　　题：《名人精写苗蛮图第一本》《名人精写苗蛮图第弎（贰）本》
作　　　者：无
绘制时间：无
形　　　式：纸本设色，册页本
规　　　格：二册本，上册41帧，下册40帧，19cm×30.5cm
页　　　数：1.序跋：无；2.绘画：81；3.说文：81
图说布局：左图右说
封　　　面：原夹板被夏德弃置，现夹板由他请专人制作。前后夹板上都覆盖有已褪色的橙底金花锦缎。上夹板左上角贴有一条带白框的金箔纸，上有手写标题
钤　　　印：哥达公爵图书馆
藏　　　地：德国埃尔福特大学哥达研究图书馆
索　书　号：Ms. orient. Ag. 17a-b
入藏信息：1883年由夏德购于上海，1890年捐赠给哥达公爵图书馆

一、猓猡① 本秭（稱）"廬（盧）鹿"，今訛為（爲）"猓猡"，蓋（葢）方言也。處大定府境。有黑白二種，皆姓安氏，黑者為（爲）大姓。其人皆深目長身，黑面（面）鉤鼻，薙髭而留髯。其俗尚鬼（鬼），故又名"羅鬼（鬼）"。先是蜀漢時有濟火者，從武侯南征，破孟獲有功，封羅甸國王，今安氏遂（遠）祖也。世長其土，

① 本章圖片來源：名人精寫苗蠻圖，Ms. orient. Ag. 17a-b, Forschungsbibliothek Gotha, Universität Erfurt。

猓猡本稱盧鹿今訛為猓猡益方言也處大定府境有黑白二種皆姓安氏黑者為大姓其人皆深目長身黑面鉤鼻雄髭而留髯其俗尚鬼故又名羅鬼先是蜀漢時有濟火者從武侯南征破孟獲有功封羅甸國王今安氏遠祖也世長其土分四十八部部長曰頭目其等有九最貴者曰更苴次曰慕魁勺魁以至黑乍皆有職守文字類蒙古書男子以青布籠髮而束於額狀若角短衣大袖其長歿集所屬披甲馳馬以錦布氈衣裹尸焚於野招魂而葬性最戀主即酷虐之不敢貳繕造堅甲利兵鏢鎗勁弩畜良馬好射獵習擊刺故其兵為諸蠻冠諺云水西羅鬼擊頭掉尾言相應之速也

分四十八部，部長曰"頭目"，其等有九，最貴者曰"更苴"，次曰"慕魁""勺魁"，以至"黑乍"，皆有職守。文字類㝉（蒙）古書。男子以青布籠髮而束於額，狀若角。短衣大袖。其長歾（死），集所屬披甲馳馬，以錦布氊（氈）衣裹（裹）尸，焚於野，招魂而葵（葬）。性最戀主，即酷虐之，不敢貳。繕（善）造堅甲利兵，鏢鎗勁弩。畜良馬，好射獵，習擊刺。故其兵為（爲）諸蠻冠。諺云："水西羅鬼（鬼），擊頭掉尾。"言相應之速也。

158 | 德国和捷克藏贵州"苗图"

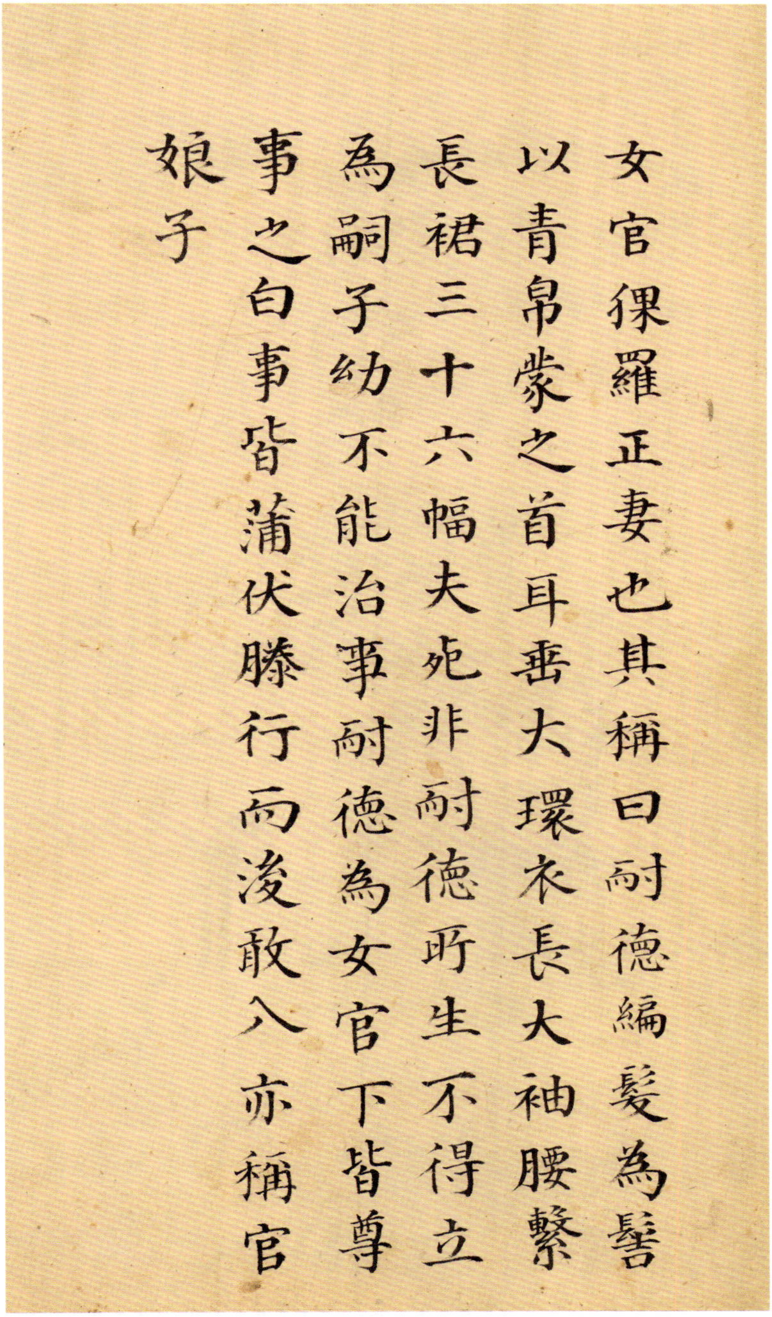

> 女官稗羅正妻也其稱曰耐德編髮為髻
> 以青帛蒙之首耳垂大環衣長大袖腰繫
> 長裙三十六幅夫歿非耐德所生不得立
> 為嗣子幼不能治事耐德為女官下皆尊
> 事之白事皆蒲伏膝行而後敢入亦稱官
> 娘子

二、女官，稗羅正妻也，其稱曰"耐德"。編髮為（爲）髻，以青帛蒙（蒙）之首，耳垂（垂）大環（環）。衣長，大袖，腰繫長裙三十六幅。夫歿（死），非耐德所生不得立為（爲）嗣。子幼不能治事，耐德為（爲）女官，下皆尊事之。白事皆蒲伏（匍匐）膝行，而浚[後]敢入。亦稱"官娘子"。

160 | 德国和捷克藏贵州"苗图"

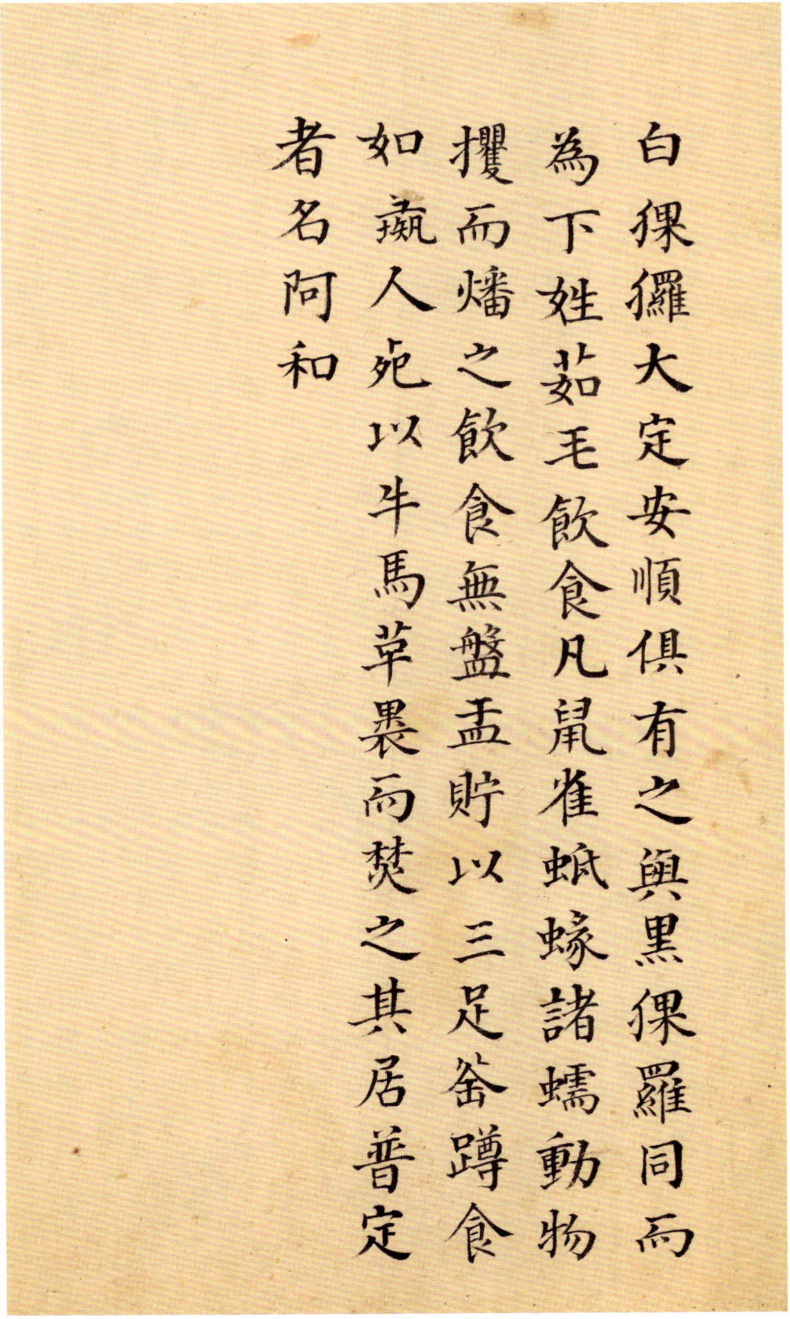

白猡猓大定安順俱有之與黑猡猓同而
為下姓茹毛飲食凡鼠雀蚯蟓諸蠕動物
攫而燔之飲食無盤盂貯以三足釜蹲
食如巋人宛以牛馬草裹而焚之其居普定
者名阿和

三、白猡猓大定、安順俱有之，與黑猡猓同，而為（爲）下姓。茹毛飲食[血]，凡鼠雀蚯蟓，諸蠕動{之}物，攫而燔之。飲食無盤盂，貯以三足釜（釜）。蹲食如巋（巍）。人宛（死），以牛馬革裹（裹）而焚之。其居普定者名"阿和"。

四、宋家處（處）貴陽、安順二府境。本中國之裔，放流而入於夷者也。其語言文字悉與漢同。男子衣襟長，婦人短。婚姻夫家往迎，女家率親戚箠楚逐之。至三四始奪新婦以去。其歸於夫也，供婦職惟謹。喪葬（葬）飯蔬食[①]飲水，三七日封而識之。男耕女織，近多讀書入泮者。

① "食"疑为衍字。

五、蔡家處大定、貴筑、修文、清鎮、威寧、平逺（遠）等州縣境。男子衣氈（氊），婦人氈（氊）髻，緣以青布，髙（高）尺許，狀若牛角，以長簪（簪）綰之。翁媳不通言。居喪（喪）三月，不食稻，不啖肉，惟飲稗粥。夫葬，以婦為（爲）殉，女家奪之乃免。

　　六、卡尤仲家在貴陽、安順、南籠、平越、都勻諸府境。衣尚青。婦女以花帕蒙首，短衣而窄下①，雖巖（嚴）寒盛暑無增減。裳（裙）長而細摺［褶］，勾雲合角，中中②以顏色相間。以六月六日為（爲）大節。每歲孟春，男女羣（群）

---

① 此句不通，多版本為"衣短而下圓，度身而裁"，《匯編》台甲本為"短衣小袖，細褶長裙"。
② 第二個"中"疑為衍字。

卡尤仲家在貴陽安順南籠平越都勻諸府境。衣尚青，婦女以花帕蒙首，短衣而寬下。雖嚴寒盛暑岳增減。農長而細摺，勻雲合角中，中以額色相間。以頁以日為大節，每歲孟春男女群集曠野中，以綵巾結小毬如瓜謂之花毬，彼此拋擲為戲。相悅者剪衣換帶為約，與俱之女家，遂爲夫婦。抱子後乃返夫宅。其在開州者，婚姻用媒妁。親死，舊俗皆鬻食其肉。今易以牛，謂之替列。貧者牛一頭，富者數頭。所親攜雞酒來祭，以白布蒙首，繞牛哭奠之。祭畢，屠牛分肉，群飲食醉飽而散。

集曠野中，以綵（彩）巾結小毬如瓜，謂之"花毬"，彼此拋擲為戲（戲）。相悅者剪衣換帶为約，與俱之女家，遂爲夫婦。抱子後乃返夫宅。其在開州者，婚姻用媒妁。親殀（死），舊俗皆鬻食其肉。今易以牛，謂之"替列"。貧者牛一頭，富者數頭。所親携雞酒來祭，以白布蒙首，繞牛哭奠之。祭畢，屠牛分肉，羣（群）飲食醉飽而散。

168 | 德国和捷克藏贵州"苗图"

七、補籠仲家，貴陽之定番、廣順二州及南籠、安順二府皆有之。以十二月朔（朔）为大節，歲時擊銅鼓为歡。若掘地得銅鼓，輒云"是武侯南征所遺"，售之重價。喪（喪）則屠牛，召親戚以牛角灌酒。孝子不食肉，惟啖魚蝦，故用以为（爲）祭。葬（葬）則以傘蓋墓上，期歲乃焚之。性慓悍，出皆帶利刃。

八、青仲家在古州、清江、丹江諸境。服尚青。女子白皙聰慧①，工繡，善棋局。

---

① 此处多本作"色白而敏"或"色白"；《黔南苗蛮图说》在"色白而敏"后多"惟面多带雀瘢"一句；何罗娜本此处作"白皙而性敏"，与此本较接近。参见 David M. Deal & Laura Hostetler, *The Art of Ethnography: A Chinese "Miao Album"*, Seattle: University of Washington Press, 2006, p. 16。

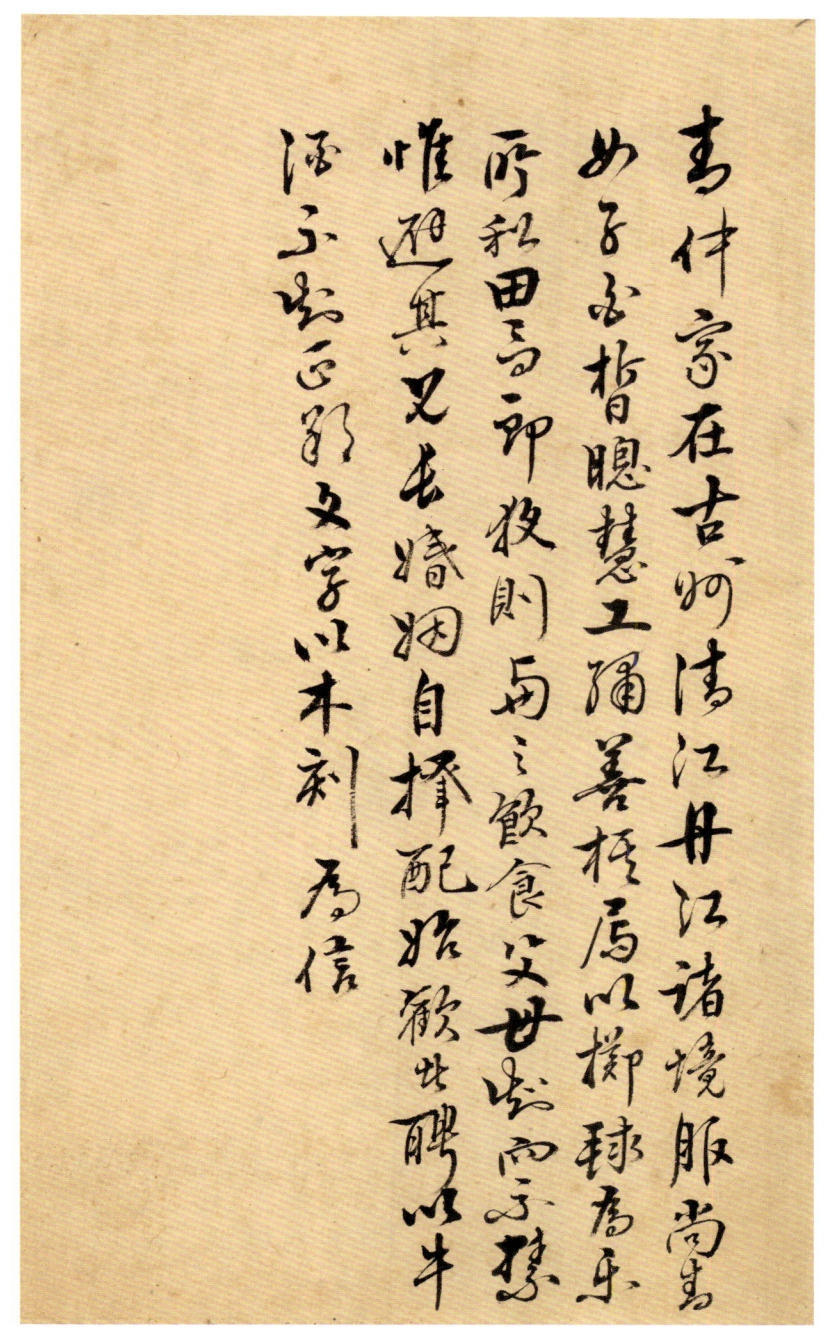

以擲毯為（爲）乐，所私田［曰］"馬郎"，夜則與之飲食。父母知而不禁，惟避其兄長。婚姻自擇配，始歡此［者］聘以牛酒。不知正朔。文字以木刻為（爲）信。

172 | 德国和捷克藏贵州"苗图"

九、鲁（曾）竹龍家處安順府境。婦女衣白衣，繫桶裠（裙），戴細布方巾，以髮縈（縈）一尾，長尺許，垂（垂）於後，名曰"髮尾"。喜用豬油抹髮，其穢（穢）不可聞。婚嫁親戚持羊酒為（為）贈，并攜新衣數襲以誇其富。人殀（死），殮而焚之，瘞枯骨。七月七日祭先瑩。

十、狗耳龍家在安順、大定及廣順州之康佐司境。男子蒙首不冠，婦女辮[辮]髮螺髻，束以布而結於頂，以布結之，若狗耳然。衣斑衣，以五色藥珠為（爲）篩（飾）。立春後豎木於野，謂之"鬼（鬼）杆"。俾男女自擇配。既奔，則女家以牛馬贖之，通媒妁。

176 | 德国和捷克藏贵州"苗图"

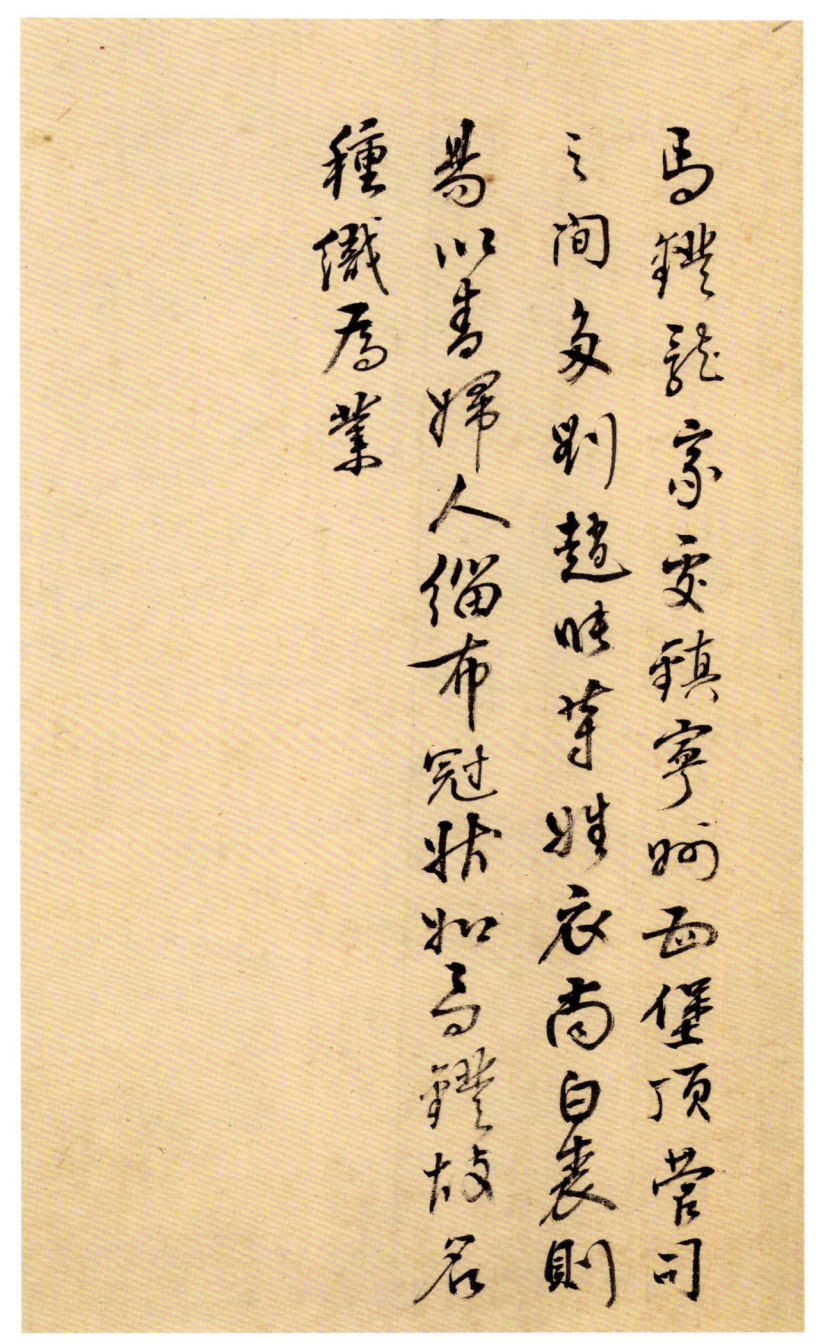

十一、馬鐙龍家處鎮寧（寧）州西堡、頂營司之間。多劉、趙、張等姓。衣尚白，喪則易以青。婦人緇布冠，狀如馬鐙，故名。種織為（爲）業。

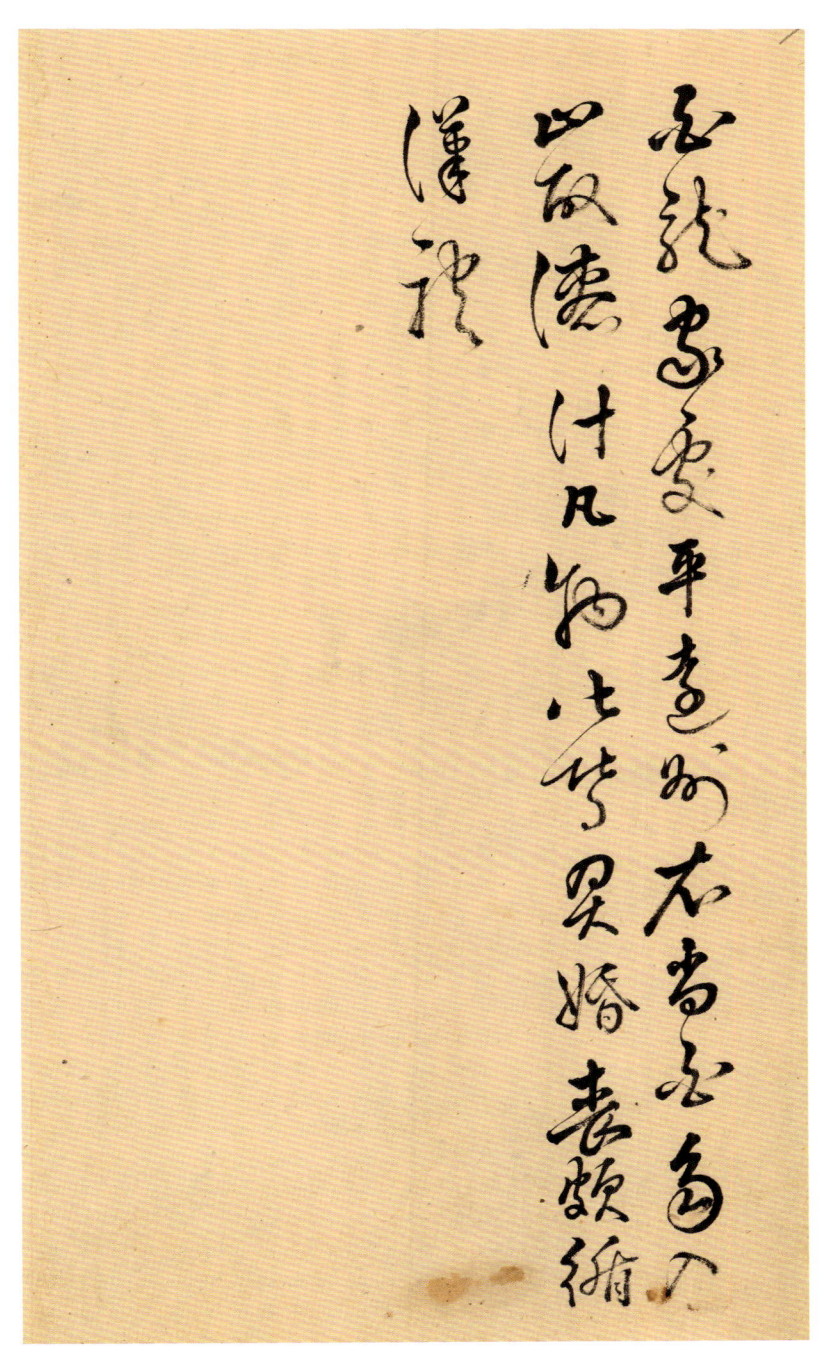

十二、白龍家處平遠州。衣尚白。多入山取漆汁。凡物皆背負。婚喪頗循漢禮。

180 | 德国和捷克藏贵州"苗图"

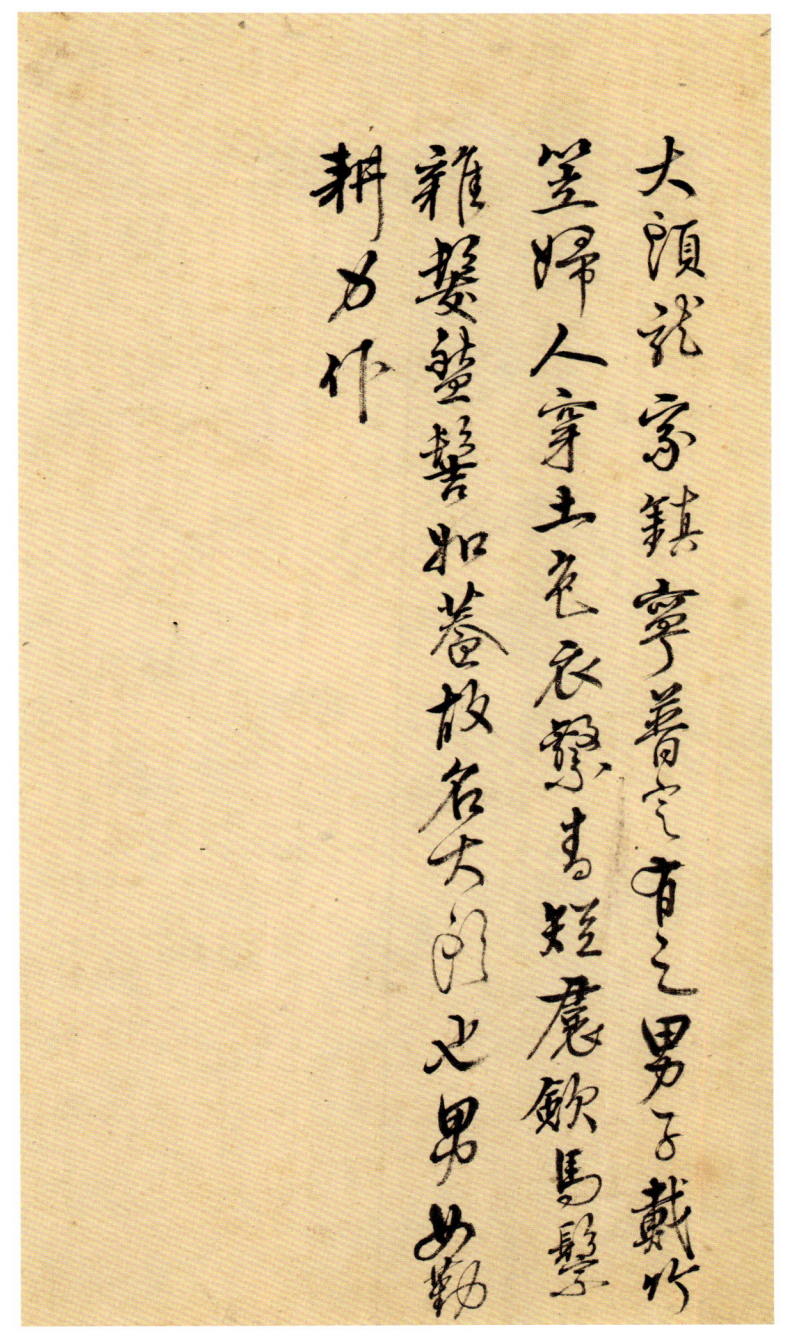

十三、大頭龍家鎮寧、普定有之。男子戴竹笠,婦人穿土色衣,繫青短裹(裙)。斂馬鬃雜髮,盤髻如盍(蓋),故名"大頭"也。男女勤耕力作。

十四、花苗處大定、安順、遵義、貴陽諸府境。其人無姓氏,性懇(戀)而畏法,俗陋而力勤。衣用敗布緝條為(爲)之,青白相間。無領袖,洞其中,從{頭}籠下。戎(或)以半幅中分,交纏於項。每歲(歲)春,擇地為(爲)笙塲(場)。男子吹苗笙,女子振響鈴,歌(歌)舞戲(戲)謔相樂,日暮則挈所歡者以歸。成婚(婚)浚[後]一日乃返夫宅。喪(喪),則親族携酒肉以賻,環(環)哭花苗處大定安順遵義貴陽諸府境其人無姓氏性憨而畏法俗陋而力勤衣用敗布緝絛為之青白相間無領袖洞其中從籠下峳以半幅中分交纏於項每歲春擇地為笙塲男子吹苗笙女子振響鈴歌舞戲謔相樂日暮則挈所歡者以歸成婚後一日乃返夫宅喪則親族攜酒肉以賻環哭盡哀三七日攜雞一隻酒一缶飯一盂徃祭之延巫持謂之放七祭畢礫碎雞器謂之鬼散葬不用棺斂手足而瘞之卜地以雞子擲之不破者為吉病不服藥惟宰牲饌禱於鬼

盡衰［哀］。三七日，攜雞一隻、酒一缶、飯一盂徃（往）祭之。延巫持｛咒｝，謂之"放七"。祭畢，礫碎雞器（器）①，謂之"鬼（鬼）散"。葬（葬）不用棺，斂手足而瘞之。卜地，以雞子擲之，不破者為（爲）吉。病不服藥，惟宰牲饌禱於鬼（鬼）。

① 詞序有誤，應為"礫雞碎器"。

十五、白苗處龍里、貴定、黔西諸境。衣尚白衣①。男子科頭跣足。婦人盤

---

① 《黔南苗蠻圖說》此處作"衣尚白"，此本第二個"衣"疑為衍字。參見李德龍：《〈黔南苗蠻圖說〉研究》，中央民族大學出版社，2008年，第156頁。《匯編》諸本多作"服尚白"或"服色白"，何羅娜本、大英圖書館《羅甸遺風，農桑雅化》作"衣白衣"，參見 Nicholas Tapp & Don Cohn, *The Tribal Peoples of Southwest China: Chinese Views of the Other Within*, Bangkok: White Lotus, 2003, p. 27。

白苗處龍里貴定黔西諸境衣尚白男子科頭跣足婦人盤髻長簪祀祖飼牸牛頭角端正者令肥壯使與鄰牛鬪勝則吉屠之以祭主祭者白服細摺長裙祭畢合親族高歌飲讌以為樂

髻長簪（簪）。祀祖，飼牸[牯]牛頭角端正者，令肥壯，使與鄰牛鬪（鬥）。勝則吉，屠之以祭。主祭者白服，細摺[褶]長裙。祭畢，合親族（族）高（高）歌飲讌以為（爲）樂。

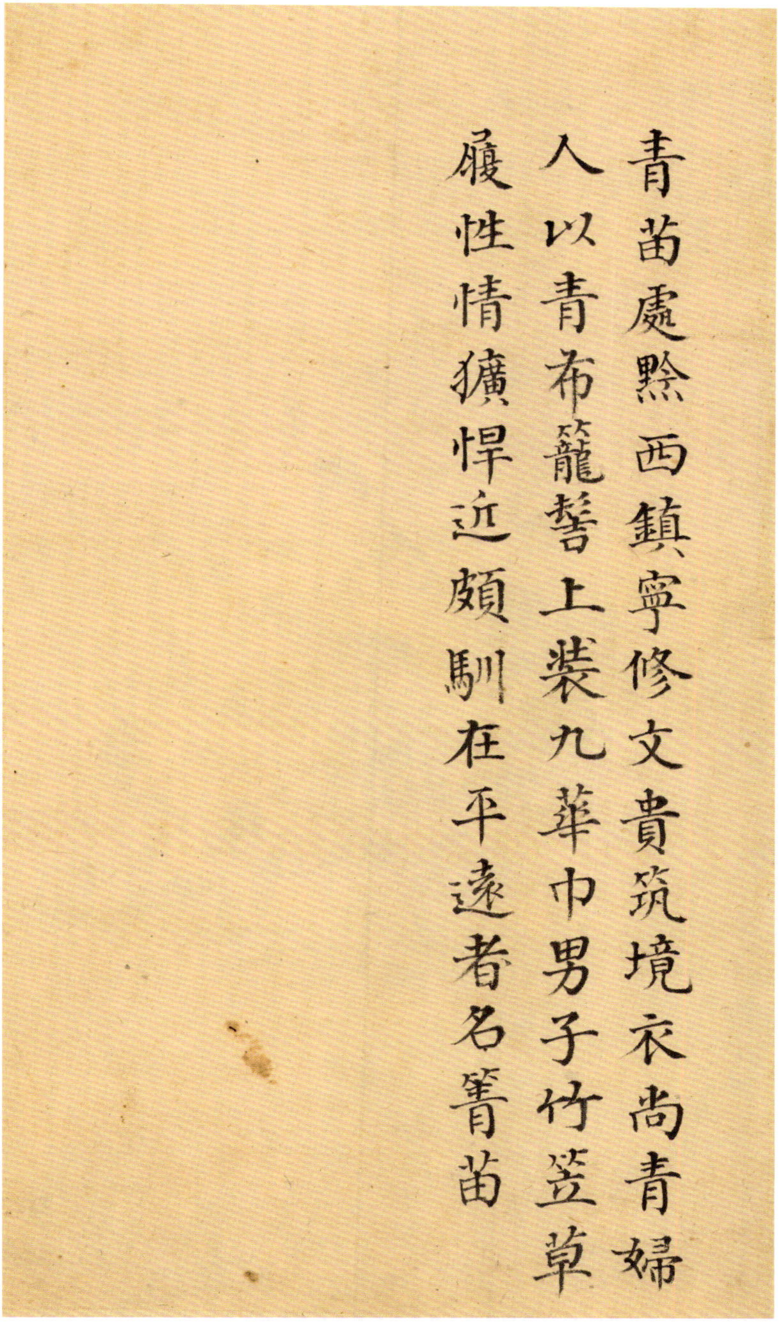

> 青苗處黔西鎮寧修文貴筑境衣尚青婦
> 人以青布籠䯻上裝九華巾男子竹笠草
> 履性情獷悍近頗馴在平遠者名箐苗

十六、青苗處黔西、鎮寧、修文、貴筑境。衣尚青。婦人以青布籠䯻，上裝九華巾。男子竹笠草履（屨）。性情獷悍，近頗馴。在平逺（遠）者名"箐苗"。

十七、黑苗種㝡（最）蕃，散處八寨、丹江、清江、黎平、古州之間。衣服皆尚黑。男女跣足，陟岡巒，躡荊榛，捷（捷）如猱（猿）猱。性悍好鬪（鬥）。頭挿（插）白翎，出入必帶鏢鎗、藥弩（弩）、環（環）刀。寒無重衣，夜無臥具。食惟穤（糯）稻。舂甚白，炊䭃（熟），必成團冷食。佐食惟野蔬寒泉。無匙筯，以手掬之。每至孟春，各寨擇地為（爲）笙埸（場），不拘考［老］幼。以竹為（爲）

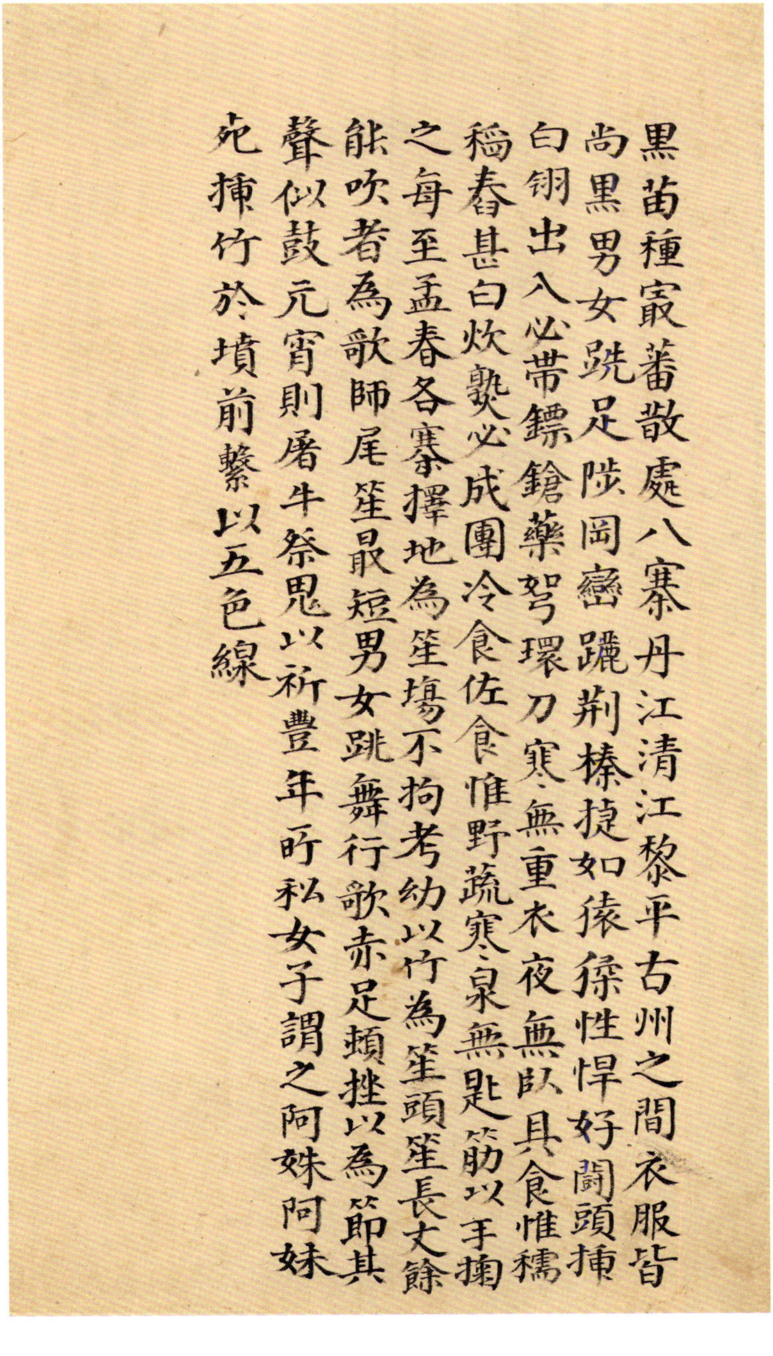

黑苗種寔蕃散處八寨丹江清江黎平古州之間衣服皆
尚黑男女跣足陟岡蹙躐荊榛捷如猿猱性悍好鬥頭插
白翎出入必帶鏢鎗藥弩環刀寒無重衣夜無衾食惟糯
稻舂甚白炊熟必成團冷食佐食惟野蔬寒泉無匙筋以手摶
之每至孟春各寨擇地為笙塲不拘考幼以竹為笙頭笙長丈餘
能吹者為歌師尾笙最短男女跳舞行歌赤足頓挫以為節其
聲似鼓元宵則屠牛祭鬼以祈豐年盰私女子謂之阿妹阿妹
宛挿竹於墳前繫以五色線

笙，頭笙長丈餘，能（能）吹者為（爲）歌（歌）師，尾笙最短。男女跳舞行歌（歌），赤足頓挫以為（爲）節，其聲似鼓。元宵則屠牛祭鬼（鬼），以祈豐年。所私，女子謂之"阿妹""阿妹"。宛（死），挿（插）竹於墳前，繫以五色線。

190 | 德国和捷克藏贵州"苗图"

十八、東苗處貴筑、修文、龍里、清平、清鎮、廣順諸州縣境。有族（族）無姓。婦人衣花衣而無袖，惟兩幅蔽前後而已。繫細摺［褶］短裳（裙）。男子蓄頂髮，短{衣}花背{甲}。屆中秋，合寨延鬼（鬼）師以祭祖。及同族（族）之妃（死）亾（亡）者，屠牛設饌，呼其名以祭。祭畢，召所親劇飲，竟日夜乃己［已］。每春獵於山，獲禽必薦祖。畏見官府，急公服役，比{於}良民。

192 | 德国和捷克藏贵州"苗图"

十九、西苗有馬、謝、何、羅、雷等姓，處（處）貴陽、平越二府境。娶婦必異寢，使與人私，生子後乃同室。每歲收穫訖，諸寨集牛於野，延歌祝者，披寬大毡衣，腰際皆細摺［褶］。戴帽，穿皮靴，導於前。童男女百十輩，青衣綵（彩）帶，吹笙舞蹈隨其後。歷（歷）三晝夜止，乃殺牛以賽神，名曰"祭白虎（虎）"。性情質（質）实，最畏法，少爭訟。

　　二十、夭苗處平越府境。一名"夭家"，多姬姓。{性}情柔順，不喜鬪（鬥），勤儉安貧，不為（爲）盜。近多讀書應試者。婦人工織善染。以仲冬朔（朔）日為（爲）大節。其在陳蒙（蒙）、爛土、天［夭］壩者，緝木葉為（爲）衣，繫短裘（裙）。女子年及笄，即構行［竹］樓野處。未婚男子吹笙以誘之。人歿（死）

天苗處平越府境一名天家多姬姓情景順不喜鬭勤儉安貧不為盜近多讀書應試者婦人工織善染以仲冬朔日為大節其在陳蒙爛土天壩者緝木葉為衣襟短晨女子年及笄郎構行樓野處未婚男子吹笙以誘之人夗不塟藤蔓之束樹間

不塟（葬），藤蔓之束树（樹）間①。

① 词序有误，且有缺漏，应为"以藤蔓束之於樹間"。

196 | 德国和捷克藏贵州"苗图"

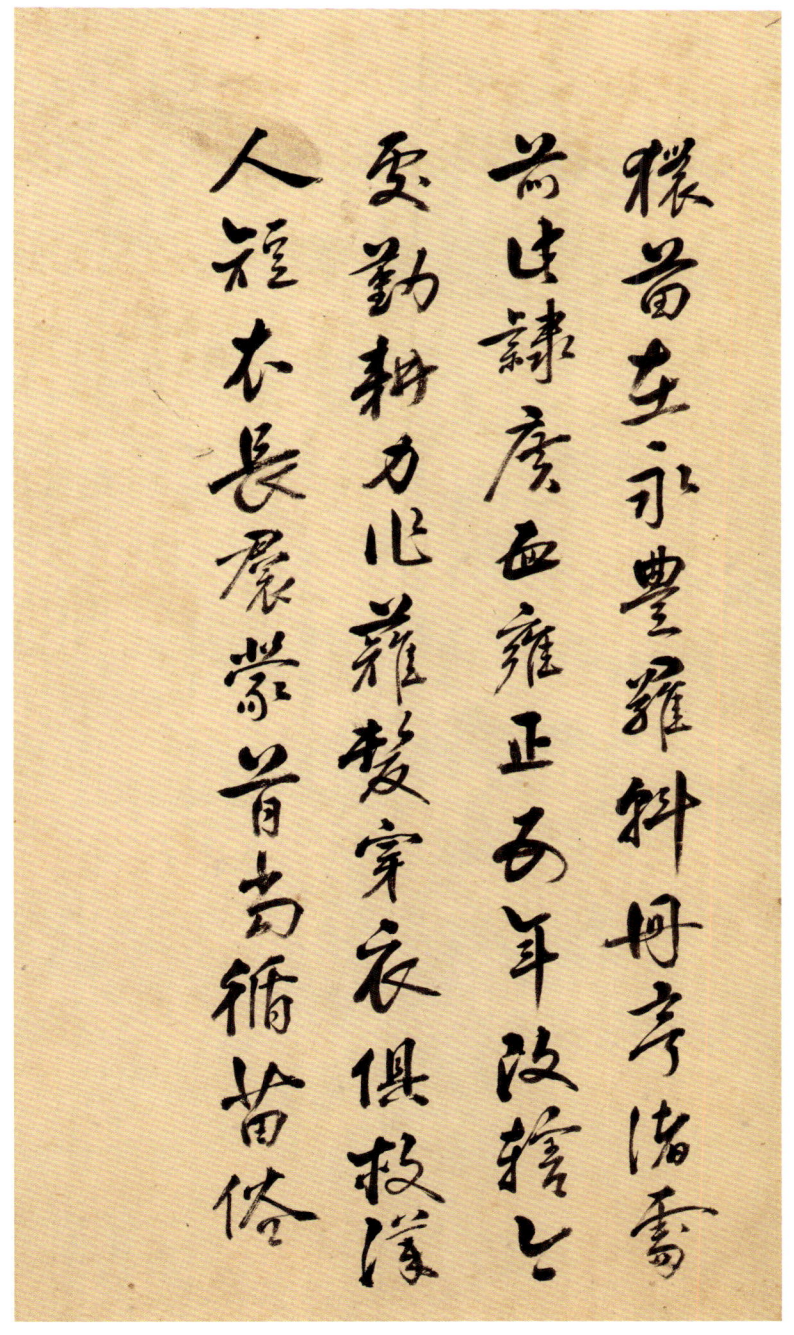

二十一、猓苗在永豐、羅斛、冊亨諸虜（處）。前此隸廣西，雍正五年改轄今處。勤耕力作。薙髮、穿衣俱效漢人。{惟婦人}短衣長裳（裙），蒙首，尚循苗俗。

二十二、打牙犵狫處黔西、清平、平越等州縣（縣）境。女子分前髮，披於後，曰"齊脅（眉）"。將（將）嫁，鑒（鑿）去門牙二齒，曰"恐妨害夫家"。男子蓬首赤足，衣用織毛布一幅圍腰，旁無襞績，曰"桶裙"。凡犵狫皆然。

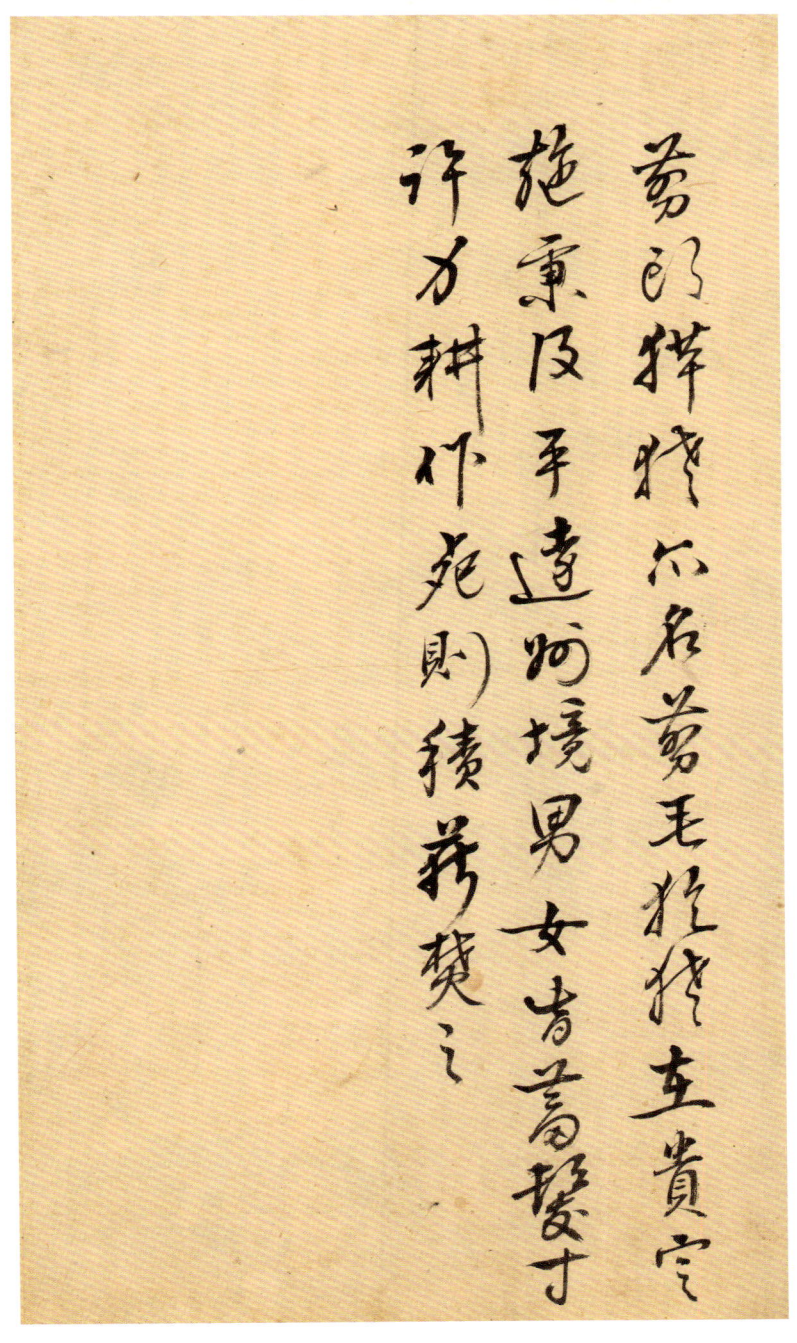

二十三、剪頭犵狫，亦名"剪毛犵狫"，在貴定、施秉及平遠州境。男女皆蓄髮寸許。力耕作。妃（死）則積薪焚之。

二十四、土犵狫虜（處）威寧州境。男子編芔（草）為（爲）衣。專與猓羅傭工。每以油燒热擦足，入山似猨（猿）。

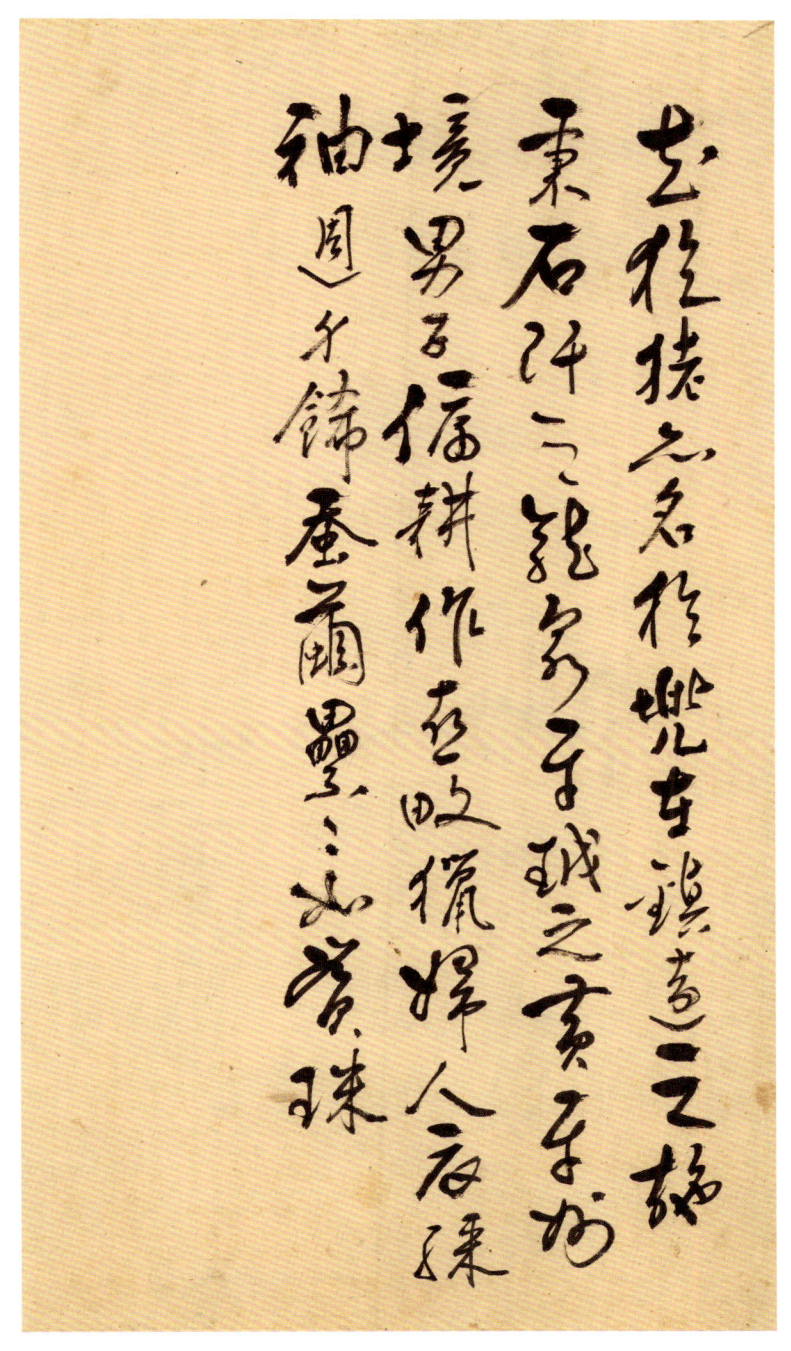

二十五、花犵狫亦名"犵兜（兜）"，在鎮遠之施秉、石阡之龍泉、平越之黃平州境。男子停耕作，喜畋獵。婦人衣綵（彩）袖，週身餙（飾）蠶繭，纍（累）々如貫珠。

206 | 德国和捷克藏贵州"苗图"

二十六、披袍犵狫亦在平遠州境。男女裏衣長尺許，外衣前短後長，鏧（鑿）窾為（爲）領。繫桶裹（裙），羊毛所織也。性湻（淳）謹，好力作。

二十七、猪屎犵狫石阡、黎平、古州、平遠、清平皆有之。身面經年不浣，與犬豕同牢。得禽獸咋食之，若狼。男子出入佩刀弩（弩）。有仇必報，弱不能報者，獻牛酒，豪魁皆為（爲）盡力，致死者償以牛。其虜（處）清平者，通漢語，聽約束。

二十八、犵狫狢多王、黎、金、文等姓，散處各州縣。冬則拙[掘]{地}為（爲）爐，厝火環（環）臥，以牛衣藉之，不施被蓆。祝鬼（鬼）用茻（草）龍挿（插）五色旗，徃（往）郊外祭之。遇節歌（歌）舞為（爲）歡。處都勻、

> 犵狫多王黎金文等姓散處各州縣冬則拙為爐厝火環臥以牛衣藉之不施被蓆祝鬼用艸龍插五色旗徃郊外祭之遇節歌舞為歡處都勻清平者衣服與漢同親宛有斬衰而無苴經長子居喪七七不沐浴不踰戶長子貧不能守喪以長孫次子代之訓子弟尊師傅多入泮者 志稱木老

清平者，衣服與漢同。親宛（死），有斬衰而無苴經①。長子居喪（喪），七七不沐〔沐〕浴，不踰戶。長子貧不能守喪（喪），以長孫、次子代之。訓子弟，尊師傅，多入泮者。〔註：《志》稱木老。〕

---

① 关于"斬衰"和"苴経"的释义参见李汉林：《百苗图校释》，贵州民族出版社，2001年，第42页。

二十九、水犵狫處施秉、餘慶之間。善捕魚，隆冬能入深淵，取魚以出。男子衣服與漢同。婦人不穿桶裙，肰（然）細摺［褶］長裙，亦苗俗也。守法畏官。

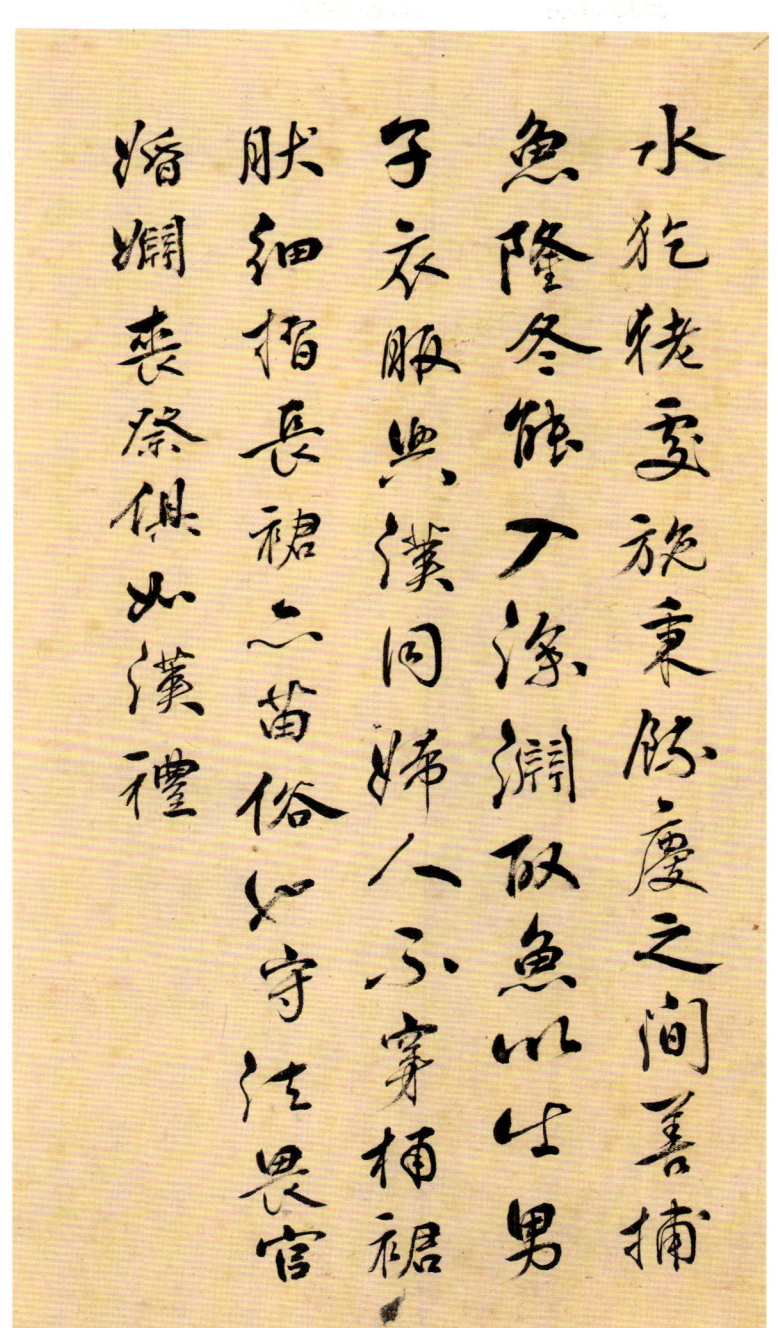

婚媚（姻）丧（喪）祭俱如漢禮。①

---

① 博甲本、刘乙本等文末尚有一句，曰："今則於五種犵狫之外，另添數種名色，仍照《通志》匯入。"参见杨庭硕、潘盛之编著：《百苗图抄本汇编》（上），贵州人民出版社，2004年，第175页。

214 | 德国和捷克藏贵州"苗图"

三十、鍋圈犵狫在平遠州境。男子皆織斜文（紋）布以為（爲）衣。婦人以青帕籠髮，狀若鍋圈。服青，繫短帬（裙）。病不服藥，用虎頭一具，篩（飾）以紅綠絨線，置簸箕內，延鬼師禱之。性嗜酒，惰農業。

216 | 德国和捷克藏贵州"苗图"

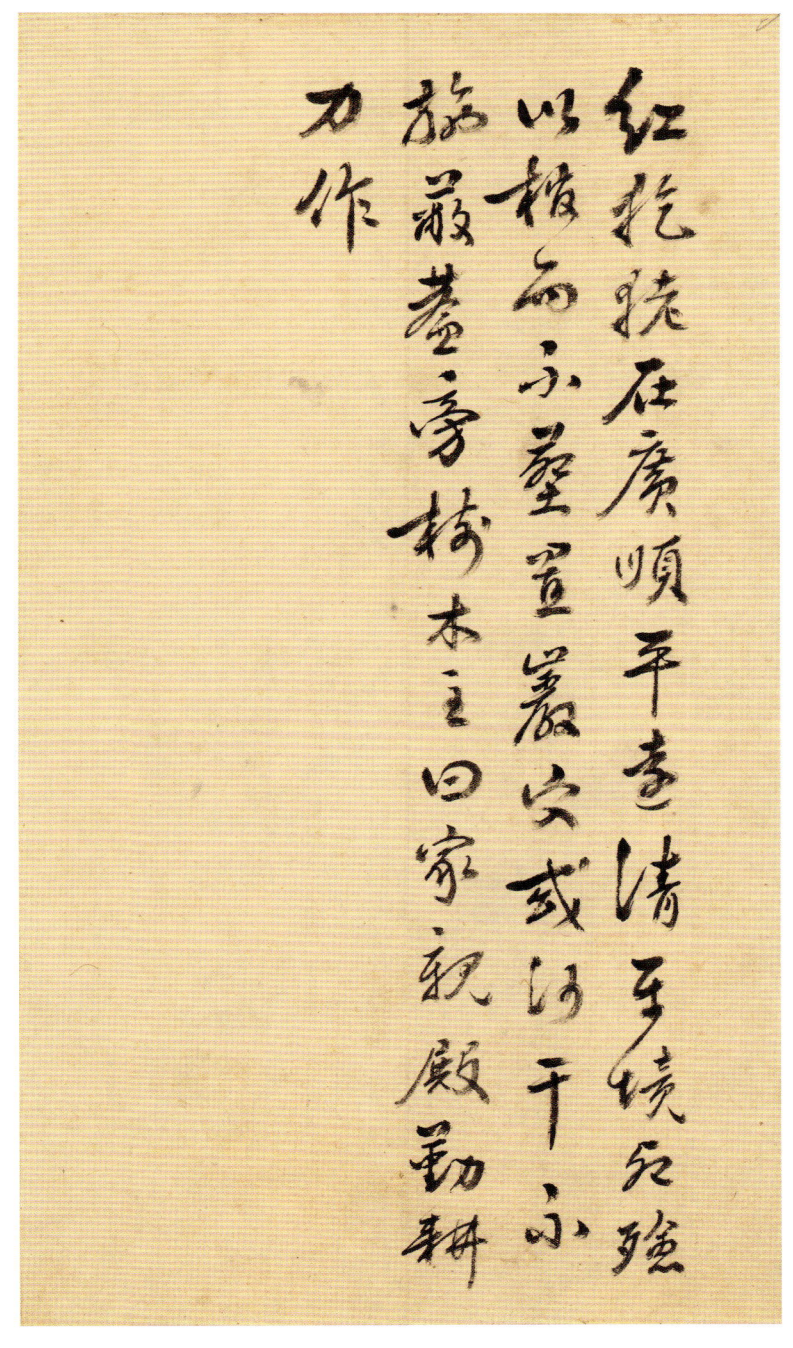

三十一、紅犵狫在廣順、平遠、清平境。死,殮以棺而不塟(葬)。置巖穴或河干,不施蔽蓋,旁樹木主,曰"家親殿"。勤耕力作。

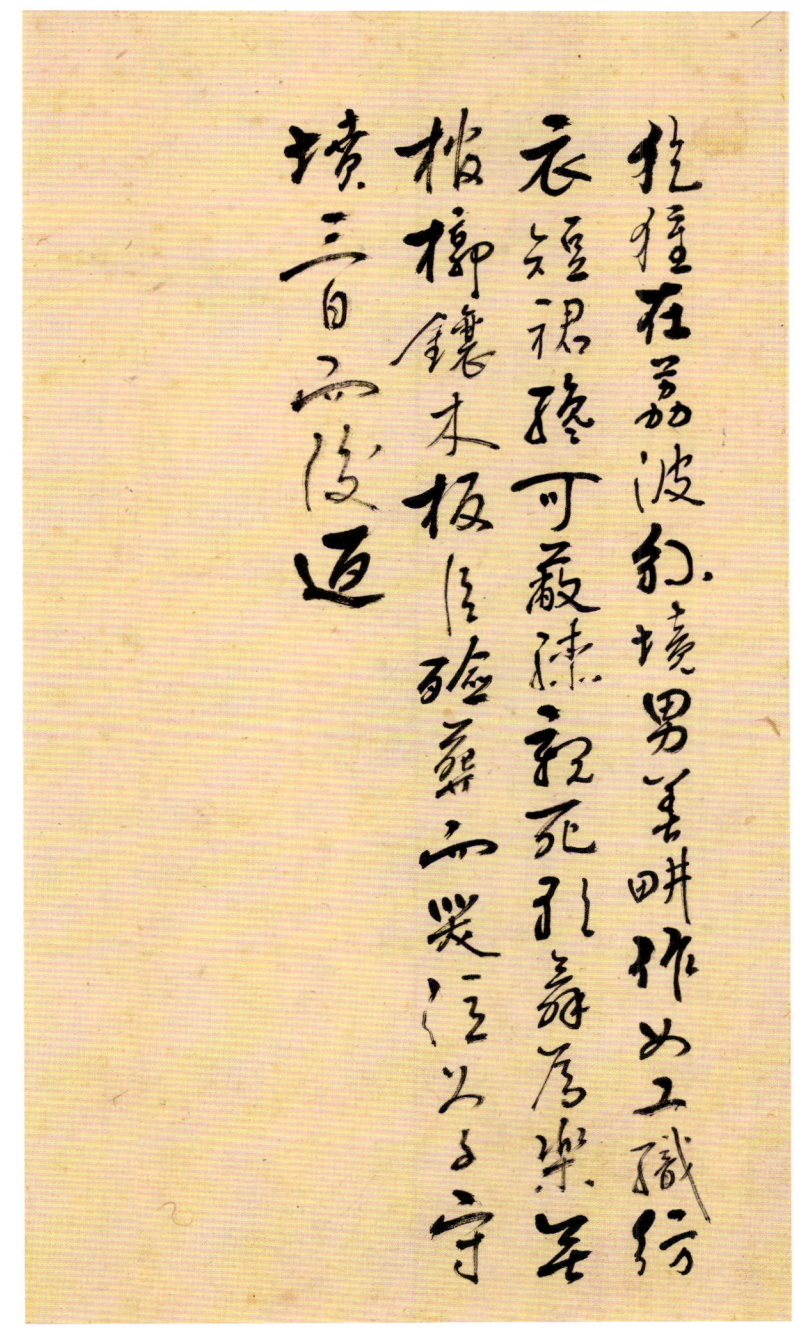

三十二、犵獞在荔波縣境。男善畊（耕）作，女工織紡。衣短裙，纔可蔽膝。親死，歌舞為（爲）樂。無棺槨，鑲木板後，殮葬而哭泣。女子[①]守墳三日而後返。

---

① 此处其他版本为"子女"。《汇编》刘甲本等还有"子女哭，必出血"一句，参见杨庭硕、潘盛之编著：《百苗图抄本汇编》（上），贵州人民出版社，2004年，第208—212页；李汉林：《百苗图校释》，贵州民族出版社，2001年，第207—208页。

220 | 德国和捷克藏贵州"苗图"

三十三、狑家苗處荔波縣境。以十月晦日為（爲）大節，祭鬼。男女俱以藍花布蒙（蒙）首。其未婚嫁者帕稍長。屆仲冬，會男女相聚歌（歌）舞，所歡者約而奔之。乃歸（歸）寧，名曰"回親"，用媒妁玫（致）聘禮。其未生子者不歸（歸）寧。

三十四、狪家苗亦虜（處）荔波縣境。衣尚青，長不過膝。每歲（歲）首，襍（雜）魚肉酒飯以祭槃（盤）弧[瓠]。屋①近水而居。男子種棉花，婦人習紡織。男子雖通漢語，不識文字，以木刻為（爲）信。

---

① "屋"为衍字。

224 | 德国和捷克藏贵州"苗图"

三十五、狖獚處都勻、黎平、石阡等府及施秉、龍泉、餘慶、龍里等縣（縣）境。其姓曰楊、龍、張、石、歐。男子計口而畊（耕），女子度身而織。暇則挾戈操筍，以漁獵為（爲）事。婚喪（喪）牽犬以饋。所居荊壁不塗，門户不扃，出入則以泥封之。

三十六、九股苗處興隆衛、凱里司境①。本黑苗種也。前是諸葛武侯南征時戮之殆盡，僅存九人，今極繁衍。性寰（最）慓悍。首貫鐵盔，前有護面，後有遮肩。

---

① 他本多作兴隆、凯里，但康熙《贵州通志》、乾隆《贵州通志》与此本的说法相同。事实上，兴隆卫、凯里司分别早在康熙康熙二十六年（1687）、康熙四十二年（1703）已废，参见史为乐主编：《中国历史地名大辞典》，中国社会科学出版社，2005年，第1100、1569页。

九股苗颿興隆衛凱里司境本黑苗種也前是諸葛武矦南征時戮之殆盡僅存九人今極繁衍性寡慓悍首貫鐵盔前有護面後有遮肩身披鐵甲及臍而止下用鐵練圍身鐵片纏腿健者尚能左手執木牌右手持鏢桿口啣利刃行走如飛携強弩曰偏架三人共張之矢無不貫者雍正十三年勦浚搜繳甲兵建城安汛焉

身披鐵甲，及臍而止。下用鐵練［鏈］圍身，鐵片纏腿。健者尚能左手執木牌，右手持鏢桿，口啣（銜）利刃，行走如飛。携強弩曰"偏架"。三人共張之，矢無不貫者。雍正十三年勦（剿）浚［後］，搜繳甲兵，建城安汛［汛］焉。

三十七、八番苗處定番州境。衣服與漢人同。其俗女勞男逸。日出而耕，日入而織。獲稻和楷[稭]儲之，刳木位[作]臼，曰"椎①塘"，取稻把以舂。

---

① 台甲本、何罗娜本亦为"椎"，其他版本有"錐""碓"两种异写。参见李汉林：《百苗图校释》，贵州民族出版社，2001年，第141页。

八畨變定畨，四境衣服与漢人同。其俗女勞男逸，日出而耕，日入而織。穫稻和楷儲之，刻木位曰推塘，取稻杷以春。宴會則擊長腰鼓為乐。以十月晦為大節。葬不擇日，夜靜昇棺出，謂"不忍使吾親知"云。

三十八、紫薑苗黃平、清平及丹江皆有之。與獨山州之九名九姓｛苗｝同類。輕生好鬪（鬥），得仇人則生啖其肉。以十月朔為（爲）大節，是日閉門不出，犯者不祥。在平越者間入行伍，多力善戰，及讀書考試者。人見之，不識為（爲）苗也。

232 | 德国和捷克藏贵州"苗图"

三十九、谷藺苗定番多有之。性悍，善擊刺。出入持鏢弩，諸苗皆畏之。女工織紡，其布精密，人爭買之，故諺云："欲作衫與褲，須得谷藺布。"[1] 婚姻用媒妁。

---

[1] 此谚语前半句他本多作"欲作汗衫裤"，布拉格本作"欲作汗衣裤"，参见李汉林：《百苗图校释》，贵州民族出版社，2001年，第12页；本书第462页。

234 | 德国和捷克藏贵州"苗图"

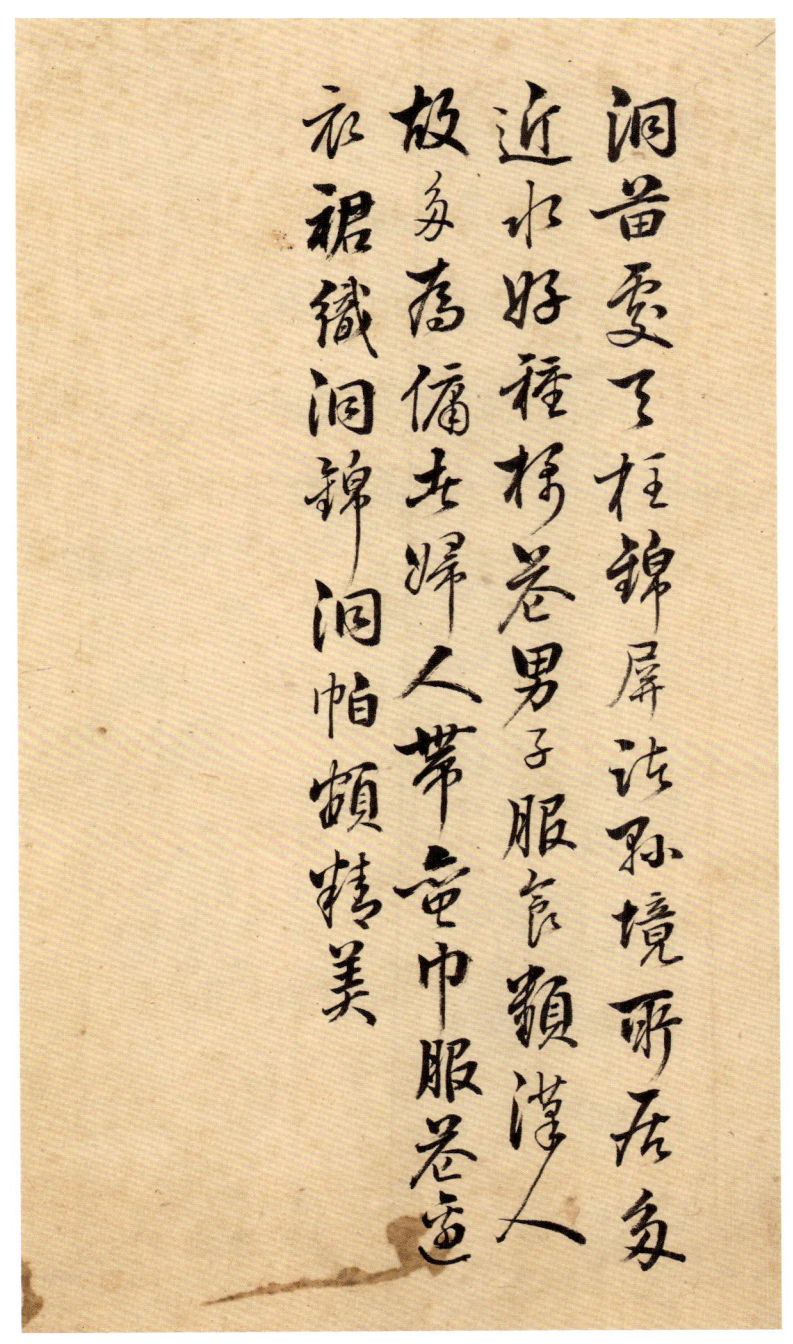

四十、洞苗處天柱、錦屏諸縣境。所居多近水。好種棉苍（花）。男子服食類漢人，故多為（爲）傭者。婦人帶［戴］蠻巾，服苍（花）邊衣裙。織洞錦、洞帕，頗精美。①

---

① 部分版本文末尚有一句"楚省亦多有之"，參見李漢林：《百苗圖校釋》，貴州民族出版社，2001年，第161頁。

　　四十一、紅苗處銅仁府境。其姓曰吳、石、麻、白①。衣雜色絲②。同類相鬭（鬥）者，婦人勸乃解。五月寅日，夫婦異寢，不敢（敢）出毃（聲），不出戶，以避

---

① 此句可能脫"龍"字，參見本書第108頁腳注①。
② 此處他本多作"衣服悉用斑絲"或類似語句，參見楊庭碩、潘盛之編著：《百苗圖抄本匯編》（上），貴州人民出版社，2004年，第84頁。

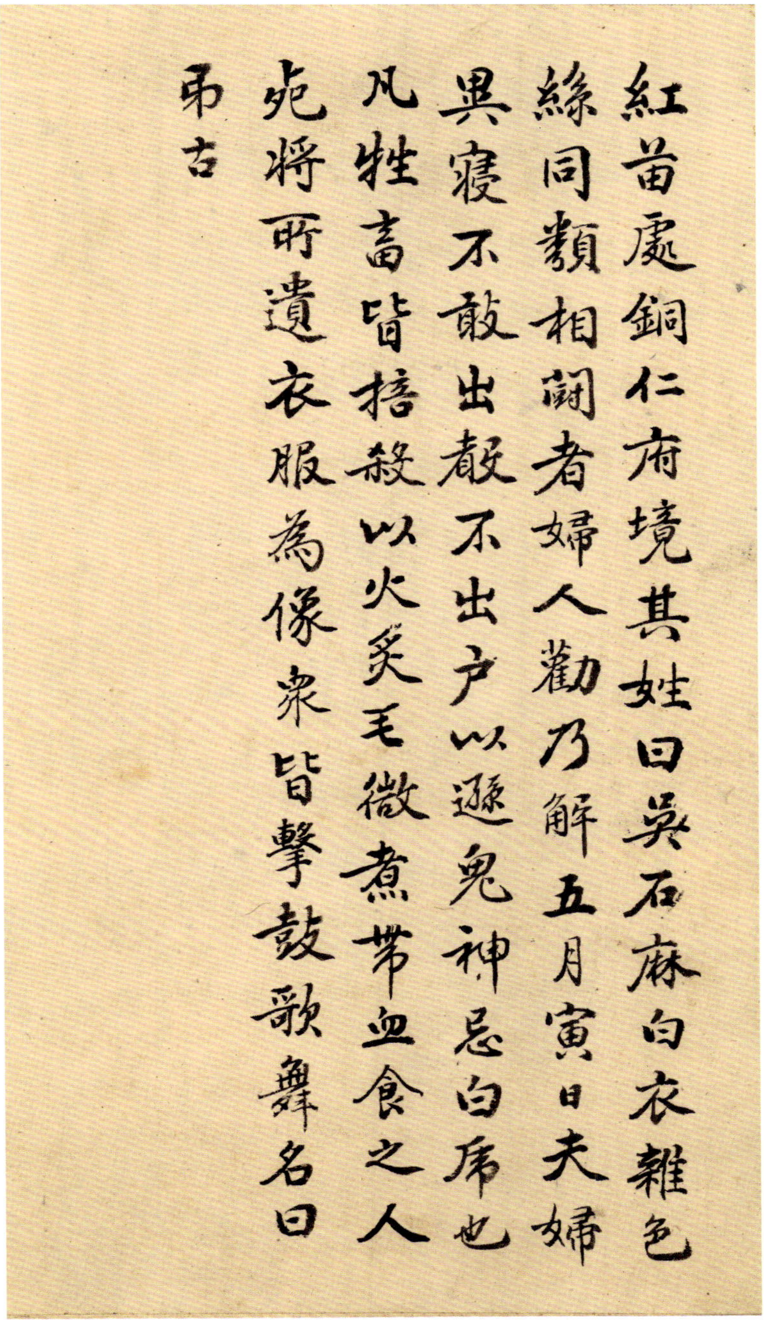

紅苗處銅仁府境其姓曰吳石麻白衣雜色
絲同類相鬭者婦人勸乃解五月寅日夫婦
異寢不敢出戶以遜鬼神忌白席也
凡牲畜皆搯殺以火炙毛微煮帶血食之人
夗將所遺衣服為像衆皆擊鼓歌舞名曰
弔古

鬼神，忌白席（虎）也。凡牲畜皆搯殺，以火炙毛，微（微）煮，带血食之。人夗（死），将（將）所遺衣服為（爲）像，衆皆擊鼓歌（歌）舞，名曰"弔古"[①]。

[①] 他本此处多作"吊古"，参见李汉林：《百苗图校释》，贵州民族出版社，2001年，第102页。

四十二、陽洞羅漢（漢）苗處（處）黎平府境。男子耕作、貿（貿）易。婦人以繩（繩）綰髮，垂（垂）至腰，而挿（插）木梳於首。富者以金銀作連環（環）耳珥。衣尚短，繫雙（雙）帶，綰於後。胷（胸）前刺繡一方，以銀銅器餙（飾）之。長褌（褌）短裠（裙），或長裙無褌（褌）。養蠶織錦。閱數日必以香水沃陽洞羅漢苗處黎平府境男子耕作貿易婦人以絕繪髮垂至腰而插木梳於首富者以金銀作連環耳琪衣尚短繫雙帶綰於後臀前刺繡一方以銀銅器篩之長褲短屐或長裙無褌養蠶織錦閒數日必以香水沃髮使光澤

髮，使光澤。①

---

① 部分其他版本在此句后还有对该族群的赞扬之语，如"力勤可爱，為苗蠻中特出者"等，参见杨庭硕、潘盛之编著：《百苗图抄本汇编》（下），贵州人民出版社，2004 年，第 289 页。

240 | 德国和捷克藏贵州"苗图"

四十三、黑腳苗處清江、台拱諸處。男子短衣大褲，頭挿（插）白翎，出入持長鏢，帶利刃（刃）。性獷猂（悍），好聚黨行劫。有事則用螺螄（螄）二枚置盆內，觀其相鬭（鬥），以卜吉凶，因呼曰"軍師"。婦人夫妃（死）不再嫁。不善搶劫者，不以女嫁之。近稍知奉法。

242 | 德国和捷克藏贵州"苗图"

四十四、克孟牯羊苗處廣順金筑司境。擇懸崖鑿（鑿）窾而居。高（高）者百仞（仞），構竹梯上下。畊（耕）不用牛，以鐵錛代犁（犁），擾而不耘。男女躘笙而偶。生子免懷（懷）後，歸（歸）其財聘。親死（死）不哭，笑舞高歌，謂之"鬧尸"。次年聞杜鵑聲，則舉家號哭，曰："鳥猶歲（歲）至，親不復矣。"

244 | 德国和捷克藏贵州"苗图"

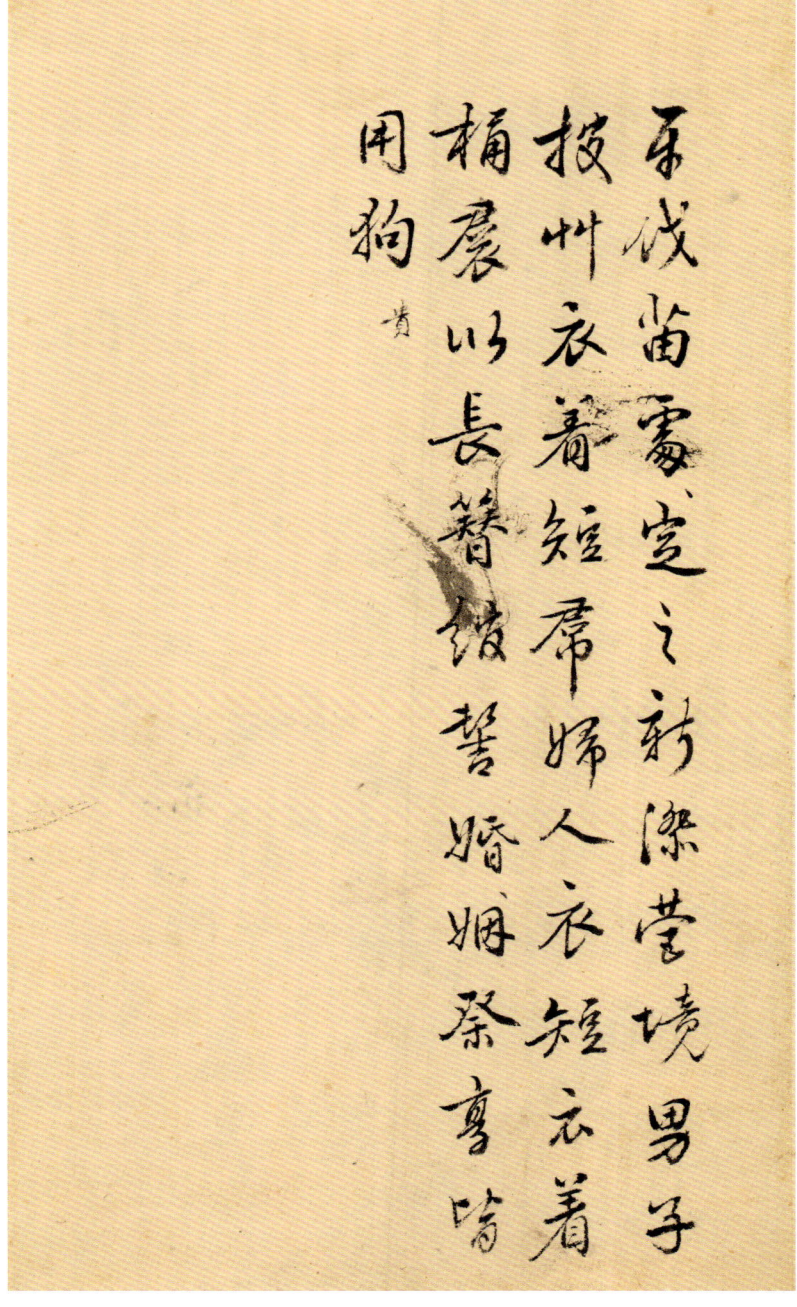

四十五、平伐苗處｛貴｝定之新添營境。男子披艸（草）衣，着短帬（裙）。婦人衣短衣，着桶裌（裙），以長簪（簪）綰髻。婚姻祭享皆用狗。［註：貴］

四十六、車寨苗處古州境。男子多技能,婦人工刺繡。擇地為(爲)月塲(場),男女歡集為(爲)樂。絲(絲)管歌聲,搖曳林木間,故亦名"跳月"。相悦者自爲婚配,父母不能主也。前此馬三保之兵曾(曾)遺六百人於此,與苗人為(爲)

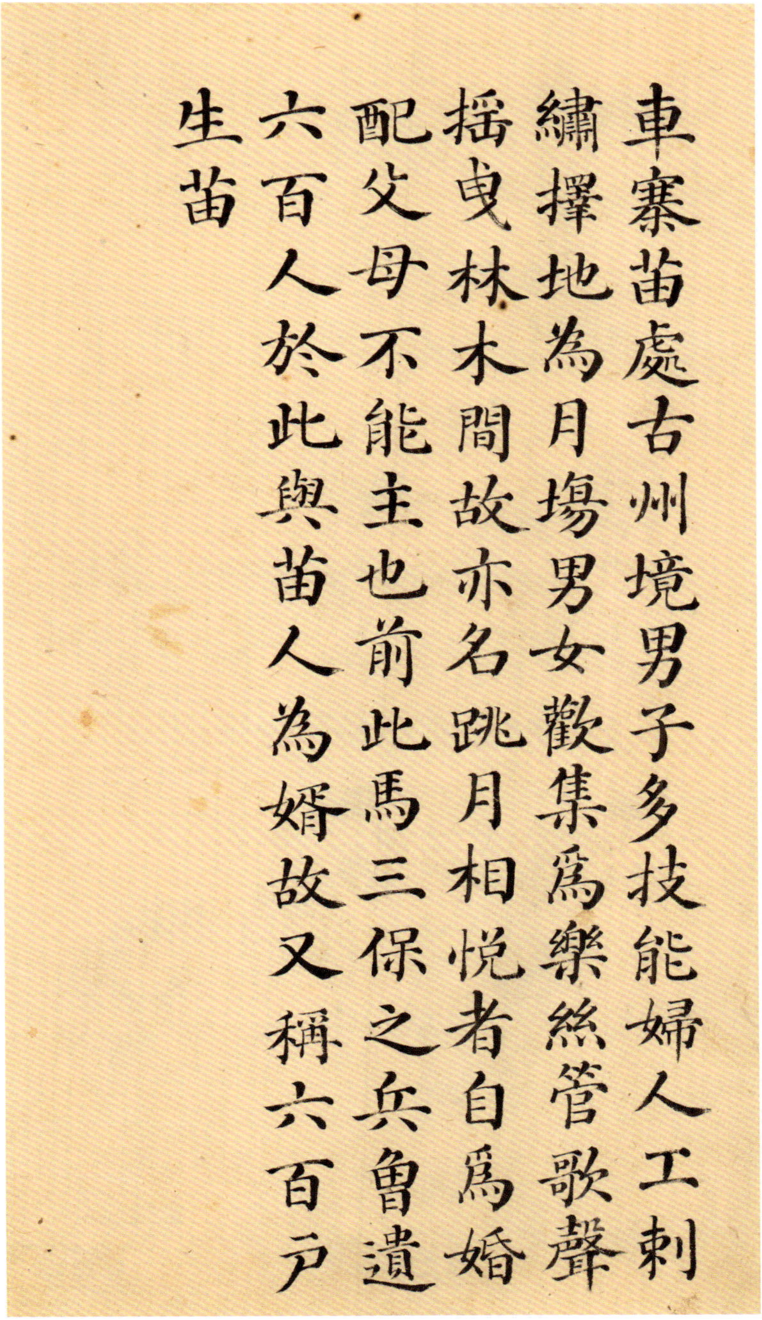

> 車寨苗處古州境男子多技能婦人工刺繡擇地為月場男女歡集為樂絲管歌聲搖曳林木間故亦名跳月相悅者自為婚配父母不能主也前此馬三保之兵魯遺六百人於此與苗人為婿故又稱六百戶生苗

婿，故又称"六百户生苗"。①

---

① 此帧与他本车寨苗说文区别较大，如"絲管聲，搖曳林木間"为多本所无。"父母不能主也"在他本中多作"雖父母在旁觀之，亦不為意也"，两句的含义并非完全相同。参见杨庭硕、潘盛之编著：《百苗图抄本汇编》（下），贵州人民出版社，2004年，第543页。

四十七、爺頭苗處古州境。俗與洞崽同,皆黑苗也。性喜鬭(鬥)。耕不用牛,用踏犁。婦人編髮為(爲)髻,累銀丝作冠,狀若扇,縮以琵琶簪(簪)。耳垂雙環,戴銀圈項[1]。下[上]衣尚短,而以色錦鑲邊袖。俗以十一月朔為(爲)大節。婚(婚)姻(姻)則姑之女為(爲)舅媳。若貧不能聘者,償於其子孫。

---

① "圈項"应为"項圈"。

爺貐苗受古州境，俗與洞蠻同，皆里人也。性善湖耕，不用牛，用蹢犁。婦人編髮為髻，鬃絲作冠。若扁綹，以琉璃籫耳垂璫。環戴銀圈項下，衣當短衫，以色錦鑲邊袖旁。以百有新為大節，婚姻則姑之子必為舅娘，若貧不能聘者，償於舅，或舅氏無子及雖子而年不稱者，必重獻於舅，謂之外孫錢乃嫁許。

或舅氏無子，及雖有子而年不稱者，必重獻於舅，謂之"外孫錢"①，乃許嫁。②

---

① 他本此处多作"外甥錢"，参见李汉林：《百苗图校释》，贵州民族出版社，2001年，第91页。

② 部分其他版本在此帧结尾尚有"否則，姑之女終身不敢嫁也"或其他与之句意相同的句子，参见李汉林：《百苗图校释》，贵州民族出版社，2001年，第91、93页。

四十八、黑山苗處（处）台拱、清江、古州之間。以藍布束髮，處（处）深林密箐中。性囟（凶）悍，惰農業，惟事剽掠。善卜茅艸（草）卦，能知吉凶。

四十九、短裳（裙）苗處都勻之八寨境。男子短衣寬（寬）褲。女子衣不掩臍，無袖。不着褲，裙長五寸許，細摺［褶］而厚，但圍私處而已。採紫艸（草）營生。性嗜酒，醉則臥於山凹。隆（隆）冬則入溪洗浴，云"可助暖"。

254 | 德国和捷克藏贵州"苗图"

> 黑生苗在清江境内性尤凶悍多聚黨持
> 長鏢利刃而夜行刼

五十、黑生苗在清江境内。性尤凶悍,多聚黨,持長鏢利刃而夜行劫。①

---

① 此句在多本中更翔实,如"訪富戶所居,則勾連惡黨,執火持鏢刃而劫"。他本結尾尚有"自雍正十三年征服,今亦守法矣"。参见杨庭硕、潘盛之编著:《百苗图抄本汇编》(下),贵州人民出版社,2004年,第425—431页。

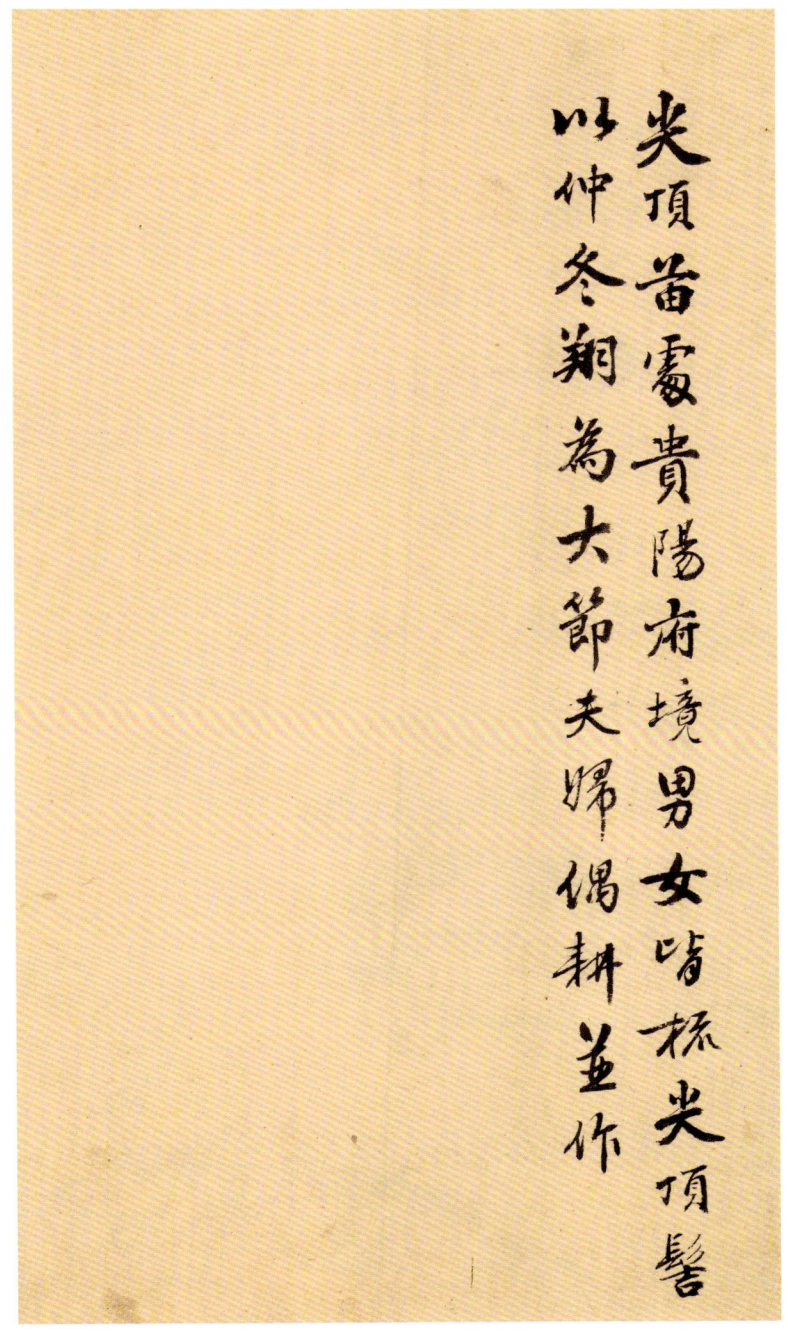

五十一、尖頂苗處（處）貴陽府境。男女皆梳尖頂髻。以仲冬朔（朔）為（爲）大節。夫婦偶［耦］耕並作。

五十二、鴉雀苗處貴陽府境。女子以白布紉胃（胸）及兩袖，裠（裙）亦如之，故名"鴉雀"。其語音綿蠻，亦類鴉雀①。緣事在官，惟喻鄉老之

---

① 部分版本此處作"言語似雀聲，故名'鴉雀苗'"，參見楊庭碩、潘盛之編著：《百苗圖抄本匯編》（下），貴州人民出版社，2004年，第505頁。

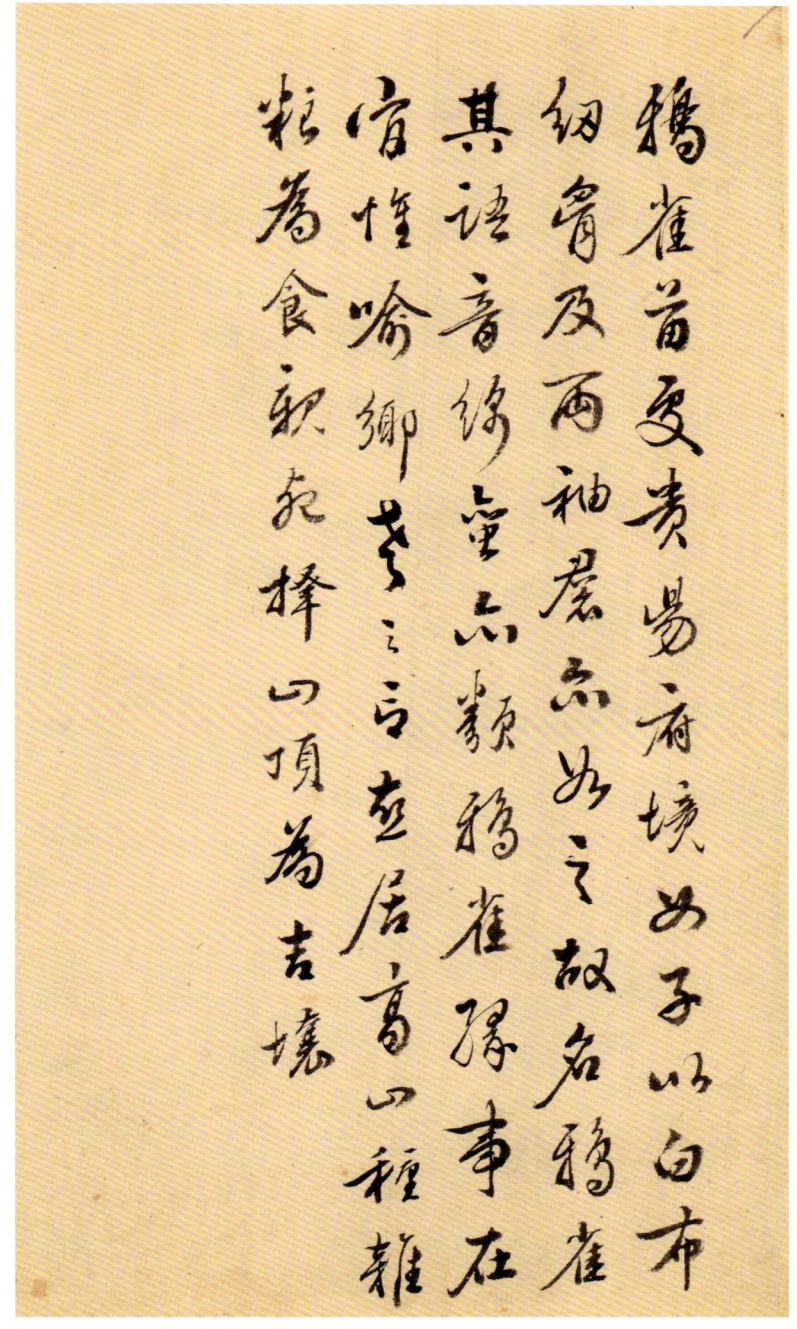

言①。喜居高山，種雜糧為（爲）食。親歿（死），擇山頂為（爲）吉壤。

---

① 此句在图咏本中亦有，但在多数版本中不存。参见李汉林：《百苗图校释》，贵州民族出版社，2001年，第115页。

五十三、清江黑苗[①] 男子以紅布束髮,頸戴銀圈,珥[耳]罜(垂)大環(環),着寬(寬)褌(褌)。男女俱跣足。種樹(樹)木。與漢人處,稱曰"同年"。

---

① 此幀在個別版本中被稱為"清江苗"。參見李漢林:《百苗圖校釋》,貴州民族出版社,2001年,第165頁。

清江黑苗男子以紅布束髮頸戴銀圈珥垂大環著寬褌男女俱跣足種樹木與漢人處稱曰同年喜服優人錦袍售之得重價未婚男子曰羅漢未嫁女子曰老倍每春日晴和野花燦發男女攜酒高岡歌舞爲樂所歡者以牛角貯酒相勸暮則奔之男子生子後方事畊種名曰有後人

喜服優人錦袍①，售之得重價。未婚男子曰"羅漢"，未嫁女子曰"老倍"。每春日晴和，野花燦發（發），男女攜酒高岡，歌（歌）舞爲樂。所歡者以牛角貯酒相勸，暮則奔之。男子生子後方事畊（耕）種，名曰"有後人"②。

---

① 此处多本还有一句："漢人多買舊袍賣之"。参见本书第492页。
② 除图咏本、何罗娜本外，他本多无此句。

262 | 德国和捷克藏贵州"苗图"

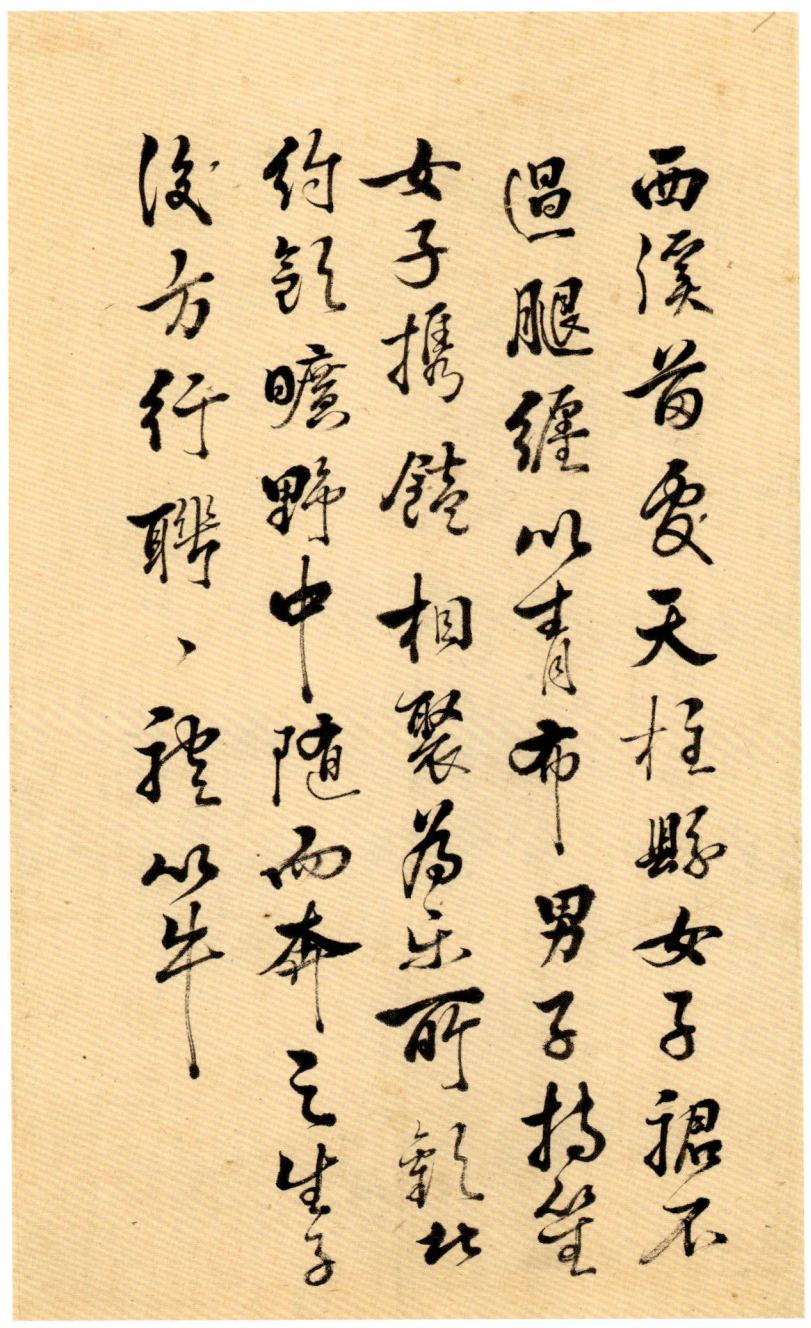

五十四、西溪苗處天柱縣。女子裙不過﹛膝﹜，腿纏以青布。男子持笙，女子攜銚，相聚為（爲）乐。所歡者約飲曠野中，隨而奔之。生子後方行聘，々禮以牛。

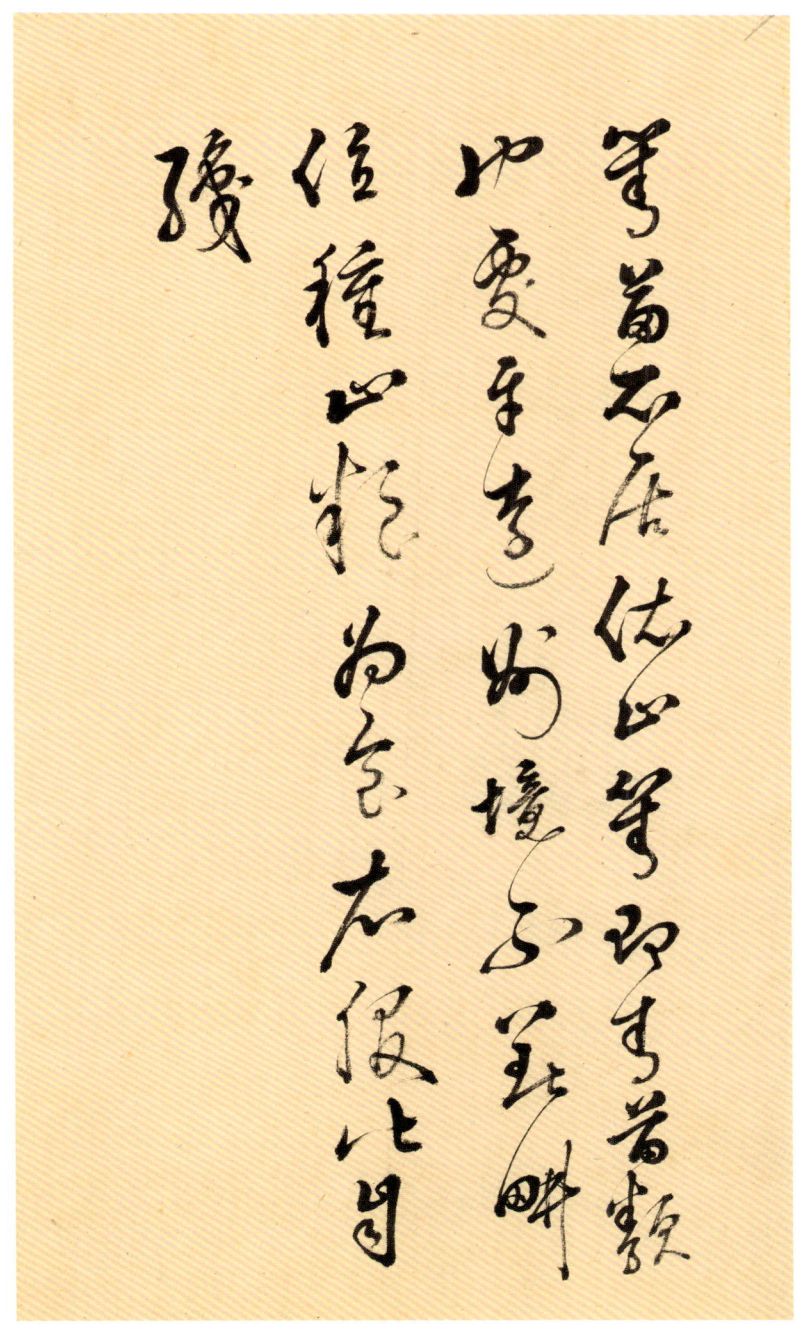

五十五、箐苗亦居依山箐，即青苗類也，處平遠州境。不善畊（耕）作，種山糧為食。衣服皆自織。

五十六、九名九姓苗處（處）獨山州境。性狡而悍。① 婚丧（喪）屠牛宴客。

---

① 多本此处尚有一句"多假捏姓名以欺人"，参见李汉林：《百苗图校释》，贵州民族出版社，2001年，第51页。

九名九姓苗霎獨山州境性狡而悍婚喪屠牛宴客飲醉則爭鬭甚者持金刃傷人及夗者納牛以講和婦人以種山為務俉同紫薑苗

飲醉則爭鬭（鬥），甚者持金刃傷人。及夗（死）者①，納牛以講和。婦人以種山為（爲）務，俉（俗）同紫薑苗。

---

① 此处用词与他本不同，他本多作"若傷人""受傷者"等，参见杨庭硕、潘盛之编著：《百苗图抄本汇编》（下），贵州人民出版社，2004年，第370—377页。

高坡苗又名頂板苗平遠黔西皆有之服尚黑喜種山坡婦女以木板尺許綰髮内男大自擇配善染工織

五十七、髙（高）坡苗又名"頂板苗"，平逺（遠）、黔西皆有之。服尚黑。喜種山坡。婦女以木板尺許綰髮内。男大自擇配。善染工織。

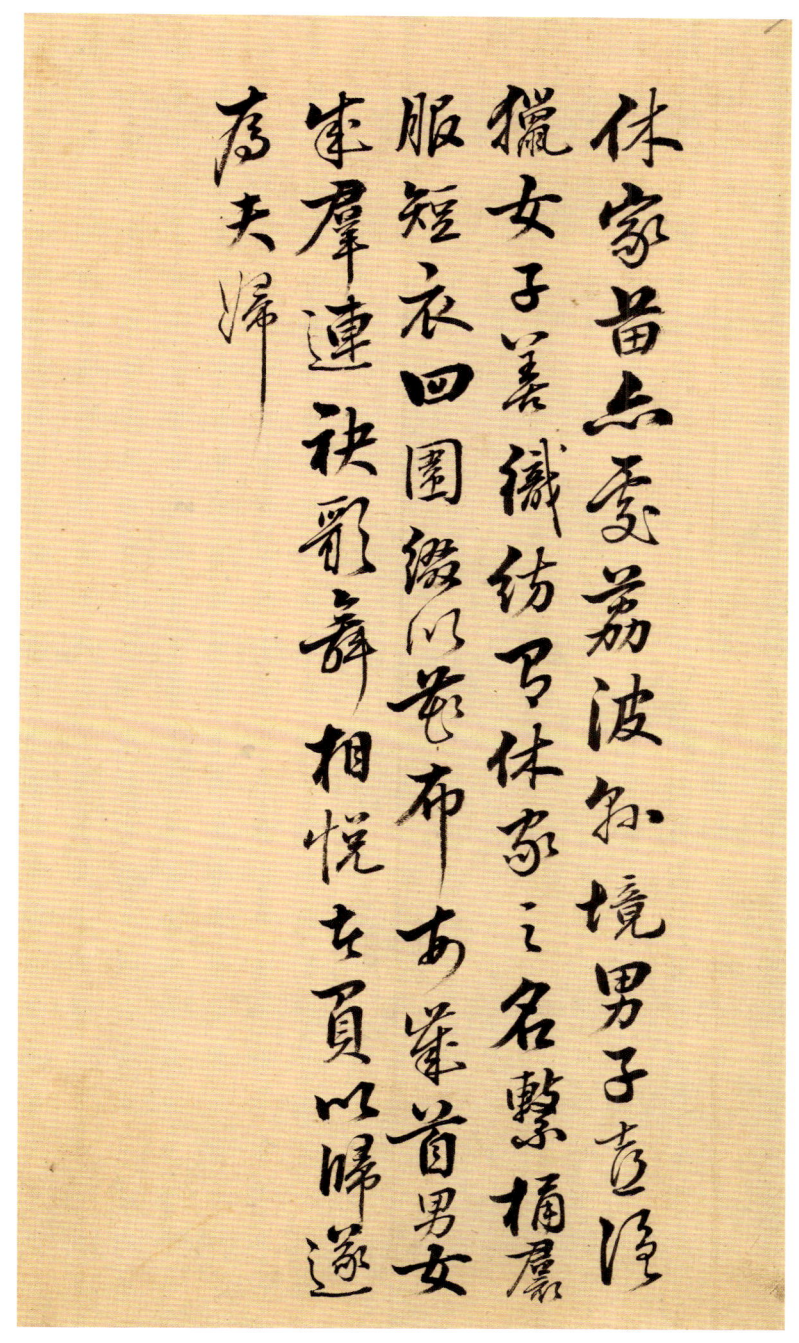

五十八、休[水]家苗亦處荔波縣境。① 男子喜漁獵。女子善織紡，有"休[水]家{布}"之名。繫桶裙（裙），服短衣，四圍綴以花布。每歲首，男女成羣（群），連袂歌舞。相悅者，負以歸，遂為（爲）夫婦。

---

① 他本此處尚有一句："自雍正十年，由粤西撥轄黔之都匀府"，參見楊庭碩、潘盛之編著：《百苗圖抄本匯編》（下），貴州人民出版社，2004年，第341—345頁。

五十九、郎慈苗處威寧州境。婦產子，夫抱子處室中，非彌月不出戶。產婦乳兒（兒）畢，出外力作，措飲食以供其夫。親死（死），氣初絕，將其首扭向後，曰"好看後人"。

274 | 德国和捷克藏贵州"苗图"

六十、洪州苗處黎平府境。男子服食同漢人，喜畊（耕）作。婦人善紡織，縷葛丝為（爲）布，正精細。[①]

[①] 多个其他版本此帧最末尚有一句"有洪州葛布之名"，参见李汉林：《百苗图校释》，贵州民族出版社，2001年，第183页。

六十一、八寨黑苗虜（處）都勻府境。性獷悍。女子以色布鑲衣及袖。胷（胸）前绣錦一方，名曰"都肚"①。各寨於曠野建屋，曰"馬郎房"。至晚，俾未婚男女與相謔，所歡者以牛酒致聘。出嫁後三日則歸寧（寧）。一年後，外氏向婿

---

① 此處他本多作"遮肚"或"兜肚"，參見本書第490頁；李汉林：《百苗图校释》，贵州民族出版社，2001年，第68页。

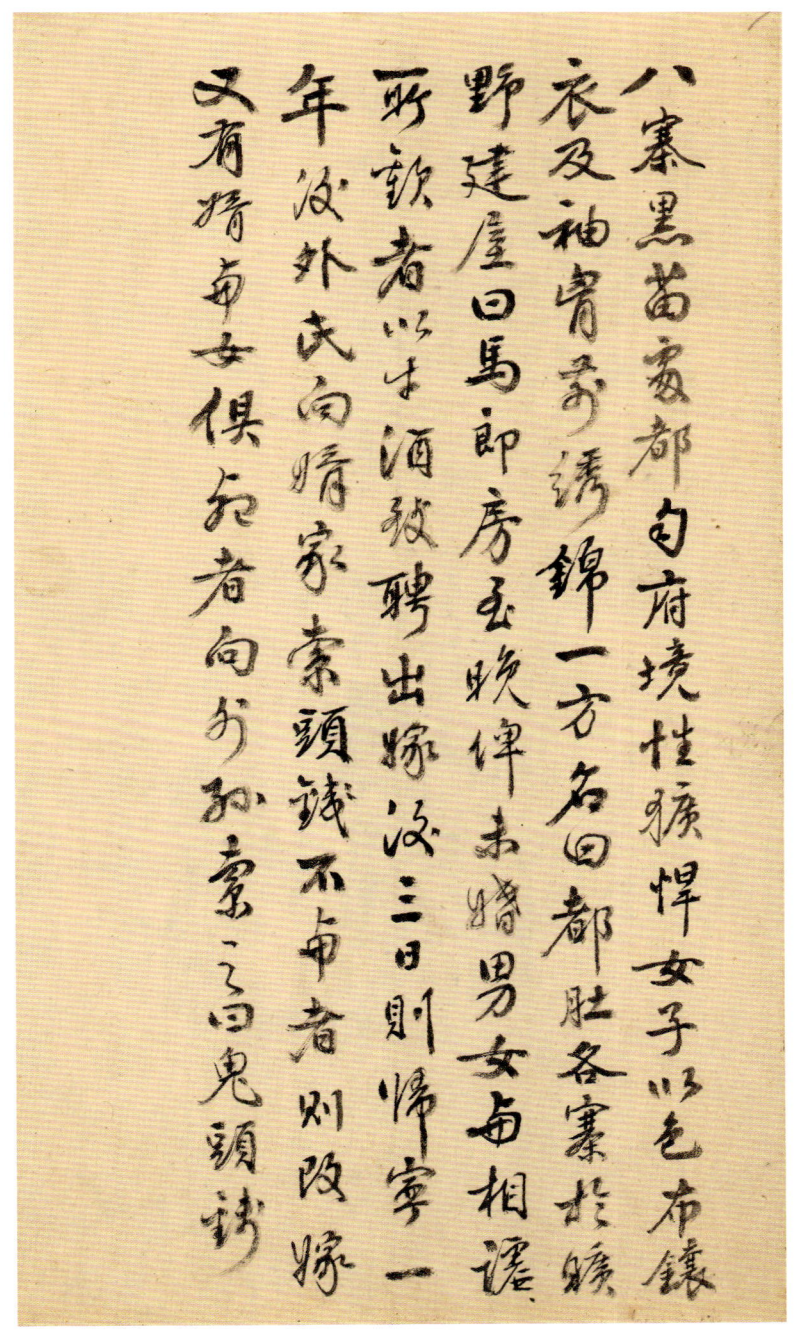

家索頭錢。不與者，則改嫁。又有婿與女俱夘（死）者，向外孫[①]索之，曰"鬼頭錢"。

[①] 此处在各版本中说法并不统一，如布拉格本、刘甲本、法兰本、何罗娜本作"其子"，博甲本、刘乙本作"女之子"，民院本作"甥孙"。参见本书第490页；杨庭硕、潘盛之编著：《百苗图抄本汇编》（下），贵州人民出版社，2004年，第394—401页。

六十二、洞崽苗亦處古州境。爺頭同類也，而為（爲）下戶，役於爺頭，不通婚媾，故諺云："下戶不敢通上戶，洞崽不敢通爺頭。"犯則女家必盡奪其產，

洞崽苗亦處古州境爺頭同類也而為下戶役於爺頭不通婚媾故諺云下戶不敢通上戶洞崽不敢通爺頭犯則女家必盡奪其產或傷其命能知水性

或傷其命。能知水性。①

---

① 此幀與他本洞崽苗說文在遣詞造句上差異較大，但句意基本相同。如此本提及的諺語在乾隆《貴州通志》中亦有，但在其他版本的"苗圖"中卻非常少見。末句"知水性"在他本中多作"善舟楫"，較此本而言更能準確表現該族群的文化特徵。參見本書第488頁；李汉林：《百苗圖校釋》，貴州民族出版社，2001年，第96頁。

280 | 德国和捷克藏贵州"苗图"

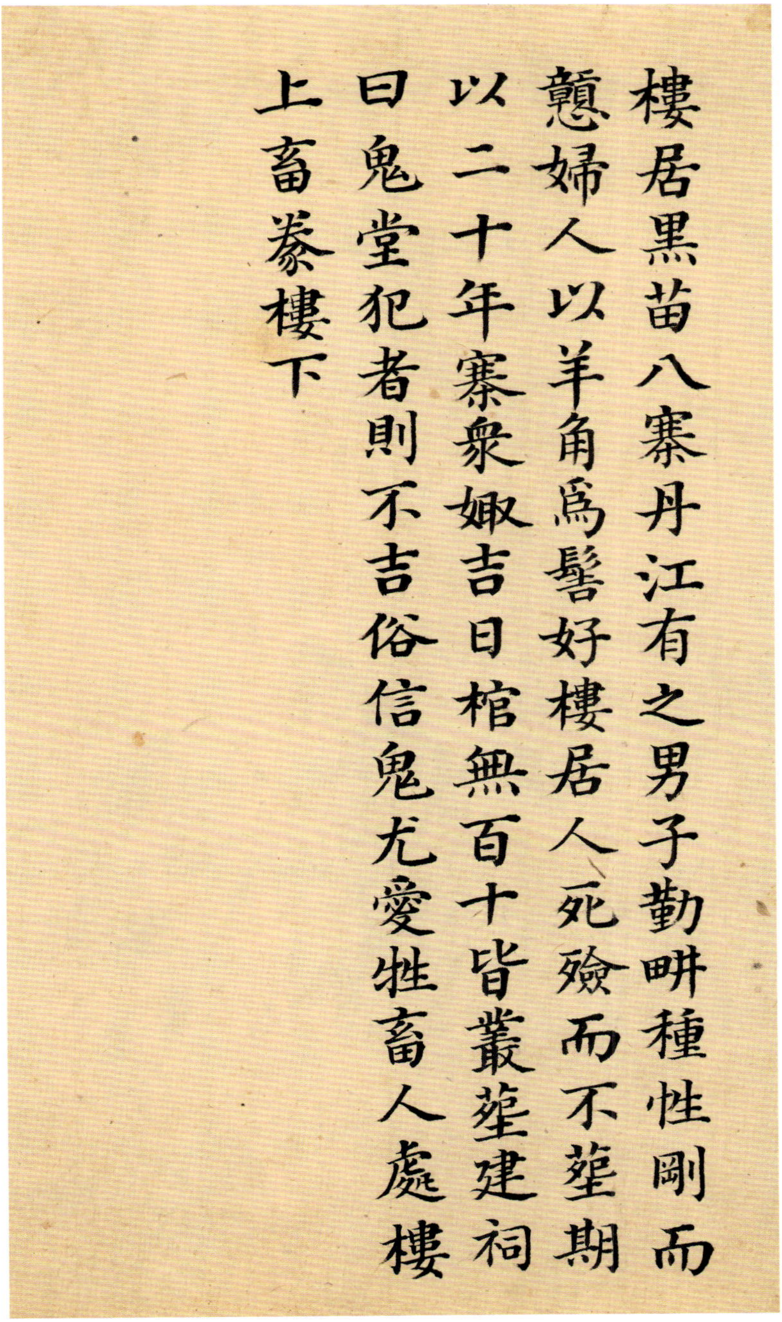

樓居黑苗八寨丹江有之男子勤畊種性剛而
戇婦人以羊角爲髻好樓居人死殮而不塟期
以二十年寨衆娵吉日棺無百十皆叢塟建祠
曰鬼堂犯者則不吉俗信鬼尤愛牲畜人處樓
上畜豢樓下

六十三、樓居黑苗八寨、丹江有之。男子勤畊（耕）種，性剛而戇（戀）。婦人以羊角爲髻。好樓居。人死殮而不塟（葬），期以二十年，寨衆娵［取］吉日，棺無百十，皆叢塟（葬）。建祠曰"鬼堂"，犯者則不吉。俗信鬼。尤愛牲畜，人處樓上，畜豢樓下。

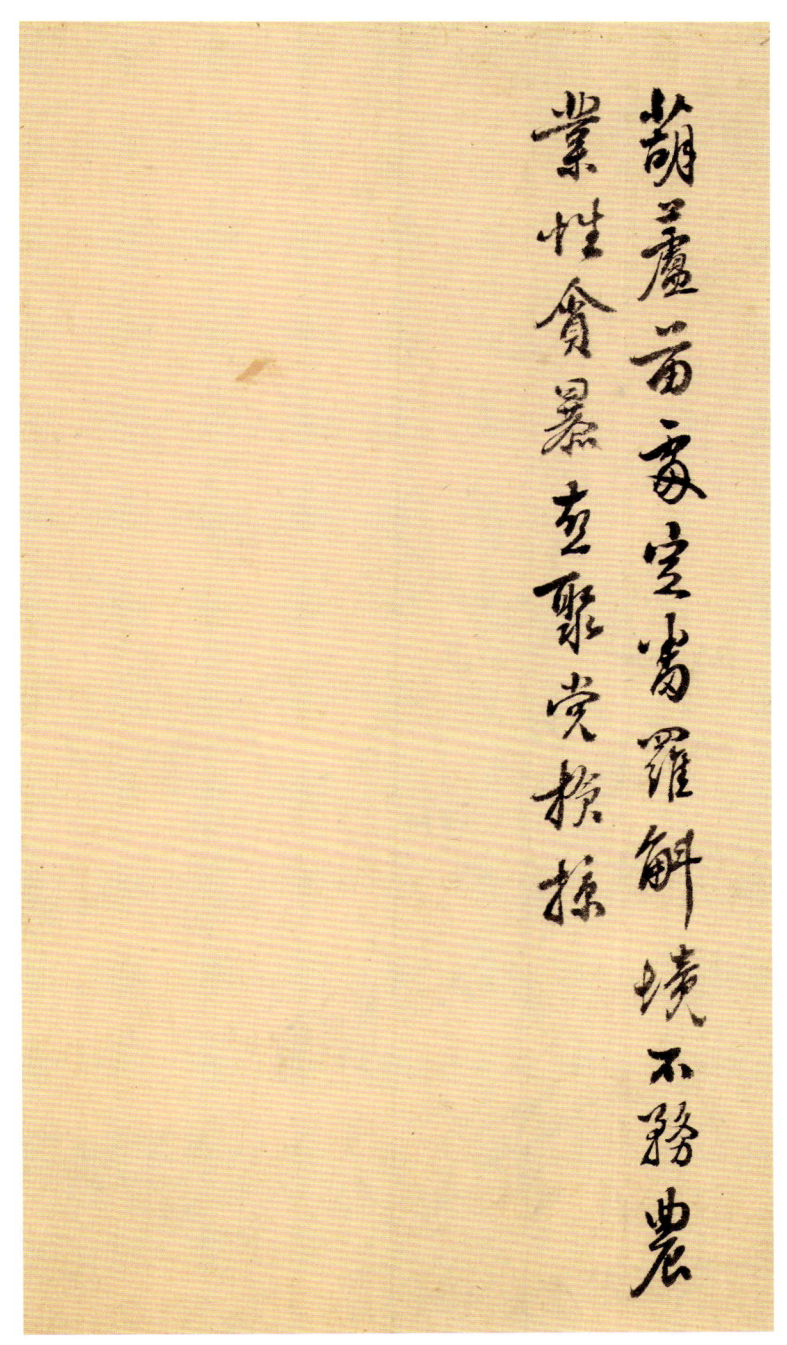

六十四、葫蘆苗處（處）定番、羅斛境。不務農業。性貪暴，喜聚党搶掠。[1]

---

[1] 多本文末尚有"今法嚴，亦守分矣"或类似语句。参见杨庭硕、潘盛之编著：《百苗图抄本汇编》（下），贵州人民出版社，2004年，第515页。

六十五、捴子一种，其人食與漢人同。男婦俱包白帕，戓（或）花首巾，或青衣白衣。女戓（或）青白裙。綴耳環（環）。閨女衣亦同，其首分鬃（鬢），有拼（辮）。

六十六、六額子處大定之威寧,有黑白二種。男子結尖頂髻。婦人長衣,不著裳(裙)。葬亦用棺。朞(期)年後,擇日迎親族,俻(備)牲酒以祭。癸(發)塚開棺,取枯骨洗刷,使白,裹(裏)以布,復埋之。逾歲(歲)復洗,七次乃止。家人有病,則謂:"祖先骨不潔",即取而洗之。所謂"洗骨苗"是也。近經嚴禁,惡習漸息。

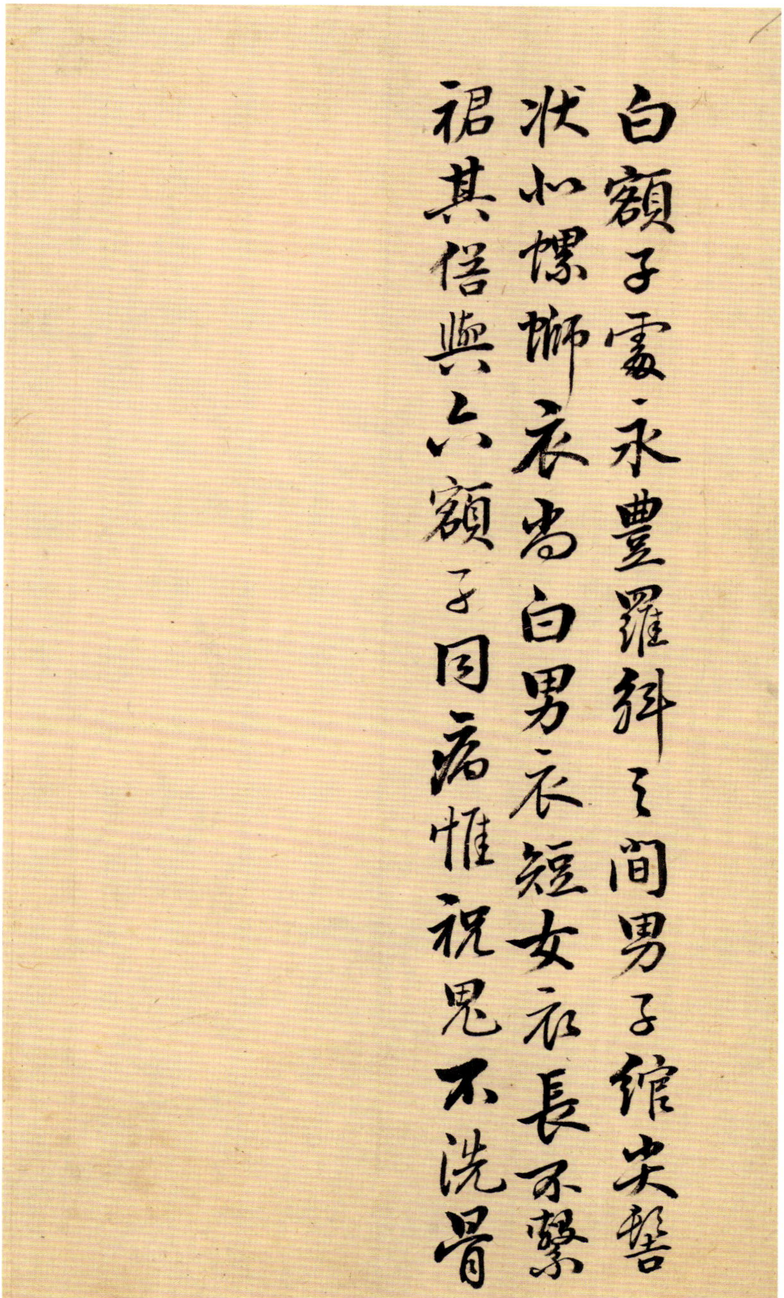

白額子處永豐羅斛之間男子綰尖髻
狀如螺螄衣尚白男衣短女衣長不繫
裙其俗與六額子同病惟祝鬼不洗骨

六十七、白額子處（處）永豐、羅斛之間。男子綰尖髻，狀如螺螄。衣尚白。男衣短，女衣長，不繫裙。其倍（俗）與六額子同。病惟祝鬼（鬼）。不洗骨。

六十八、里民子處（處）貴陽之貴筑、大定之黔西、安順之清鎮諸縣境[①]。男子賀（貿）易營生，婦人事耕耨，織羊毛布以為（爲）衣。好養牲畜。歲節與漢人同。

[①] 此本提及的地名和大部分其他版本不同，但與圖詠本完全一致，參見李漢林：《百苗圖校釋》，貴州民族出版社，2001年，第265頁。

六洞夷人黎平府有之婦人好服顔色衣裙及細花
尖鞋脛褁以褌男子未婚者相悦則剪衣換帶
擇吉日嫁之鄰女数十人各持藍布傘徃送名曰送
親連袂歌舞至男家歡飲唱歌至三晝夜止則擕
新婦歸母氏壻每夜潛入女家與同宿生子後方
行聘偕返夫家奩貲以布有数十疋者婦人勤
紡織男子多識字喪葬與漢同

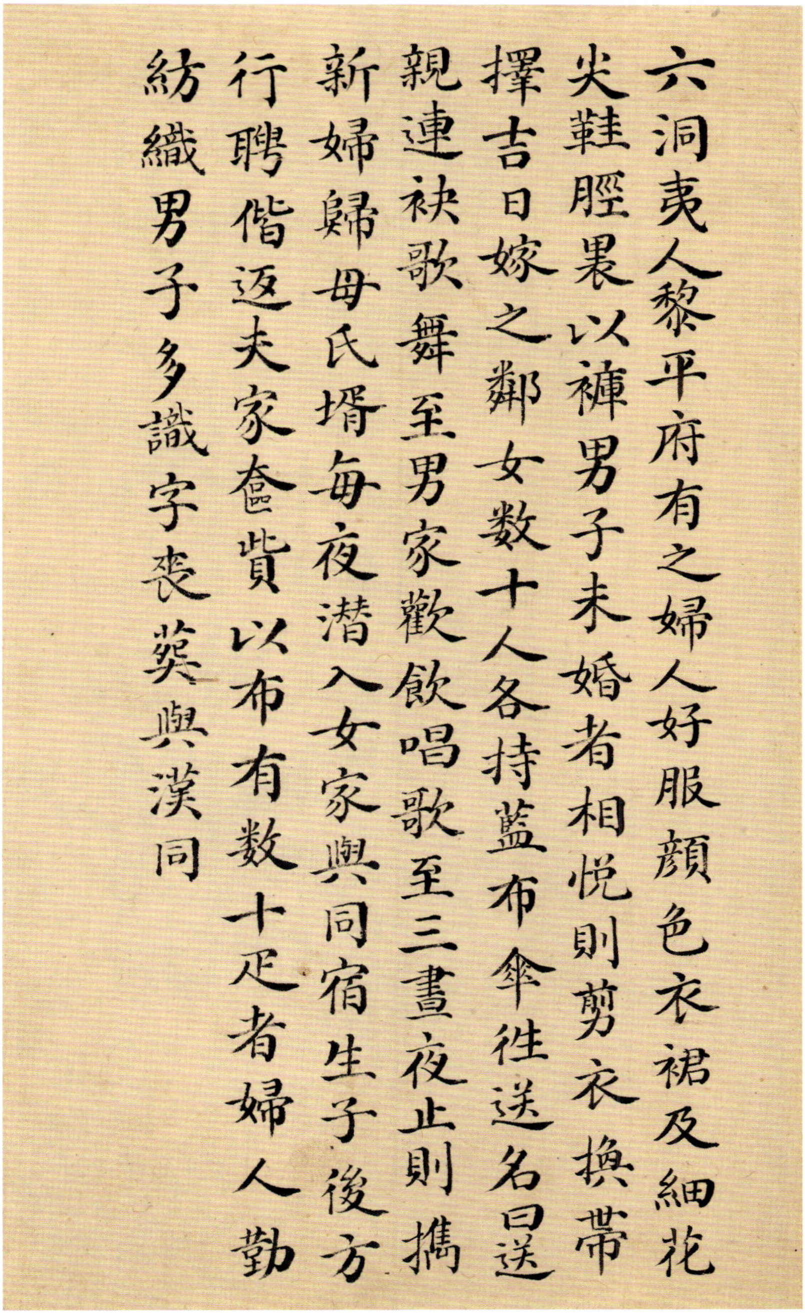

六十九、六洞夷人黎平府有之。婦人好服顔色衣裙及細花尖鞋，脛褁（裹）以褌。男子未婚者，相悦則剪衣換帶，擇吉日嫁之。鄰女数十人，各持藍布傘徃（往）送，名曰“送親”。連袂歌舞，至男家，歡飲唱歌，至三晝夜止。則擕（攜）新婦歸（歸）母氏，壻［婿］每夜潛入女家，與同宿。生子後方行聘，偕返夫家。奩貲以布，有数十疋（匹）者。婦人勤（勤）紡織，男子多識字。丧（喪）葬（葬）與漢同。

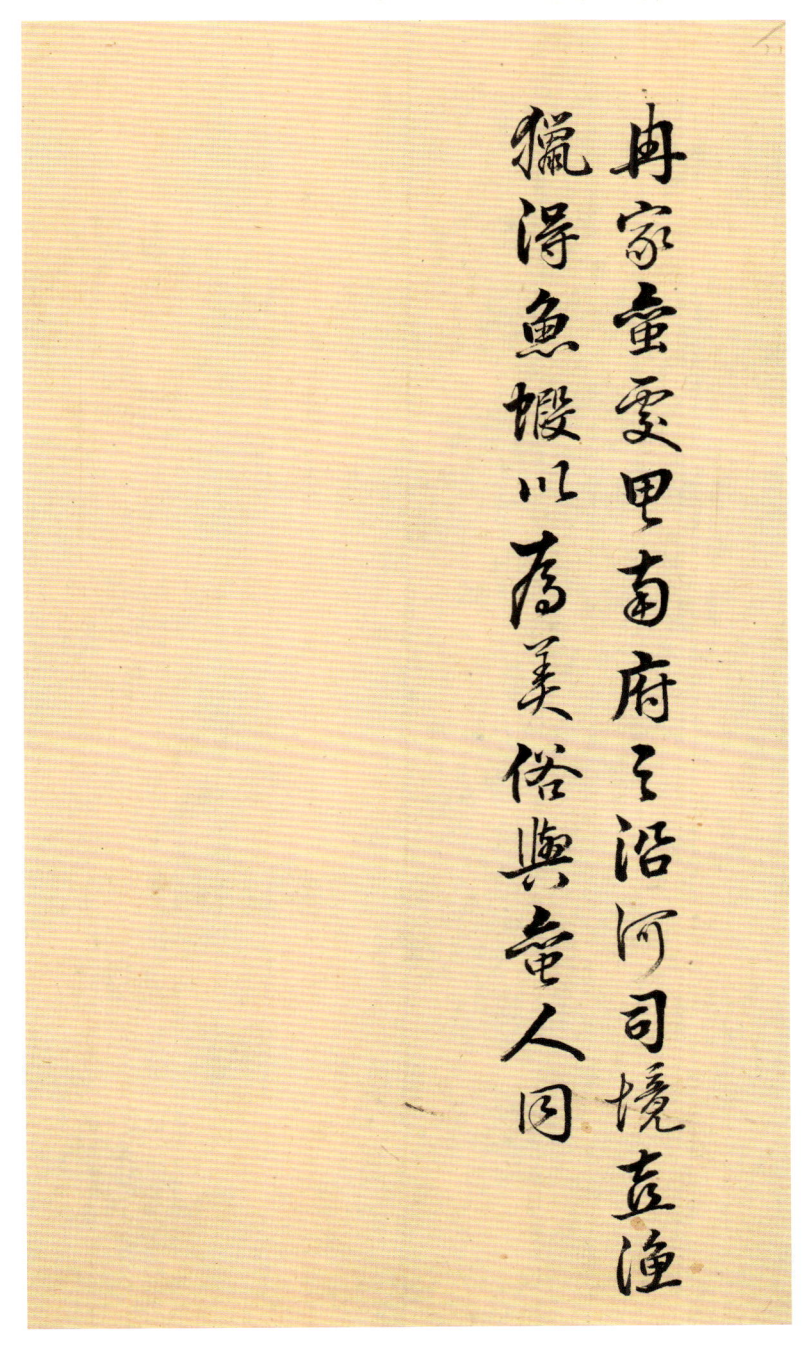

七十、冉家蠻處思南府之沿河司境。喜漁獵,得魚蝦以為(爲)美。俗與蠻人同。

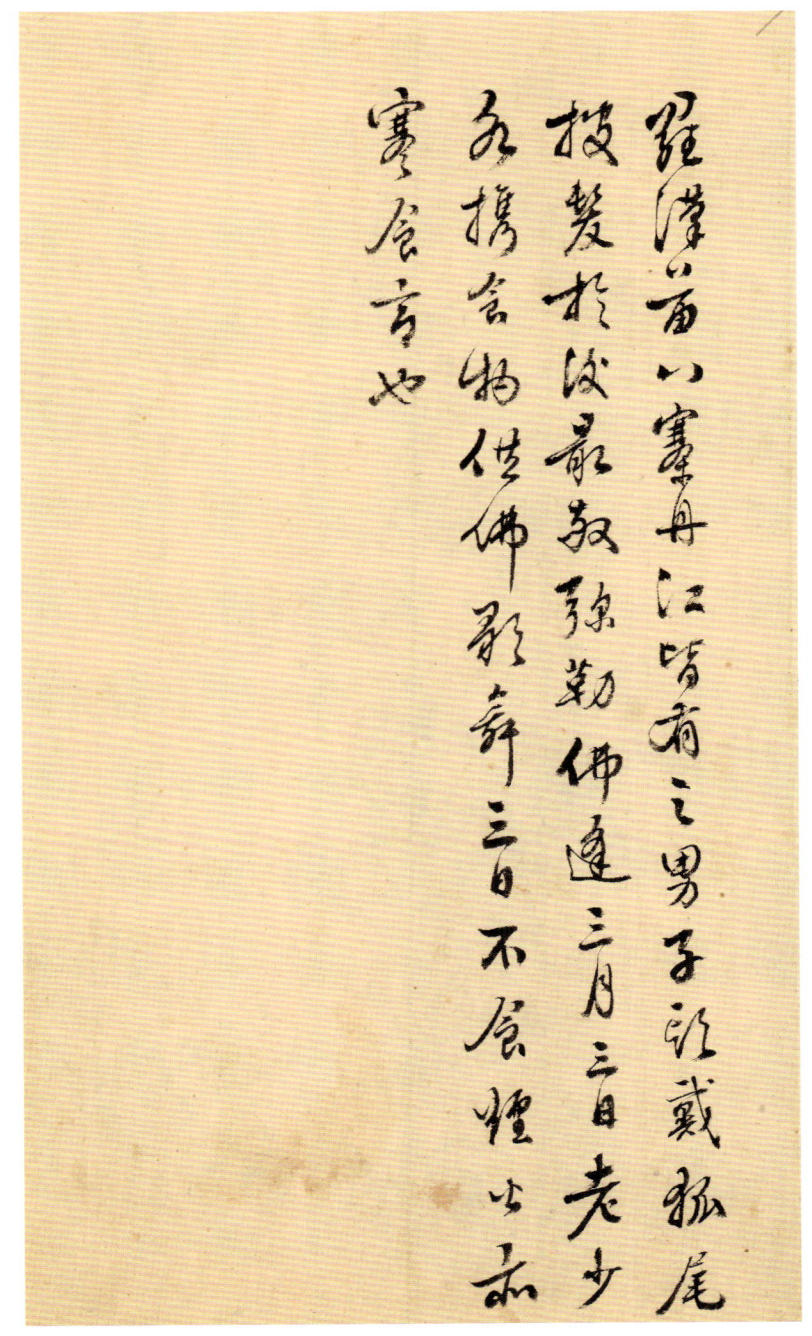

七十一、羅漢苗八寨、丹江皆有之。男子頭戴狐尾，披髮於後。最敬彌勒佛。逢三月三日，老少各攜食物供佛。歌舞三日，不食煙火，亦寒食意也。

　　七十二、黑仲家處清江廳境,以種树(樹)為(爲)業。其人多富,喜出貲,與漢人合賈。及出財取息,或詘其值。及貧,不能償,告之故,則加貸予其人。若竊(竊)其貲以去,度終不能償,則伐他氏大户先墓,取首骸以歸(歸),謂之"捉白放黑"①。

---

① 他本对"捉白放黑"的解释与此本有多处不同,如此本称所掘为"他氏大户先墓",但布拉格本、刘甲本作"原保祖墳"。另外布拉格本等将这一习俗称为"扯白放黑"。

黑仲家處清江廳境以種樹為業其人多富喜出貲與漢人合賈及出財取息或詘其值及貧不能償告之故則加貸子其人若竊其貲以去度終不能償則伐他氏大戶先墓取首骸以歸謂之捉白放黑俾六戶恐其人為百計鉤致必盡償乃已始贖首骸用是鄰墓多受害者今則設有連環保矣

俾六户恐其人為（爲）百計鉤致，必盡償乃已，始贖首骸，用是鄰墓多受害者。今則設有連環保矣。①

---

① 此处有多种说法，如民院本作"今已禁止"，刘甲本作"此风近亦息矣"，参见杨庭硕、潘盛之编著：《百苗图抄本汇编》（下），贵州人民出版社，2004年，第448、450页。

七十三、白仲家處荔波縣（縣）境。男子頭戴狐尾，以耕種為（爲）業。女子織（織），身白皙，衣尚淡藍色。繫勾雲細摺［褶］裙，紅綉（繡）鞋，脛裹（裹）顏色褲。每歳（歲）孟春，擇地為（爲）塲（場）。以大木空其中，名曰"杷①槽"，

① 此處其他版本還有"把""杷"等異寫。參見李漢林：《百苗圖校釋》，貴州民族出版社，2001年，第146頁。

> 白仲家處荔波縣境男子頭戴狐尾以耕種為業女子織身白皆衣尚淡藍色繫勻雲細摺裙紅繡鞋脛裹顏色褲每歲孟春擇地為塲以大木空其中名曰杷槽置諸地男女各執竹片以擊其聲似鼓曰打樂又曰同耍男女抱腰以相謔漢人無行者多雜其中父母亦不之禁所私者曰外郎出嫁後壻家以苗布遺外郎自是斷往來

置諸地。男女各執竹片以擊，其聲似鼓，曰"打樂"，又曰"同耍"。男女抱腰以相謔。漢人無行者多雜其中。① 父母亦不之禁。所私者曰"外郎"。出嫁後，壻[婿]家以苗布遺外郎，自是斷（斷）徃（往）來。

---

① "無行者"透露出作者的貶低之意，但大部分其他版本此處并無貶義，如劉甲本曰"有漢人通苗語者，亦可從尚"。

七十四、清江仲家台拱亦有之。婦人勤耕織。男子頭纏紅布，腰佩環刀，聚黨山箐間。縛孤客，以樹（樹）作枷，加其首。與之錢，始得脫，名曰"贖身錢"。貧不能出錢，有夗（死）者。[1]

---

[1] 其他多个版本文末尚有"自剿抚後，皆守法矣"或类似语句，参见杨庭硕、潘盛之编著：《百苗图抄本汇编》（下），贵州人民出版社，2004年，第454—460页。

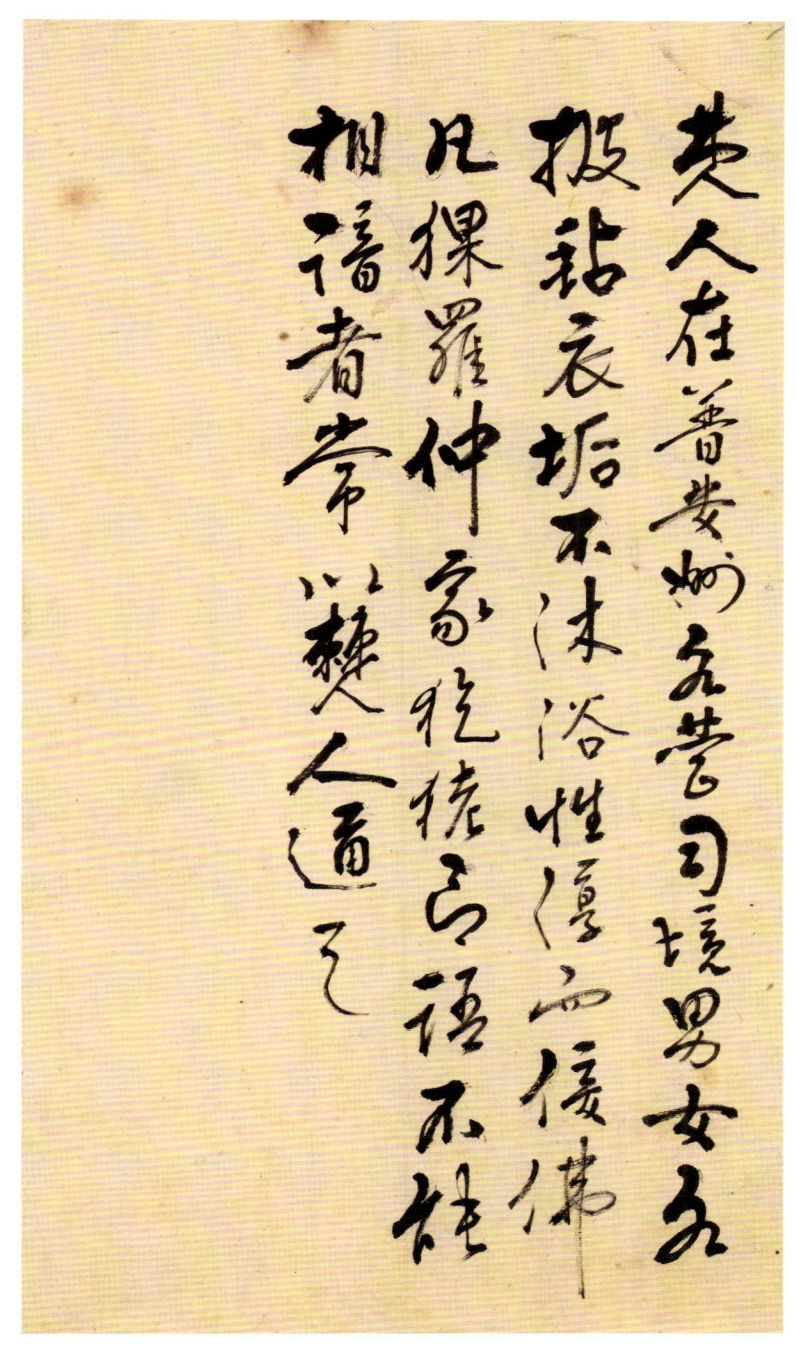

七十五、僰人在普安州各营司境。男女各披毡衣，垢不沐浴。性淳而佞佛。凡猓猡、仲家、犵狫，言语不能相谙者，常以僰人通之。

306 | 德国和捷克藏贵州"苗图"

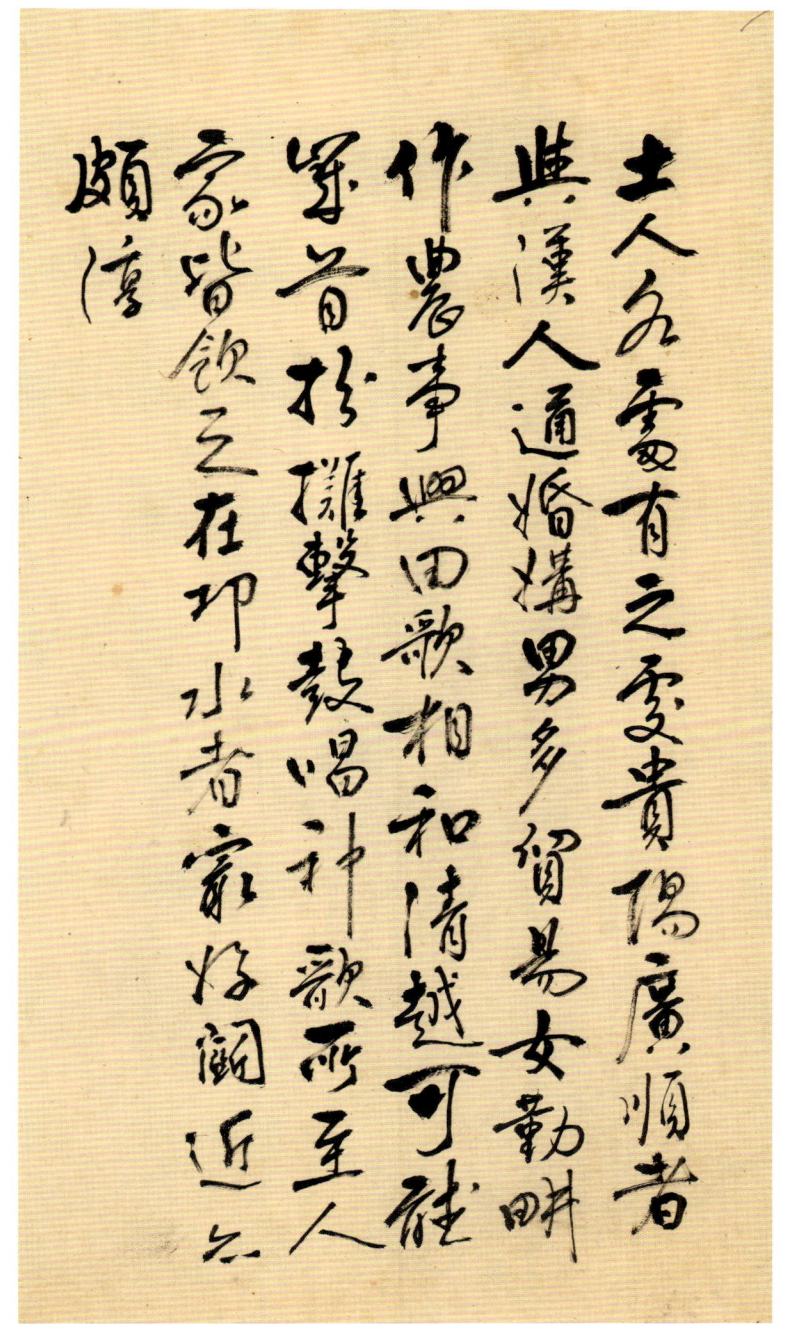

七十六、土人各處（處）有之。處貴陽、廣順者，與漢人通婚媾。男多貿易，女勤畊（耕）作。農事興田歌相和，清越可聽。歲首扮攤［儺］，擊鼓唱神歌。所至人家皆飲之。在邛水者，寖（最）好鬪（鬥）。近亦頗淳。

蠻人處新添丹江二司境男子披艸蓑婦人著青衣花布短裳喪葬宰牛歌舞性悍獷好漁獵以十月晦為大節祭鬼其處思南之沿河司者曰冉家蠻風俗同

七十七、蠻人處新添、丹江二司境。男子披艸（草）蓑。婦人著（著）青衣，花布短裳（裙）。喪（喪）葬宰牛歌（歌）舞。性悍獷，好漁（漁）獵。以十月晦為（為）大節，祭鬼。其處思南之沿河司者曰"冉家蠻"，風俗同。

310 | 德国和捷克藏贵州"苗图"

七十八、峒人在下遊［游］，而洪州尤衆。性多猜忌，夫婦出入必偶。飲食避鹽醬（醬）[1]。冬則採茅花以禦寒。

---

[1] 何罗娜本此处作"辟鹽醬"，与此本基本相同。但布拉格本、博甲本、刘甲本等此处句意完全相反，作"碎鹽醬"。参见 David M. Deal & Laura Hostetler, *The Art of Ethnography: A Chinese "Miao Album"*, Seattle: University of Washington Press, 2006, p. 70; 本书第 448 页。

七十九、猺人本非貴州產，雍正中來自廣西，今貴定、清平、獨山諸州縣（縣）亦有之。居無定址。喜臨溪捕魚①。用樹（樹）皮接續梘（澗）水至家，以代汲。

---

① 笔者未在他本中寻得猺人捕鱼的记录。此处他本多作"喜傍溪间"或类似语句，指其住所临近山间溪流处，与下句描述的猺人以树皮作渡槽将山涧水引入家中这一做法有承接关系。参见杨庭硕、潘盛之编著：《百苗图抄本汇编》（上），贵州人民出版社，2004年，第237页。

> 猺人本非貴州產雍正中來自廣西今貴定
> 清平獨山諸州縣亦有之居無定址喜臨溪
> 捕魚用樹皮接續梘水至家以代汲好入山
> 採藥沿寨行醫其神曰槃瓠書曰旁礴盱傳
> 圖邱篆文義不可解珍而秘之風俗謹厚見
> 遺不拾

好入山採藥，沿寨行醫。其神曰"槃（盤）瓠"，書曰《旁礴[①]》。所傳圖印、篆文義不可解（解），珍而秘之。風俗謹厚，見遺不拾。

---

① 此處其他版本有"榜簿""磅礴"等異寫。參見李漢林：《百苗圖校釋》，貴州民族出版社，2001年，第123頁。

314 | 德国和捷克藏贵州"苗图"

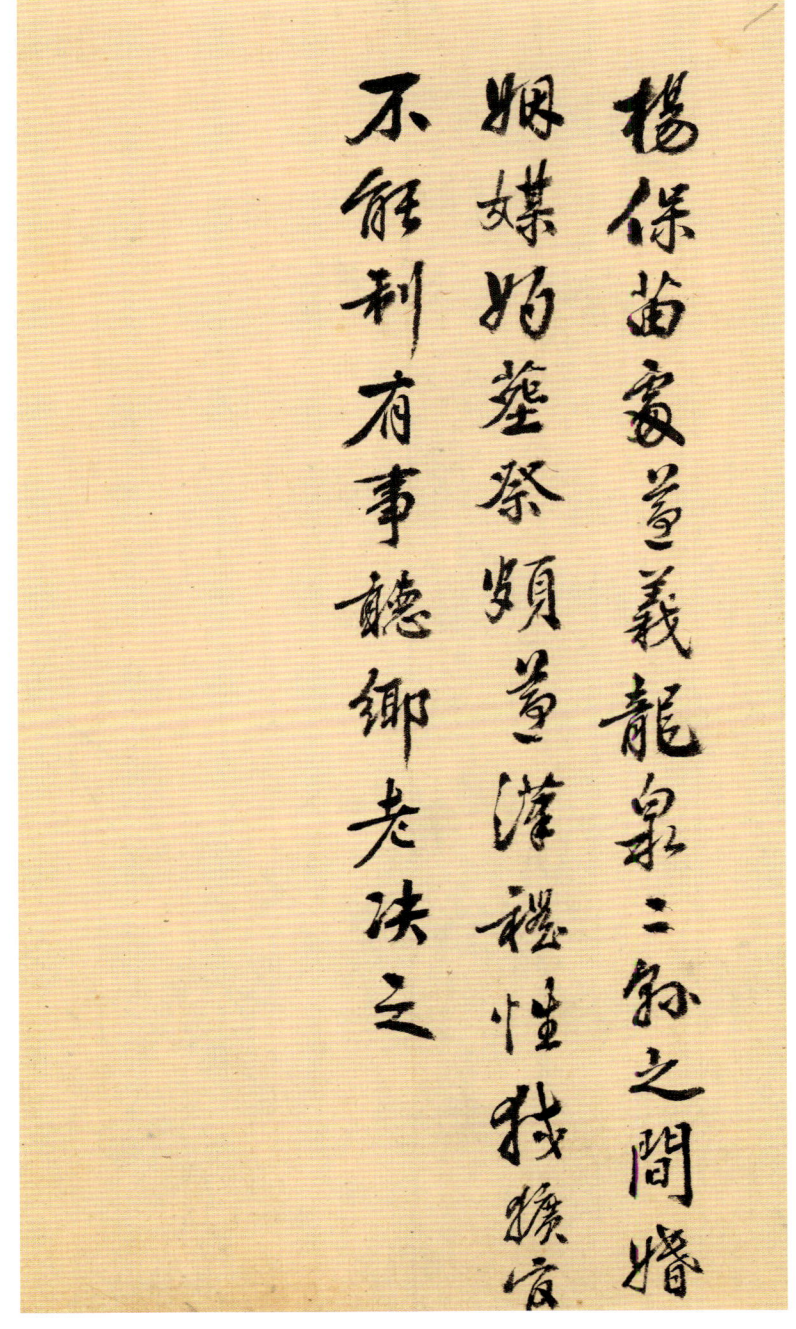

八十、楊保苗處（處）遵義、龍泉二縣之間。婚姻媒妁、塟（葬）祭頗遵漢禮。性狡獷。官不能制[①]，有事聽鄉老決之。

[①] 他本此处的信息更翔实，如"凡官司差拘，抗傳不出"，参见杨庭硕、潘盛之编著：《百苗图抄本汇编》（上），贵州人民出版社，2004年，第243页。

八十一、黑樓苗處（處）清江、八寨之間。合鄰寨於高（高）岡建樓，曰"聚堂"，高（高）數（數）層。用巨木挖空，長丈餘，懸置頂層，名曰"長皷（鼓）"。事有不平者，俻（備）牛酒樓下，擊長鼓（鼓）樓上。各寨聞鼓（鼓）聲，俱帶利刃長鏢，集樓下，聽寨長決之。事畢，犒以牛酒。若無故而擊長鼓（鼓）者，則罰牛一頭。

第三章 莱比锡格拉西民族学博物馆藏《贵州图册》

简 介

1. 莱比锡"苗图"收藏与研究情况

莱比锡藏本全都来自德国莱比锡格拉西民族学博物馆。该馆位于德国萨克森州莱比锡市，是萨克森州立民族志学收藏馆（Staatliche Ethnographische Sammlungen Sachsen）、德累斯顿州立艺术收藏馆（Staatliche Kunstsammlungen Dresden）的一部分，与乐器博物馆（Museum für Musikinstrumente）、应用艺术博物馆（Museum für Angewandte Kunst）一起统称为格拉西博物馆（Grassimuseum）。1869年，首任馆长莱比锡医师赫尔曼·奥博斯特（Hermann Obst，1837—1906）以德累斯顿内廷参事古斯塔夫·克雷姆（Gustav Klemm，1802—1867）的藏品作为基础建立了该博物馆。二战时期该博物馆遭到空袭，损失惨重。如今馆内藏品超过20万件，是德国最大的民族学藏馆之一。

19世纪70年代以前，馆内已保存有一定数量来自中国的藏品，例如1860—1862年间曾在中国进行"东亚远征"的古斯塔夫·史庇斯（Gustav Spiess，1802-1875）搜集到的约200件中国工艺品。1878年，东亚自然与民族学会（Gesellschaft für Natur- und Völkerkunde Ostasiens）向该馆捐赠了他们的藏品，这些藏品被视为馆内东亚部分的奠基。第二任馆长卡尔·伍勒（Karl Weule，1864—1926）除了关注当时德国殖民地地区的民族文化外，"兴趣点在于东亚文化民族（Kulturvölker）和佛教"[①]。伍勒还建立了"代表人"关系网，即指派身在海外的学者、旅行家、政客、商人等代博物馆在其所在国有针对性地搜寻藏品。博物馆在中国的代表从1874年开始活动，他们是在烟台、

---

① Museum für Völkerkunde zu Leipzig (ed.), *Das Museum für Völkerkunde zu Leipzig: Seine Geschichte, seine Aufgaben und Einrichtungen nebst vorläufigem Führer durch die Sammlungen*, Leipzig: Museum für Völkerkunde zu Leipzig, 1929, p. 4.

天津等处海关任职的德璀琳（Gustav von Detring，1842—1913）和在北京担任外交官的西奥多·冯·霍勒本（Theodor von Holleben，1838—1913）。该馆早期入藏的中国藏品有两个特点，一是多来自私人或团体的捐赠，二是以反映中国日常生活和社会风俗为主。①莱比锡大学汉学系在民族学方面有很长的传统，很多莱比锡大学的著名学者曾在此处工作过，如蔡元培1908年起曾短暂在该馆为馆员解说中国藏品。②汉学家何可思（Eduard Erkes，1891—1958）1913至1933年间在此处的亚洲与欧洲部任策展人，1945至1947年任代理馆长。其继任代理馆长胡梅尔（Siegbert Hummel，1908—2001）在中国西南民族尤其是藏族和纳西族研究界具有重要影响③。

莱比锡现藏有4种中国民族图志，其中1种标题为《滇省迤西迤南夷人图说》，是关于云南的"滇夷图"，全部图文2003年已在德国出版，说文部分由何凯婷翻译成德语④。另外3种以前一直被认为都是"苗图"，它们就是此次出版的莱比锡甲、乙、丙本。甲本被惯称为 *Guizhou-Album*（《贵州图册》），乙本是一幅卷轴画，的确都是"苗图"。但丙本并不是"苗图"，而可能是《皇清职贡图》的一种异本，只有四川、广东部分的12张残页。

莱比锡甲、乙、丙本的收藏时间和收藏路径都不同，甲本只知入藏于1898年，乙本是1922年从文物商尤里尤斯·柯尼茨克（Julius Konietzko，1886—1952）处购得，丙本据称原是一位满洲八旗将军的遗物，1928年博物馆从文物商艾利希·勇克曼（Erich Junkelmann，1890—1964）处购得。在博物馆历年的购买清单中笔者查到，1876年有一条记录如下："7月20日，中国族类、两个花瓶和

---

① 参见 Dietmar Grundmann, "The Chinese Collections of the Grassi Museum of Ethnography in Leipzig," in Philip Clart & Elisabeth Kaske & Ulrich Johannes Schneider (eds.), *Book Culture from China: Traces in Leipzig*, Leipzig: Universitätsverlag Leipzig, 2021, pp. 101-110。

② 段宝林：《蔡元培与民俗学》，载《北京大学学报》（哲学社会科学版）2000年第4期，第167页。

③ Ingo Nentwig, „Der Einbruch der Philologie in die Völkerkunde: Zur Geschichte der Asien-Ethnologie in Leipzig", in Claus Deimel (ed.), *Auf der Suche nach Vielfalt: Ethnologie und Geographie in Leipzig*, Leipzig: Leibniz-Institut für Länderkunde, 2009, pp. 79-94.

④ Claus Deimel & Wolf Dietrich Freiherr Speck von Sternburg (eds.), *Das Yunnan-Album. Diansheng Yixi Yinan Yiren Tushuo. Illustrierte Beschreibung der Yi-Stämme im Westen und Süden der Provinz Dian. Sammlung Herrmann Feiherr Speck v. Sternburg, Lütschena*. Leipzig: Museum für Völkerkunde zu Leipzig, 2003. 参见吴秀杰：《异地的图说：一本关于云南民族的"苗图"——评介〈滇省迤西迤南夷人图说〉的德文译本》，载《民族艺术》2005年第2期，第105—108页。

两个盘子……"①，无卖方姓名。"中国族类"的德文 Chinesische Volkstypen 是复数形式，可能指的是一种关于中国多个民族的艺术品，但与现存这几个藏本的入藏时间不符，不排除该馆以前曾藏有更多版本的中国民族图册。

最早对德国藏本进行整理的颜复礼 20 世纪初只找到了 4 个藏本②，莱比锡藏本中此时还只有甲本已入藏，颜复礼未查访到。之后艾伯华再次走访调查，一共查得 8 种，莱比锡的这些藏本才首次被披露。1937 年艾伯华撰写的文章 *Die Miaotse-Alben des Leipziger Völkerkundemuseums*（《莱比锡民族学博物馆的苗图》）③是目前唯一的关于莱比锡藏贵州"苗图"的研究成果，之后他在关于中国边疆民族的书中又多次征引过莱比锡各藏本的说文。艾伯华在柏林获得博士学位后，1936 至 1937 年恰好在莱比锡民族学博物馆亚洲部工作，可能因为这一契机才接触到这些图册。在他之后虽然有个别论文也提到了莱比锡"苗图"，但都是引用艾伯华论著的词句，并没有新的成果。只有赫伯特·布劳提加姆 60 年代增补了一个版本，详见附录。何罗娜在其博士论文中介绍了莱比锡甲本、乙本的基本信息④。

艾伯华在论著中将莱比锡民族图册分为两大类，分别是：①云南图册，只有一本，索书号为 OAs 6979，即上文提到的《滇省迤西迤南夷人图说》；②贵州"苗图"，包括两种，一为图册 OAs 9864，二为三张单页 OAs 13298、13965、13967。图册 OAs 9864 即本章的莱比锡甲本，现在的索书号仍旧未变。而三张单页实际上是莱比锡乙本（OAs 13298），是一幅卷轴画，以及莱比锡丙本，即 12 张散页中的两张，13965 为"灵山县獞人"，13967 为"嘉顺营白猓猡"。实际上乙本是"苗图"，绘画主题是贵州的族群，而丙本是《皇清职贡图》的一种异本，描绘的族群都不在贵州聚居。也就是说，艾伯华将乙、丙两种完全不同的民族图志混为了一谈。他的错误一直被延续到今天，直到现在学界仍

---

① Museum für Völkerkunde zu Leipzig (ed.), *Vierter Bericht des Museums für Völkerkunde in Leipzig*, Leipzig: Museum für Völkerkunde zu Leipzig, 1877, p. 18.

② Fritz Jäger, „Über chinesische Miaotse-Albums", *Ostasiatische Zeitschrift*, 4, 1916, pp. 271-274.

③ Wolfram Eberhard, „Die Miaotse-Alben des Leipziger Völkermuseums", in Wolfram Eberhard (ed.), *China und seine westlichen Nachbarn: Beiträge zur mittelalterlichen und neueren Geschichte Zentralasiens*, Darmstadt: Wissenschaftliche Buchgesellschaft, 1978, pp. 314-328.

④ Laura Hostetler, *Chinese Ethnography in the Eighteenth Century: Miao Albums of Guizhou Province*, Philadelphia: University of Pennsylvania, 1995, pp. 69-73, p. 299, p. 346.

认为丙本也是一种"苗图"①。艾伯华并未对莱比锡藏本本身进行研究，而是和其他藏本放在一起，以民族学的角度探讨贵州的民族分类和民族识别。

2. 莱比锡甲本收藏与研究情况

莱比锡甲本入藏于 1898 年，是莱比锡藏本中入藏时间最早的版本。何罗娜查到 1891 年博物馆从伊莉萨白·施密特（Elizabeth Schmidt）处购入了一本中国的图画书（Bilderbuch）②，无法确证是否与此书有关。艾伯华关于这本图册做过简单介绍，并根据当时"苗图"在市场上的情况推测绘制时间为 19 世纪上半叶，他的原文为："无说文，族称只是贴在绘画上。尺寸比柏林的图册更小。我认为它看起来是一个 19 世纪初或中叶的晚期作品。根据如今在中国尚得见的'苗图'的数量，可以肯定的是，它们在较晚的时期仍被频繁复制，可能是为了满足外国人的需求。该图册含 36 张绘画，每幅绘画对应一个族群。"③

3. 莱比锡甲本内容概说

这本图册的装帧非常特殊，在原本的装帧之外又加了一层布质书衣，对图册起到保护作用，同时使读者能像现代书籍一样翻阅此书。何凯婷发现此图册明显在来到博物馆之前被重新粘贴过，导致出现了装订错误："原本置于前面的一页现在被放在封底里，这样打开来就有四个空白页，原本应该不是这样设计的。"④

---

① Kathrin Hirth, „Das Yunnan-Album des Museums für Völkerkunde zu Leipzig", in Claus Deimel & Wolf Dietrich Freiherr Speck von Sternburg (eds.), *Das Yunnan-Album. Diansheng Yixi Yinan Yiren Tushuo. Illustrierte Beschreibung der Yi-Stämme im Westen und Süden der Provinz Dian. Sammlung Herrmann Feiherr Speck v. Sternburg, Lütschena*. Leipzig: Museum für Völkerkunde zu Leipzig, 2003, pp. 26-27.

② Laura Hostetler, *Chinese Ethnography in the Eighteenth Century: Miao Albums of Guizhou Province*, Philadelphia: University of Pennsylvania, 1995, pp. 69-73, p. 299.

③ Wolfram Eberhard, „Die Miaotse-Alben des Leipziger Völkermuseums", in Wolfram Eberhard (ed.), *China und seine westlichen Nachbarn: Beiträge zur mittelalterlichen und neueren Geschichte Zentralasiens*, Darmstadt: Wissenschaftliche Buchgesellschaft, 1978, p. 314.

④ Kathrin Hirth, „Das Yunnan-Album des Museums für Völkerkunde zu Leipzig", in Claus Deimel & Wolf Dietrich Freiherr Speck von Sternburg (eds.), *Das Yunnan-Album. Diansheng Yixi Yinan Yiren Tushuo. Illustrierte Beschreibung der Yi-Stämme im Westen und Süden der Provinz Dian. Sammlung Herrmann Feiherr Speck v. Sternburg, Lütschena*. Leipzig: Museum für Völkerkunde zu Leipzig, 2003, p. 26.

除此以外，在第 30 和 31 帧之间还有两个空白页。所有绘画应是在规格相同的单页上画好后，再被一一粘贴在图册上。围绕着绘画的四周用白色亚麻布镶边，纸张的最外缘还贴有一条极薄的棕色纸条。

绘画一共有 36 幅，族群排序与《汇编》完全不同，也看不出来有内在的排序逻辑。其中有 10 个位于《汇编》的上半部分，26 个位于下半部分，说明这是一个残本，特别是上半部分有严重的缺失，没有按照原序装帧，或可能在重新装帧时打乱了顺序。

这本图册的绘画水平比较平庸，人物线条很随意，衣服、发型没有进行细节刻画，背景也绘制得比较简单。它与台湾傅斯年图书馆《黔苗图》绘画的构图相近，二者都没有说文。与这两本书在构图、画风上相似度比较高的是台湾傅斯年图书馆《黔苗图说（乙）》、莱比锡乙本，二者的说文都写在图中。《黔苗图》的说文据考"是直接书写在图上，惟未写成"[①]。而这本图册同样是在每幅绘画的一个角落留白，但在绘画的对页却没有留出空位，说明应该也是绘图时故意安排好说文在绘画中的位置，但最终未写说文。每幅画上贴有一张红色小纸条，上面用毛笔字写有族称。这样的红色小纸条在很多版本中存在，有些除了族称还有用汉字或苏州码子写的编号，如日本国立国会图书馆《苗蛮图说》。一些版本虽没有纸条，但留有原本的红色纸条被撕去的痕迹，如哈佛大学《黔苗图说》。这本图册纸条上的字迹并不工整，而且贴的位置较随意，可能是在制作期临时贴在画中，便于在尚无说文的情况下辨识每幅绘画对应的是哪一个族群。个别纸条存在错误，一是族称有误，如鸦雀苗在此书中写作"牙鸦苗"。二是绘画与纸条上的族称不符。如第 9 帧纸条上写"清江仲家"，但绘画是清江黑苗穿戏袍欢饮的场景。第 4 帧纸条上写"狆家子"，但绘画是白龙家入山采漆的场景。第 31 帧纸条为"白龙家"，但绘画是卡尤仲家抛球玩乐的场景。卡尤仲家是狆家子的一种，说明白龙家和卡尤仲家的纸条被贴反了。这些纸条的情况证实了一些版本的图说被张冠李戴可能是制作过程中已发生的错误。

除了上文提及的傅斯年图书馆《黔苗图》《黔苗图说（乙）》与此书绘画类似外，傅斯年图书馆《苗蛮图册》（即《汇编》台甲本）和英国威尔康典藏馆的 *Chinese Album No.1*（《中国一号图册》）的较多条目与此书有相似性，《汇编》

[①] 刘铮云编：《"中央研究院"历史语言研究所傅斯年图书馆藏未刊稿钞本·史部》（第 21 册），"中央研究院"历史语言研究所，2015 年，第 299 页。

收录的民院本（贵州民族学院藏《百苗图》残本）、刘甲本的一些条目与此书似乎有关联。其中，绘画手法上与此书最像的是傅斯年图书馆《黔苗图》和民院本。特别是三者的风景绘法相似度非常高，比如树干和枝叶的表现手法很接近，远山都只以很淡的墨色做渲染，而且都以自然景物为主，画面上几乎没有屋舍。人物的相似度也较高，但每幅画的相似程度不同。如三本书的罗汉苗人物几乎无差，只有妇女和儿童的衣服颜色有深浅之别。而女官的绘画中，虽人物所处的位置、动作和衣冠都基本一致，但右下角的女性上衣颜色不同，左侧男侍从在《黔苗图》中有披毡。另外，女官右侧站在马下的一男一女的位置与《黔苗图》相反。清江仲家（实为清江黑苗）的绘画中，围坐饮酒的两对男女衣冠、动作都几乎相同，但民院本未画出人物着戏袍这一特点，而《黔苗图》则缺少端着盘子朝他们走来的一个女性形象。《黔苗图说（乙）》的风景就与以上三书有很大的区别，不仅树木、远山的绘法完全不同，而且在相同的条目中风景几乎没有一致的地方。如此书的"犺狫"条，人物位于山崖之下，临河祭祀，而《黔苗图说（乙）》的人物处于野外一平坦处，没有河流。人物的绘法也有更大的差别，如《黔苗图说（乙）》的罗汉苗绘画删除了弥勒佛和儿童，人物头上戴帽而非狐尾。《苗蛮图册》描绘的背景与此书有诸多相似之处，但自然环境的细节描绘更丰富，而且绘有更多的房屋、石桥等人文景观。人物同样有密切的相关性，如克孟牯羊苗四个人物基本一致，连衣服颜色都没有差别。

每页下端靠书边的位置有用铅笔写的阿拉伯数字，应是后来写的页码。另外，第13、16、35帧的下方空白处各有一个铅笔画的叉号，用意不明。

版 本 信 息

标　　　题：无（别称为《贵州图册》）
作　　　者：无
绘制时间：无
形　　　式：纸本设色，册页本
规　　　格：一册本，28.5cm × 24.8cm（含书衣），27.9cm × 24.7cm（不含书衣）
页　　　数：1. 序跋：无；2. 绘画：36；3. 说文：无
图说布局：有图无说
封　　　面：蓝色布质书衣，上贴有签条，标题已漫漶。册页装在木夹板内，上夹板中间断裂，原贴有签条，现不存
钤　　　印：无
藏　　　地：德国莱比锡格拉西民族学博物馆
索 书 号：OAs 9864
入藏信息：1898 年入藏

一、女官①

---

① 本章图片来源：OAs 9864 Guizhou-Album, GRASSI Museum für Völkerkunde zu Leipzig, Staatliche Kunstsammlungen Dresden, Esther Hoyer。

二、狆狢

三、牙鸦苗

四、狇家子

五、胡盧苗

六、尖顶苗

七、楊保苗

八、犵獞

九、清江仲家

十、白额子

十一、生苗

十二、箐苗

十三、克孟牯羊苗

十四、里民子

十五、䯫（高）坡苗

十六、犵㸆苗

十七、洞崽苗

十八、羅漢苗

十九、披袍犵狫

二十、花犵狫

二十一、黑生苗

二十二、黑楼苗

二十三、黑山苗

二十四、白兒子

二十五、狪家

二十六、六额子

二十七、黑狆家

二十八、黑脚苗

二十九、峒人

三十、爺頭苗

三十一、白龍家

三十二、土犵狫

三十三、剪頭犵狫

三十四、九名九姓苗

三十五、八寨黑苗

三十六、短裙苗

第四章 莱比锡格拉西民族学博物馆藏『苗图』卷轴

简 介

1. 莱比锡乙本收藏与研究情况

这幅卷轴画是 1922 年莱比锡格拉西民族学博物馆从德国汉堡文物商尤里尤斯·柯尼茨克处购得。从青年时期起就热衷于民俗学的柯尼茨克从约 1910 年起开始向欧洲博物馆售卖艺术品，许多博物馆与他合作，派他到各地搜集珍宝。他的寻宝之路穿越欧、亚、非多国，重点在非洲和欧洲本土，目前没有发现他去过中国的记录。他的藏品大部分是他自己在旅途中搜集到的，有些则是从其他收藏者或机构处获得。他的生意取得了巨大的成功，仅柏林民族学博物馆就在 1909 至 1939 年间入藏了他搜集到的 2100 件藏品。① 莱比锡格拉西民族学博物馆今天的巴尔干藏品大部分都是从他手上购得，还有孟加拉国的特藏也是 1917 至 1929 年通过他收集到的。他收集中国藏品的情况没有太多记录，据白瑞斯（Berthold Riese）考证，他曾收藏过大量中国皮影人物。②

上章已提及目前唯一讨论过此卷轴的是艾伯华。在论文中，艾伯华只是提到莱比锡还有三张"苗图"单页，分别是此卷轴和另外两张莱比锡丙本中的散页，但他并没有理解乙本和丙本不论体例还是内容都有本质上的区别。另外，艾伯华在后来关于中国边疆民族的论著中虽然大量征引德国各藏本的说文，却没有再提到过此卷轴。何罗娜对此藏本的版本信息做过简略介绍③。

---

① Beatrix Hoffmann, *Das Museumsobjekt als Tausch-und Handelsgegenstand: Zum Bedeutungswandel musealer Objekte im Kontext der Veräußerungen aus dem Sammlungsbestand des Museums für Völkerkunde Berlin*, Münster: LIT Verlag, 2012, p. 122.

② 白瑞斯：《中国皮影戏在德国的传播与相关文物收藏》，叶进译，王霄冰校，载《艺术与民俗》2020 年第 3 期，第 57 页。

③ Laura Hostetler, *Chinese Ethnography in the Eighteenth Century: Miao Albums of Guizhou Province*, Philadelphia: University of Pennsylvania, 1995, p. 346.

2. 莱比锡乙本内容概说

此卷轴为立轴，上面的两个族群的绘画很明显是在单页上绘好后再粘贴上去的，尺寸都为 23.5cm × 18.9cm，与大部分"苗图"册页本的尺寸相当。根据排版可以确定，卷轴中原本准备从上到下粘贴三张大小相等的单页，但最上部的那一张似乎原本就未被贴上，而不像是在之后丢失的。中部为罗汉苗，下部为土犵狫，两张单页之间有 11.5cm 的留白。"苗图"中卷轴画的形式非常少见，意大利地理学会也藏有一个竖轴，规格为 48.5cm × 153cm。据杨庭硕等介绍，此卷轴含如下 10 个条目："①鸦雀苗、②尖顶苗、③倮㑩、④生苗、⑤车寨苗、⑥楼居苗、⑦披袍亿佬、⑧马镫龙家、⑨白苗、⑩补笼仲家。"① 在第一章柏林本简介中已提到，柏林亦曾藏有一组卷轴画，一共由 7 幅卷轴构成，每幅卷轴上也有 3 个条目，分别是 "①鸦雀苗、㮕耳子、红花苗，②独家、黑狑、打牙犵狫，③长脚、黑狑苗、黑苗，④扁头苗、桶桶犵狫、白羿子，⑤高山苗、黑羿子、川苗，⑥岩苗、白猡猡、披袍犵狫，⑦白苗、头目、大头龙家"②。这些族群的共同特点是基本都分布在贵州贵阳府以西的地域。值得注意的是，"滇夷图"中也有体例非常相似的立轴，如云南省博物馆《开化府图说》《普洱府图说》③。前者含 8 个立轴，后者含 4 个立轴，立轴的尺寸都比莱比锡乙本稍小，每个立轴上同样均贴有上、中、下三幅绘画。这说明莱比锡乙本有可能只是一套"苗图"的其中一个立轴。贵州和云南的图册是自成系统的，但为何都有体例如此相似的立轴？这是否是售卖民族图志的书商统一装帧的结果？这些问题有待进一步探究。

两幅画都严重泛黄，卷轴背面还有被修补过的痕迹，是莱比锡保存情况最差的藏本。两幅画的风格一致，应该是出自同一人之手。绘画水平比较平庸。图说并构，说文以楷书写于画幅右上角空白处，书法水平一般。绘画与莱比锡甲本相似度很高，但莱比锡甲本没有说文。与此相似的还有前文莱比锡甲本介绍中提到的台湾傅斯年图书馆《黔苗图》《黔苗图说（乙）》《苗蛮图册》。单比较莱比

---

① 杨庭硕、张宝元、耿中耀：《协和众志，同步中华：意大利所藏中国西南民族图志整理与研究》，载《原生态民族文化学刊》2021 年第 5 期，第 13 页。

② Wolfram Eberhard, „Kultur und Siedlung der Randvölker Chinas", *T'oung Pao*, 36, 1942, pp. 1-506.

③ 苍铭、熊燕：《〈开化府图说〉及所绘中越边界夷人》，载《广西民族研究》2018 年第 6 期，第 85—92 页；熊丽芬：《〈从普洱府图说〉看清代当地民族风俗（上）》，载《收藏家》2011 年第 9 期，第 41—46 页；熊丽芬：《清代〈普洱府图说〉概况述略》，见林超民编：《西南古籍研究》，云南大学出版社，2011 年，第 381—389 页。

锡甲、乙本，两本的罗汉苗成年男女形象和动作特别相似，但乙本没有跪地礼佛的儿童。佛龛也几乎一致，而且都不像傅斯年图书馆那三本一样将佛龛绘在一个洞窟中，而是置于一个平地的土台上。土犵狫的三个人物在两本中也都特别近似，只有左侧男子的裤子颜色不同。但此卷轴绘画有两个与其他相似版本不同的特点，一是所有的人物衣裤都镶有白边，二是背景用色简单，以水墨为主。

卷轴上未留下绘者姓名和绘制时间。罗汉苗的说文比其他版本的更简略，"三月三日"后删除了"男妇老少各携食物供佛，歌舞三日"这个长句。土犵狫的说文与其他版本一致，"宁"字未写中间的"心"字，可能是避道光皇帝的讳，但也可能只是异体字。

版 本 信 息

标　　　题：无

作　　　者：无

绘 制 时 间：无

形　　　式：纸本设色，卷轴画（立轴）

规　　　格：一卷，33.7cm×134cm

页　　　数：1.序跋：无；2.绘画：2；3.说文：2

图 说 布 局：说在图中

封　　　面：无

钤　　　印：无

藏　　　地：德国莱比锡格拉西民族学博物馆

索 书 号：OAs 13298

入 藏 信 息：1922年从文物商尤里尤斯·柯尼茨克处购得，标记为"Sammlung Konietzko"（柯尼茨克藏品）

一、羅漢苗在八寨、丹江。男子頭戴狐尾，披髮於後。最敬彌勒佛，每逢三月三日，不食煙火，亦寒食意也。[①]

---

① 本章圖片來源：OAs 13298 Rollbild, GRASSI Museum für Völkerkunde zu Leipzig, Staatliche Kunstsammlungen Dresden, Esther Hoyer。

二、土犵狫在威寧（寧）州。男子編草為（爲）衣。專與猱玃傭工。用熱（熱）油燙足，入山似猱（猿）。

第五章 布拉格纳普斯特克博物馆藏『苗图』册页

简 介

1. 布拉格"苗图"收藏与研究情况

该图册的来源及最初的收藏途径无考,唯一查得的信息是,1978年以前该"苗图"藏于捷克国家博物馆(Národní muzeum)的附属图书馆,1978年,这本图册从捷克国家博物馆图书馆被转移到现在的馆藏地——纳普斯特克博物馆[①],它是捷克国家博物馆的下属分馆,位于捷克首都布拉格。该博物馆1874年由民族学家纳普斯特克(Vojtěch Náprstek,1826—1894)建立,主要收藏的是亚、非、美洲各民族的艺术品。馆内的中国藏品以绘画为主,除了传统的国画之外,还有木刻年画、祖先肖像画、通草画等。除绘画外,馆内还藏有佛教雕塑、牙雕、鼻烟壶、瓷器、乐器等。

针对此书目前只有捷克汉学家李世佳(Vladimír Liščák)在20世纪90年代初做过相关研究,撰写过关于该"苗图"的博士论文 *"Miaoská alba" jako etnografický pramen*(《作为民族志文献的"苗图"》)及其他两篇论文。在博士论文中,李世佳将图册一半的说文翻译成了捷克语[②]。另外两篇论文的大标题相似[③]。1991年的论文以布拉格"苗图"为研究对象,对其中反映的各族经济生产活动、衣冠特点、家庭构成模式、风俗信仰等进行了总结归纳。1992年的论文则着眼于作者已知的各版本"苗图",并对各"苗图"的体例形式进行了对比分

[①] 该信息由纳普斯特克博物馆 Helena Heroldová 提供,在此致谢。
[②] Vladimír Liščák, *"Miaoská alba" jako etnografický pramen*, Praha: UEF ČSAV, 1990.
[③] Vladimír Liščák, "'Miao Albums': Their Importance and Study ", *Český lid*, 2, 1991, pp. 96-101; Vladimír Liščák, "Miao Albums and Their Study (An Introduction into the problem), " in Herbert Bräutigam (ed.), *Beiträge zur Tagung "Kulturgeschichte Chinas": gemeinsam veranstaltet vom Staatlichen Museum für Völkerkunde Dresden und dem Institut für Sinologie der Humboldt-Universität zu Berlin vom 21. bis 23. November 1989 in Dresden*, Dresden: Verlag für Interkulturelle Kommunikation, 1992, pp. 67-72.

析，同时对"苗图"研究史做了较详细的回顾。

2. 布拉格本内容概说

布拉格本的装帧比较普通，不像很多图册一样有空白的前衬页、后衬页，这本图册首尾两帧直接贴在夹板上。每张绘画的四周都以同样颜色和质地的纸条镶边。几乎每页都有污渍，部分页面的上端有水渍。首尾两页的保存状态最差，都有部分缺失。多个页面之间已断开。

此册页共含 82 个族群，与《汇编》勘定的 82 种完全相同，是一个全本。但有数个族称被写错，如狑狫、克孟牯羊苗、里民子、郎慈苗分别被错写为"狫狫苗""克孟拮羊苗""黑民子""慈郎苗"。另外，补笼独家在此书中作"篦笼独家"，"猓猡"第二个字的反犬旁被删除，写作"猓罗"（见附表）。还有名称用字不统一的情况，第 41 帧名称为"紫姜苗"，但第 53 帧说文提及此族群时却使用的是"紫薑苗"。这 82 个条目的排序也与《汇编》基本吻合，只有剪发犵狫被排到后面的打牙犵狫、猪屎犵狫之间，披袍犵狫被提前到锅圈犵狫之后，应该是故意将所有的犵狫都排在一起。又将僰人、蛮人、土人、峒人、猺人排在一起，排序依据可能是它们相似的名称结构，即都以"人"字结尾。

图册中无绘者和时间信息。文中直接给出的时间最晚为"雍正十三年"（1735）。从地名来看，第 6、7 帧地名中有"南笼"，这个名称只存在于嘉庆二年（1797）以前，第 21、51 帧中的地名"永丰"也是 1797 年之前的老地名。然而，第 37 帧却出现了 1797 年之后南笼改用的新名"兴义"。新老地名混杂在一本图册中，证明这本图册的绘制时间实则不会早于 1797 年。文中所有的"宁"字皆作"寕"，有可能是为了避道光帝的讳，也可能只是异写。

说文以楷书写成，书法水平非常平庸。此书说文排版的一大特点是，虽然说文中已提及每个族群的地点，但在大部分的说文之后都另起一列，将该族群的聚居地以"在……属"的形式重新书写一遍，用意不明。通篇有大量错字、异体字，脱衍比较普遍，词序颠倒的情况时有发生，以至于若干句子无法理解其真正含义。如第 39 帧九股苗"出入长［常］代［带］幖［标］杆"这个句子，6 个字中有 3 个都是错别字，可见作者在书写时极不用心。第 34 帧地名"邛水"错写为"切水"，第 36、48 帧两处都提到神名"盘瓠"，但此书分别写作"盘发""盘瓢"，说明作者对图册中这些族群的文化和所处地理环境知之甚少，应该从未在贵州本地生活过。很多句子的表达方式非常口语化，如第 15 帧白苗"穿白衣"，他本作"服尚白"①。第 54 帧爷头苗妇人"穿衣系短的",他本作"衣短"②。第 78 帧短裙苗"其裙只有五寸",他本作"其裙长只五寸许"③。说文中有一些细节在其他版本中未见或少见。如第 2 帧女官的别称"耐德土务",除《汇编》刘甲本也有之外,在其他版本中多只作"耐德"④。第 7 帧族称为"篏笼狆家",与李宗昉《黔记》以及中国民族图书馆中的一种"苗图"⑤相同,但绝大多数版本为"补笼狆家"⑥。第 40 帧八番苗的丧葬传统在其他本都是"葬不择期"⑦,但此本相反,为"葬而择期",可能只是抄录错误。

  此图册绘画水平一般,人物衣冠、发式的刻画大而化之,服饰多只有黑色或白色,并未特别追求与说文描述吻合,也没有特别突出不同族群在服饰上的差别。背景的山川、房舍绘法比较简单。值得注意的是,绘画错植的情况比较频繁。如第 59 帧黑山苗和第 60 帧黑生苗的绘画及说文被张冠李戴,第 76 帧黑脚苗的图被错放到第 75 帧生苗处。更为特殊的是,这本"苗图"存在将关于同一个族群的两张绘画分别安置在无关的说文旁的情况。第一个例子是第 31 帧和第 72 帧。第 31 帧犵獞苗,其说文中虽然点明"妇人工纺织",而且在如《汇编》台甲本中也有妇女织布的形象,但与其他版本犵獞的绘画区别很大。然而,这幅绘画与本书第 72 帧洪州苗的绘画非常相似,主要人物都是坐着织布的女性和站在她身后的老人,动作、服饰、发式、所处位置都差不多。可见绘者画了两幅相似但不完全相同的洪州苗,但其中一幅被错放在犵獞苗的说文旁。第二个例子与之相似,第 32 帧僰人和第 33 帧蛮人的绘画实际描绘的都是僰人,展现的都是僰人礼佛的习俗。两图的祭坛非常相似,但是整个画面布局完全不同,人物形象无论衣冠还是所处位置都有很大区别。第三个例子是第 25、47 帧和 42 帧,第 25 帧红犵狫的绘画描绘了四名女性,一个在纺线,一个拿着织好的布,另外两个在围观。然而其说文完全没有提到纺织,且其他

---

① 李汉林:《百苗图校释》,贵州民族出版社,2001 年,第 1 页。
② 杨庭硕、潘盛之编著:《百苗图抄本汇编》(上),贵州人民出版社,2004 年,第 378—387 页。
③ 杨庭硕、潘盛之编著:《百苗图抄本汇编》(下),贵州人民出版社,2004 年,第 579 页。
④ 杨庭硕、潘盛之编著:《百苗图抄本汇编》(上),贵州人民出版社,2004 年,第 11 页。
⑤ [清]李宗昉:《嘉庆黔记》(道光十四年刻本),见《中国地方志集成·贵州府县志辑》(5),巴蜀书社,2016 年,2 版,第 570 页。中国民族图书馆编:《百苗图》,河北教育出版社,2002 年,第 81 页。
⑥ 杨庭硕、潘盛之编著:《百苗图抄本汇编》(上),贵州人民出版社,2004 年,第 40 页。
⑦ 杨庭硕、潘盛之编著:《百苗图抄本汇编》(上),贵州人民出版社,2004 年,第 265 页。

版本的红犵狫绘画都是男女挑草的情景。这幅绘画与第 47 帧狑家苗的绘画非常类似，也是一名女性在纺线，另一名拿着织好的布，但拿布的人物所处位置不同，旁观的则变成了一个老年女性。狑家苗的说文也完全没有提及纺织，其他版本描绘都是男女相聚歌舞的场景。事实上，这两幅图对应的都是谷蔺苗，与其他多个版本的谷蔺苗绘画非常相似，也与谷蔺苗以贩布为生这一说文吻合。此书的第 42 帧谷蔺苗绘画却与第 25、47 帧的构图区别较大，是男女合作加工布匹的场景。这三幅绘画暗示着，作者可能有两种以上的母本，在抄录或装订的时候将这些原本来自不同母本的图说单页有意或无意地混在一起，最终造成了图说不符且同一族群的绘画出现三次的混乱局面。

正是因为这本图册可能混杂了多个母本的图说，目前没有发现与此图册各方面都很相似的其他图册。但有几个条目的绘画与哥达本相似。如第 6 帧卡尤独家的各人物动作、脸部的角度非常类似，但此本的人物减少了两个。第 39 帧九股苗中间那个披甲、口衔利刃的人物形象也出现在哥达本，但左手的动作不完全一致。

通过以上特征可以推测，这是一个质量不高的晚期抄本，绘者在抄临时手上有两个以上不同的摹本。虽然错漏频出，但这本图册可能是"苗图"制作异地化、商业化以后的成品，是反映晚期抄本特点的一个很有代表性的例子。

每幅绘画的右上角空白处有铅笔写的数字，疑似是后人做的页码标记。正文个别文字旁用铅笔做了记号，如第 2 帧说文"耐德土务"四个字被铅笔写的方括号括起，应该也是后人所为，用意不明。

版 本 信 息

标　　　题：无

作　　　者：无

绘制时间：无

形　　　式：纸本设色，册页本

规　　　格：一册本，24.5cm×20cm

页　　　数：1.序跋：无；2.绘画：82；3.说文：82

图说布局：右图左说

封　　　面：册页被装进两块木夹板中。上夹板左上角曾贴有一张白色纸条，估计原写有标题，现已不存。下夹板中间断裂，产生一条缝隙

钤　　　印：无

藏　　　地：捷克布拉格纳普斯特克亚非美洲文化博物馆

索 书 号：46.600/1-82

入藏信息：原入藏信息未知，1978年从捷克国家博物馆迁入

一、猓玀本廬（盧）鹿，在大定府屬。有黑白二種，黑者爲大姓。其人深（深）目長身，黑面鈎鼻，薙髭（髭）留髯。其俗尚鬼（鬼），又名"羅鬼（鬼）"。男子以青{布}籠髮，束額若角。短衣大袖，紫藍裙而長。死（死）則均集①，所屬皆披甲馳馬而徃（往）祭。以錦緞、毡衣裹（裹）尸，焚于野，招魂而塟（葬）。性最蠻［戀］主，雖酷虐，亦不肯二。繕（善）造堅甲、利刃（刃）、鏢鎗、勁弩，蓄良馬。好射習擊刺，其兵爲諸蠻魁。諺云："水西羅鬼（鬼），擊頭掉尾。"②言相應{之速}也。

---

① 他本此處多作"其長死，集所屬"，強調是族中長輩或首領，參見李漢林：《百苗圖校釋》，貴州民族出版社，2001年，第232頁。

② 部分版本此處寫作："水西羅鬼，斷頭掉尾。"參見李德龍：《〈黔南苗蠻圖說〉研究》，中央民族大學出版社，2008年，第152頁。

在大定府属。①

---

① 本章图片来源：Miao Album, inv.no. 46.600, National Museum – Náprstek Museum, Prague, Czech Republic。

二、女官即猡猡正妻，称曰"耐德土务"[①]。编髪爲髻，用青帕蒙（蒙）之，多以银丝（絲）花贴额，耳垂（垂）大环（環）。拖长裙三十六幅。其嗣非耐德所生不得立嗣。如子幼不能主事，即耐德爲女官代理土务也。

---

① 李汉林认爲此处的"土务"二字爲衍文，参见李汉林：《百苗图校释》，贵州民族出版社，2001年，第242页。

三、白猓玀大定、安順有之，與{黑}猓玀同，而爲下姓。茹毛飲血，無論鼠雀蚯蚓，蠕動之物，攫而燔之。飲食無盤盂，以三足釜攢（攢）食。死（死）則以①不如牛馬，用草裹（裹）尸而焚之②。居普定者名"阿和"。

在大定、安順屬。

---

① "以"疑爲衍文。
② 他本此處句意不同，如博甲本："人死，以牛馬皮革裹而焚之。"參見楊庭碩、潘盛之編著：《百苗圖抄本匯編》（上），貴州人民出版社，2004年，第17頁。

第五章 布拉格纳普斯特克博物馆藏"苗图"册页 | 385

四、宋家在貴陽、安順二府。本中國之裔，春秋時放流於夷也。其語言文字悉與漢同。男子帽而長襟。婚姻男家遣人徃（往）迎，女家率（率）親戚以篳楚。母訓綦嚴，旦即進盥於姑，以供婦職。丧（喪）塟（葬）飯蔬飲水，三七封而燬［識］之。男畊（耕）女織，而多讀書入泮者。

在貴陽、安順二屬。

第五章 布拉格纳普斯特克博物馆藏"苗图"册页 | 387

五、蔡家在貴筑、修文、清鎮、威寧（寧）、平逺（遠）等州縣（縣）。男子衣係毡衣，女則製毡為髻，緣簁（飾）青布，髙（高）尺許，若牛角，以長簪（簪）綰之。翁媳不通言。居喪（喪）三日，不食稻肉，惟飯稗（稗）粥，猶存古礼。夫死（死），以婦殉喪（喪），外家搶去乃免同塟（葬）也。

在貴筑、修文、清鎮、威寧（寧）、平逺（遠）属。

六、卡尤狆家在貴陽、安順、南籠、平越、都勻等府。穿青衣，婦女以花帕蒙（蒙）首，衣短而下圓，度身而裁。嚴冬盛暑無添。勾雲細摺［襉］長裙，合角中以顏色相間。以六月六日爲大節。每歲（歲）孟春聚會，未婚男女於野外跳月歌舞，以彩帶接[①]綵（球），謂之"花綵（球）"。意洽情鐘，彼此拋綵（球），遂私焉。貧者用牛一隻，富者用頭數個，親戚族（族）友各携雞酒致祭，繞牛而哭。祭畢，屠牛分肉，群飯食飫飽各散。

在貴陽、安順、南籠、平越、都勻等府所屬。

[①] 哥达本、博甲本等此处作"結"，参见本书第167页；杨庭硕、潘盛之编著：《百苗图抄本汇编》（上），贵州人民出版社，2004年，第37页。

七、篏籠狆家在貴陽定番、廣順二州，安順、南籠二府。以十二月朔爲大節，崴（歲）時擊銅皷（鼓）以爲歡。若拙［掘］地而得銅皷（鼓），即雲［云］"武侯南征時所遺"，富者以重價爭購。丧（喪）則屠牛，招戚以牛角歡（歡）飲。孝子不食肉，惟唊（啖）魚蝦。故祭亦必用莫［魚］。塟（葬）者，以傘盖墓，期年後而焚之。其性好勇，出入必帶慓悍利刀。① 倘有睢［睚］耻［眦］之仇必報。近今禁誡，漸循礼法也。

在貴陽定番、廣順，安順、南籠等處所屬。

---

① 此句不通，刘甲本等此句写为"其性剽悍，出入帶利刃、標槍"，参见杨庭硕、潘盛之编著：《百苗图抄本汇编》（上），贵州人民出版社，2004年，第43页。

八、青狆家在古州、清江、丹江等虔（處），以青布蒙（蒙）首，服青衣。女子色白而敏，工刺綉（繡），善奕棋，以擲球爲樂。所私者曰"馬郎"，夜則與之飲，父母知而不禁，惟避其兄弟。婚姻苟合，愛者[①]以牛酒致聘。不知正朔，文字以木刻爲信。

在古州、清江、丹江等虔（處）属。

[①] 此处多本作"始歡者"，参见本书第171页；李汉林：《百苗图校释》，贵州民族出版社，2001年，第194页。

九、鲁(曾)竹龙家在安顺府属。妇女穿白衣、桶裙,戴细布方巾,以髪扎一尾,名曰"髪尾",用猪油搽之。遇亲戚喜庆,则负酒捀(牵)羊以赠,并自带新衣数套以夸富。有人夘(死),则殓而焚之,檢[撿]枯骨而塟(葬)。每七月七日祭奠先塋[茔]也。

在安顺府属。

十、狗耳龍家在安順、大定二府及廣順州之康佐司有之。男子以布蒙（蒙）首而不冠，婦人尕［辮］髮螺髻，以布束結於項［頂］，餘布旁結，両（兩）指（指）如狗耳狀。衣斑衣，用五色藥珠餙（飾）之。立春後，豎（豎）一木杆于野外，名曰"鬼（鬼）杆"，聚未婚男女，于跳月[①]各自擇配。奔，則｛女｝家後以牛馬贖之。近今亦知通媒致聘焉。

在安順、大定、廣順属。

---

① 他本此处多未提及"跳月"这一文化事项，常写作"跳躍"或"旋躍"，参见李汉林：《百苗图校释》，贵州民族出版社，2001年，第274页；David M. Deal & Laura Hostetler, *The Art of Ethnography: A Chinese "Miao Album"*, Seattle: University of Washington Press, 2006, p. 20。

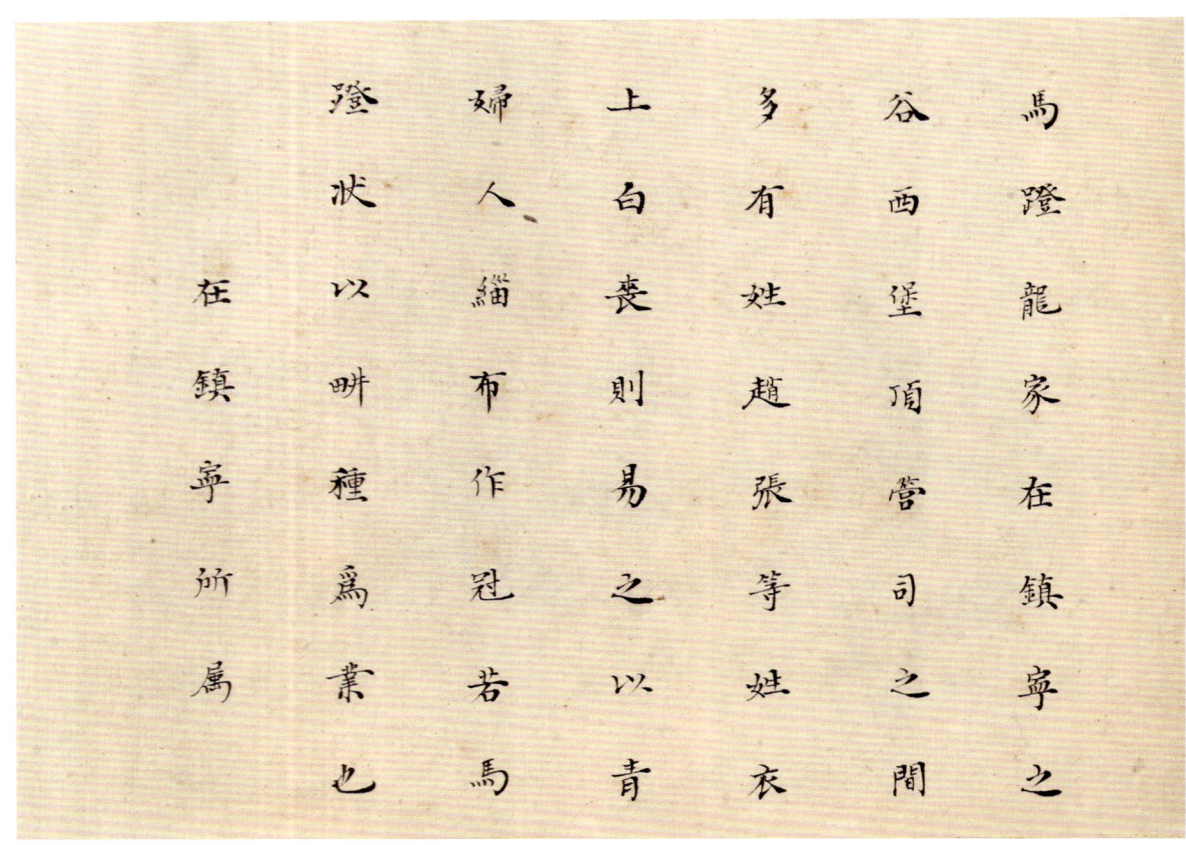

十一、馬蹬[鐙]龍家在鎮寧(寧)之{寧}谷、西堡、頂營司之間。多有姓趙、張等姓①。衣上[尚]白,喪(喪)則易之以青。婦人緇布作冠,若馬蹬[鐙]狀。以畊(耕)種爲業也。

在鎮寧(寧)所屬。

---

① 第一個"姓"為衍字。多個版本此處為趙、張、劉三姓,此本疑脫"劉"字,參見楊庭碩、潘盛之編著:《百苗圖抄本匯編》(上),貴州人民出版社,2004年,第63頁。

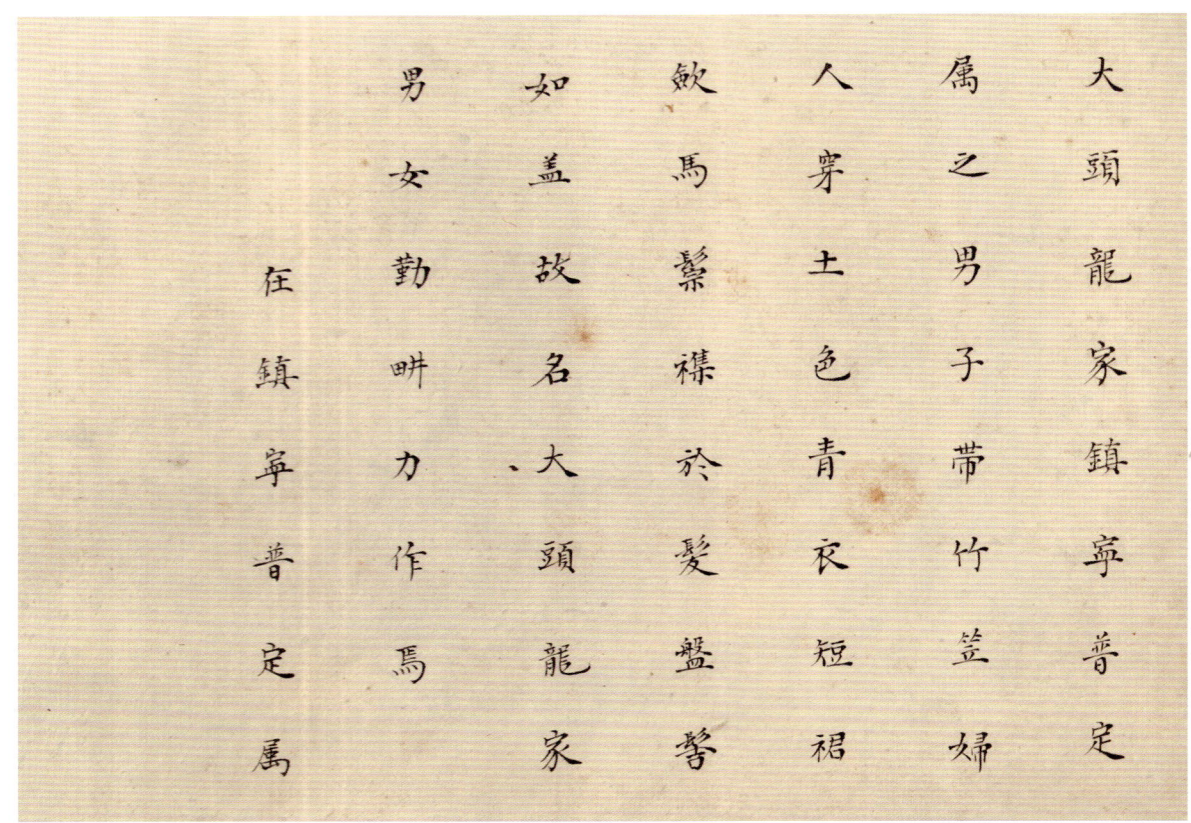

十二、大頭龍家鎮寧(寧)、普定属之。男子帶[戴]竹笠,婦人穿土色[布]青衣、短裙。斂馬鬃襟(雜)於髮,盤髻如盖,故名"大頭龍家"。男女勤畊(耕)力作焉。

在鎮寧(寧)、普定属。

十三、花苗在貴{陽}、大定、安順、遵義所属。皆無姓氏。其性愨而畏法，其俗陋而力勤。衣用敗布續［緝］條織成，青白相間，無領袖，洞其中，從頭而籠下。或以半幅中分，交黑①纏於項。每歳（歲）孟春，擇平壤之所為月塲（場）。未婚男子吹笙，女子振响鈴，歌舞戲（戲）謔以終日。暮，則約所愛者而歸（歸），遂私焉。亦用謀［媒］妁，婦聘資以女妍媸（媸）為盈縮。亦必男至女家，成親越宿而歸（歸）。惟宰牲盛饌，禱于鬼。雖至家敗無悔焉。

在貴陽、大定、安順、遵義等處（處）所属。

---

① "黑"疑为衍文。

第五章　布拉格纳普斯特克博物馆藏"苗图"册页

十四、紅苗在銅仁府屬。多龍、吳、麻、白等姓。{衣}用斑絲（絲）織成，女工以此爲務。若同類（類）相閗（鬥），必致婦人徃（往）勸（勸）方觧（解）。五月寅日，婦與夫另宿，不敢言，不出戶，以避鬼（鬼）神而忌虎也。几（凡）牲蓄［畜］皆掊殺，以火去{毛}，微煑（微煮）帶血而食之。人冞（死），将（將）所遺衣服裝成形像，衆皆擊皷（鼓），名曰"吊古"。

在銅仁府属。

十五、白苗在龍里、貴定、黔西所屬，穿白衣。男子蓬頭赤足，婦女鬉（盤）髻，長簪（簪）綰髮。祀祖之期必擇大牯[牯]牛，頭角端正、肥壯者飼之，乃聚合寨之牛閗（鬥）于野，勝則爲吉，即卜期屠之以祀。祭祖者服白衣、青套、細摺[褶]長裙①。祭畢，合親族（族）歌飲爲歡（歡）也。

在龍里、貴定、黔西所屬。

---

① 此句句意存疑，句读参照了何罗娜的观点，参见 David M. Deal & Laura Hostetler, *The Art of Ethnography: A Chinese "Miao Album"*, Seattle: University of Washington Press, 2006, p. 31。"細褶長裙"在多个版本中写作"細褶寬腰裙"，参见中国民族图书馆编：《百苗图》，河北教育出版社，2002 年，第 41 页。

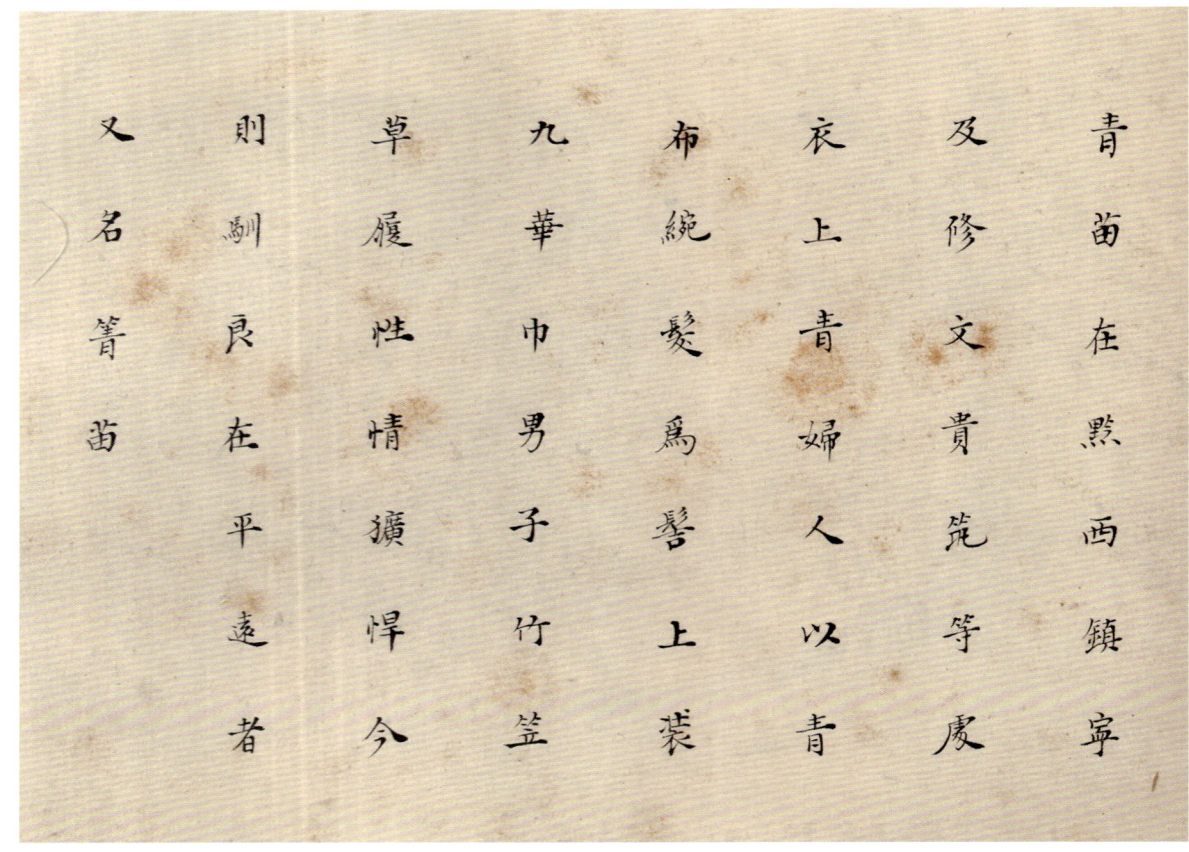

十六、青苗在黔西、鎮寧（寧）及修文、貴筑等處（處），衣上[尚]青。婦人以青布綣（綰）髮爲髻，上裝九華巾。男子竹笠、草屨（履）。性情獷悍，今則馴良。在平遠（遠）者，又名"箐苗"。

十七、黑苗在都匀、八寨、丹江、鎮遠(遠)、黎平、清江、古州各府州屬。族(族)類(類)甚衆,習俗各異(異),衣服皆尚黑。男女俱洗[跣]足,陟崗巒,躡荊棘。其捷(捷)面①如猱(猿)猴,性悍好鬭(鬥)。頭插(插)白翎,出入必帶鏢鎗、藥弩、環(環)刀。自雍正十三年勦(剿)後,兇(凶)性已斂。孟春,各寨擇地爲笙塲(場)跳月,不拘老紈[幼]。以竹爲笙,笙長丈餘,能吹歌者吹之,跳舞爲歡(歡)。人死(死),則生所私者以色綿[錦]繫竹杆,挿(插)于墳前,男女拜祭也。

在都匀、八寨、丹江、鎮遠(遠)、黎平、清江、古州等處(處)屬。

---

① "面"疑為衍文。

十八、東苗在貴筑、修文、龍里、清平、清鎮及廣順各府州縣（縣）属，有族（族）無姓。婦人穿花衣，無袖，惟両（兩）幅遮前後，穿細摺［褶］短裙。男子蓄頂髮，短衣背甲。于中秋合寨延鬼（鬼）師以祭祖。及族（族）属亡故者，屠牛陳饌，循序而呼鬼（鬼）之名，曰｛"祭鬼"｝。祭畢，集親族（族）暢飲盡［晝］夜。每孟春獵于山，所獲禽鳥必薦祖。循礼守法，畏官服役也。

在貴筑、修文、龍里、清平、清鎮、廣順等處（處）属。

第五章 布拉格纳普斯特克博物馆"苗图"册页 | 415

西苗有馬謝何羅雷等姓在貴陽平越二府屬新娶必另寢私通孕產乃同室秋收時即合衆寨牛於野延善歌祀日披大寬毡衣腰間週圍細摺帶毡帽穿皮靴遵於前童男女著青衣彩帶百人歌跳吹笙随之歷三晝夜宰屠牛以賽豐年矣名曰祭白虎性情盾實畏法不訟

在貴陽平越二屬

十九、西苗有馬、謝、何、羅、雷等姓，在貴陽、平越二府屬。新娶，必另寢（寢），私通孕產乃同室。秋牧（收）時即合衆寨牛於野，延善歌﹛祝者﹜，祀日披大寬（寬）毡衣，腰間週圍﹛皆﹜細摺［褶］①，帶［戴］毡帽，穿皮靴，遵［導］於前。童男女著青衣、彩帶，百人歌跳，吹笙随之。歷（歷）三晝夜，宰屠牛以賽豐年矣，名曰"祭白虎（虎）"。性情盾［質］實，畏法不訟。

在貴陽、平越二屬。

---

① 哥达本此处写作"披宽大毡衣，腰际皆细摺"，参见本书第193页。李汉林根据乾隆《贵州通志》"各著大氈衣，腰褶如圍"的记载及田野调查认为这其实是一种在腰部起细褶紧围腰间的大毡衣，笔者认同此说。参见李汉林：《百苗图校释》，贵州民族出版社，2001年，第46页。

二十、夭苗在平越府，概多姬姓，性情柔順。婦人工織，膳［善］染。以仲冬朔爲大節。其在陳蒙（蒙）、爛土埧（壩）者，緝木葉爲衣，着短裙。女子年［及］笄，架修竹樓于野外，未婚男子樓下吹笙而誘之成配。人殀（死）不葬，以籐蔓束之樹（樹）間，任風化其尸。

在平越府屬。

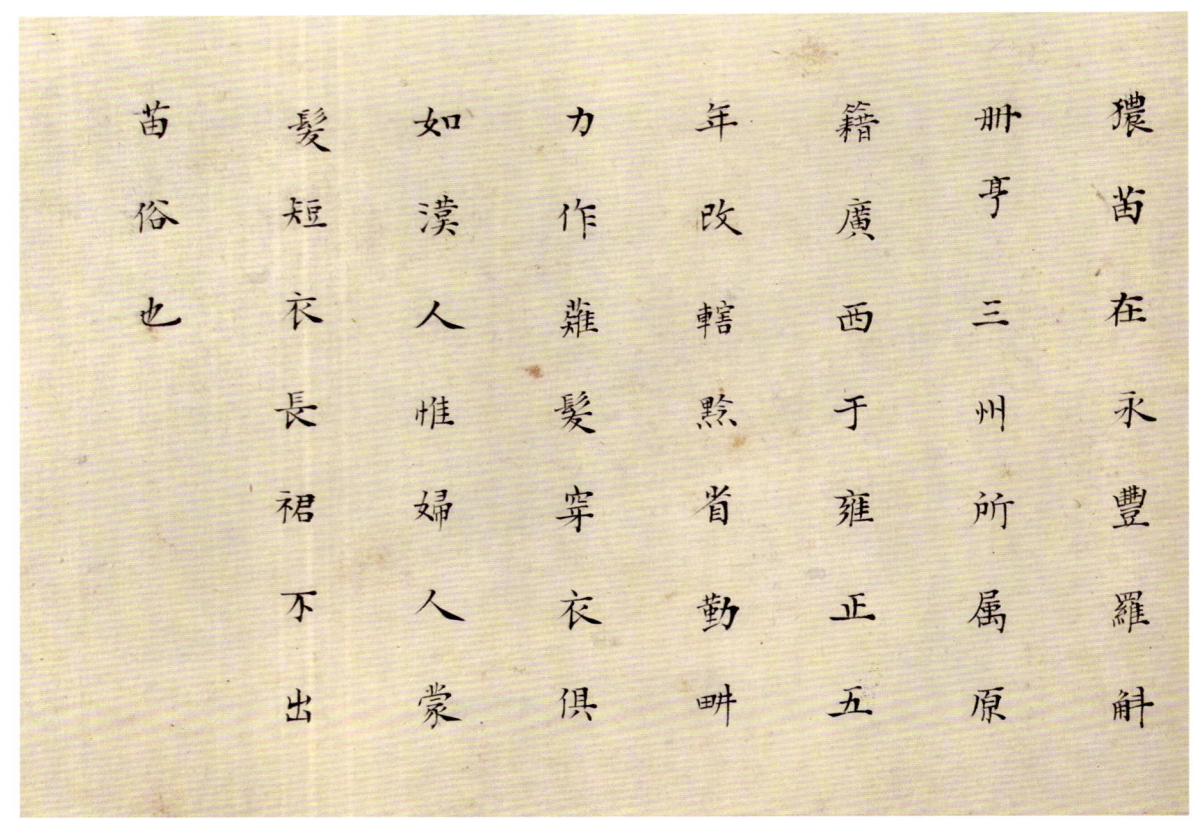

二十一、獽苗在永豐、羅斛、册亨（亨）三州所屬。原籍廣西，于雍正五年改轄黔省。勤畊（耕）力作，薙髮、穿衣俱如漢人。惟婦人蒙（蒙）髮，短衣長裙，不出苗俗也。

二十二、打牙犵狫在黔西、平越、清鎮所屬。女子將（將）嫁，必先鑿（鑿）去門牙二齒，恐（恐）防害夫家，所屬爲鑿（鑿）牙之苗也。其髮梳前披後，取齊眉之意。又名"犵狫"，其種有五，各分黨類（類），不通婚姻（姻）。蓬頭赤足，輕（輕）生。概織毛布，以一幅橫圍腰，膀[旁]無襞續[續]，謂之"桶裙"，男女同製。五種皆如之。

在黔西、平越、清鎮所屬。

第五章 布拉格纳普斯特克博物馆藏"苗图"册页 | 423

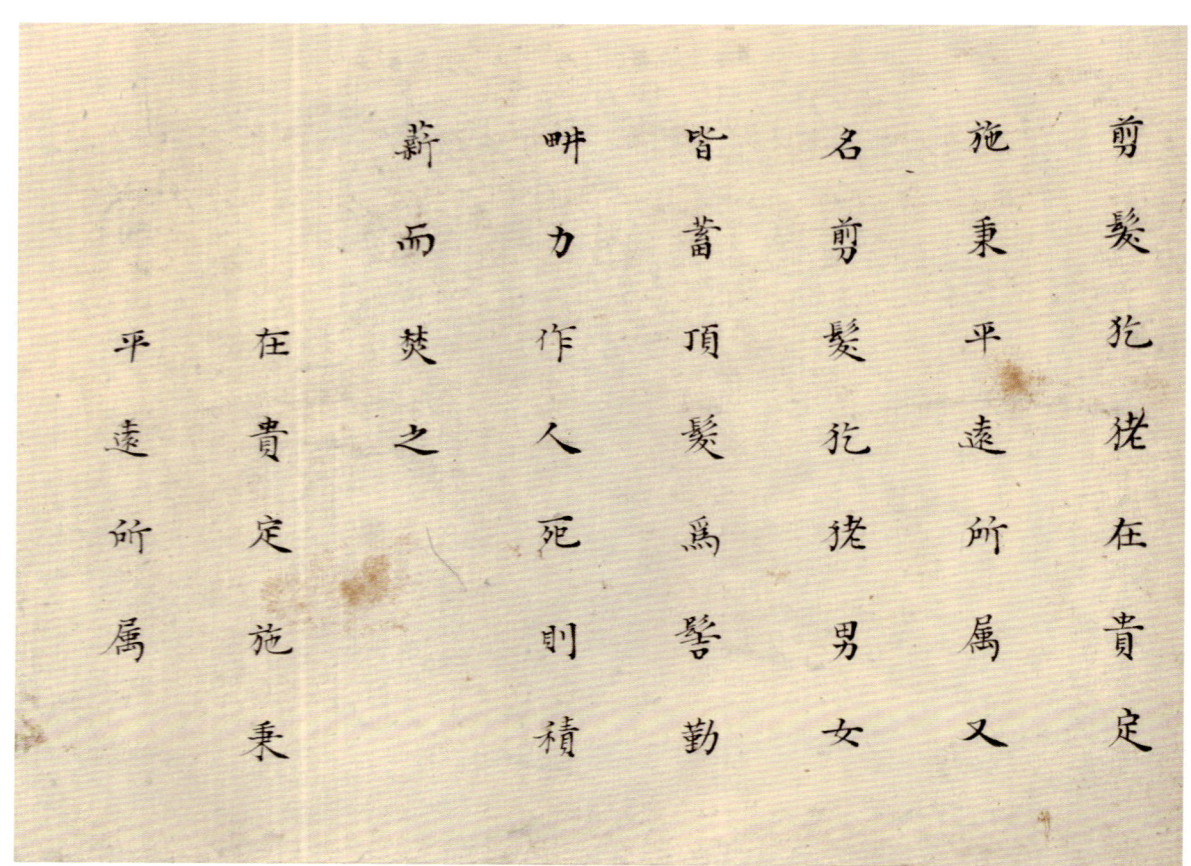

二十三、剪髮犵狫在貴定、施秉、平遠(遠)所屬，又名"剪髮[毛]犵狫"。男女皆蓄頂髮為髻。勤畊(耕)力作。人殁(死)則積薪而焚之。

在貴定、施秉、平遠(遠)所屬。

二十四、猪屎犵狫在石阡、黎平、古州、平逺（遠）、清平各属。身面（面）不洗，其穢（穢）臭不堪，與犬豕共虔（處）。得獸，食咋如狼。① 男子出入必佩刀弩，有仇必報。若獨力不能，則脩（備）牛酒欵[款]代有力者，雖斤肉吃[杯]酒，亦肯捐軀輕（輕）命。或致死（死）者，納牛償之。此苗在清平｛者｝，能通漢語，聽約束也。

在石阡、黎平、古州、平逺（遠）、清平所属。

---

① 此句"咋"与"食"词序颠倒，哥达本作"得禽獸咋食之，若狼"。参见本书第209页。

第五章 布拉格纳普斯特克博物馆藏"苗图"册页 | 427

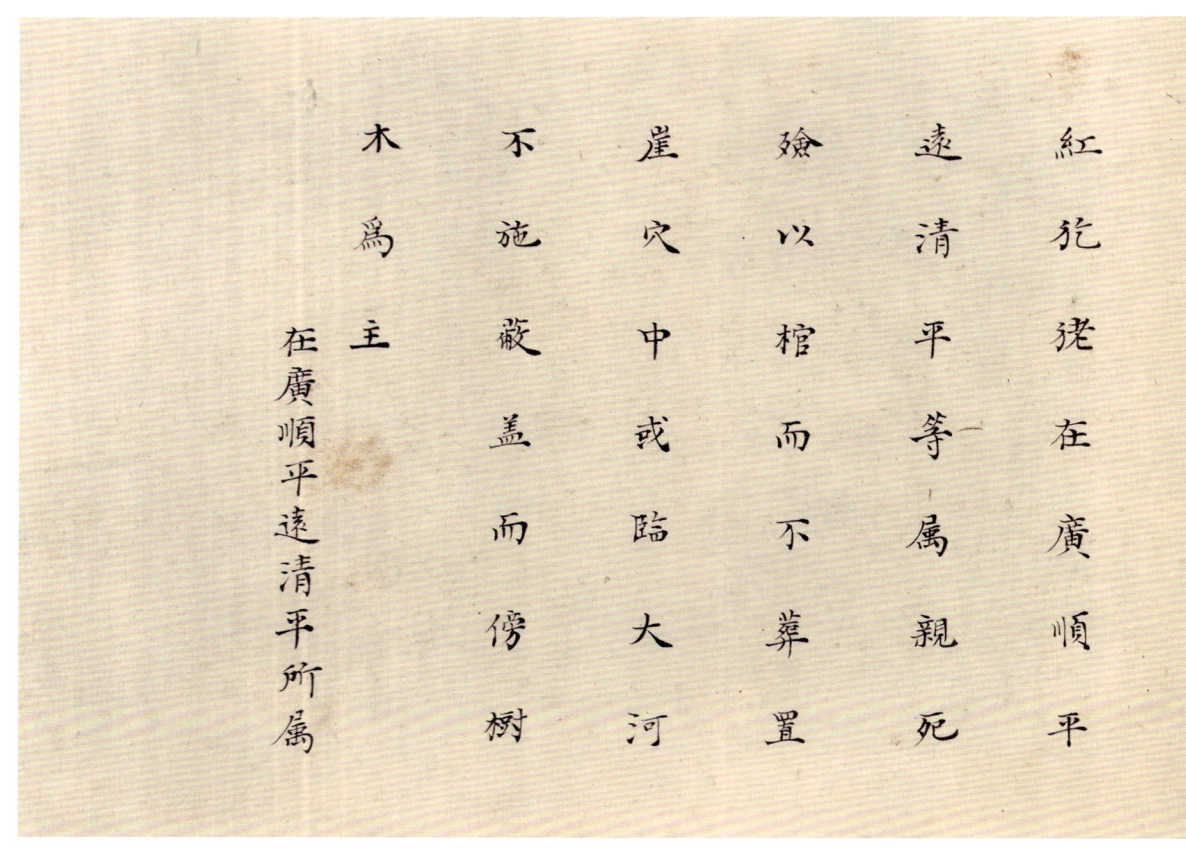

二十五、紅犵狫在廣順、平逺（遠）、清平等属。親死（死），殮以棺而不葬，置崖穴中，或臨（臨）大河。不施蔽盖，而傍樹（樹）木爲主。

在廣順、平逺（遠）、清平所属。

第五章 石拉格纳普斯特克博物馆藏"苗图"册页 | 429

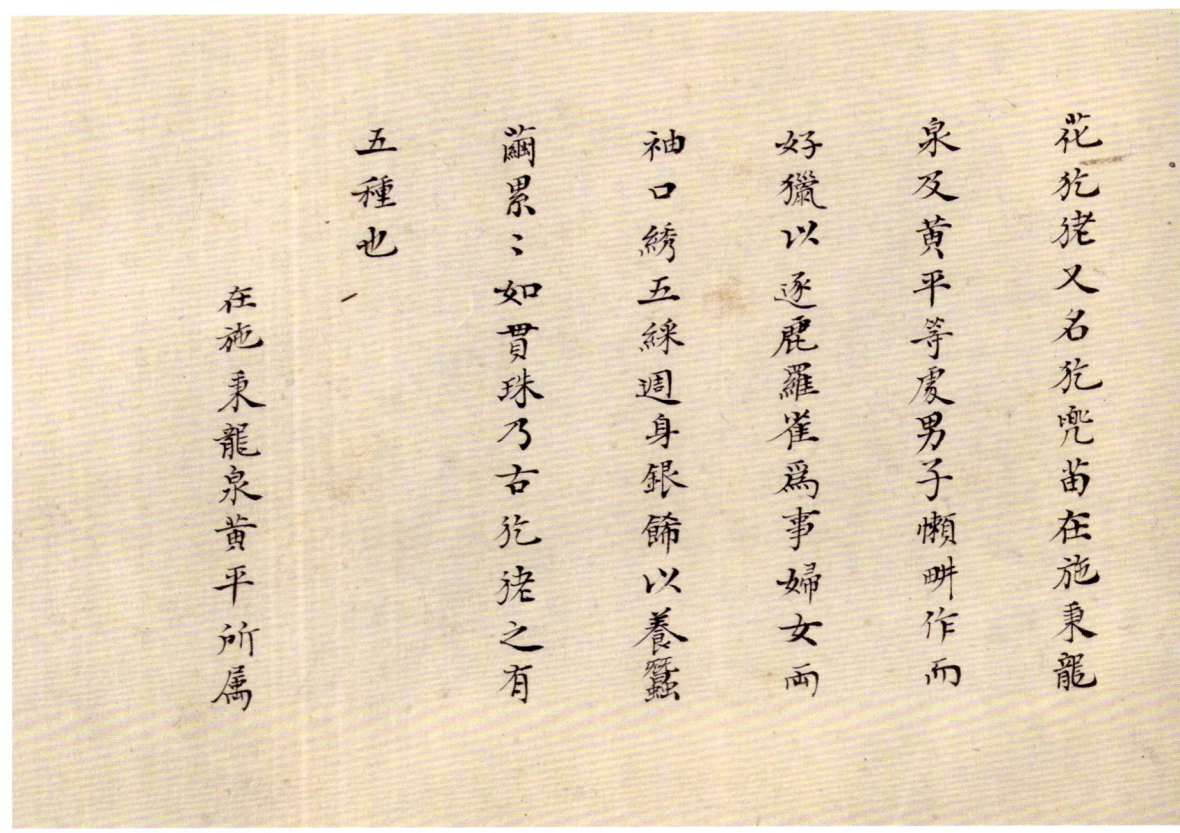

二十六、花犵狫又名"犵兜（兜）苗"，在施秉、龍泉及黃平[1]等處（處）。男子懶咞（耕）作而好獵，以逐鹿羅雀為事。婦女两（兩）袖口綉（繡）五綵（彩），週身銀簛（飾），以養[2]蠶繭累々如貫珠。乃古犵狫之有五種也[3]。

在施秉、龍泉、黃平所属。

---

[1] 刘甲本等在"黄平"前还有"平越"这一地名，师大本、省图本、博乙本与此本相同，亦脱"平越"二字，参见李汉林：《百苗图校释》，贵州民族出版社，2001年，第33页。

[2] "以養"为衍字。

[3] 此句不通，疑原为"古之犵狫乃有五種也"，抄录时词序颠倒所致。

第五章 布拉格纳普斯特克博物馆藏"苗图"册页

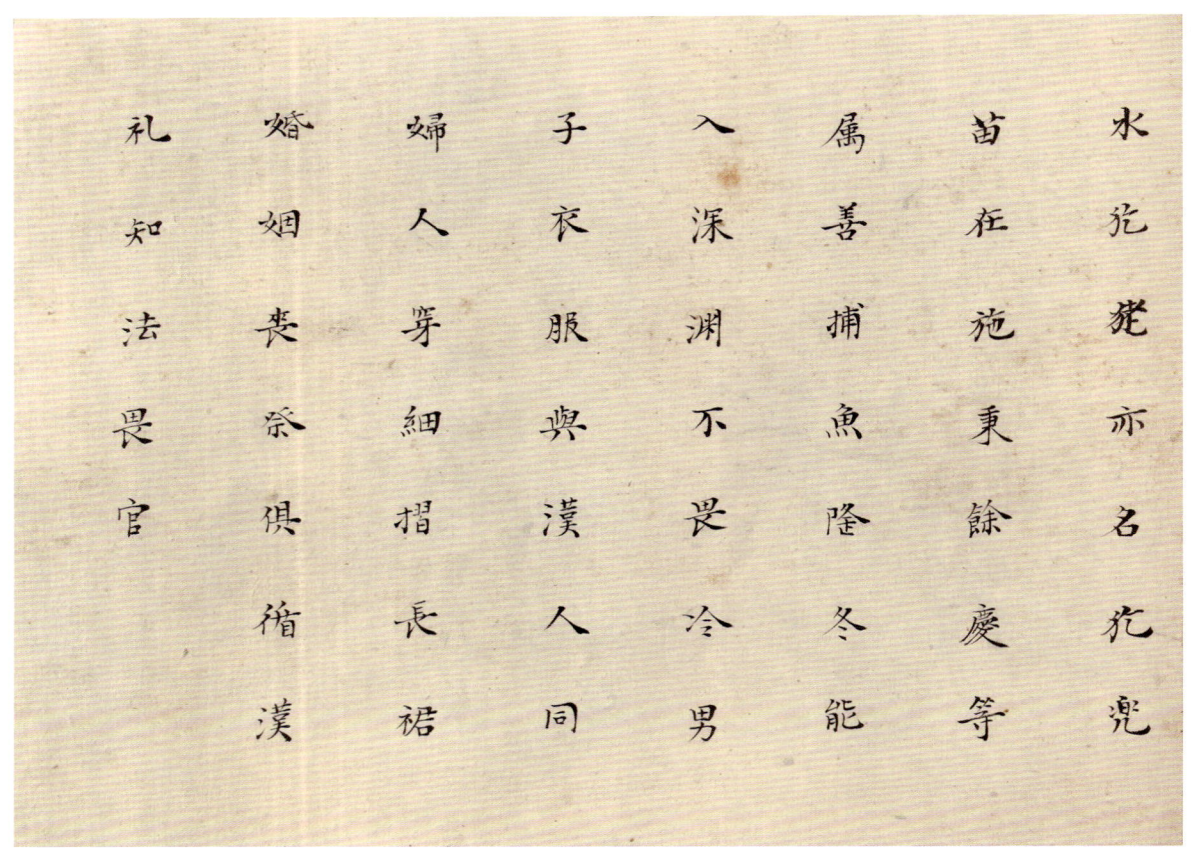

二十七、水犵狫亦名"犵兖（兜）苗"，在施秉、餘慶等属。善捕魚，隆（隆）冬能入深（深）渊，不畏冷。男子衣服與漢人同，婦人穿細摺［褶］長裙。婚姻、丧（喪）祭俱循漢礼。知法畏官。

第五章 布拉格纳普斯特克博物馆藏"苗图"册页 | 433

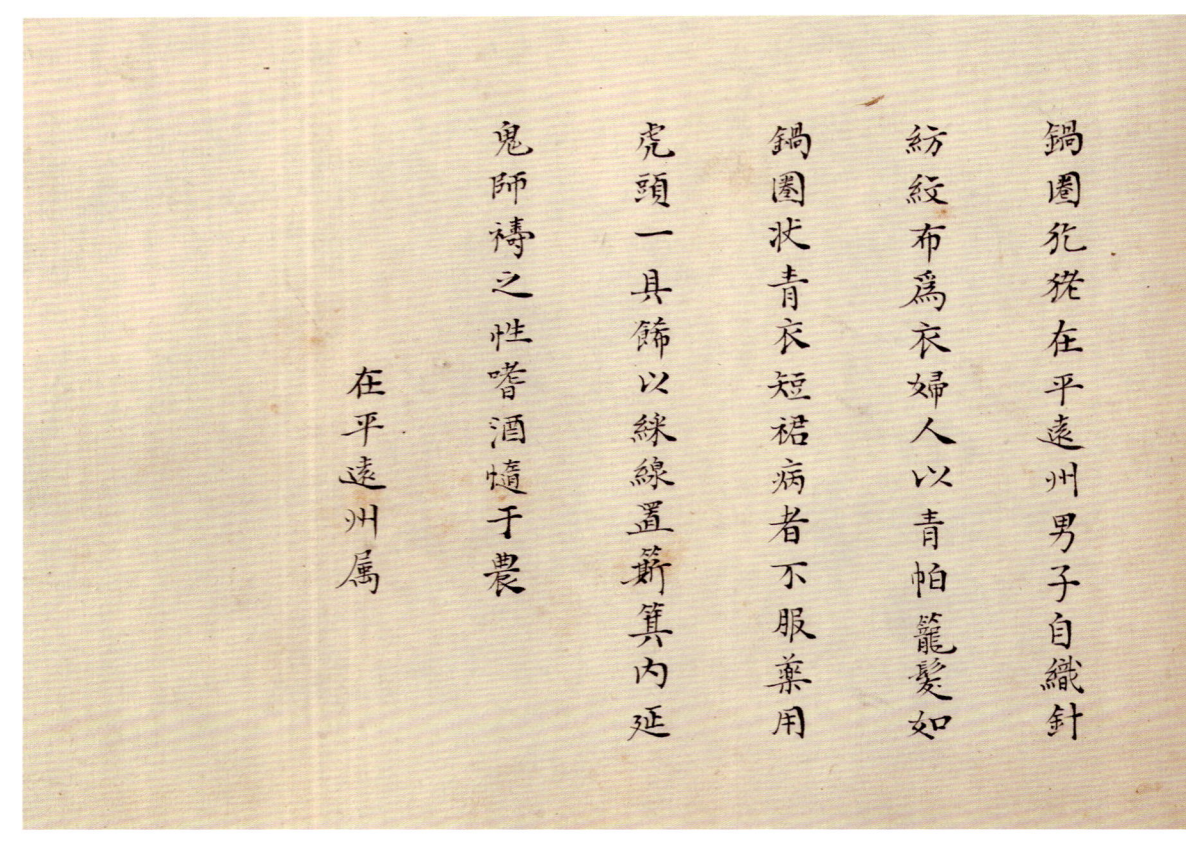

二十八、鍋圈犵狫在平遂（遠）州。男子自織針①紡，{以斜}紋布爲衣。婦人以青帕籠髮，如鍋圈（圈）狀，青衣短裙。病者不服藥（藥），用虎頭一具，篩（飾）以綵（彩）綫，置簊（篩）箕內，延鬼師禱（禱）之。性嗜酒，惰于農。

在平遂（遠）州属。

---

① "針"疑为衍字。

第五章　布拉格纳普斯特克博物馆藏"苗图"册页

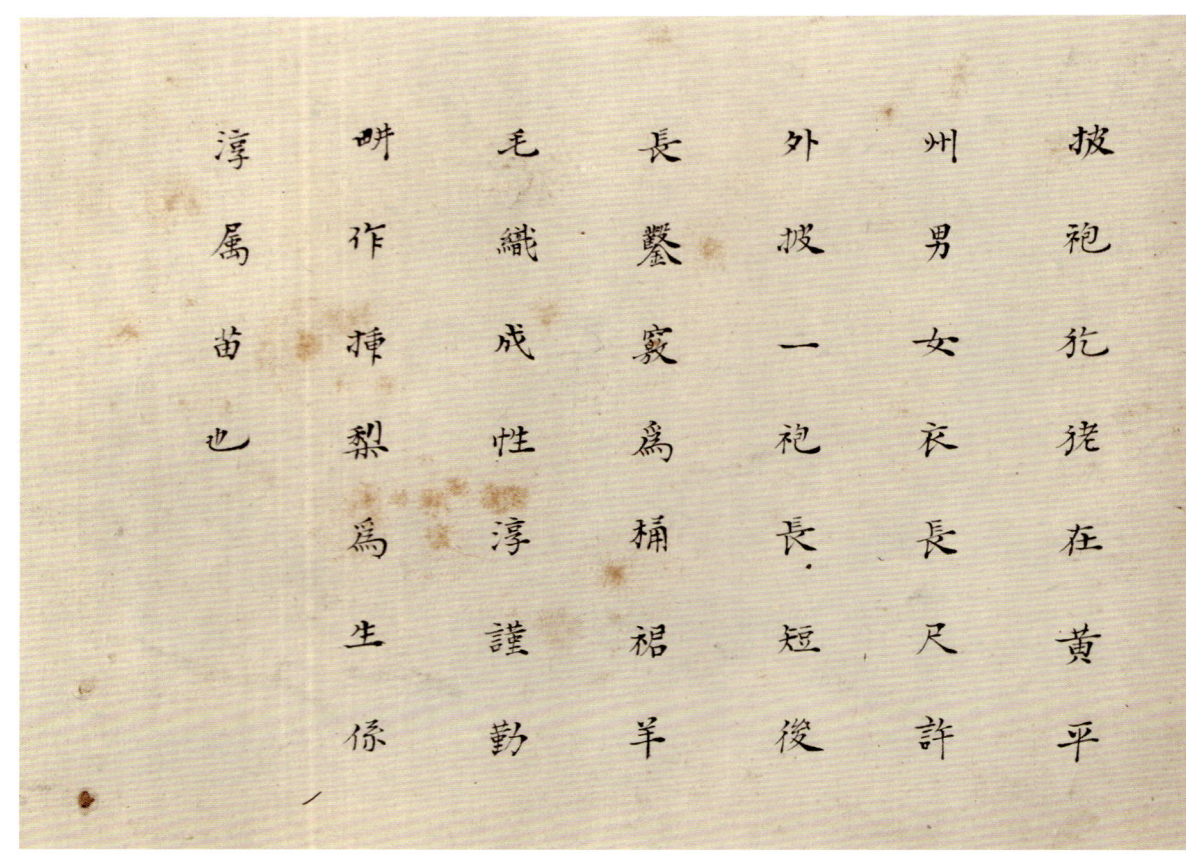

二十九、披袍犵狫在黄平州。男女衣長尺許，外披一袍，長[前]短後長，鏨（鏧）竅爲桶裙，羊毛織成①。性淳謹，勤畊（耕）作，挿（插）梨②爲生，係淳属苗也。

---

① 这两句不通，《汇编》博甲本作"鏧竅爲領窩，裵亦以各色羊毛織成"。参见杨庭硕、潘盛之编著：《百苗图抄本汇编》（上），贵州人民出版社，2004年，第197页。

② 《汇编》博乙本、师大本等亦作"插梨"，博甲本作"打鐵"，傅斯年图书馆《黔苗图说（甲）》作"鑄犁"。后两种与绘画场景更吻合。参见杨庭硕、潘盛之编著：《百苗图抄本汇编》，贵州人民出版社，2004年，第196—199页；刘铮云编：《"中央研究院"历史语言研究所傅斯年图书馆藏未刊稿钞本·史部》（第21册），"中央研究院"历史语言研究所，2015年，第183页。

第五章 布拉格纳普斯特克博物馆"苗图"册页 | 437

三十、犵[狫]狣苗有王、黎、金、文等姓，散居各府縣（縣）。冬則掘地為爐，歷[厯]火卧。以牛羊皮簅（席），無被盖。祭鬼（鬼）用草札[紮]一龍舡（船），上挿（插）五色紙旗，徃（往）郊外祭之。遇時節則歌為歡（歡）。在清平、都勻者，衣服與漢人同。親死（死）有斬哀[衰]而無苴経[經]。長子居喪（喪），七七之內不沐[沐]浴、不踰戶。如長子居貧，不能守，或以長生次子①代之。遵[尊]師敬教，訓綦嚴（嚴），子孫多有入泮者。

① 哥达本及多种其他版本此处作"長孫、次子"，与此本句意不同，参见本书第211页。

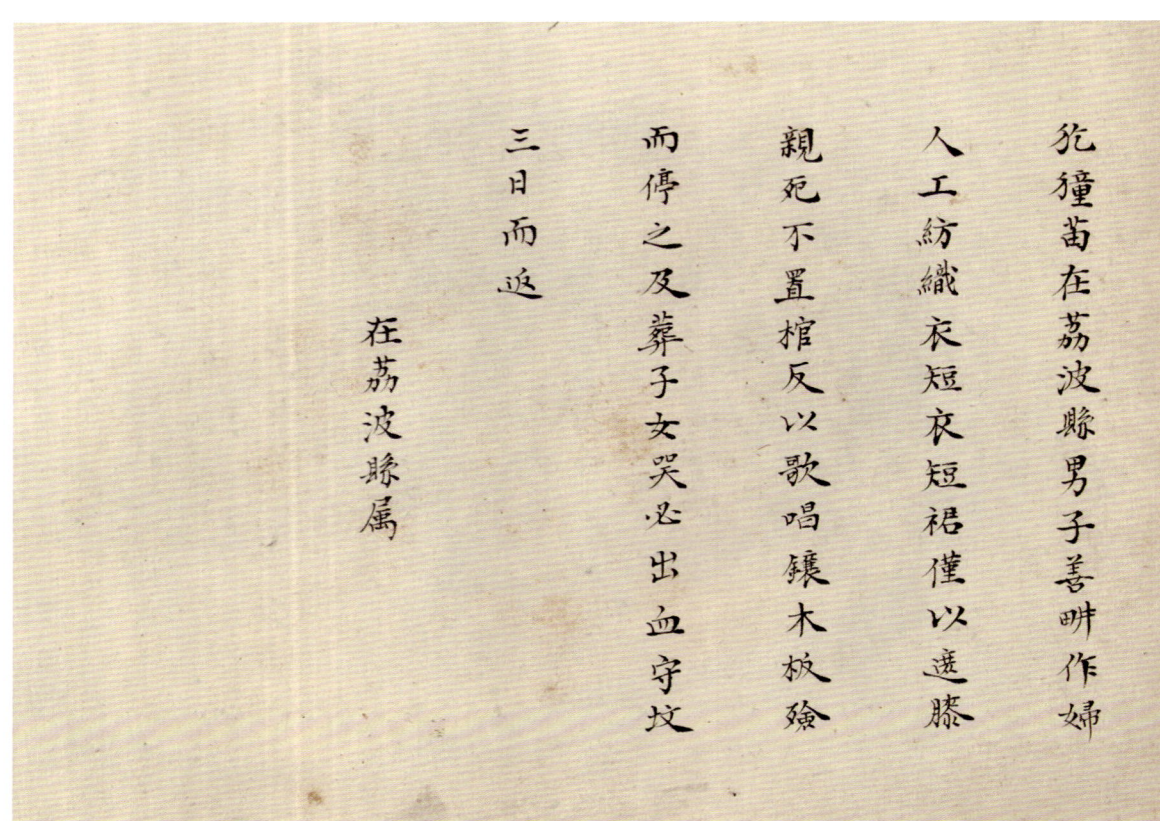

三十一、犵獞苗在荔波縣（縣）。男子善畊（耕）作，婦人工紡織。衣短衣、短裙，僅以遮膝（膝）。親夗（死），不置棺，反以歌唱，鑲（鑲）木板殮而停（停）之。及葬，子女哭必出血，守坟三日而返。

在荔波縣（縣）属。

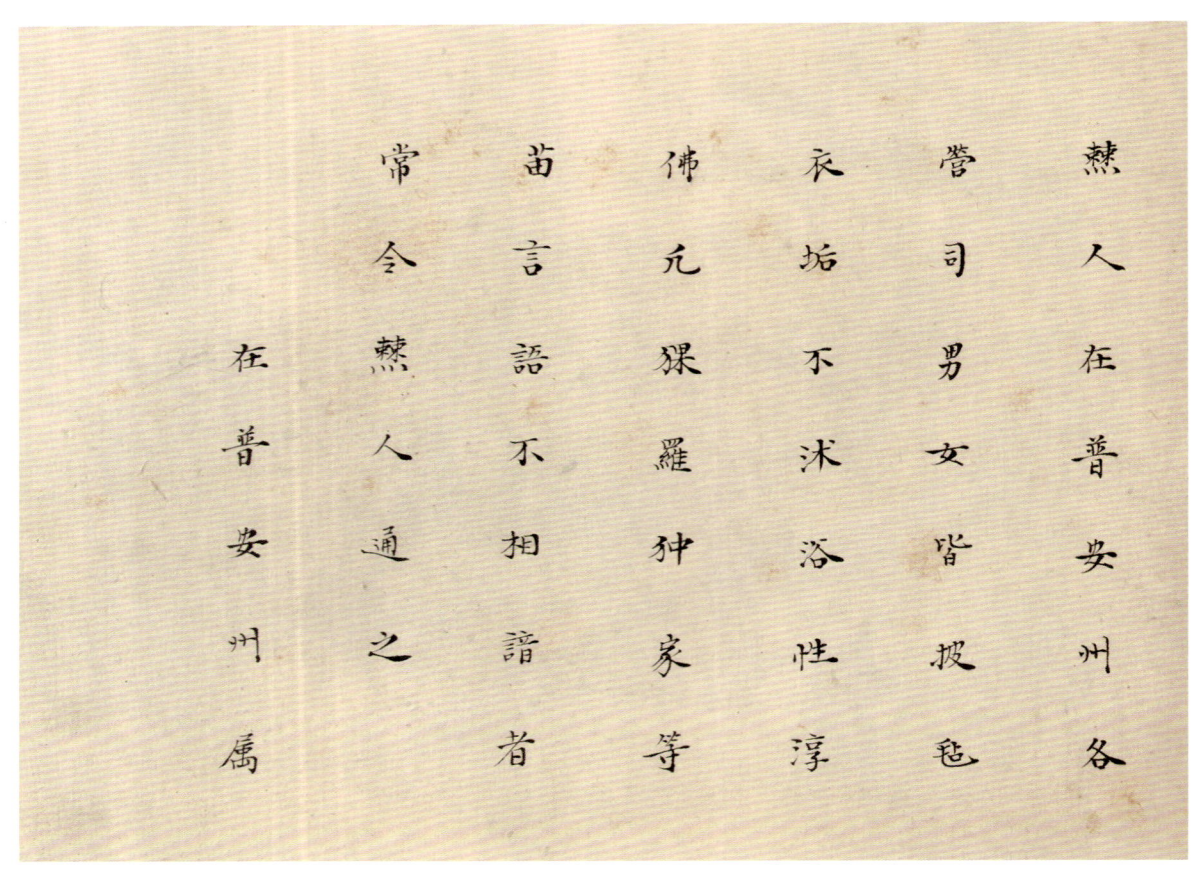

三十二、㷟（僰）人在普安州各营司。男女皆披毡衣，垢不沐[沐]浴。性淳{佞}佛。几（凡）猓羅、犵家等苗言語不相諳者，常令㷟（僰）人通之。

在普安州属。

第五章 布拉格纳普斯特克博物馆"苗图"册页 | 443

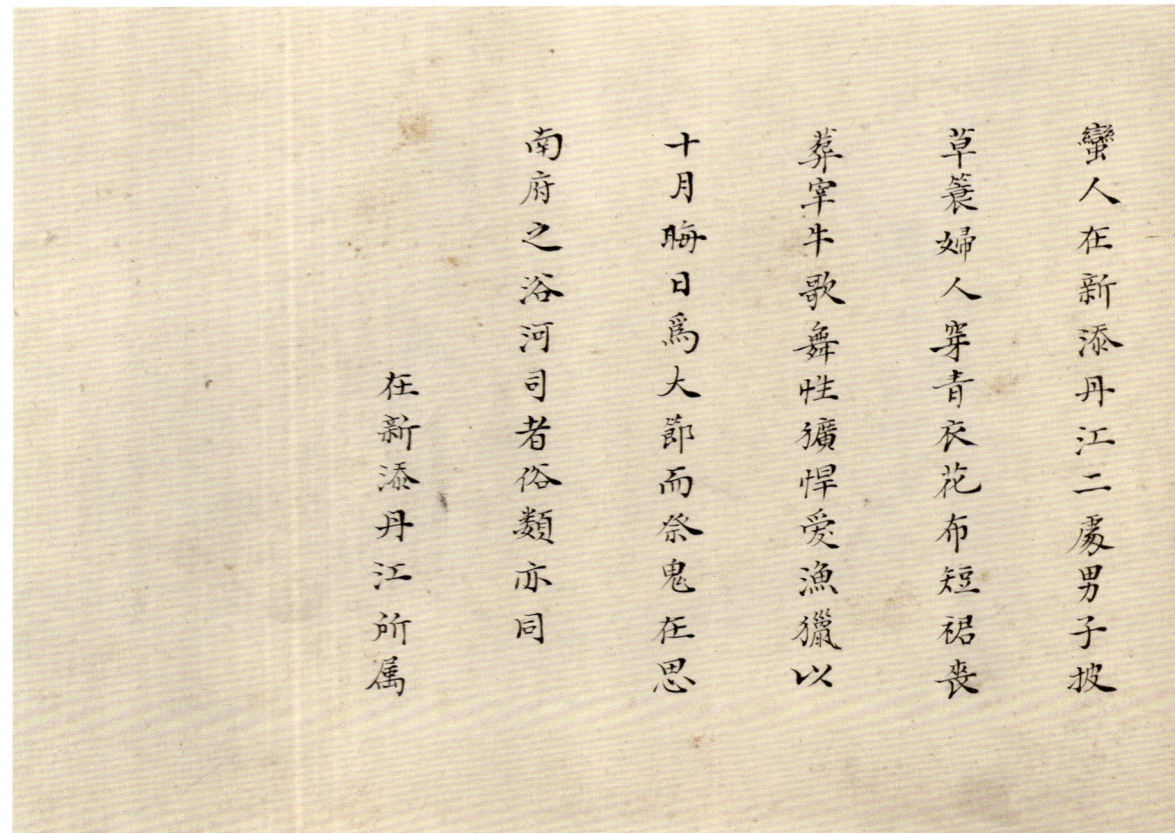

三十三、蠻人在新添、丹江二處（處）。男子披草簑（蓑），婦人穿青衣、花布短裙。喪（喪）葬宰牛、歌舞。性獷悍，愛漁獵。以十月晦日爲大節而祭鬼。在思南府之浴［沿］河司者① 俗類（類）亦同。

在新添、丹江所屬。

---

① 哥达本此处还有"曰'冉家蠻'"一句，其他大部分版本此处均提及"冉家蠻"，参见本书第309页；李汉林：《百苗图校释》，贵州民族出版社，2001年，第249页。

第五章 布拉格纳普斯特克博物馆"苗图"册页

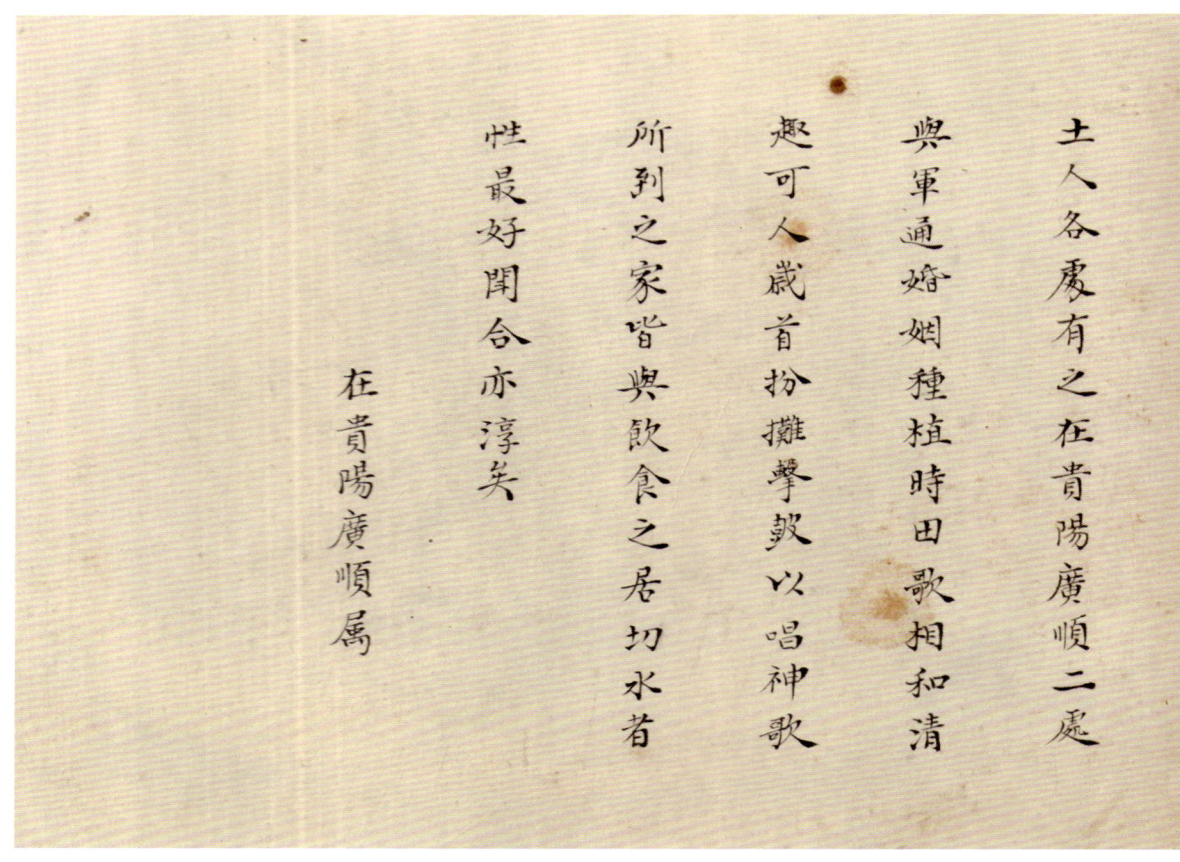

三十四、土人各處（处）有之，在貴陽、廣順二處，與軍①通婚姻。種植時田歌相和，清趣可人。崴（歲）首扮攤［儺］，擊皷（鼓）以唱神歌，所到之家皆與飲食之。居切［卭］水者，性最好閗（鬥），合［今］亦淳矣。

在貴陽、廣順屬。

---

① 哥达本此处写作"漢人"，其他版本还有"漢民""齊民"等写法，参见本书第307页；杨庭硕、潘盛之编著：《百苗图抄本汇编》（上），贵州人民出版社，2004年，第191—192页。

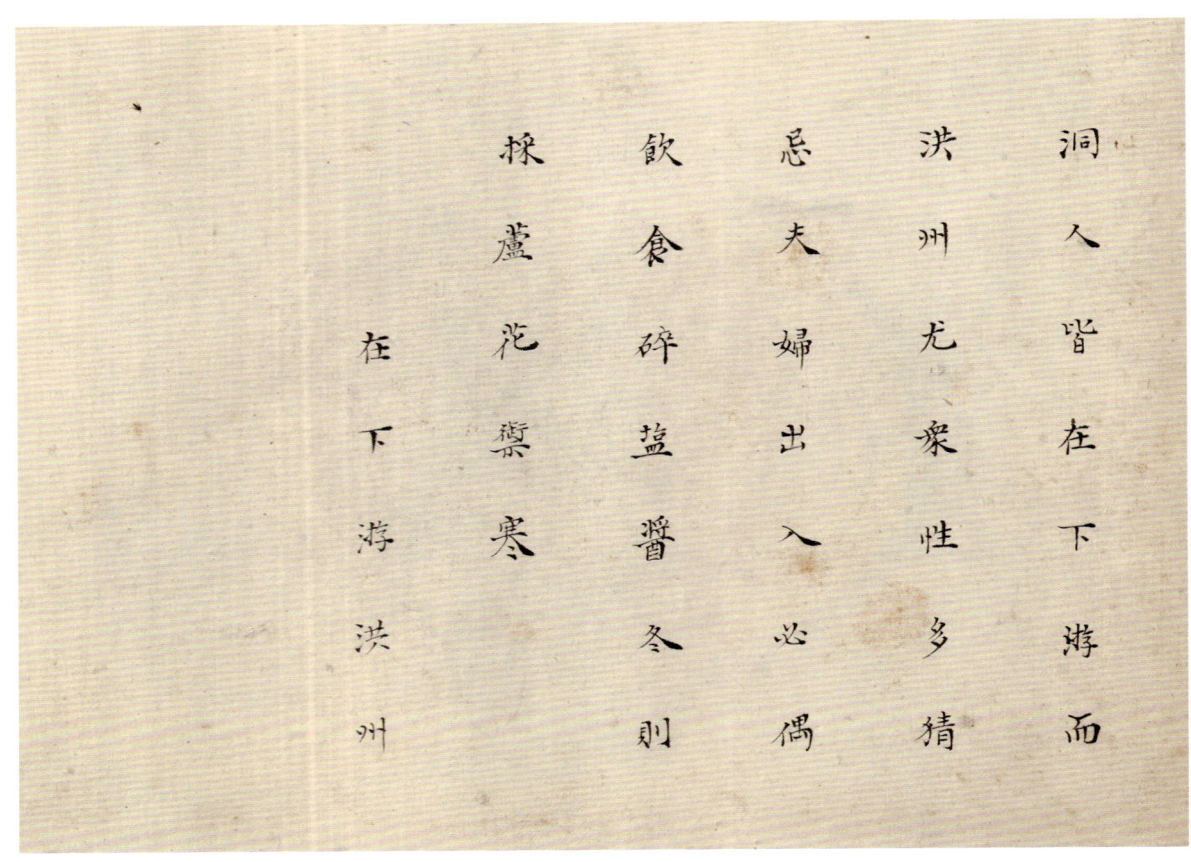

三十五、洞人皆在下游,而洪州尤衆。性多猜忌,夫婦出入必偶。飲食碎塩(鹽)醬(醬)。冬則採蘆花禦(禦)寒。

在下游洪州。

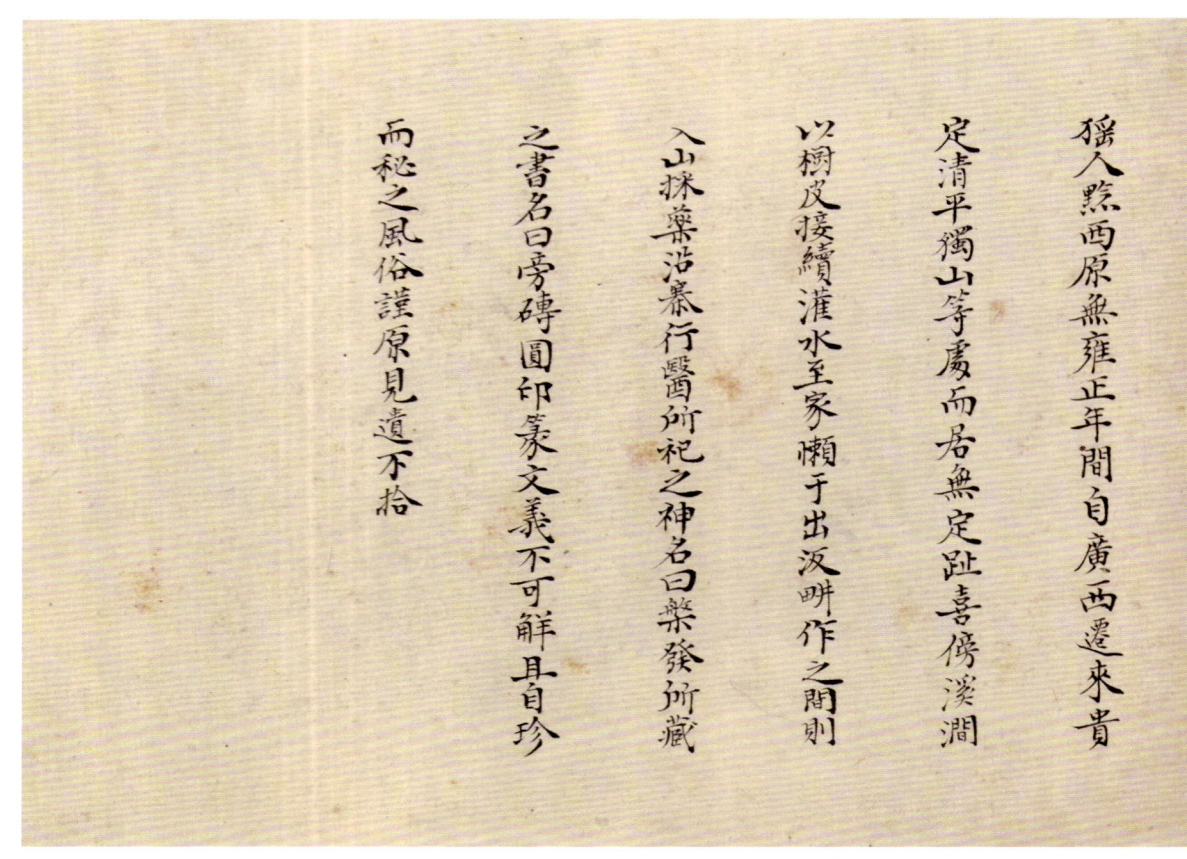

三十六、猺人黔西原無，雍正年間自廣西遷來貴定、清平、獨山等處（處），而居無定趾[址]。喜傍溪澗，以樹（樹）皮接續灌[澗]水至家，懶于出汲[汲]。畊（耕）作之間則入山採藥，沿寨行醫。所祀之神名曰"槃（盤）發[瓠]"，所藏之書名曰《旁[榜]磚[簿]》，圓印篆文，義不可解（解），且自珍而秘之。風俗謹原[厚]，見遺不拾。

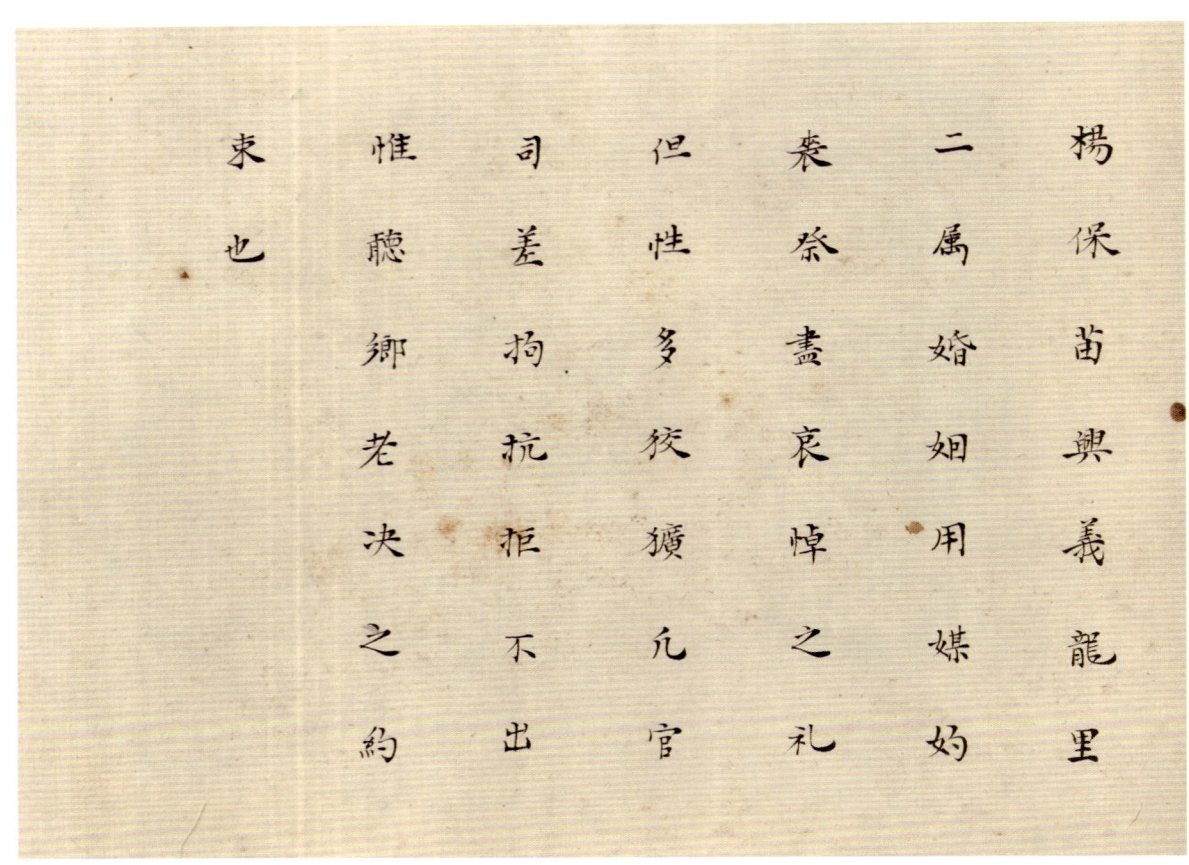

三十七、楊保苗興義[①]、龍里二属。婚姻（姻）用媒妁，丧（喪）祭盡哀悼之礼。但性多狡獷，九（凡）官司差拘，抗拒不出，惟聽鄉老決之約束也。

---

① 此处绝大多数版本作"遵義"，"興"疑为讹误。参见本书第92、315页；李汉林：《百苗图校释》，贵州民族出版社，2001年，第271页。

三十八、狑獞苗在都匀、黎平、石阡及施秉、龍里、餘慶、龍泉府縣（縣）有之。有楊、張①、石、歐等姓。男子計口而畊（耕），女子度身而織。緞[暇]則澳（漁）獵爲事。婚丧（喪）撑（牽）犬以饋。所居荆壁不塗，門戶不肩，出入以{泥}封之。

---

① 哥达本及其他多本在"張"前还有一个"龍"字，此本可能脱"龍"字。参见本书第225页。

第五章 布拉格纳普斯特克博物馆藏"苗图"册页 | 455

三十九、九股苗在興隆（隆）、凱里，乃黑苗同類（類）也。此種因五［武］侯征勷（剿）之餘，僅存九人，遂稱"九股苗"。散虜（處）蔓延，地廣族（族）繁。性多强，出入長［常］代［帶］慓［標］桿，代［戴］鉄（鐵）盔，前有護面，後有遮肩。身披鉄（鐵）甲及臍（臍）下，鉄（鐵）練［鏈］圍身，鉄（鐵）皮纏腿。健（健）者左手持木牌，右手持慓［標］，喞（銜）利刄（刃），切［行］走如飛。携代［帶］强弓硬弩，名曰"偏架"，三人共弓一張①，矢發（發）無有不貫。自雍正十年勷（剿）撫，搜繳甲兵，建城而安汎［汛］焉。

在凱里所屬。

---

① 词序颠倒，应为"三人共张一弓"。

四十、八番苗在定番州。男女衣服與漢人{同}。其俗女勤{男}逸,日出而畊(耕),日入而織。獲蹈[稻]和稭儲之。刳木,臨(臨)流作臼,自推而舂之。凡宴會擊長腰{鼓}爲歡(歡)。以十月晦日爲大節。親歿(死),葬而擇期①,夜靜而出,謂曰:"不使吾親知之。"

在定番州屬。

---

① 此处与大多数版本相反,他本常作"葬不擇期",柏林本、哥达本均作"葬不擇日",参见李汉林:《百苗图校释》,贵州民族出版社,2001年,第140页;本书第90、229页。

四十一、紫姜苗在黃平、清平、丹江等處,與獨山州之九名苗同類(類)。其性輕(輕)生好鬥(鬥),如遇仇人,輒(輒)生啖其肉。以十一月朔{爲}大節,是日則閉門不出,犯者以爲不祥。在平越府者,多出入行伍,大力善戰(戰),及讀書應考,見之多有不識爲苗者。

在黃平、清平、丹江所屬。

四十二、谷蘭苗在定番有之。性慓悍,善擊刺,出入攜代[帶]利刀、鏢弩。諸苗皆謂[畏]之。令[今]亦男畊(耕)女織。其布精細,相傳欲作汗衣褲,涓[須]得谷藺布。婚姻亦用媒妁。

在定番州属。

四十三、陽洞羅漢苗在黎平府属。男子畊（耕）作、貿易，女人鬠（鬢）髮散綰，揷（插）木梳于額，富｛者｝以金銀連環（環）作耳墜。衣短而繫䕺（雙）帶結于背，曾（胸）前刺綉（繡）一方，以銀器篩（飾）之。長裙短褲[①]，或長裙無褲。能養蠶織錦。其髮數日必沃之。勤而愛潔淨，此苗蠻之中難得者也。

在黎平府属。

---

① 他本此处多作"長褲短裙"，参见杨庭硕、潘盛之编著：《百苗图抄本汇编》（下），贵州人民出版社，2004年，第289页。

第五章 布拉格纳普斯特克博物馆藏"苗图"册页 | 465

四十四、克孟捛[牿]羊苗在廣順州之金筑。擇懸崖鑿（鑿）竅而居，高（高）者百仭（仞），構竹梯上下。畊（耕）作不用牛，用鉄（鐵）縛代梨[犁]，櫌而不芸[耘]。男女躧笙而偶，生子免懷（懷）後始歸（歸）財礼。親死（死）不哭，反笑舞浩歌，謂之"閙死（鬥死）[1]"。次年聞杜鵑鳥聲，則辛（舉）家號哭，曰："鳥猶時至，親不復末（來）矣。"

在廣順州屬。

---

[1] 此处他本一般作"閙尸"，参见杨庭硕、潘盛之编著：《百苗图抄本汇编》（下），贵州人民出版社，2004年，第297页。

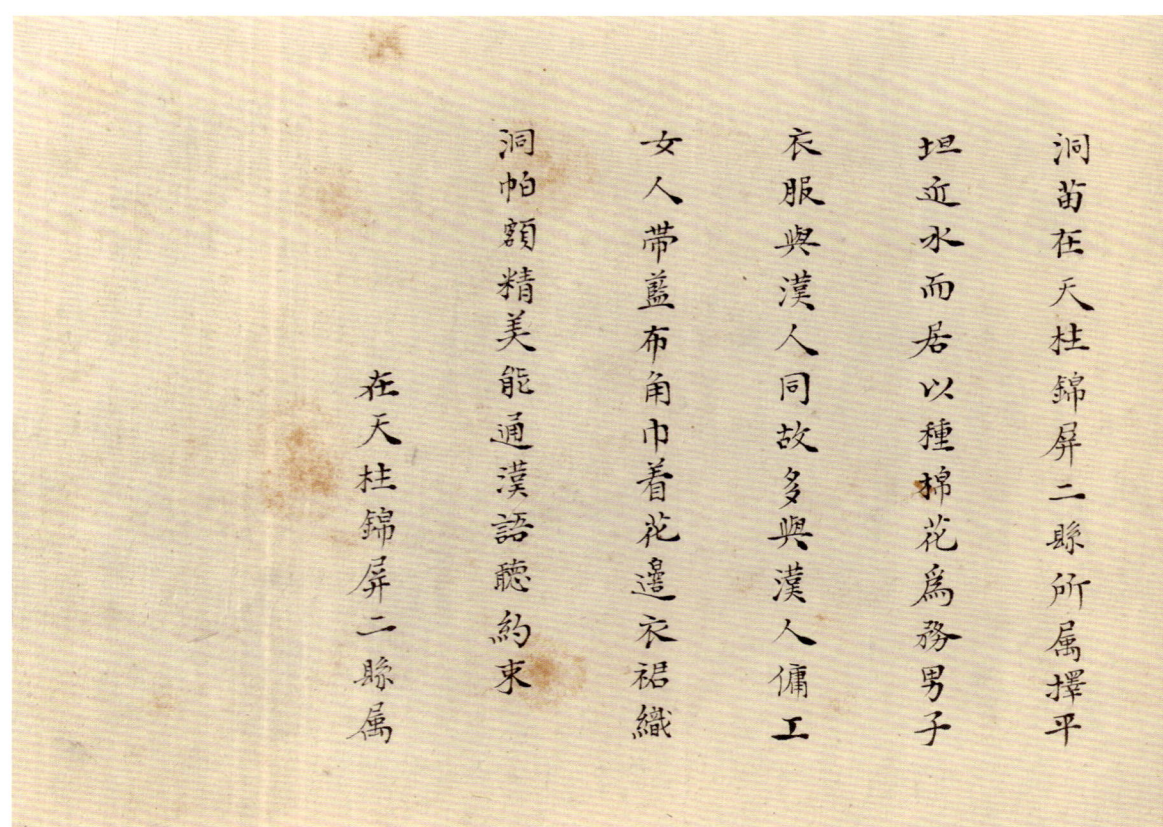

四十五、洞苗在天柱、錦屏二縣（縣）所屬。擇平坦近水｛處｝而居，以種棉花爲務。男子衣服與漢人同，故多與漢人傭工。女人帶［戴］藍布角巾，着花邊（邊）衣裙，織洞帕，額［頗］精美。能通漢語，聽約束。

在天柱、錦屏二縣（縣）属。

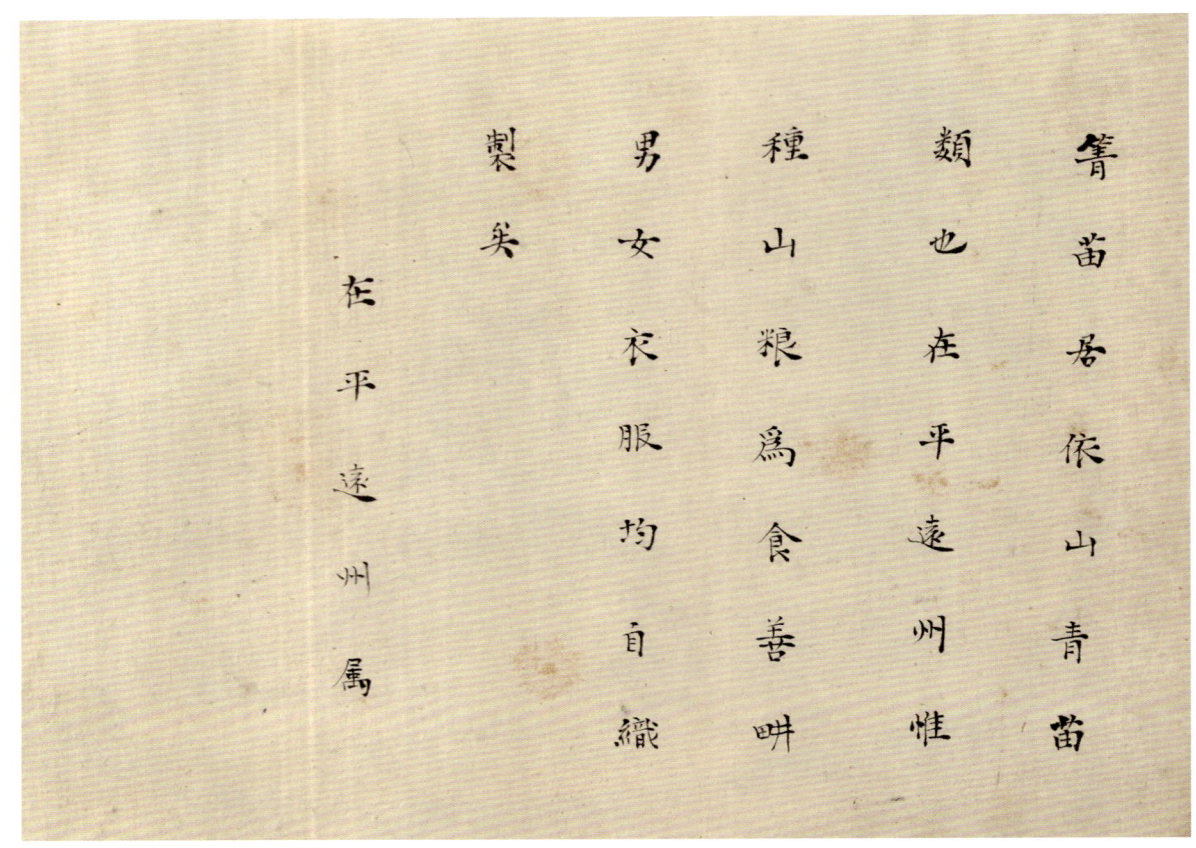

四十六、箐苗居依山，青苗類（类）也，在平逺（远）州。惟種山粮爲食，善畊（耕）①。男女衣服均自織製矣。

在平逺（远）州属。

---

① 哥达本此处完全相反，写作"不善畊"，大部分其他版本与哥达本相同，此本可能脱"不"字。参见本书第265页；李汉林：《百苗图校释》，贵州民族出版社，2001年，第31页。

第五章 布拉格纳普斯特克博物馆藏"苗图"册页 | 471

四十七、狇家苗在荔波縣（縣）。于十月晦日祭鬼（鬼）爲節。男女均以藍花帕蒙（蒙）首，未婚者其帕稍長。每仲冬，未婚男女相聚歌舞，所歡（歡）者約而奔之，及生子後方歸（歸）母家，名曰"回親"，始用媒而過（過）聘焉。

在荔波縣属。

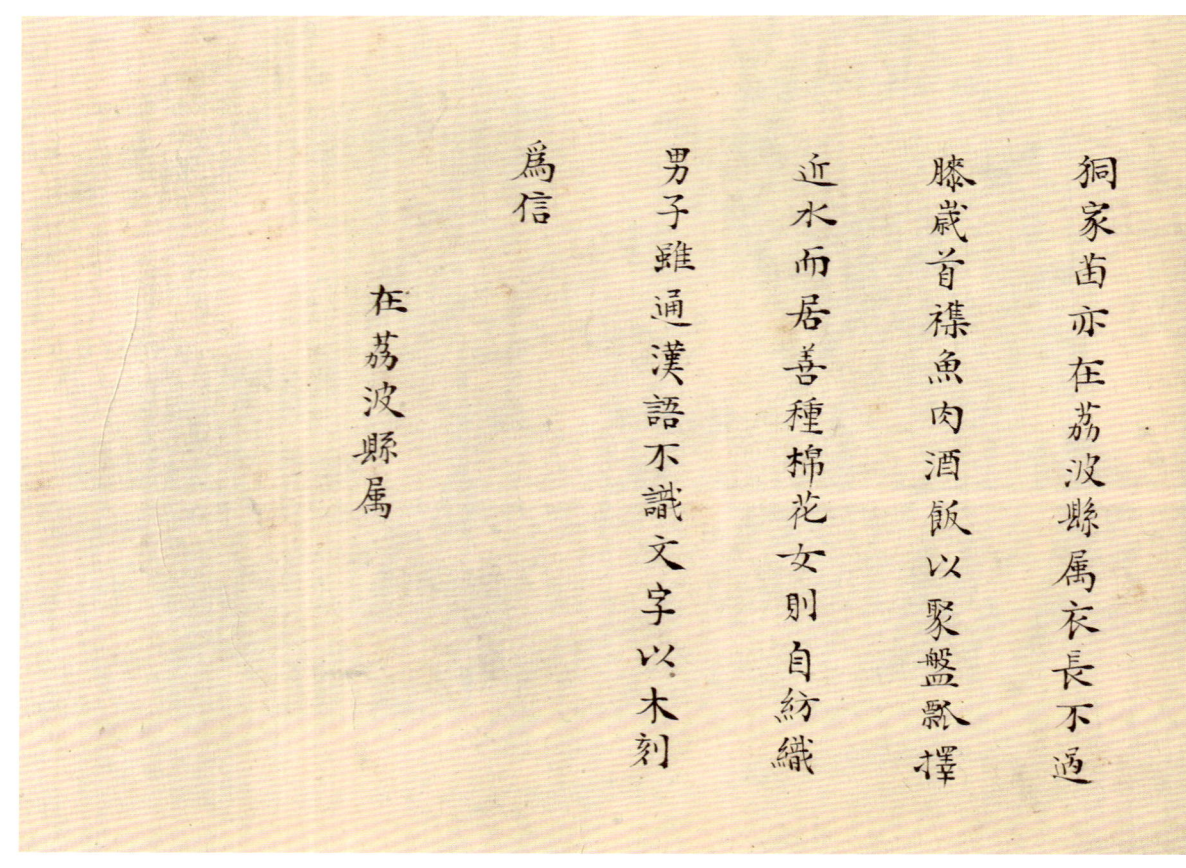

四十八、狪家苗亦在荔波縣（縣）属。衣長不過（過）膝（膝）。歳（歲）首，襍（雜）魚肉酒飯以聚［祭］盤瓢［瓠］。擇近水而居，善種棉花。女則自紡織。男子雖通漢語，不識文字，以木刻爲信。

在荔波縣（縣）属。

第五章 布拉格纳普斯特克博物馆藏"苗图"册页 | 475

四十九、水家苗在荔波縣（縣）。雍正十年由廣西而轄于黔之都勻府。男子溴（漁）獵，婦人紡織，故有"水家布"之名。穿桶裙、短衣，四圍俱以花布綴之。每歲（歲）首，男女成群，連袂歌舞。相歡（歡）者遂婚，而男女媾之焉。

在荔波縣（縣）屬。

五十、六额子在大定、威宁（寧）二属，有黑白二种。结尖顶髻。妇女衣长无裙。亲死（死）时，葬亦用棺。暮年后，卜吉，延亲族（族）至墓前，以牲酒致祭。发（發）墓开棺，取枯骨刷洗，以白为度，用布裹（裏）骨，复埋。过一二年，仍取骨而洗，々七次为止。遇家人有病，则曰"先祖之骨不洁净也"，仍取而再洗，所谓"洗骨苗"是也。今禁诫后，此俗渐止。

在大定、威宁（寧）所属。

第五章 布拉格纳普斯特克博物馆"苗图"册页 | 479

五十一、白額子係永豐、羅斛属之。男子梳尖頂髻，如螺螄。男子衣短，女人衣長，不穿裙。其俗與六額子同類（類）[①]，病者祝鬼而不洗骨也。

在永豐、羅斛所属。

[①] "其俗"或"類"疑为衍字。

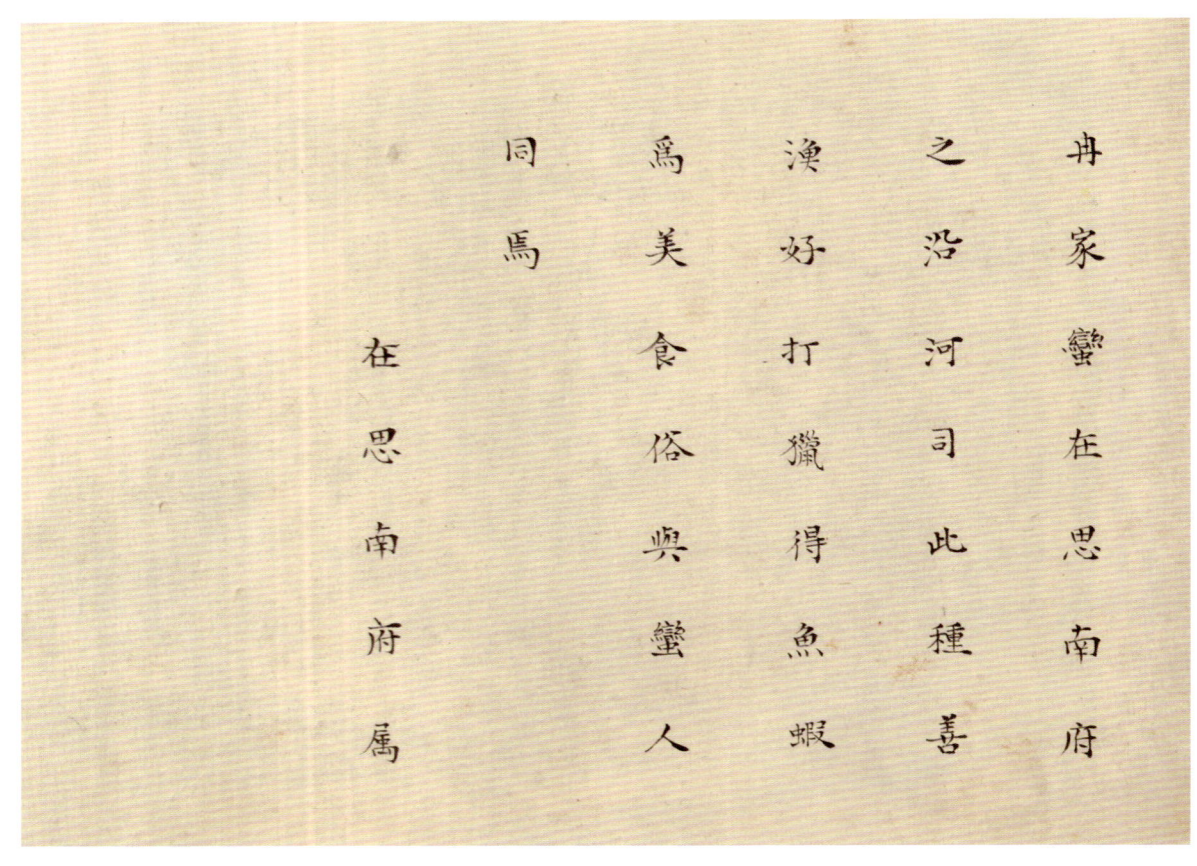

五十二、冉家蠻在思南府之沿河司。此種善潎（漁），好打獵。得魚蝦爲美食。俗與蠻人同焉。

在思南府屬。

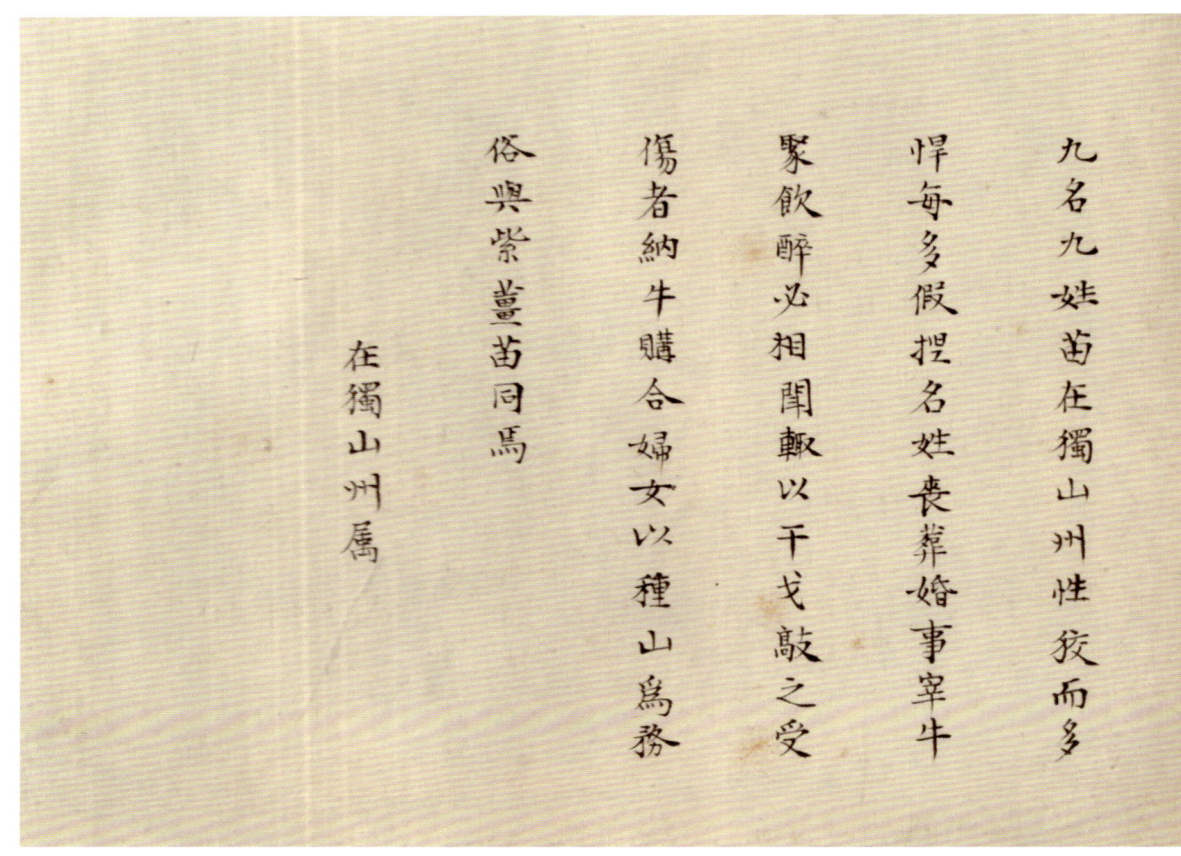

五十三、九名九姓苗在獨山州。性狡而多悍，每多假揑（捏）名姓。丧（喪）葬婚事宰牛聚飲，醉必相閗（鬥），輙（輒）以干戈敲之，受傷者納牛購合[①]。婦女以種山爲務，俗與紫薑苗同焉。

在獨山州属。

[①] 此处他本一般作"講和"。参见李汉林：《百苗图校释》，贵州民族出版社，2001年，第51—52页。

第五章　布拉格纳普斯特克博物馆藏"苗图"册页 | 485

五十四、爺頭苗在下游,古州有之,與洞崽類(類)相同,皆黑苗也。性喜閗(鬥),畊(耕)不用牛,以鉄(鐵)梨[犁],人爲之。以冬月朔為大節。婦人編髮爲髻,近多圈以䉲(飾),銀絲(絲)冠子綰之,以長簪(簪)琵琶[1]。或雙(雙)環(環)耳墜,頂[項]圈数圍。穿衣係短的,以五色錦鑲邉(鑲邊)袖。姑之女必適舅之子爲室。聘礼本不能措,則取償于子孫。倘外氏無相當子弟,抑或無子,姑有女,必重賂于舅,謂之"外甥錢",姑女方許另配。若無錢賄賂于舅者,姑之女終身別敢嫁也。

在古州所属。

---

[1] 此句不通,圖咏本作"婦女編髮爲髻,圈以銀絲,戴扇樣冠,綰以長琵琶簪"。參見李汉林:《百苗图校释》,贵州民族出版社,2001年,第92页。

第五章　布拉格纳普斯特克博物馆藏"苗图"册页

五十五、洞崽苗亦在古州。以同群同類（類）分爲二寨，居住大寨者，名"爺頭"；之居小者，名"洞崽"，每聽爺頭使喚。婚姻各分寨類（類），若小寨私大寨結婚，謂之"犯上"。大寨知之，則聚党類（類），盡（盡）奪其產，或致傷命。其善舟楫。

在古州所屬。

五十六、八寨黑苗在都匀府属。性獷悍。女子以色布鑲（鑲）衣紬［袖］，胸前錦綉（繡）一方護之，謂之"遮肚"。各寨均造一房，名曰"馬郎房"，晚未（來）未婚之｛男｝女相聚其所。歡（歡）悦者以牛酒致聘，出嫁三日即歸（歸）母家。或一年半載，外氏向婚｛者｝索頭錢，倘婿無力措兩，或不與，則将（將）女改嫁。有婿、女皆殀（死）者，則向其子索，謂之"鬼頭錢"也。

在都匀府属。

第五章　布拉格纳普斯特克博物馆藏"苗图"册页 | 491

五十七、清江黑苗男子以布束髮，項代[戴]銀圈，大環（環）耳墜，寬（寬）褲子。男女皆洗[跣]足。廣種樹（樹）木，與漢人通商[商]徃（往）來，稱曰"同年"。爱穿戲（戲）箱錦袍，漢人多買舊袍賣之，以獲倍利。未婚男子称曰"羅漢"，女子稱曰"老倍"。春日晴和，携酒食于高（高）崗，男歌女相和。情悦者以牛酒，係[以]牛角飲之，而苟合。男子生子時乃曰"有後人"，方事畊（耕）作也。

在清江所屬。

五十八、楼居黑苗在八寨、丹江有之。男子畊（耕）種，情剛而憨。婦人以羊角{爲}髻。爱居楼。人夘（死），殮而停（停）之。以二十年期，合寨共卜吉{日}，以百官［棺］同葬。公建祖詞［祠］，名曰"鬼堂"。其地什物毫（毫）不敢{犯}，以爲不祥。性最{喜}鬼（鬼），而爱養蓄［畜］。人居楼上，而蓄［畜］養楼下也。

第五章 布拉格纳普斯特克博物馆藏"苗图"册页 | 495

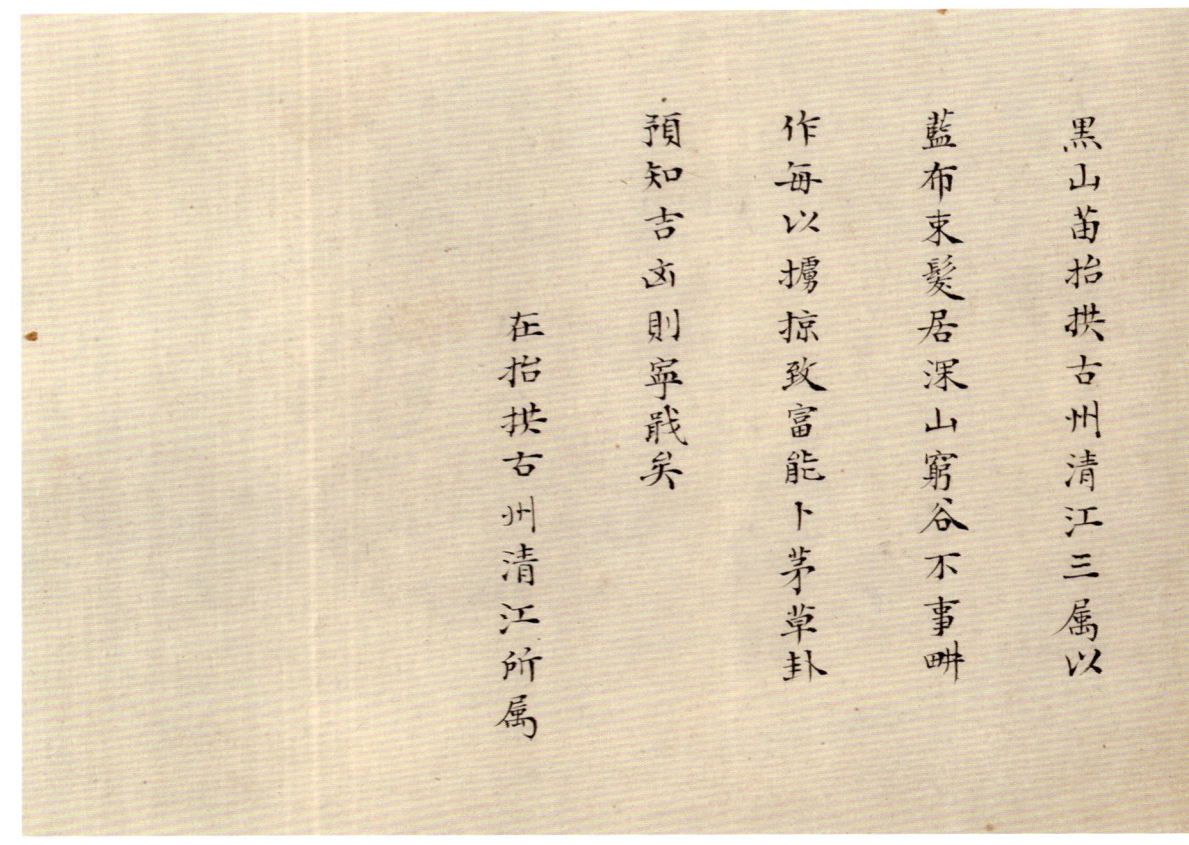

五十九、黑山苗，抬［台］拱、古州、清江三属。以蓝布束髮，居深（深）山穷谷。不事畊（耕）作，每以攄掠致富。能卜茅草卦，预知吉凶（凶）。｛近｝则宁（宁）戢矣。

在抬［台］拱、古州、清江所属。

第五章　布拉格纳普斯特克博物馆藏"苗图"册页

六十、黑生苗在清江所屬。性情兇（凶）惡（惡），訪富戶所居，則納連惡（惡）黨，執火長鏢，持刀而劫之。自雍正十三年改服，今亦守法也。

在清江所屬。

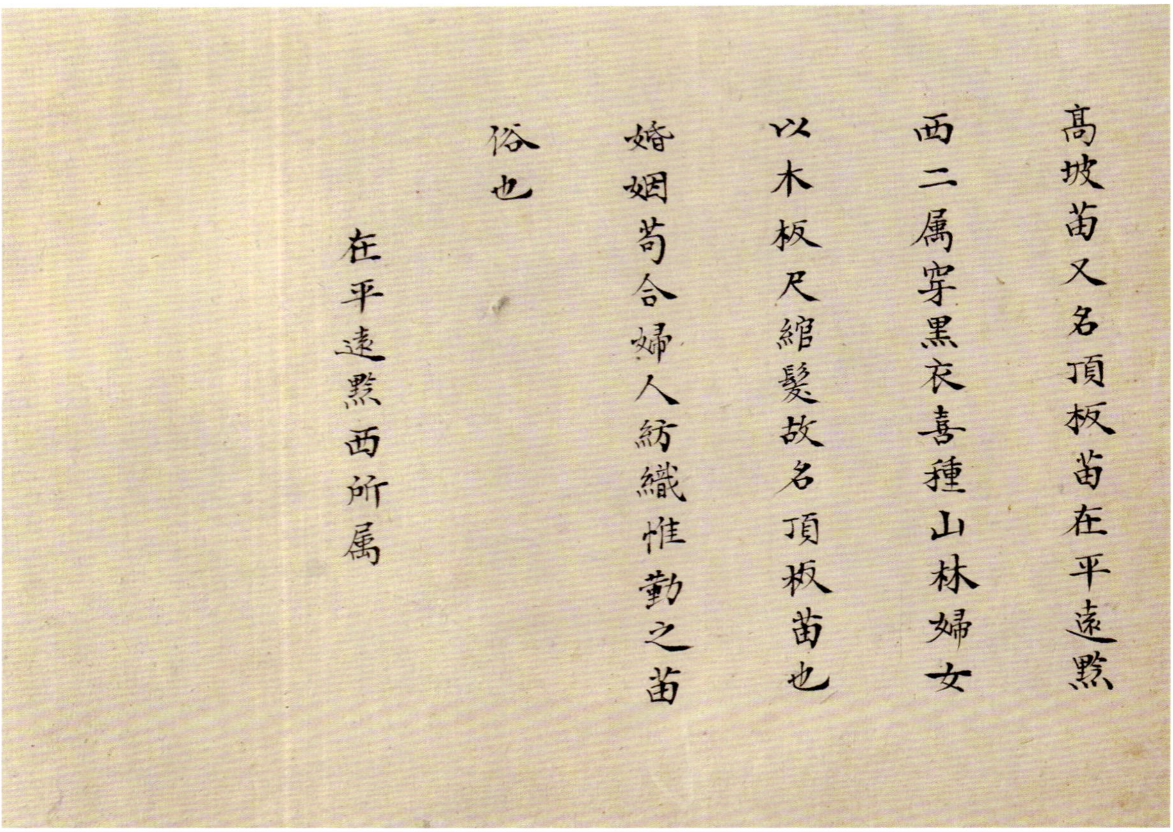

高坡苗又名頂板苗在平遠黔
西二屬穿黑衣喜種山林婦女
以木板尺綰髮故名頂板苗也
婚姻苟合婦人紡織惟勤之苗
俗也

在平遠黔西所屬

六十一、高（高）坡苗又名"頂板苗"，在平遠（遠）、黔西二屬。穿黑衣，喜種山林。婦女以木板尺｛許｝綰髮，故名"頂板苗"也。婚姻苟合。婦人紡織惟勤之苗俗也[①]。

在平遠（遠）、黔西所屬。

[①] 此句不通，"之苗俗也"疑為衍文。

第五章 布拉格纳普斯特克博物馆藏"苗图"册页 | 501

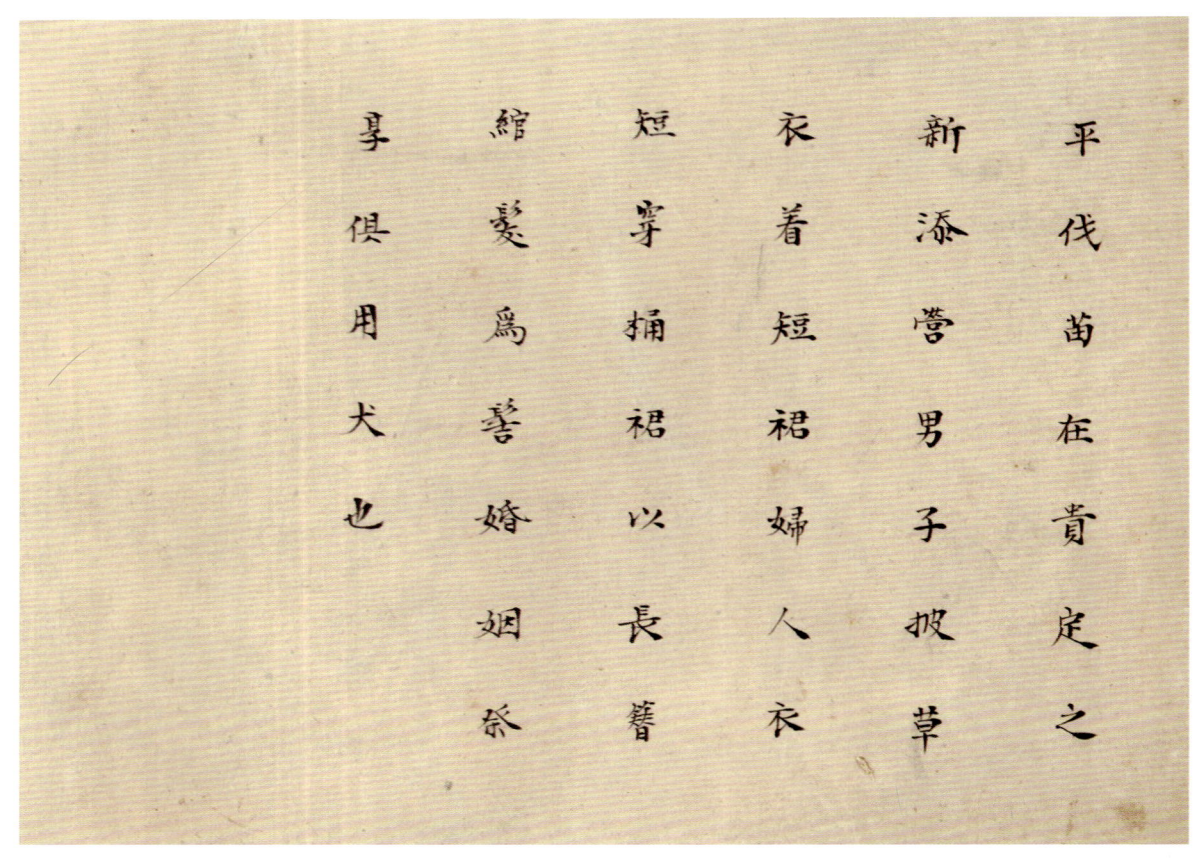

六十二、平伐苗在貴定之新添營。男子披草衣,着短裙。婦人衣短,穿桶裙,以長簪(簪)綰髮爲髻。婚姻祭享(享)俱用犬也。

六十三、黑狇家在清江所属,以廣植樹(樹)木爲業。其寨多富,漢人在内徃(往)來,熟識可以央鄰近富戶作保,出樹(樹)木爲木①,合夥生理,或借貸経(經)商[商],無不應付。倘不能如期納遝(還),不妨直告其故,即致虧(虧)缺,可以再行添借。倘被人掣騙,不能出外追討,則訪原保祖坟,掘出骨骸而去,謂之"扯白放黑",使原保之子拘查掣騙之人,追借項,贖取骨骸。所有鄰近坟墓常招其害。今則設以保甲,此風息矣。

---

① "爲木"疑為衍字。

六十四、清江狇家,抬[台]拱有之。婦人勤畊(耕)。男子頭纏紅布,腰佩大刀,聚党出寨,捉拿過路孤客。將(將)長木爲枷,々進寨内,索取財物,名曰惟[1]"贖身錢"。如不給者,終不能脫身,多有受其害[2]。近今嚴(嚴)懲,知法者不敢爲也。

---

① "惟"疑为衍字。
② 此句不通,可能为"多有受其害者",或"多受其害"。

六十五、黑［里］民子在貴陽、黔西、大定、清鎮等處（處）。男子貿易，婦人穿細耳草鞋。勤儉畊（耕）力[1]，餘閑時則紡織羊毛布作衣。爱養牲蓄［畜］，常帶入山。崴（歲）節與漢人同之。

在貴陽、黔西、大定、清鎮所屬。

---

[1] 词序颠倒，应为"力畊"。

六十六、白兒子在威寧（寧）及滇省有之。有宗族（族），多漢人風。女子猶苗俗。多因漢人籍贅苗女爲家，生子後有仍歸（歸）漢人{者}。今其子{有}母而無父，故名"白兒子"也。

在威寧（寧）、滇省属。

第五章 布拉格纳普斯特克博物馆藏"苗图"册页 | 511

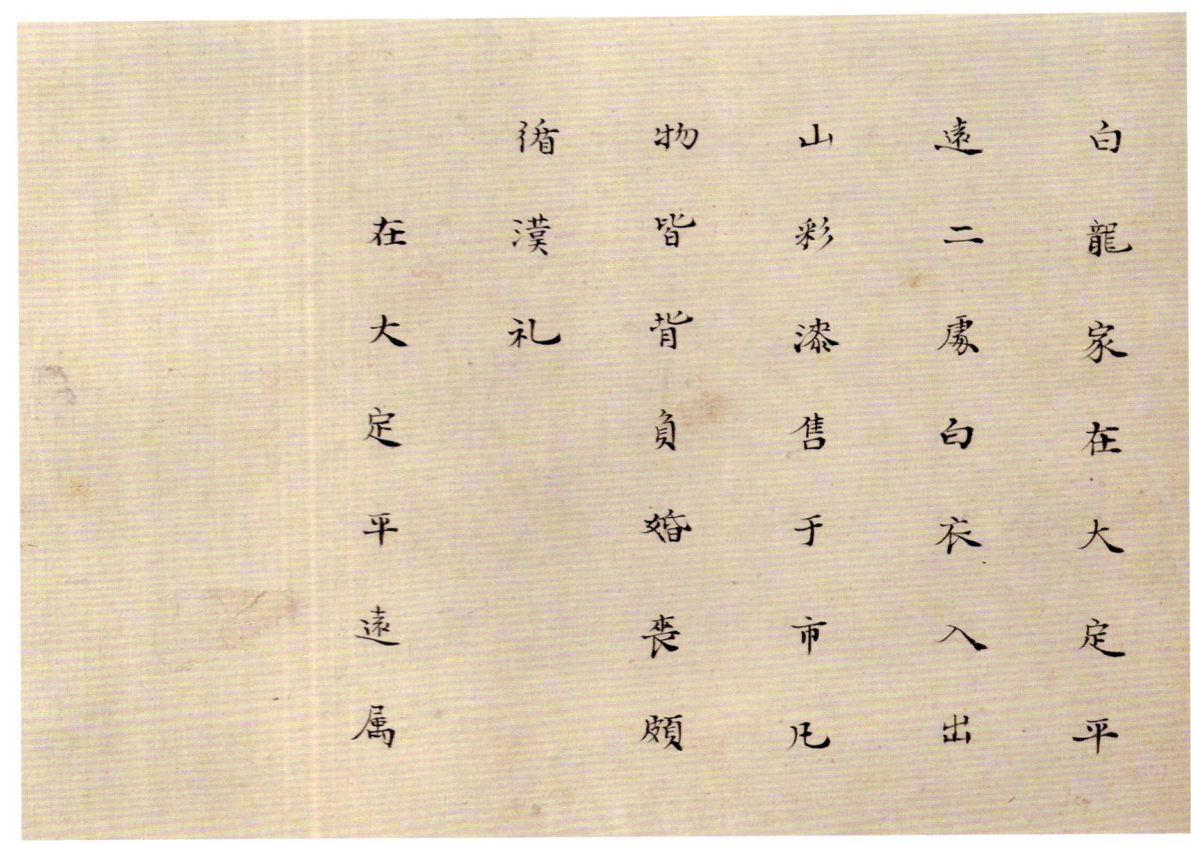

六十七、白龍家在大定、平遠（遠）二虜（處）。白衣，入出①山彩［採］漆（漆），售于市。凡物皆背負。婚喪（喪）頗循漢礼。

在大定、平遠（遠）属。

---

① "出"疑为衍字。

六十八、白犼家在荔波縣（县）。男子頭戴狐尾，以畊（耕）種爲業。女子身小而多慧，穿浗（淡）藍色衣，着細摺［褶］勾雲裙、紅绣（繡）花鞋，脛帶銀圈，五色布褲[1]。每孟春，擇平壤（壤）之所，以大木一具，空其中，名曰"巴槽"。男子各执木片，擊巴槽，响擊皷（鼓）[2]，名曰"打鑼"，又曰"同耍"。男女抱腰相戲（戯），父母在旁，覲（觀）而不禁。有漢人通苗語者，亦可與焉。未婚之苗女子故多與漢人徃（往）來，名曰"外郎"。俟女正配有夫，饋以苗布一二疋（匹），名"斷郎礼"，不得再徃（往）來也。

---

[1] 这两句不通，据李汉林考证应作"項有銀圈，脛绔五色布褲"。参见李汉林：《百苗图校释》，贵州民族出版社，2001年，第144页。哥达本此处作"脛裏顏色褲"，参见本书第300页。

[2] 此句与《汇编》博乙本、师大本等同，但句意不通，刘甲本作"其聲似鼓"。参见李汉林：《百苗图校释》，贵州民族出版社，2001年，第146页。

第五章 布拉格纳普斯特克博物馆藏"苗图"册页

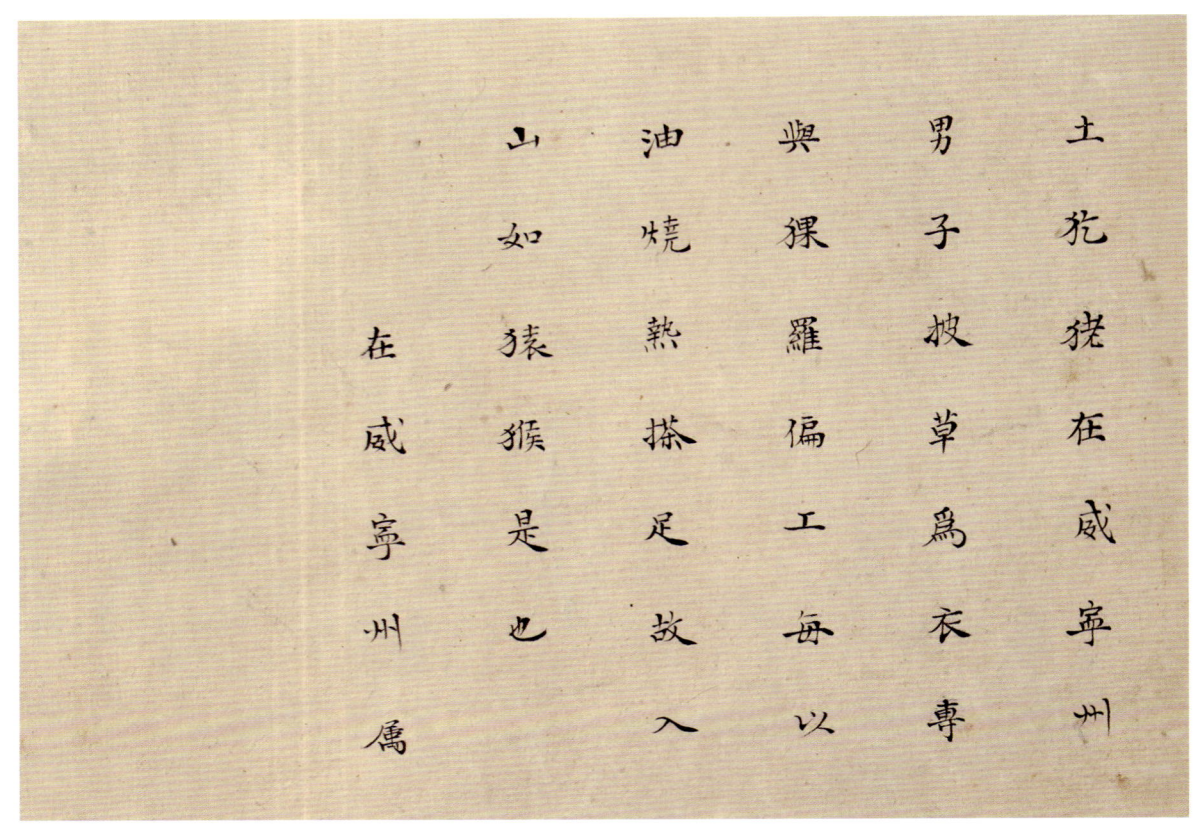

六十九、土犵狫在威寕（寧）州。男子披草爲衣，專與猓玀偏［佣］工。每以油燒熱（熱），搽足。故入山如猨（猿）猴是也。

在威寕（寧）州属。

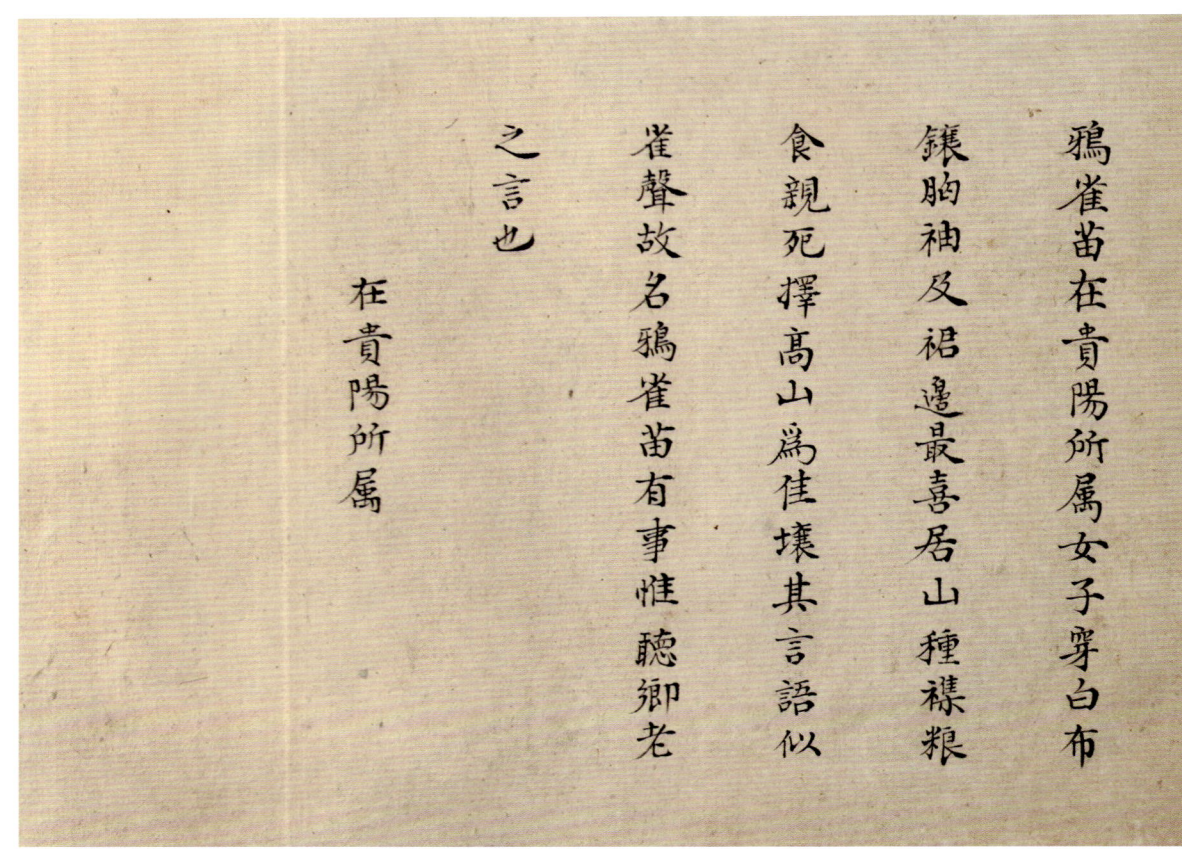

七十、鴉雀苗在貴陽所屬。女子穿[以]白布鑲（鑲）胸袖及裙邉（邊）。最喜居山，種襍（雜）粮食①。親死（死），擇髙（高）山為佳壞（壤）。其言語似雀聲，故名"鴉雀苗"。有事，惟聽鄉老之言也。

在貴陽所屬。

① "食"疑为衍字。

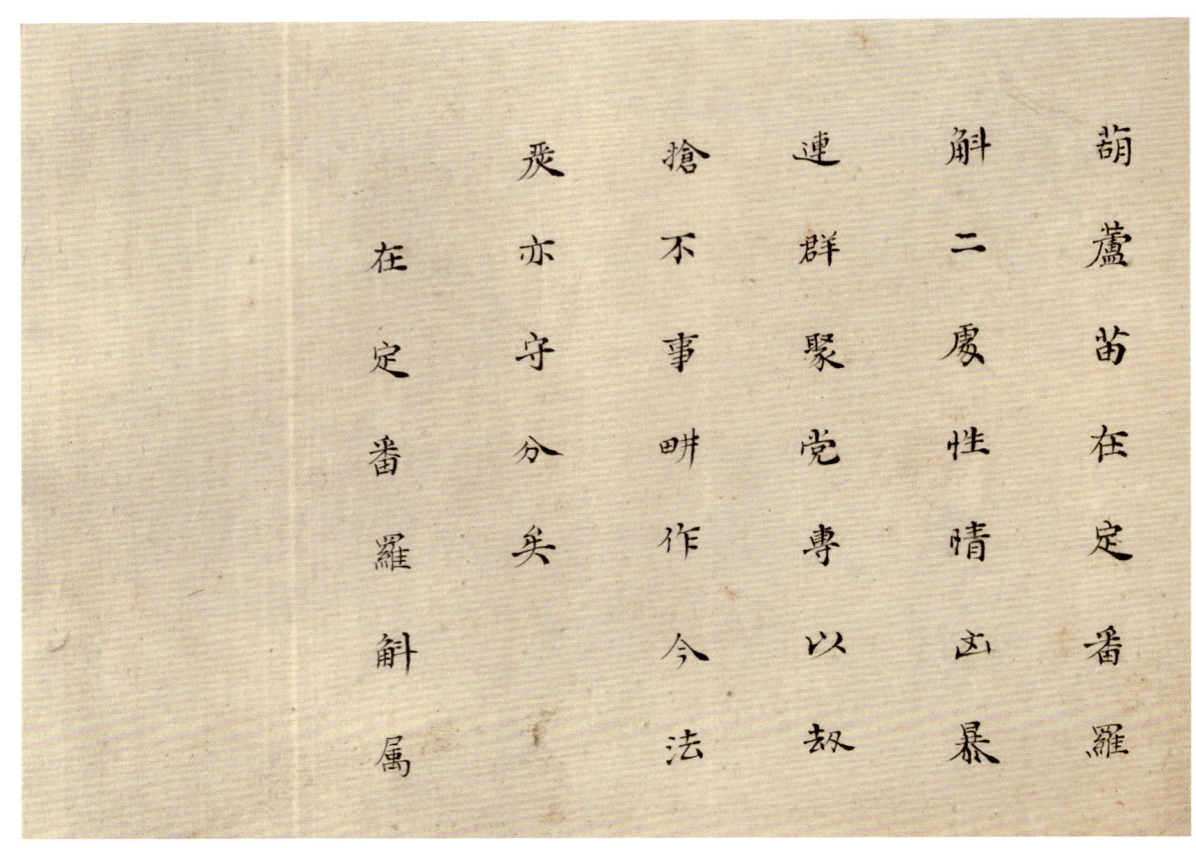

七十一、葫蘆（芦）苗在定番、羅斛二虑（處）。性情凶（兇）暴，連群聚党，專以劫搶，不事畊（耕）作。今法浂（嚴），亦守分矣。

在定番、羅斛属。

第五章 布拉格纳普斯特克博物馆"苗图"册页

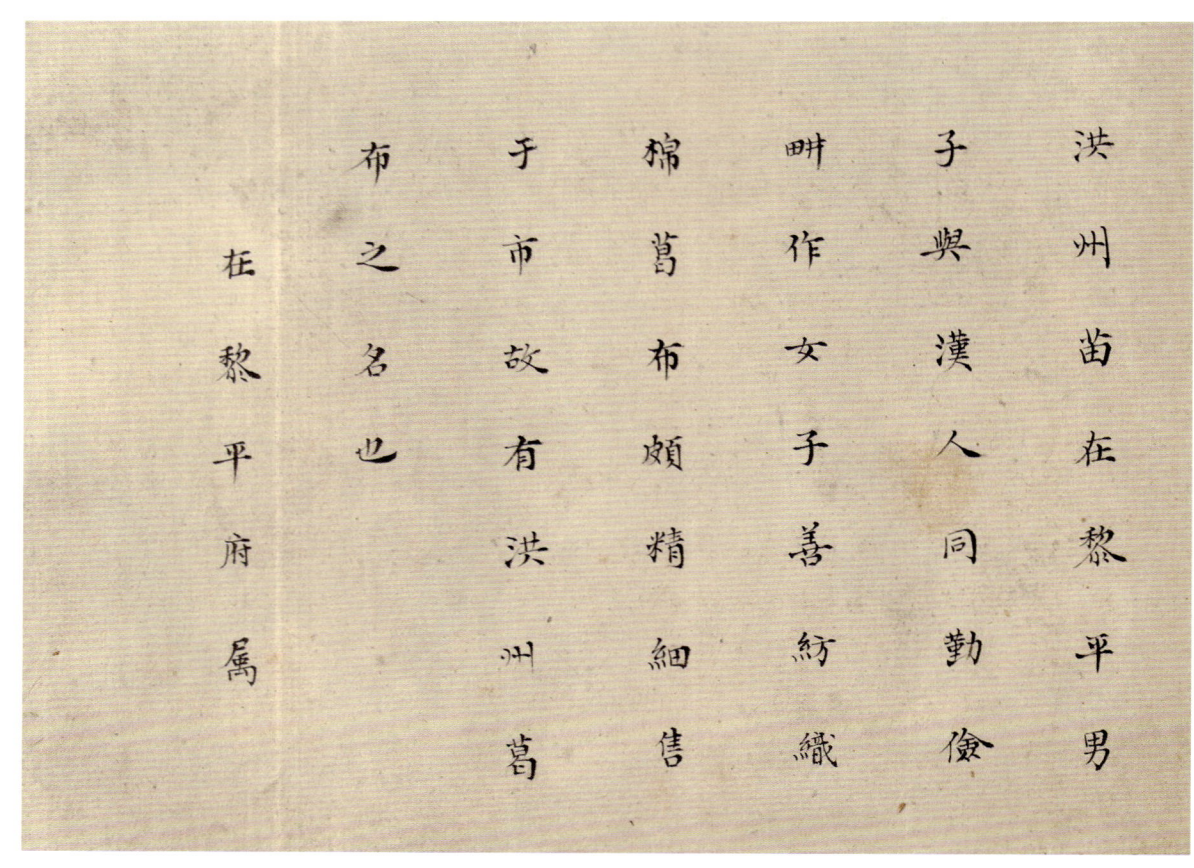

七十二、洪州苗在黎平。男子與漢人同,勤儉畊(耕)作。女子善紡織,棉葛布頗精細,售于市,故有"洪州葛布"之名也。

在黎平府属。

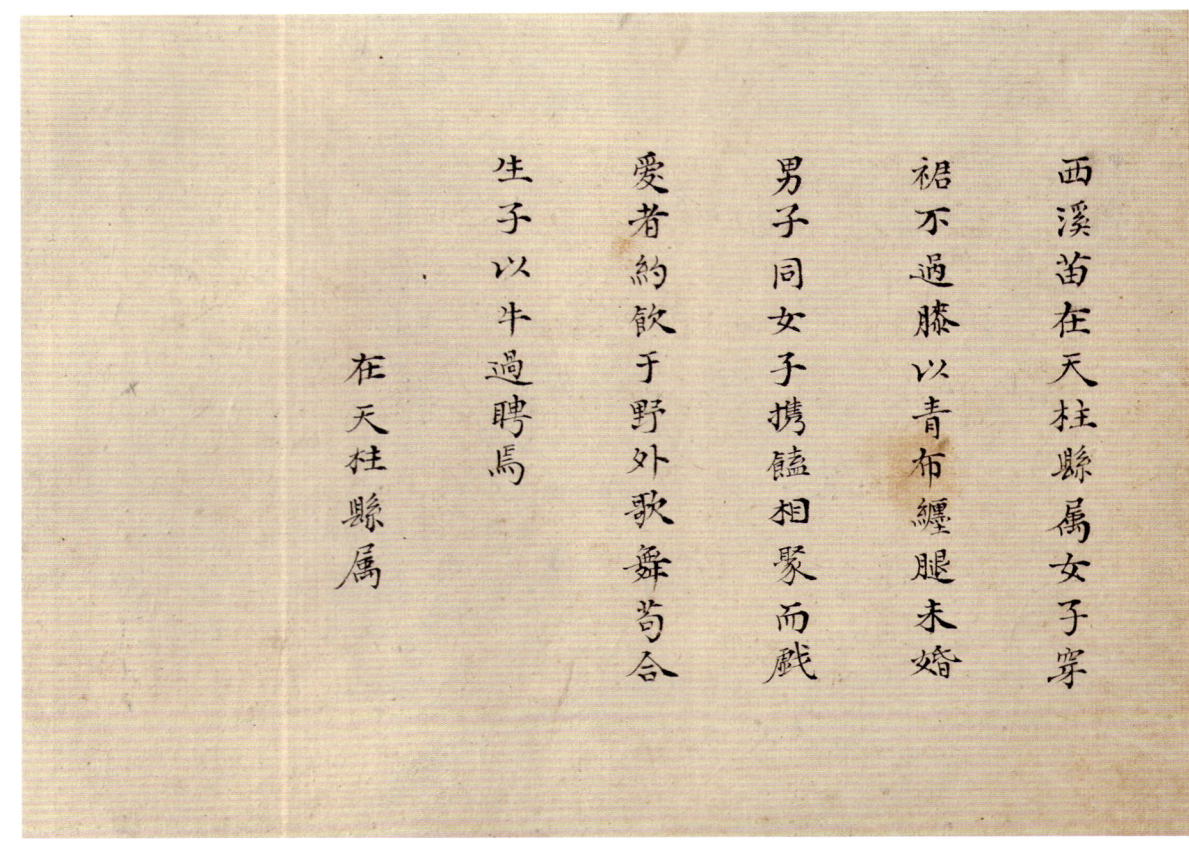

七十三、西溪苗在天柱縣（县）属。女子穿裙不過（过）膝（膝），以青布纏腿。未婚男子同女子携鎑相聚而戲（戏）。爱者約飲于野外，歌舞苟合。生子以牛過聘焉。

在天柱縣（县）属。

第五章　布拉格纳普斯特克博物馆藏"苗图"册页 | 525

七十四、車寨苗在古州。男多藝業，女工針織。未婚者于野曠之所爲月塲（場），男女歌聲俱美（美），與諸苗不同。相悅自行配合，亦名"跳月"。此種乃馬三保之落六百名[①]，招贅苗女爲家室，故衆稱曰"六百户之生苗"也。

在古州所屬。

[①] 此处他本的表述更为清晰完整，如哥达本为"前此马三保之兵曾遗六百人於此"，刘甲本为"此係马三保之兵流落六百名於此"。参见本书第246页；杨庭硕、潘盛之编著：《百苗图抄本汇编》（下），贵州人民出版社，2004年，第543页。

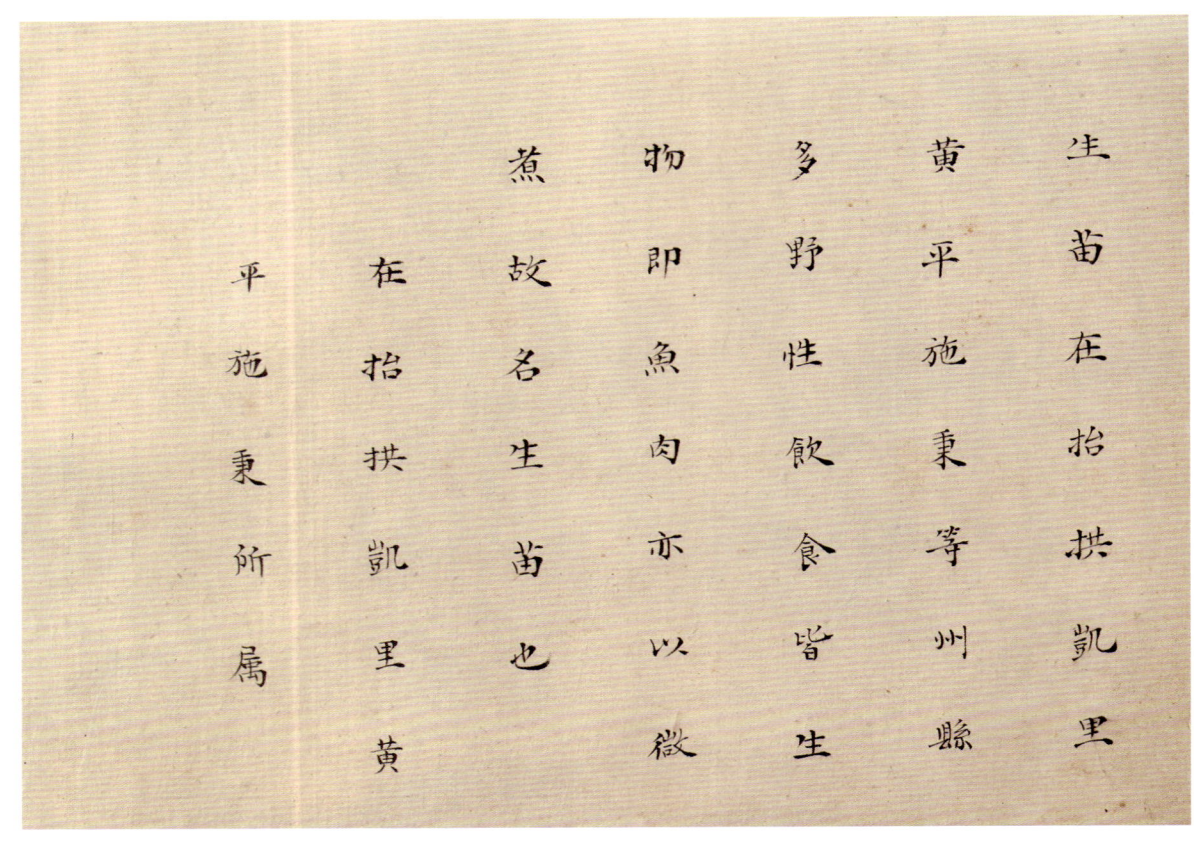

七十五、生苗在抬[台]拱、凯里、黄平、施秉等州县（縣）。多野性，饮食皆生物，即鱼肉亦以微（微）煮，故名"生苗"也。

在抬[台]拱、凯里、黄平、施秉所属。

七十六、黑脚苗在清江、抬[台]拱地方。男子短衣大裤,头挿(插)白翎。出入三五成群,持镖带刀,以劫抢為能。凡作事,用螺蛳二个置于盆中,观(觀)其相閗(鬥),以卜吉凶(凶),每多应验(驗),名曰"军师"。妇人夫死(死)不能再嫁。如男子不行劫抢者,有女则不嫁之。今亦知法畏官矣。

第五章　布拉格纳普斯特克博物馆藏"苗图"册页 | 531

七十七、黑楼苗在清江、八寨有之。鄰近諸寨于髙（高）坦處入①造一楼，髙（高）数層，名爲"聚堂"。用一木杆長丈餘，空中懸（懸）于層頂，名"長皷（鼓）"。凡有不平之事，登楼擊之，衆寨相聞，俱代[带]長鏢利刀，斉（齊）至楼下，听寨長判之。有事之家俻（備）牛代[待]之。如無事而擊皷（鼓），不到，罰牛一隻以作公用焉。

在清江、八寨属。

---

① "人"疑为衍字。

七十八、短裙苗在都匀、八寨有之。男子穿短衣寬（寬）褲。婦人穿短衣，無衿（領）袖，前不護肚，後不遮腰。不穿褲，其裙只有五寸，極厚而細摺［褶］，聊以蔽｛羞｝而已。採紫草爲營生，性吃［嗜］酒，醉時則常臥山凹陰谷。｛隆冬浴｝于溪間［澗］，且云"可以助暖"。

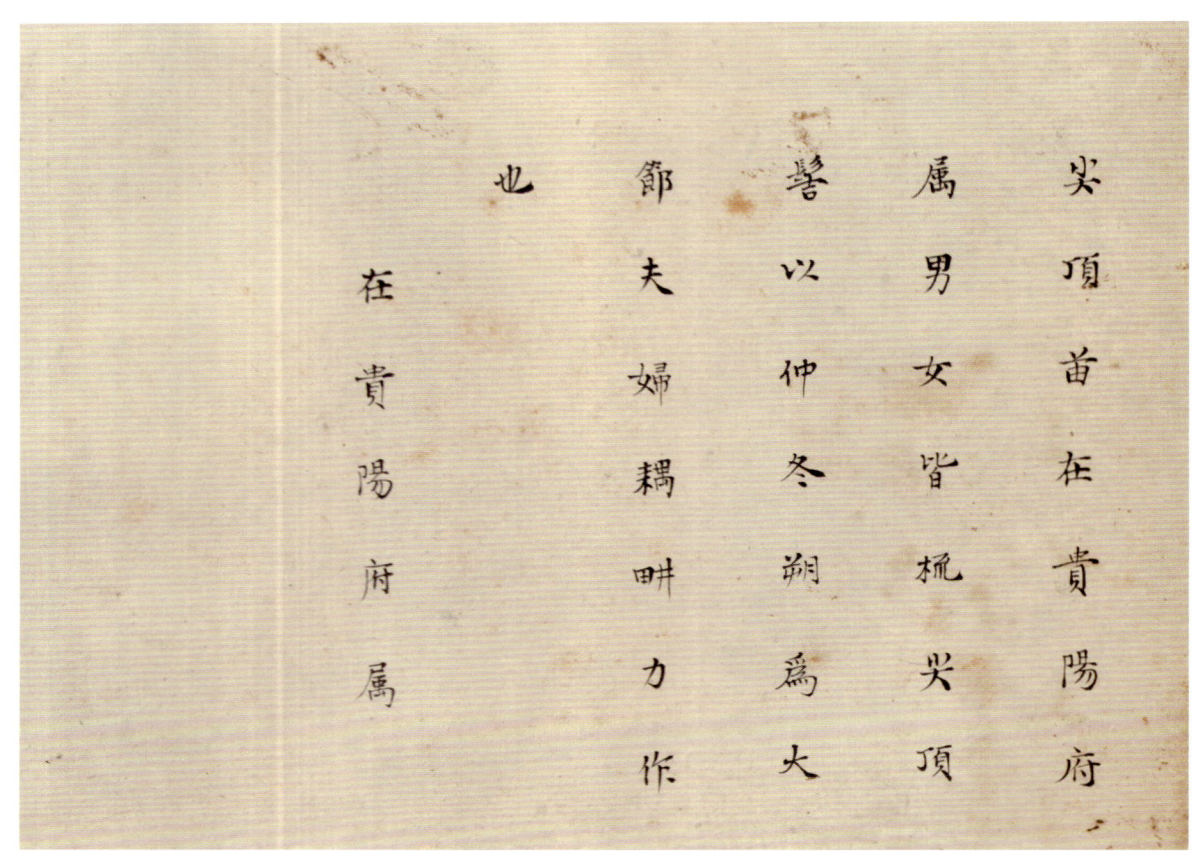

七十九、尖頂苗在貴陽府属。男女皆梳尖頂髻。以仲冬朔爲大節。夫婦耦畊（耕）力作也。

在貴陽府属。

八十、慈郎[①]苗在威宁（寧）州属，其俗更异（異）。妇人産子，夫必在房中守，不踰門戶，彌月乃出。産婦出，畊（耕）作，措飲食，以供夫。除乳兒外日無暇刻。父母将（將）死（死），俟氣初絕時，将（將）親首扭反向背，謂曰"好看後人"。今則此俗漸息矣。

在威宁（寧）州属。

---

① 词序颠倒，应为"郎慈"。

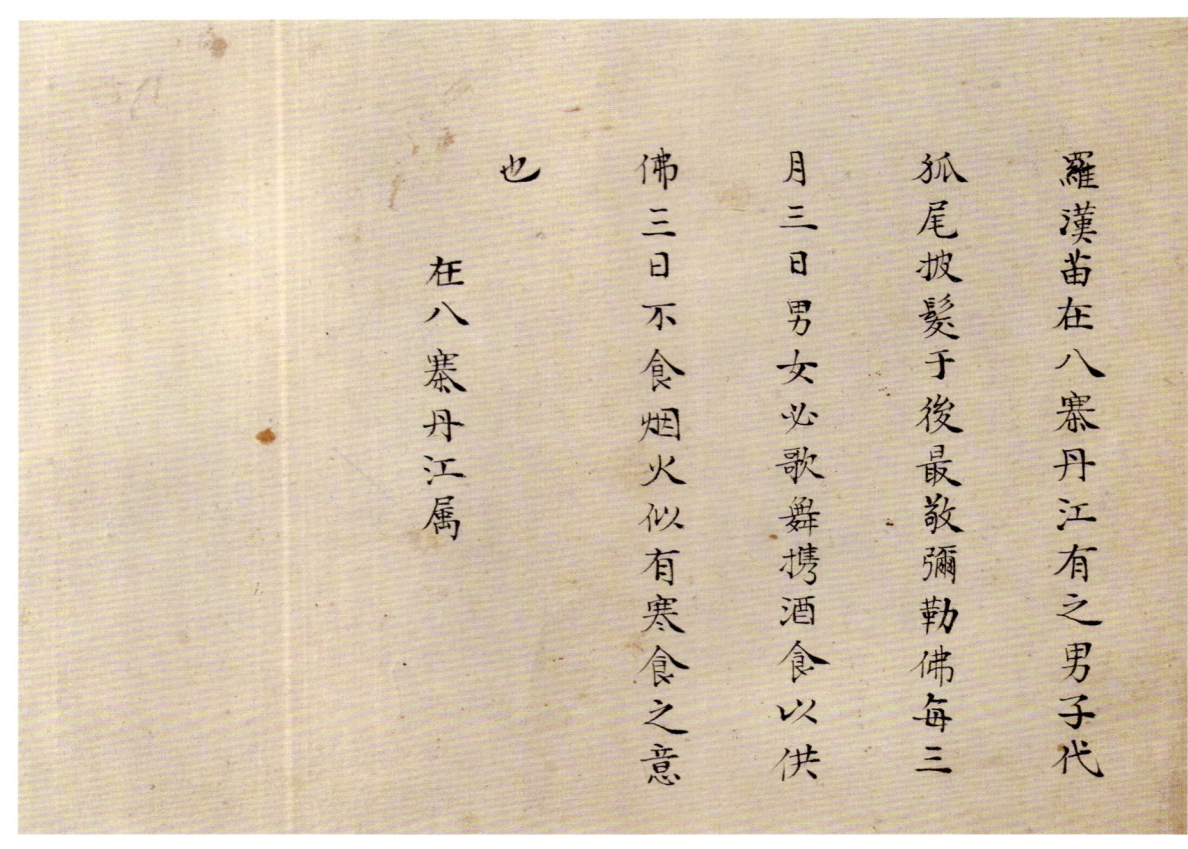

八十一、羅漢苗在八寨、丹江有之。男子代[戴]狐尾，披髮于後。最敬彌勒佛，每三月三日，男女必歌舞，携酒食以供佛，三日不食烟火，似有寒食之意也。

在八寨、丹江属。

第五章 布拉格纳普斯特克博物馆藏"苗图"册页 | 541

八十二、六洞夷人在黎平府属。穿短衣色裙①、細花尖鞋，脛［頸］代［戴］雲尖［肩］。未婚男女剪衣換帶者，則卜吉而嫁之。鄰近女子邀数十人，名［各］執藍布傘徃（往）送，名曰"送親"。連袂歌舞，至男家歡（歡）飲唱賀，歷（歷）三晝夜，携新婦同歸（歸）母家而散。新郎每夜入女家與婦同宿，及生子後，方過聘而同歸（歸）夫家，母家以苗布数疋（匹）爲嫁資。女則紡織惟勤，男亦知書識字。丧（喪）葬之礼悉與漢人同之。

---

① 此处他本多作"顔色衣裙"，并未交代上衣的长短。只有极少版本此处与此本相同，如哈佛燕京图书馆《苗蛮图说》。参见本书第293页；乐怡整理：《百苗图八种》（下），广西师范大学出版社，2018年，第205页。

附表　各版本条目名称及排序对照表[①]

	柏林本	哥达本	莱比锡甲本	莱比锡乙本	布拉格本
1. 猓玀	1、35（黑/白猓玀）	1（猓猡）			1（猓猡）
2. 女官	2（猓玀）	2	1		2
3. 白猓玀	1、35（黑/白猓玀）	3			3（白猓猡）
4. 宋家	31（宋家苗）	4			4
5. 蔡家	14（蔡家苗）	5			5
6. 卡尤狆家	36（狆家）	6（卡尤仲家）	4（狆家子）		6
7. 箐籠狆家	9（補籠苗）	7（補籠仲家）			7
8. 青狆家		8（青仲家）			8
9. 曾竹龍家		9（鲁竹龍家）			9（鲁竹龍家）
10. 狗耳龍家	20（龍家子）	10			10
11. 馬鐙龍家	11（馬鐙龍家苗）	11			11（馬蹬龍家）
12. 大頭龍家		13			12
13. 花苗	18	14			13
14. 紅苗	25	41			14
15. 白苗	29	15			15

[①] 表格第一列以《百苗图抄本汇编》中勘定的条目顺序为参考，各名称用字以李宗昉《黔记》原文的写法为准。序号后圆括号里的名称为各版本对应条目的异写方式。参见杨庭硕、潘盛之编著：《百苗图抄本汇编》，贵州人民出版社，2004年；〔清〕李宗昉：《嘉庆黔记》（道光十四年刻本），见《中国地方志集成·贵州府县志辑》（5），巴蜀书社，2016年，第569—577页。

续表

	柏林本	哥达本	莱比锡甲本	莱比锡乙本	布拉格本
16. 青苗	12	16			16
17. 黑苗		17			17
18. 剪髮犵狫	7	23（剪頭獐狫）	33（剪頭犵狫）		23
19. 柬苗	8	18			18
20. 西苗		19			19
21. 夭苗	28	20			20
22. 獷苗	37（獷人）	21			21
23. 打牙犵狫	21	22			22
24. 豬屎犵狫		27（猪屎犵狫）			24（猪屎犵狫）
25. 紅犵狫		31			25
26. 花犵狫	13（犵兜）	25	20		26
27. 水犵狫	19	29			27
28. 鍋圈犵狫	10（鍋圈犵狫）	30			28
29. 土人	34	76			34
30. 披袍犵狫		26	19		29
31. 犽狫	30（木狫）	28（犽犵狫）	2		30（犵狫苗）
32. 犵獞		32	8		31（犵獞苗）
33. 蠻人	6	77			33
34. 僰人		75			32（僰人）
35. 洞人	3（峒人苗）	78（峒人）	29（峒人）		35
36. 瑶人	4	79（猺人）			36
37. 楊保苗	17	80	7		37
38. 犴獷	33（犴獷苗）	35（犴獷）	16（犴獷苗）		38（犴獷苗）
39. 九股苗	38（九股猠苗）	36			39
40. 八番苗	16	37			40
41. 紫薑苗	15	38			41（紫姜苗）
42. 谷藺苗	24	39			42
43. 陽洞羅漢苗	32（羅漢苗）	42（陽洞羅漢苗）			43

续表

	柏林本	哥达本	莱比锡甲本	莱比锡乙本	布拉格本
44. 克孟牯羊苗	5（克孟枯羊苗）	44	13		44（克孟拮羊苗）
45. 洞苗		40			45
46. 箐苗		55	12		46
47. 狑家苗		33			47
48. 猧家苗		34	25（猧家）		48
49. 水家苗		58（休家苗）			49
50. 六额子	26	66	26		50
51. 白额子		67	10		51
52. 冉家蛮		70			52
53. 九名九姓苗		56	34		53
54. 爷头苗		47	30		54
55. 洞崽苗		62	17		55
56. 八寨黑苗		61	35		56
57. 清江黑苗		53			57
58. 楼居黑苗		63			58（楼居黑苗）
59. 黑山苗		48	23		59
60. 黑生苗		50	21		60
61. 高坡苗		57（高坡苗）	15（高坡苗）		61（高坡苗）
62. 平伐苗	22	45			62
63. 黑犵家		72（黑仲家）	27		63
64. 清江犵家		74（清江仲家）	9（清江仲家）		64
65. 里民子		68	14		65（黑民子）
66. 白儿子			24		66
67. 白龙家		12	31		67
68. 白犵家		73（白仲家）			68
69. 土犵狫		24	32	2	69
70. 鸦雀苗		52	3（牙鸦苗）		70
71. 葫芦苗		64	5（胡卢苗）		71（葫芦苗）

续表

	柏林本	哥达本	莱比锡甲本	莱比锡乙本	布拉格本
72. 洪州苗		60			72
73. 西溪苗		54			73
74. 車寨苗		46			74
75. 生苗			11		75
76. 黑腳苗		43	28（黑脚苗）		76（黑脚苗）
77. 黑樓苗		81	22（黑楼苗）		77（黑楼苗）
78. 短裙苗		49（短裠苗）	36		78
79. 尖頂苗		51	6		79
80. 郎慈苗		59			80（慈郎苗）
81. 羅漢苗		71	18	1	81
82. 六洞夷人		69			82
	23（民家）	65（撴子）			
	39（大肚苗）				
	27（狄狪狑獞狪猺）				

附录　莱比锡格拉西民族学博物馆藏《皇清职贡图》异本残页

简　介

1. 莱比锡丙本收藏与研究情况

这些散页为莱比锡格拉西民族学博物馆 1928 年从艾利希·勇克曼处购得。勇克曼是德国作曲家、艺术史学家、文物商。他出生于莱比锡，早年在莱比锡生活，后迁居到慕尼黑。他曾经营一家古董商店，专营"中国与日本艺术品""东亚图画"[①]等，还曾将关于日本钱币的论著翻译成德语[②]，说明他应是东亚文化特别是东亚艺术的行家。但德国很多博物馆都有从他手里购得的来自埃及、墨西哥等国的藏品，可以看出他的生意不仅限于东亚文物。

勇克曼如何获得这些散页已无考，但页面上记载有关于绘制时间和收藏者的信息。在第二张散页，也就是 OAs 13962 绘画右下角空白处有两行用铅笔写的德文小字（图8），字迹潦草，第一行为 "Chinesische Originalmalerei, Ende d. 18. Jahrh."，意为"中国原版绘画，18 世纪末"，第二行为 "aus dem Nachlaß d. Mandschu-Banner Generals"，意为"来自那位满洲八旗将军的遗物"。由于无落款，现已无法获知写下这些信息的人是谁。"18 世纪末"这一时间的来源并不清楚。

[①] Deutsche Kunst-und Antiquitätenmesse (ed.), *Die Weltkunst*, 28. September 1941, p. 7.

[②] Adolf Mauritz Fonahn & Erich Junkelmann, *Japanische Bildermünzen*, Leipzig: K. W. Hiersemann, 1923.

"那位满洲八旗将军"点明了这些散页的原出处,值得注意的是,这里的用词"那位"是特指,而不是泛指,说明可能这位原收藏者曾为后来的收藏者或该博物馆工作人员熟知。

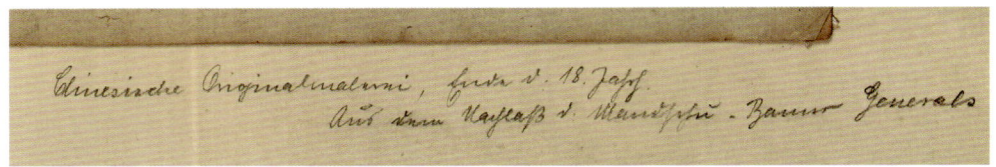

图 8　OAs 13962 下端的德文小字①

第三章莱比锡甲本的简介中已提到,目前只有艾伯华提到过这个藏本,但他在1937年撰写的论文中将丙本与乙本混淆在一起,而且奇怪的是,乙本只提到了其中的 OAs 13965、OAs 13967 两张单页,这里引申出三个问题:一是艾伯华当时有没有看到其他单页?二是如果他看到了其他单页,为何只提及这两张实为广东獞人和四川白猓猡的绘画?为何没有发现其体例风格乃至内容都与其他贵州"苗图"大相径庭?三是如果他没有看到其他单页,是不是因为那时这些单页并没有被归档到一起,所以他才不知道还有其他相似的单页,以至于把这两张单页与乙本卷轴画错划为一类?另外,和第四章的莱比锡乙本一样,这两张单页的说文艾伯华并未在他后来的论著中引用。

到了60年代,赫伯特·布劳提加姆在艾伯华研究成果的基础上再次广泛搜罗"苗图"。在其 *Über Miao-Alben*(《关于苗图》)一文中,除了艾伯华提到的几种之外,他在莱比锡格拉西民族学博物馆还发现了"另外"一个藏本。据他的描述,这个藏本含13张单页,编号为 OAs 4082—OAs 4094②。然而,笔者调查发现,莱比锡格拉西民族学博物馆的每个藏品都有三个按照不同系统编排的编号,分别是库存号(Inventarnummer)、照片档案号(Photoarchivnummer)及文件号(Aktenstücknummer)。艾伯华论文里提到的 OAs 13965、OAs 13967 是藏品的库存号,其对应的照片档案号是 OAs 4087、OAs 4089,就在布劳提加姆提到的 OAs 4082—OAs 4094 中。也就是说,布劳提加姆使用的是照片档案号,对应的库存号应是 OAs 13960—OAs 13972,所以布劳提加姆发现的并不是一个新的藏本,而是将之前艾伯华没有找到的散页都找全了。然而,现存莱比锡丙本只

---

① 图片来源:GRASSI Museum für Völkerkunde zu Leipzig, Staatliche Kunstsammlungen Dresden, Esther Hoyer。

② Herbert Bräutigam, „Über Miao-Alben", *Sonderdruck aus der Zeitschrift Mitteilungen des Instituts für Orientforschung*, IX (2/3), 1963, p. 285.

有 12 张图，库存号是 OAs 13961—OAs 13972。由于布劳提加姆对这 13 张单页没有进行进一步的描述和分析，他提及的第一张单页 OAs 13960 与现存莱比锡丙本的关系尚无法获知。

从艾伯华开始直到现在，该藏本一直被识别为"苗图"，例如何凯婷说："这些图和前两件藏品 [笔者注：莱比锡甲、乙本] 一样，都展现的是中国西南地区贵州省的少数民族，只有第 4 和第 5 页的图例外，描绘的是海南省的黎族和广西壮族自治区的壮族。"① 然而，这个藏本事实上与贵州无关，也不是一种"苗图"。

2. 莱比锡丙本内容概说

这个藏本的规格比馆内其他"苗图"大一些，装帧方式有很大区别。有图说的单页只是被一一贴在一张稍大一些的白纸正中间，四周并未像其他多数"苗图"那样，再以其他纸或布条镶边。每张散页似乎并不是从一个已装订好的册页本中散落出来的，可能本来就没有进行过装帧。

每一张散页的正中间各绘有一个人物的全身肖像，其中 3 张是女性，均面向右侧，9 张是男性，均面向左侧。无背景。绘画水平较高，注重对人物服饰细节的刻画，面部表情很生动。色彩鲜丽，人物身材比例以及面部的光线明暗等都处理得非常到位，可能绘者受到过西方绘画技巧的影响。说文的书法水平也不低，字迹洒脱，有个别脱衍之处。"宁"字未做避讳。与大部分清代民族图册不同的是，这一套散页的说文布局显得十分随意，有时位于人物右上角空白处，有时在人物上方，有时像一个"门"字一样环绕在人物的周围。从这些单页的绘画手法和说文笔迹来看，这 12 张单页应皆出自一人之手。

每一条说文都很简短，在绘有男性的页面上，说文以"地名+族群名"的形式开头，主要介绍该族群的衣冠特征和生活生产方式。特殊的是，第 1、2、4、7 页上绘男性，这些页面上说文的句子都明显未写完；而第 8、10、12 页上都是女性，这些页面说文的句子则全都缺少开头。笔者通过对比发现，这些单页原本应两两一组，每一组刚好包含一个族群的一男一女，说文从画有男性的那一页开始写，一部分写在男性的页面上，另一部分写在女性的页面上。根据过

---

① Kathrin Hirth, „Das Yunnan-Album des Museums für Völkerkunde zu Leipzig", in Claus Deimel & Wolf Dietrich Freiherr Speck von Sternburg (eds.), *Das Yunnan-Album. Diansheng Yixi Yinan Yiren Tushuo. Illustrierte Beschreibung der Yi-Stämme im Westen und Süden der Provinz Dian. Sammlung Herrmann Feiherr Speck v. Sternburg, Lütschena.* Leipzig: Museum für Völkerkunde zu Leipzig, 2003, pp. 26-27.

去中文的书写习惯推测，原本的顺序应该是男性在右，女性在左，也就是说，每一组男女应正好都是面对面站立，形成呼应。而现在原本的顺序已被完全打乱，以致看不出男女肖像之间的联系了。倘若这是一套齐全的绘画，那么绘有男性和女性的图画数量理应相等，但现在女性只有3张，男性有9张，说明这可能是一套组图中的部分残页，其他的部分可能遗失了，也可能并未画成。

虽然现在的顺序已被完全打乱，但第1页按照绘画细节和说文的内在逻辑，可以确定和第10页正是一组，分别是永宁协九姓司马鞑苗子的男女肖像。两幅画上的文字连在一起正好构成一篇句意连贯的完整说文："永宁协所辖九姓司所管一种马鞑苗子，通汉语。每遇节气，男人吹笙箫，女人穿五色衣歌舞。平常耕种为生，俱安静，不滋事。"两张绘画上的男女上衣款式相似，颜色都是浅蓝色，两袖上均有块状花纹，暗示着这两个肖像有关联性。女性上衣在腰部多出一大块方块状的花纹，上有黄、绿、红、紫等多种颜色，这正好与说文"女人穿五色衣"吻合。第8页和第12页女性皆披毡、着彩色细褶长裙，暗示着她们可能属于同一个族群，与清代倮㑩妇女的衣冠特征较接近，但目前还无法确定她们是否和其他绘有男性的散页有关联。

从说文中能够确定的族群有9个，他们的名称及其聚居地或所属土司分别为：①永宁协九姓司马鞑苗子，②泰宁协喇滚土司夷人，③泰宁协瓦述崇喜长官司夷人，④琼州府黎人，⑤灵山县獞人，⑥泰宁协绰斯甲土司夷人，⑦嘉顺营土百户安米氏辖下白猓猡，⑧泰宁协标右营松坪土千户马秦辖下夷人，⑨泰宁右大田土百户觉代辖下黑、白猓猡。其中，永宁协、泰宁协、嘉顺营都是清代四川以军事单位命名的地名，主要位于四川南部和西部，其中泰宁协"乾隆四十三年（1778）改为泰宁营，后移驻阜和（今四川康定县）改为阜和协"[①]。琼州府即今天的海南，清代属广东省。灵山县今天位于广西壮族自治区，但在清朝同样隶属广东。也就是说，这些绘画描绘的是清代四川和广东的民族，因此可以肯定此藏本与贵州"苗图"无涉。"苗子""黎人""獞人"应分别与现在的苗、黎、壮族有关，"猓猡"以及第8项的"夷人"与彝族有关。除第8项外，其他的"夷人"应与现在的藏族有关。

目前所知清代包含了四川和广东民族的图册无疑就是《皇清职贡图》，它由清廷按照乾隆的旨意组织绘制，包含与清廷有交往的国家、地区以及本国内汉、满、蒙以外的民族，每个族群以一男一女两个形象作为代表，共含301组图像。

---

① 史为乐主编：《中国历史地名大辞典》，中国社会科学出版社，2005年，第2031页。

此项浩大的工程起始于乾隆十六年（1751），直至乾隆二十六年（1761）才初步完成，最终的版本有绘本、刻本等多种形式。就目前存世的版本来说，这些版本的说文几乎完全一致，绘画也只有非常细微的差别[①]。对比《皇清职贡图》[②]不难发现，这12张散页的确与《皇清职贡图》有密切的联系，尤其是广东部分的第4、5页与《皇清职贡图》的关联度最高。在《皇清职贡图》广东部分，琼州府黎人处于最后一项，灵山县獞人则位于倒数第3项，二者的位置离得比较近，与此藏本的命名方式完全相同。《皇清职贡图》各版本与此藏品中这两个族群的绘画相似度特别高，动作造型完全相同，表情基本一致，发式、服装的大部分细节也吻合。而绘本的用色也与这二者基本相同（图9），唯黎人上衣、獞人裤子的颜色稍有深浅上的区别，说明此套散页的作者参考的母本与《皇清职贡图》某一种版本的彩色绘本有关，而非刻本。在说文上，《皇清职贡图》说文比此本长得多，此本没有关于该族群历史的描述，但二者大量句子完全相同或只有细微的差别。现将黎人说文在两个版本中相同或相似的段落摘录如下：

琼州府黎人……散处于琼属五指山各峒中。……男椎髻在前，首缠红布，耳垂铜环。短衣至膝，下体则以布两幅掩其前后而已。射猎耕樵为生。……[③]（《皇清职贡图》）

琼州府黎人，椎髻在前，头缠红布，耳垂铜环。短衣至脐，下体以布两幅上宽下窄掩其前后。木弓矢射猎，耕樵以为生。群居五指山间。竹（莱比锡丙本）

画线部分是二者不同的词。相较而言，此本的用词更通俗，如此处的"头"在《皇清职贡图》中作"首"。而此本提供了更多的细节，如《皇清职贡图》对男性穿在下身的布没有具体描述，但此本介绍布的形状是"上宽下窄"。两个版本也有不同之处，《皇清职贡图》中描述黎人穿短衣，但长度又及膝，前后矛盾。其满文说文作"hahasi……tobgiya de isinara foholon etuku etumbi"[④]，意为"男子……穿及膝的短衣"，与汉字说文的含义相同。而此本作"短衣至脐"，不仅符合逻辑，而且与绘画中男性上衣的长度更契合。

[①] 庄吉发：《谢遂〈职贡图〉研究》，见台北故宫博物院编辑委员会编：《中国艺术文物讨论会论文集·书画》（上），台北故宫博物院，1992年，第767—819页。

[②] 如台北故宫博物院藏卷轴（台本）、法国国家图书馆藏册页（法本）、北京故宫博物院藏卷轴（京本）等。参见畏冬、刘若芳：《〈苗瑶黎獞等族衣冠图〉册及〈职贡图·第六册〉考》，载《故宫学术季刊》2009年第2期。

[③] 庄吉发校注：《谢遂〈职贡图〉满文图说校注》，台北故宫博物院，1989年，第249页。

[④] 庄吉发校注：《谢遂〈职贡图〉满文图说校注》，台北故宫博物院，1989年，第249页。翻译出自Andreas Hölzl，在此致谢。

图 9　莱比锡丙本"琼州府黎人"（左）①与《皇清职贡图》"琼州府黎人"（右）②对比

其余单页描绘的都是四川的族群，这些族称虽也能与《皇清职贡图》四川部分的族群对应，但命名方式差别较大。除第 9 页外，此本中所有的"夷人"在《皇清职贡图》中皆作"番民"。另外，二者很多地名看似也不吻合，但如果结合中国第一历史档案馆《苗瑶黎僮等族衣冠图》册（又称《四川省番图》，简称《番图》）一起看，很多问题就能迎刃而解。经畏冬、刘若芳考证，《番图》是为绘制《皇清职贡图》由四川省奉旨进呈的原始地方稿本，也就是《皇清职贡图》四川部分最初始的参照图。③根据《皇清职贡图》云南、四川进呈的地方原始抄本，学者已发现，"地方进呈的稿本'番图'册较《皇清职贡图》不仅在具体名目数量上，而且即使相同名称的图像和说文也有不少改动的情形"④。这些特征也体现在这个藏本中。如第 6 页"泰宁协辖绰斯甲土司所属一种夷人"，在《皇清职

---

① 图片来源：OAs 13961-13972 12 Einzelblätter Aquarell, GRASSI Museum für Völkerkunde zu Leipzig, Staatliche Kunstsammlungen Dresden, Esther Hoyer。

② ［清］谢遂：《皇清职贡图》（写本），台北故宫博物院藏，索书号：中画 00004900000。

③ 畏冬、刘若芳：《〈苗瑶黎僮等族衣冠图〉册及〈职贡图·第六册〉考》，载《故宫学术季刊》2009 年第 2 期，第 199 页。

④ 黄金东：《彩绘本〈皇清职贡图〉版本研究》，载《图书馆研究与工作》2020 年第 10 期，第 62 页。

贡图》中被称为"阜和营辖绰斯甲番民"。这两个条目的地点看似不同，但《番图》此条名为"泰宁协属阜和营辖绰斯甲安抚司所管番民"①，原来阜和营是泰宁协下的一个单位，只有《番图》才写了这个族群聚居地的全名。第7页的族称"嘉顺营所辖土百户安米氏所属一种白猓猡"也似乎在《皇清职贡图》中找不到相同的族称，但《番图》有一个条目名为"建昌中左右越巂会川、靖远、宁越、嘉顺、冕山、怀远各营辖附近汉境之祭祀田、昌州、麻柳、苦竹坝、咱罗、三大枝等土司土目所管猓猡"，据畏冬等考证，这一名称在《皇清职贡图》中被改为"建昌中左营辖祭祀田等处猓猡"②，"嘉顺"和"祭祀田"都涵盖在《番图》的名称内。由此可知，此条涵盖的是多个土司辖地居住的猓猡，但此本只提及嘉顺一个营名，《皇清职贡图》则只保留"祭祀田"一个地名，其他都以"等"字概括。如果没有《番图》就无法完全理解此本与《皇清职贡图》的对应关系。

借助《番图》，每一个四川的族群同样也都能在《皇清职贡图》中找到可能的对应条目：第1、10页"永宁协所辖九姓司所管一种马鞑苗子"对应的是"永宁协右营属九姓苗民"，第2页"泰宁协辖喇滚土司所属一种夷人"对应的是"阜和营辖纳滚番民"，第3页"泰宁协辖瓦述崇喜长官司所属一种夷人"对应的是"阜和营辖瓦述余科等处番民"，第6页"泰宁协辖绰斯甲土司所属一种夷人"对应的是"阜和营辖绰斯甲番民"，第7页"嘉顺营所辖土百户安米氏所属一种白猓猡"对应的是"建昌中左营辖祭祀田等处猓猡"，第9页"泰宁协标右营所辖松坪土千户马秦所属一种夷人"对应的是"泰宁协标右营松坪夷人"，第11页"泰宁右所属辖大田土百户觉代所属一种黑白猓猡"对应的是"泰宁协右营辖大田猓猡"。这些条目大多位于《皇清职贡图》四川部分的末尾。

四川部分的文字和绘画虽然也与《皇清职贡图》有密切联系，但比广东部分两个条目的情况更复杂，与传世官本《皇清职贡图》有或多或少的差异，现以第9页为例对此进行说明。此页描绘的是"泰宁协标右营所辖松坪土千户马秦所属一种夷人"，在《皇清职贡图》中对应的是"泰宁协标右营松坪夷人"这一族群，虽然二者的族称不同，但《皇清职贡图》说文称"松坪在明初为黎州安抚马氏土舍所辖，皆猓猡种类。本朝康熙中归化，授土千户，岁输地丁银两"③。此处提

---

① 畏冬、刘若芳：《〈苗瑶黎僮等族衣冠图〉册及〈职贡图·第六册〉考》，载《故宫学术季刊》2009年第2期，第219页。

② 畏冬、刘若芳：《〈苗瑶黎僮等族衣冠图〉册及〈职贡图·第六册〉考》，载《故宫学术季刊》2009年第2期，第216页。

③ 庄吉发校注：《谢遂〈职贡图〉满文图说校注》，台北故宫博物院，1989年，第451页。

图 10 莱比锡丙本"泰宁协右营所辖松坪土千户马秦所属一种夷人"(左)①与《皇清职贡图》"泰宁协标右营松坪夷人"（中）②、《雅州府志》"松坪土司一种彝蛮男子"（右）③绘画对比

及的"土千户"和"马氏"与此本族称中的"土千户马秦"吻合。松坪土千户设立于康熙四十二年（1703），到乾隆时期"土舍马臣龙承袭。二十年臣龙卒，无子，土舍马秦龙承袭。四十五年秦龙卒，传子马权源"④。可见，此本脱"龙"字，应为"松坪土千户马秦龙"，正是当时管辖当地的土官之名，而《皇清职贡图》却并未给出这一具体的人名。同样，第 11 页给出了"大田土百户觉代"这一土官名，据考他是乾隆十七年（1752）由朝廷拣选任此职，官职全称实则为"大田副土百户"⑤，对应的《皇清职贡图》"泰宁协右营辖大田猓猡"中却未提及此人。通过"马秦龙""觉代"这两个姓名可以逆推这组图或其母本的绘制时间。觉代任大田副土百户的起始时间为 1752 年，马秦龙任松坪土千户的时间为乾隆二十年（1755）至乾隆四十五年（1780），《皇清职贡图》于

---

① 图片来源：OAs 13961-13972 12 Einzelblätter Aquarell, GRASSI Museum für Völkerkunde zu Leipzig, Staatliche Kunstsammlungen Dresden, Esther Hoyer。

② 谢遂：《皇清职贡图》（写本），台北故宫博物院藏，索书号：中画 00004900000。

③ ［清］曹抡彬、曹抡翰纂辑：《雅州府志》（乾隆四年刊本），见《中国方志丛书·西部地方·第廿八号》，成文出版社，1969 年，第 38 页。

④ 龚荫：《中国土司制度》，云南民族出版社，1992 年，第 255 页。

⑤ 龚荫：《中国土司制度》，云南民族出版社，1992 年，第 255 页。

乾隆二十六年（1761）已初步完成，因此这组图或其母本的绘制时间最有可能在 1755 至 1761 年之间。不只土官的姓名，此本还有其他细节在《皇清职贡图》中没有踪迹。如《皇清职贡图》对其族属只以"皆猓猡种类"概括，但此本进一步解释此族群"系黑骨头"，这是清代猓猡社会中贵族等级的俗称，又称"黑猓猡"。与此类似的是第 1 页，《皇清职贡图》只说此族群为"苗民"，但此藏本却详细记载了他们属于苗民中"马鞍苗子"这一分支。此本第 9 页的说文特别简短，《皇清职贡图》中没有相似的句子。然而，《皇清职贡图》说文描述男性"椎髻裹青帕，……尽去髭须，披毡衫，系革带"，与此本绘画的契合度很高。对比两个版本的绘画（图 10），人物皆剃须，椎髻，头上都系有深色头帕。皆披毡，上衣长度相同，都在腰上束一条腰带，腰带上挂着一把剑，长裤都显得很宽大。人物站姿相似，但此本人物手上拿了一个白罐，《皇清职贡图》人物左手空悬在胸前。成书于乾隆四年（1739）的《雅州府志》中也刊刻有松坪土司辖地民族的图像，画中的"彝蛮男子"亦披毡、着宽裤、赤足，文字介绍其"以篾箬为帽，羊毛织绒为衣裤。身披羊皮，腰束皮带，赤足无鞋"①，与此本及《皇清职贡图》有诸多相似之处。巧合的是，此图像人物身旁同样画有一个罐子，但比此本中的罐子大许多，且置于地上。画中男子手握一根细长管，管子连通到这个大罐中。罐身写有"冷酒咂食"四字（图 10），点明图像描绘的是饮用"咂酒"这一风俗。"咂酒"是普遍流传于西南少数民族地区的饮酒习俗，其特点是饮酒时插竹管入坛，轮流吸饮。日本京都大学图书馆《进贡苗蛮图》等"苗图"中也画有猓猡聚饮咂酒的场景。②结合以上三种图像，笔者认为不排除存在着这样一种可能，那就是松坪土司辖地猓猡男子在四川地方民族图志中的初始形象可能正如《雅州府志》所反映的，展现的是饮咂酒这一场景，但官本《皇清职贡图》删减了绘画中的酒罐，失去了图像原想强调的文化特征，而莱比锡丙本却将其缩小并保留了下来。由此可见，此本虽然说文特别简短，但不论在文字还是绘画中都有一些细节在官本《皇清职贡图》中不存。

除了这些差别之外，此本和《皇清职贡图》各绘本在装帧方式、画面布局、说文写法等各方面都不同。因此，莱比锡丙本有可能是源自《皇清职贡图》一种异本的抄本残页，在抄临时绘者未拘于原本官方版本的格式，风格洒脱，说

---

① 〔清〕曹抡彬、曹抡翰纂辑：《雅州府志》（乾隆四年刊本），见《中国方志丛书·西部地方·第廿八号》，成文出版社，1969 年，第 270 页。

② 〔清〕陈枚：《进贡苗蛮图》（写本），日本京都大学附属图书馆藏，索书号：RGTN:831008。

明应当不是一个官家抄本。这个尚不为人所知的异本原包括至少四川和广东的其中一部分，与今天传世的官方版本差别很大，尤其是包含了一些传世版本没有的细节，可能是最终定稿的官本《皇清职贡图》删减掉的部分，说明其出现时间可能比现存其他《皇清职贡图》版本更早，或许可以通过这个版本了解到《皇清职贡图》定稿以前的本来面貌。

版 本 信 息

标　　　题：无
作　　　者：佚名
绘制时间：18世纪末（据 OAs 13962 下端德文小字）
形　　　式：纸本设色，散页
规　　　格：12张单页，28cm×37.5cm
页　　　数：1.序跋：无；2.绘画：12；3.说文：12
图说布局：说在图中
封　　　面：无
钤　　　印：无
藏　　　地：德国莱比锡格拉西民族学博物馆
索 书 号：OAs 13961—OAs 13972
入藏信息：原为满洲八旗将军的遗物，1928年从文物商艾利希·勇克曼处购得

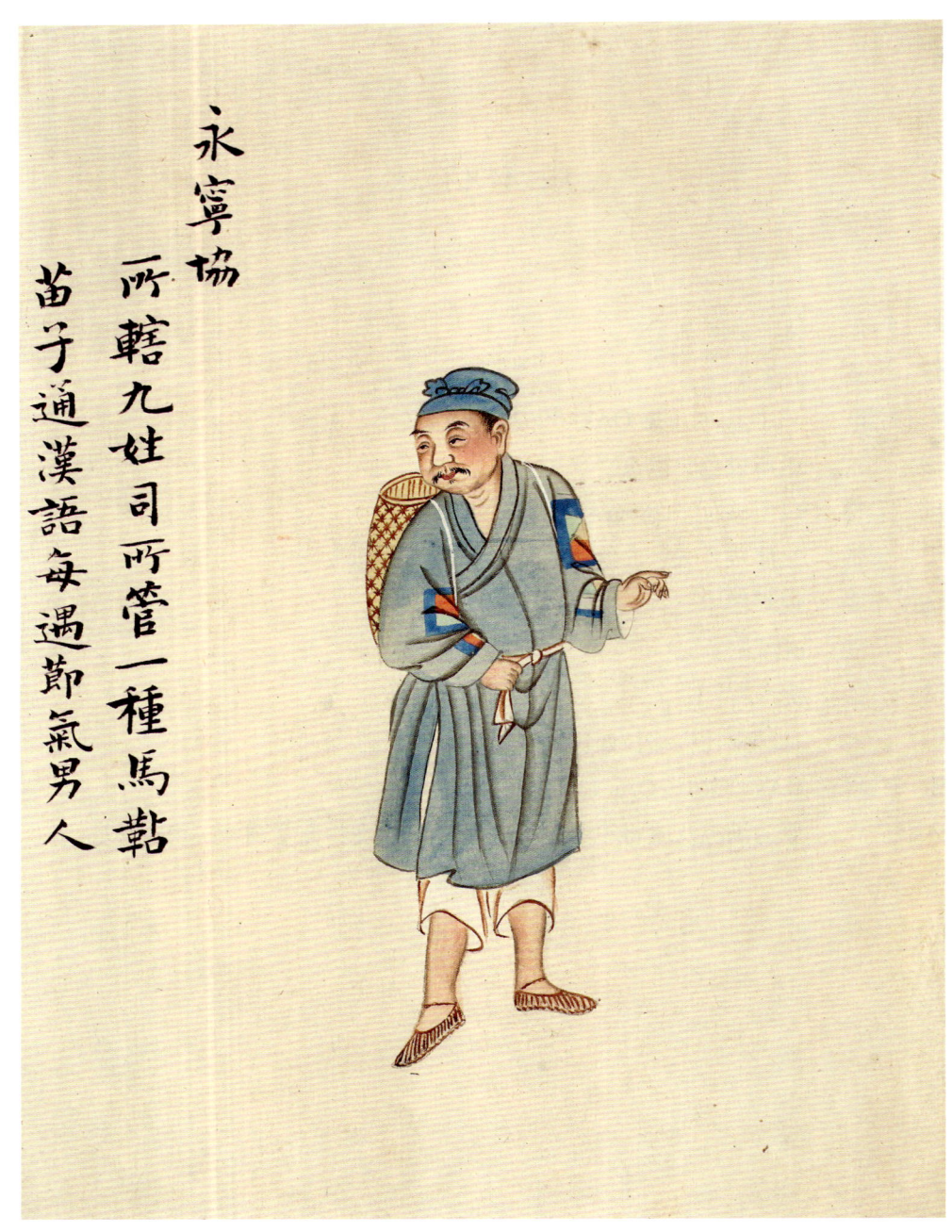

永寧協所轄九姓司所管一種馬鞐苗子通漢語每遇節氣男人

一、永寧協所轄九姓司所管一種馬鞐苗子，通漢語，每遇節氣，男人[①]

---

① 本章图片来源：OAs 13961-13972 12 Einzelblätter Aquarell, GRASSI Museum für Völkerkunde zu Leipzig, Staatliche Kunstsammlungen Dresden, Esther Hoyer。

泰寧協轄喇滚土司所属一種夸人住居石碉性情稍馴其風

二、泰寧協轄喇滚土司所屬一種夸（夷）人，住居石碉，性情稍馴，其風

泰寧協轄瓦述崇喜長官司所屬一種夸人居址無住定毛織黑帳房嵩蓄牛羊為生每尋水草茂盛之地就住四時以羊皮作衣帽男婦雜處

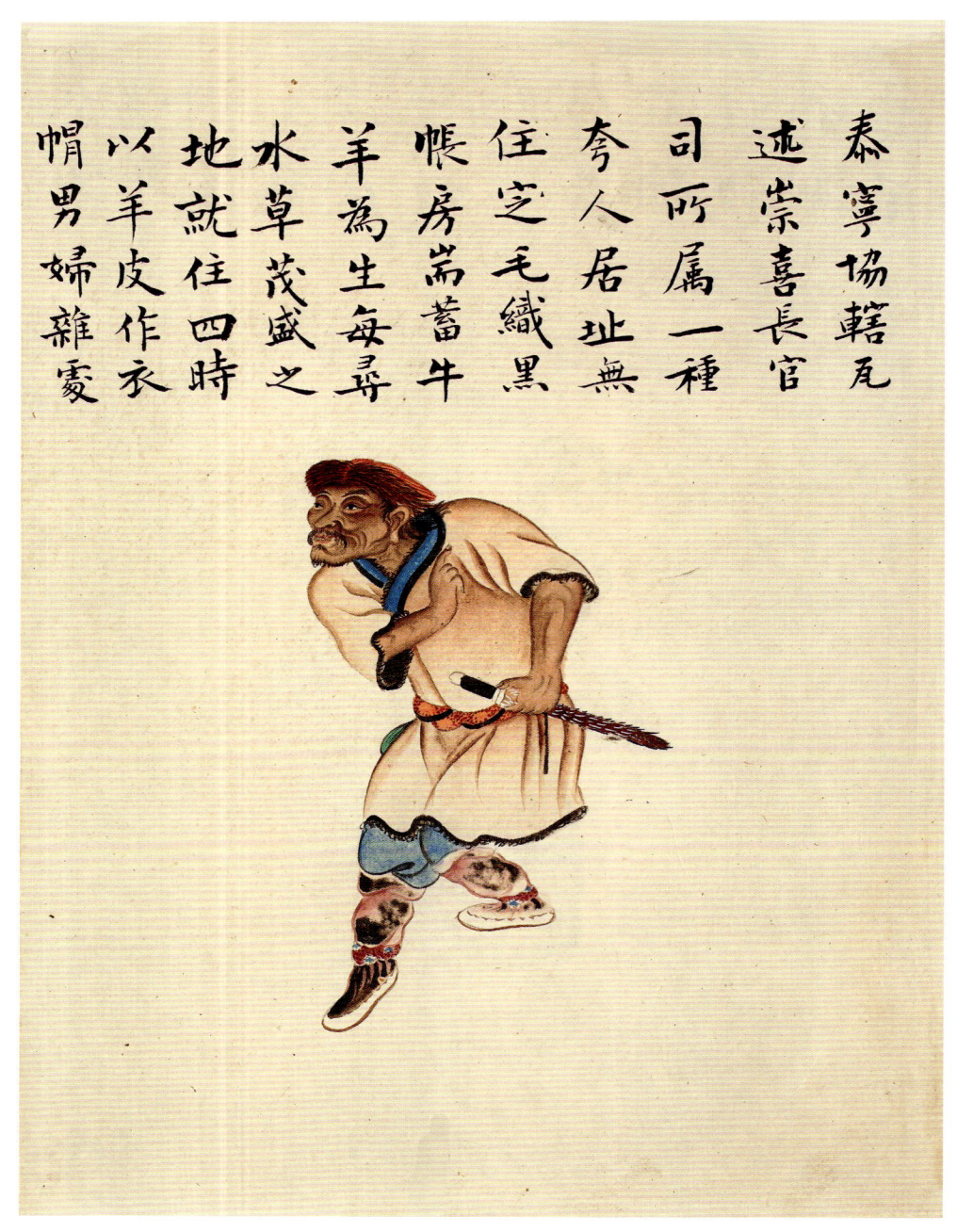

三、泰寧協轄瓦述崇喜長官司所屬一種夸（夷）人，居址無住①乇（定），毛織黑帳房，嵩（專）蓄牛羊為（爲）生。每尋水草茂盛之地就住。四時以羊皮作衣帽，男婦雜處（處）。

① "住"疑為衍字。

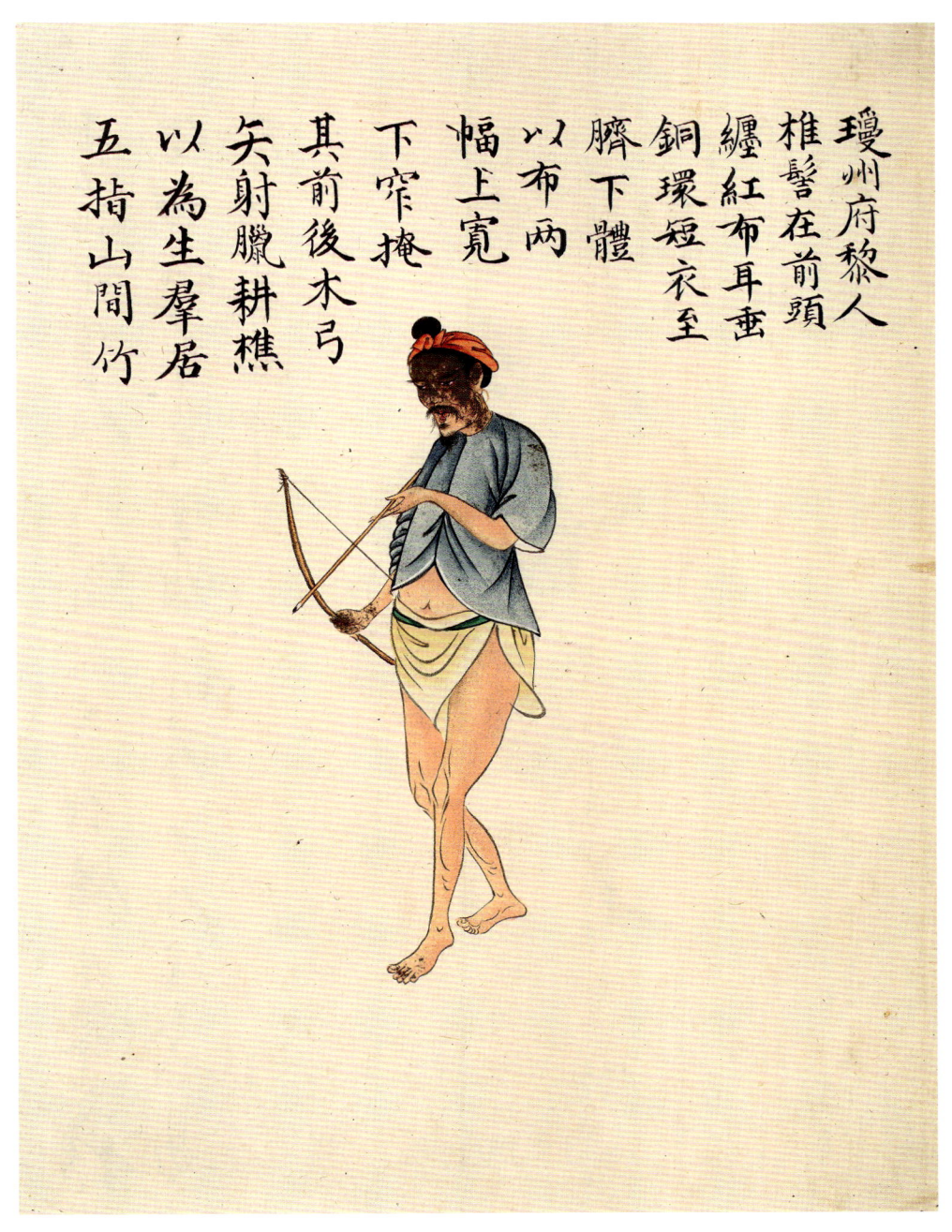

瓊州府黎人椎髻在前頭纏紅布耳垂銅環短衣至臍下體以布兩幅上寬下窄掩其前後木弓矢射臘耕樵以為生羣居五指山間竹

四、瓊（瓊）州府黎人，椎髻在前，頭纏紅布，耳垂（垂）銅環（環）。短衣至臍，下體以布兩幅上寬（寬）下窄掩其前後。木弓矢射獵，耕樵以為（爲）生。羣（群）居五指（指）山間。竹

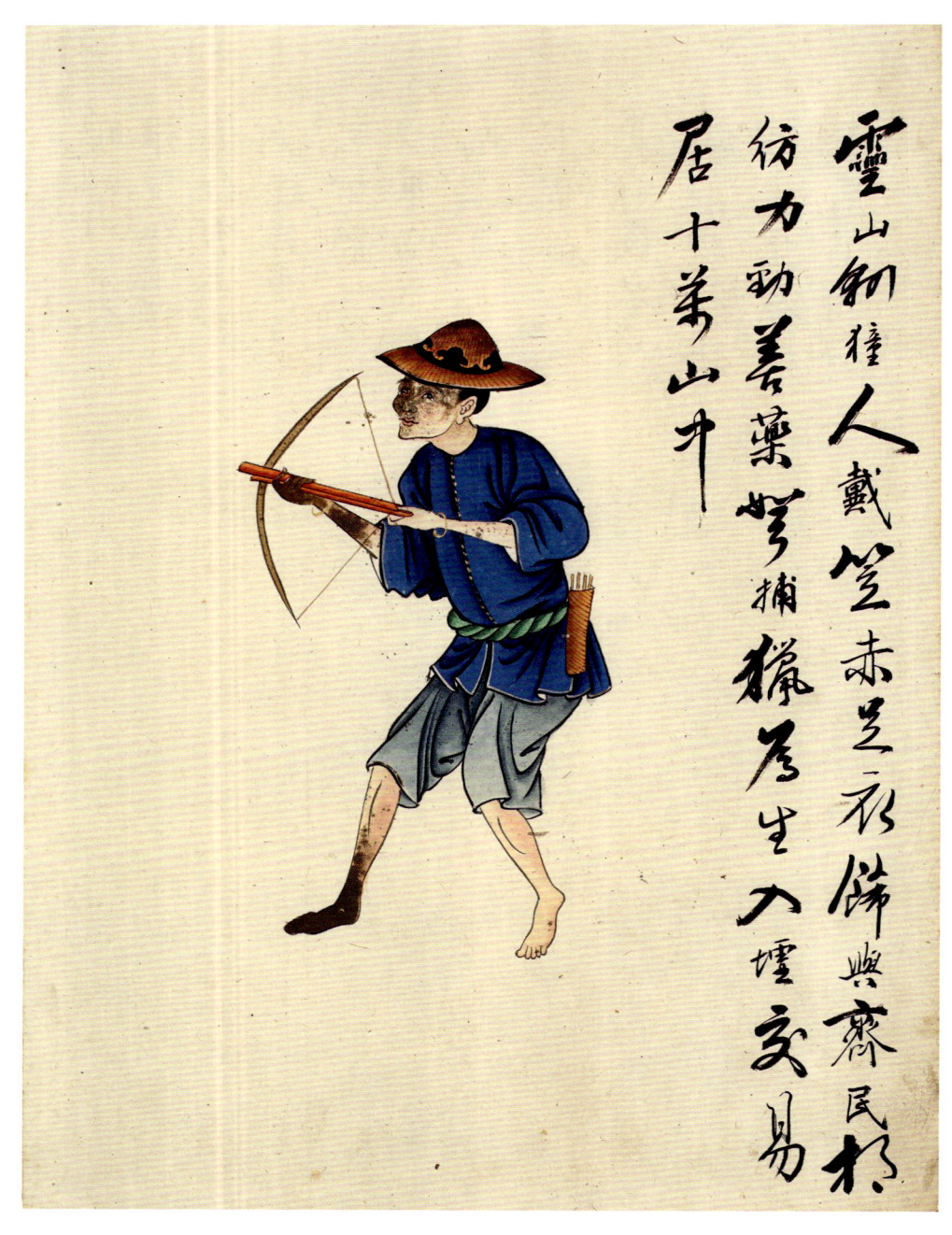

五、靈山縣獞人戴笠、赤足，衣飾與齊民相仿。力勁，善藥弩，捕獵為（爲）生，入墟交易。居十萬山中。

泰寧協轄綽斯甲土司所屬一種夸夷人住居服飾與革什咱同

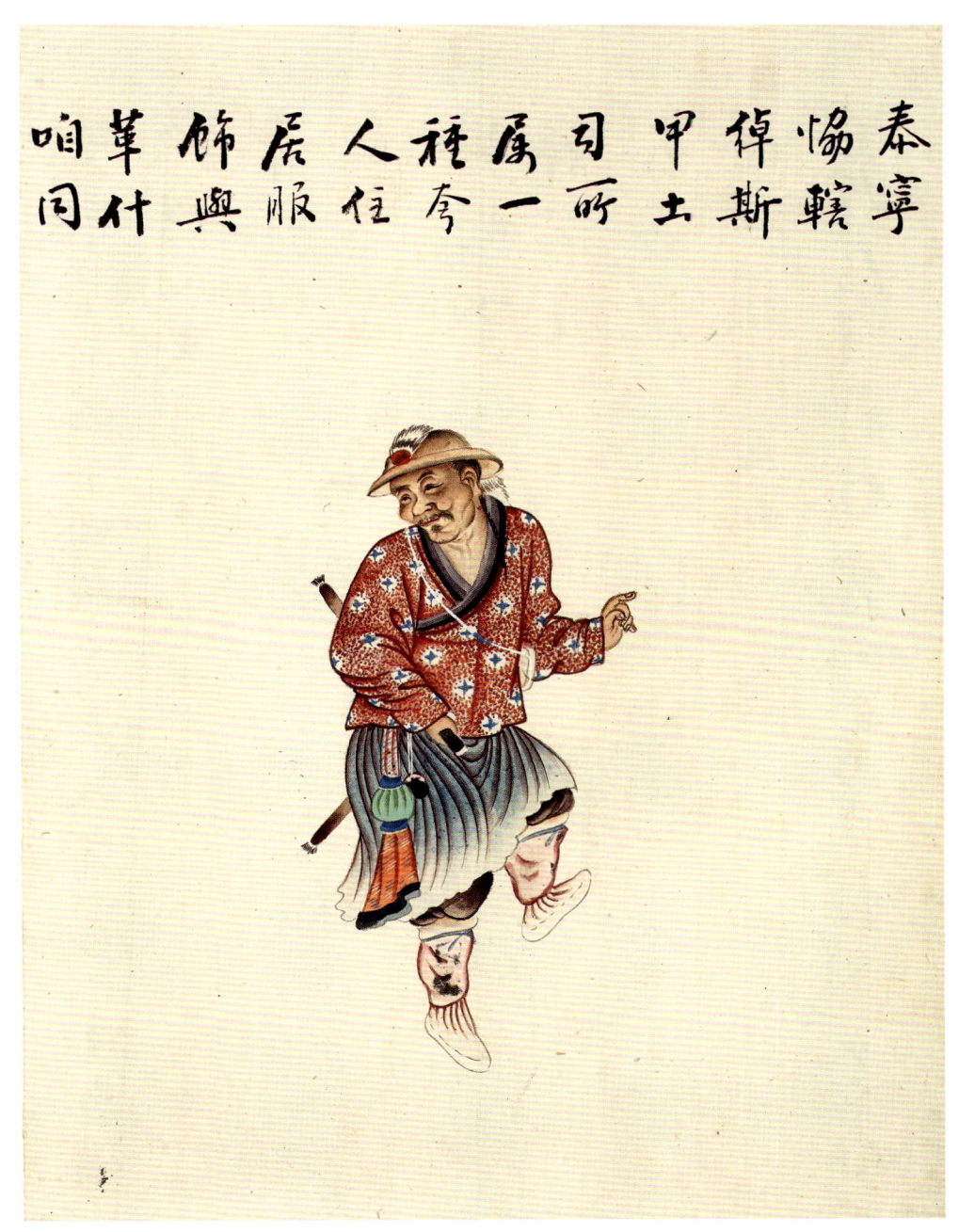

六、泰寧協轄綽斯甲土司所屬一種夸（夷）人，住居、服飾與革什咱同。

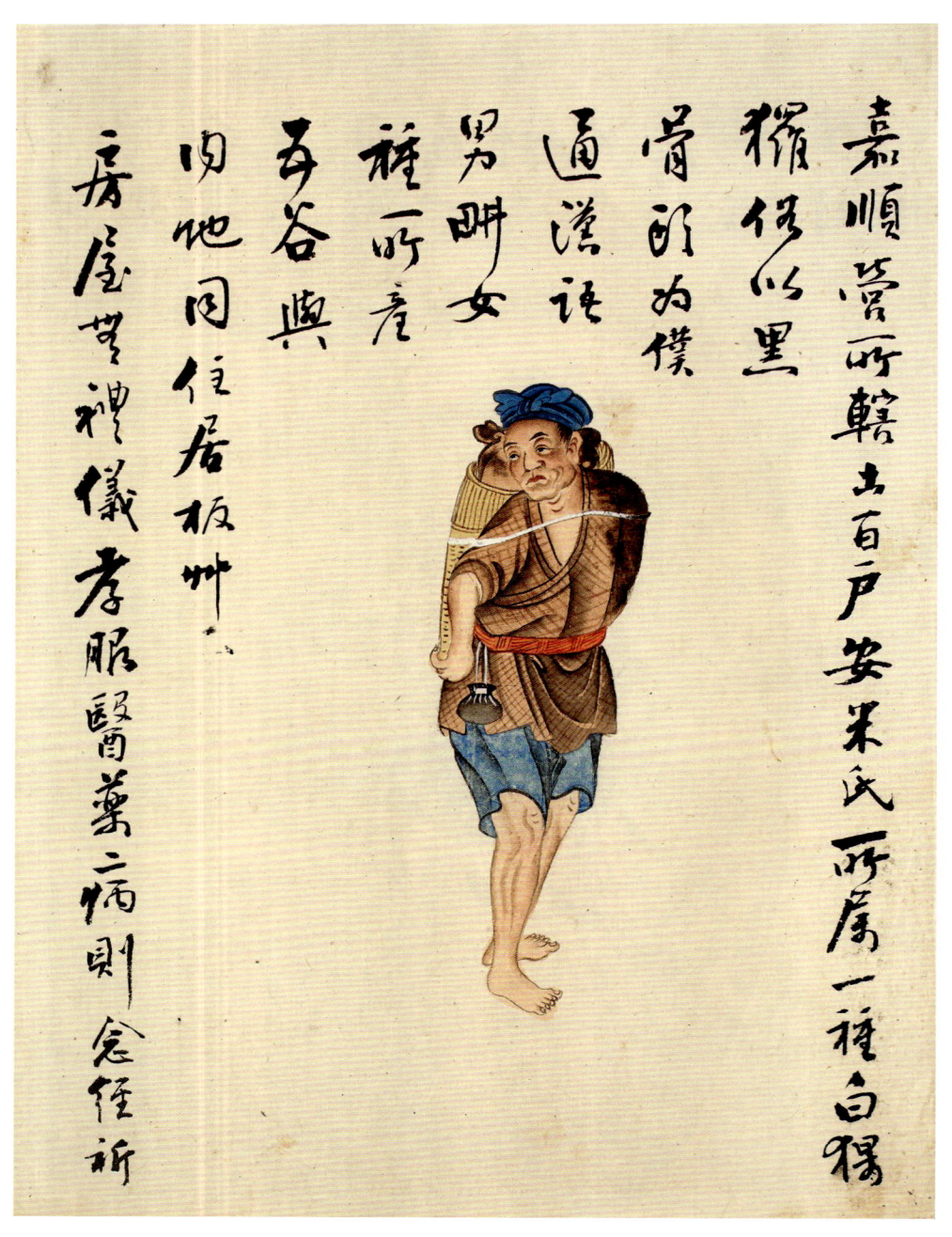

七、嘉順營所轄土百戶安米氏所屬一種白猓玀，俗以黑骨頭為僕，通漢語。男畊（耕）女種，所產五穀與內地同。住居板艸（草）房屋，無禮儀、孝服、醫藥。病則念經祈

夏則居高取涼，冬則移底就暖

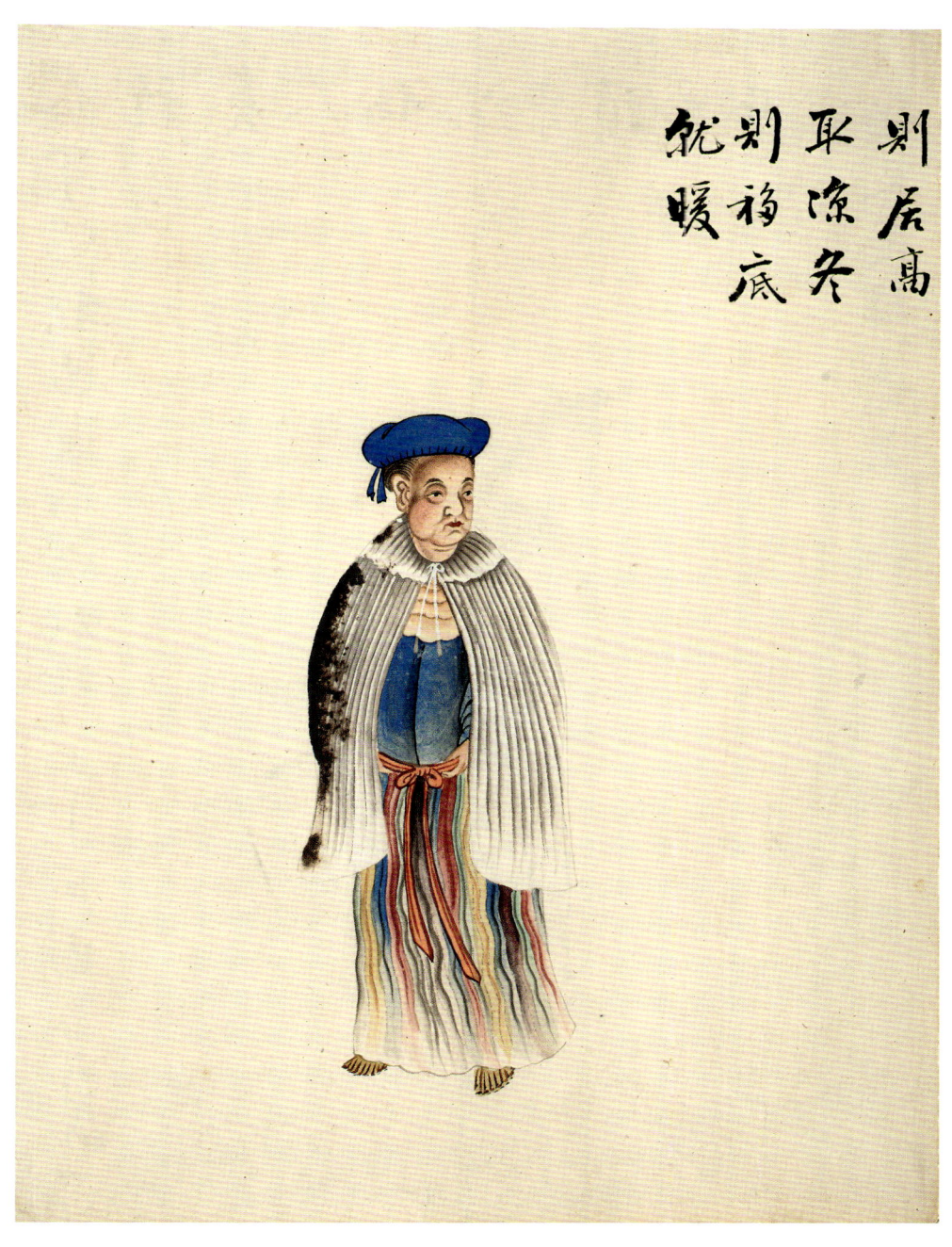

八、則居髙（高）耺（取）凉，冬則移底就暖。

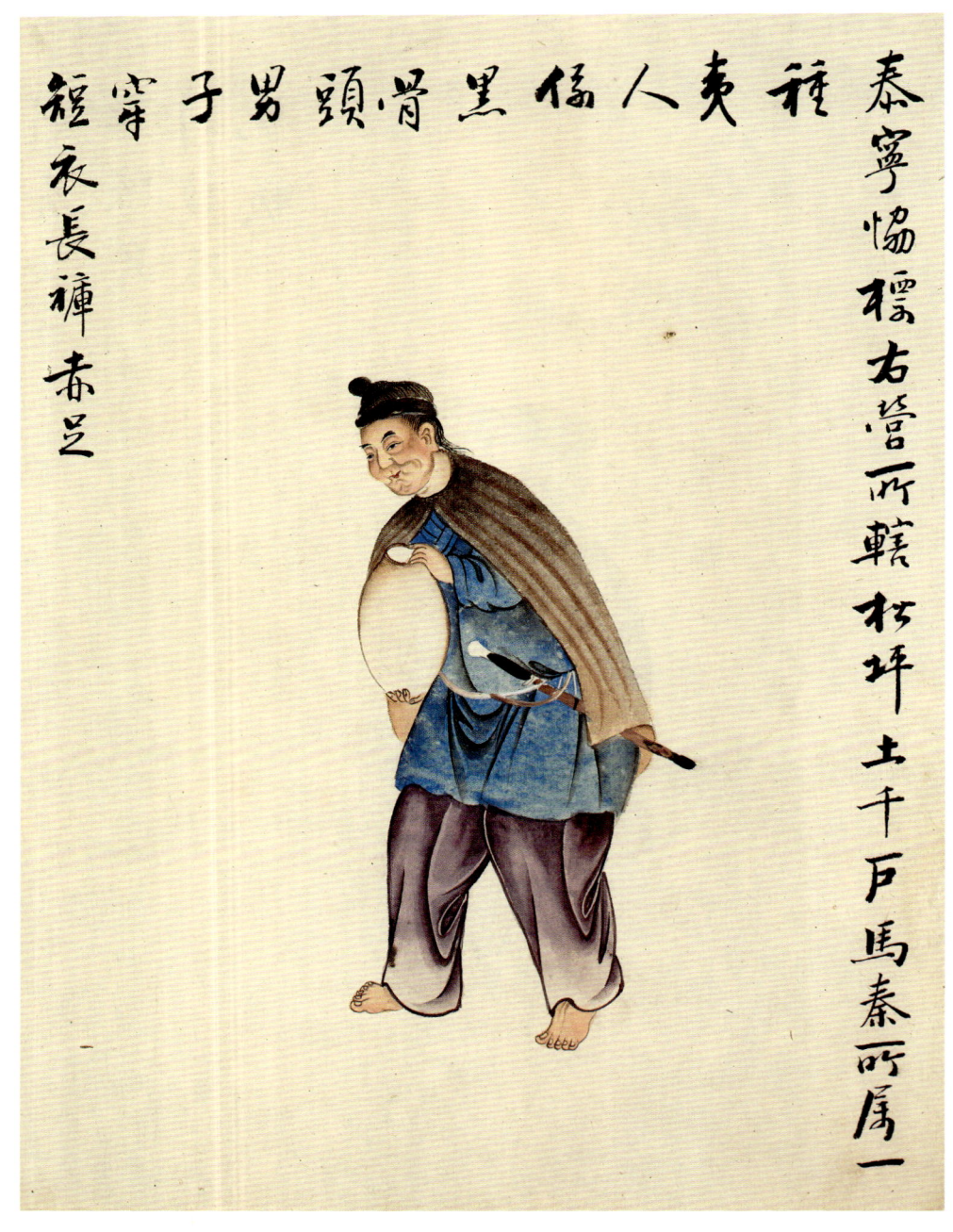

九、泰寧協標右營所轄松坪土千戶馬秦所屬一種夷人，係"黑骨頭"。男子穿短衣、長褲，赤足。

十、吹笙簫，女人穿五色衣歌舞。平常畊（耕）種為（爲）生，俱安靜，不滋事。

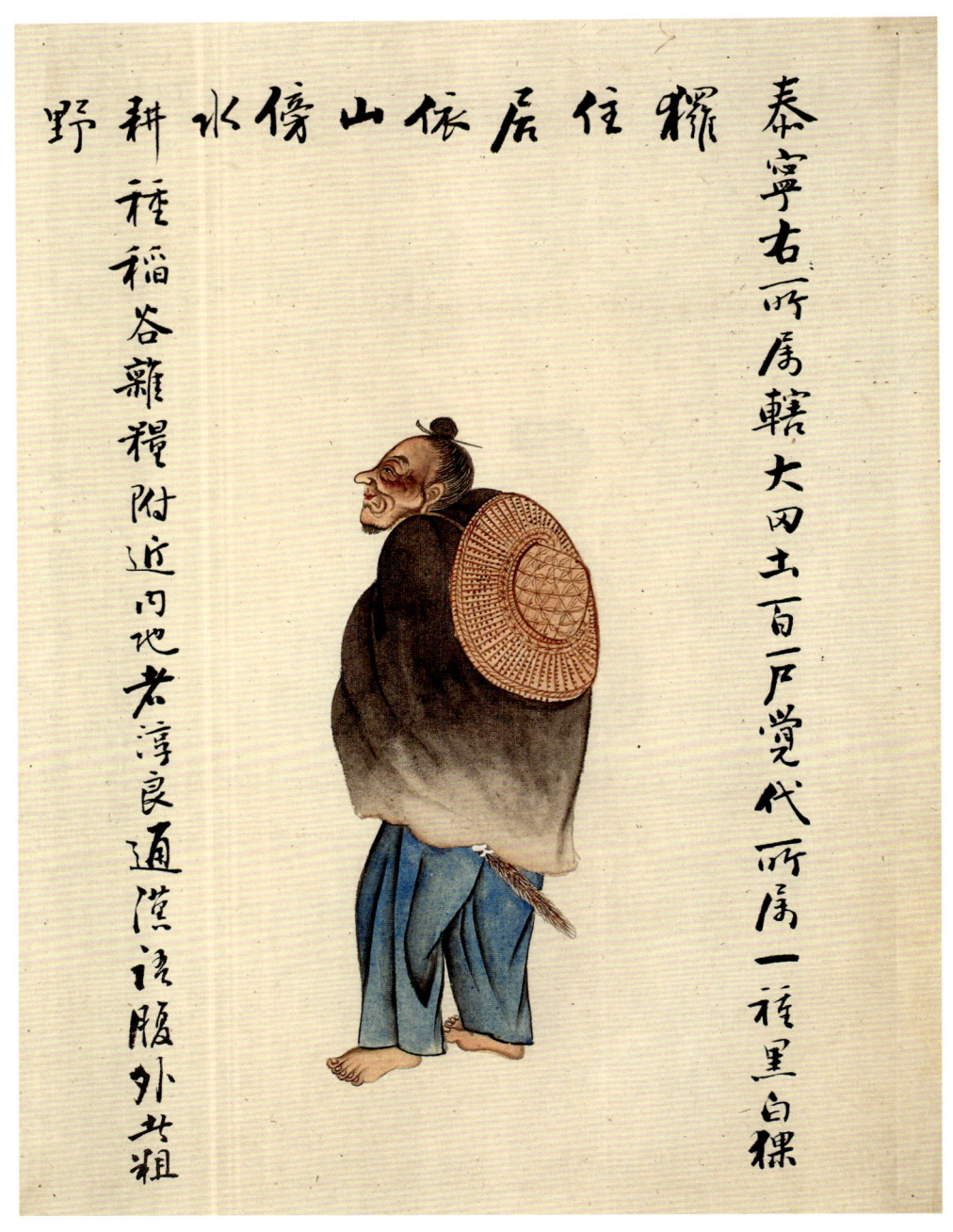

十一、泰寧右所屬轄大田土百戶覺代所屬一種黑白猓玀，住居依山傍水，耕種稻穀雜糧。附近內地者，淳良，通漢語，腹外者粗野。

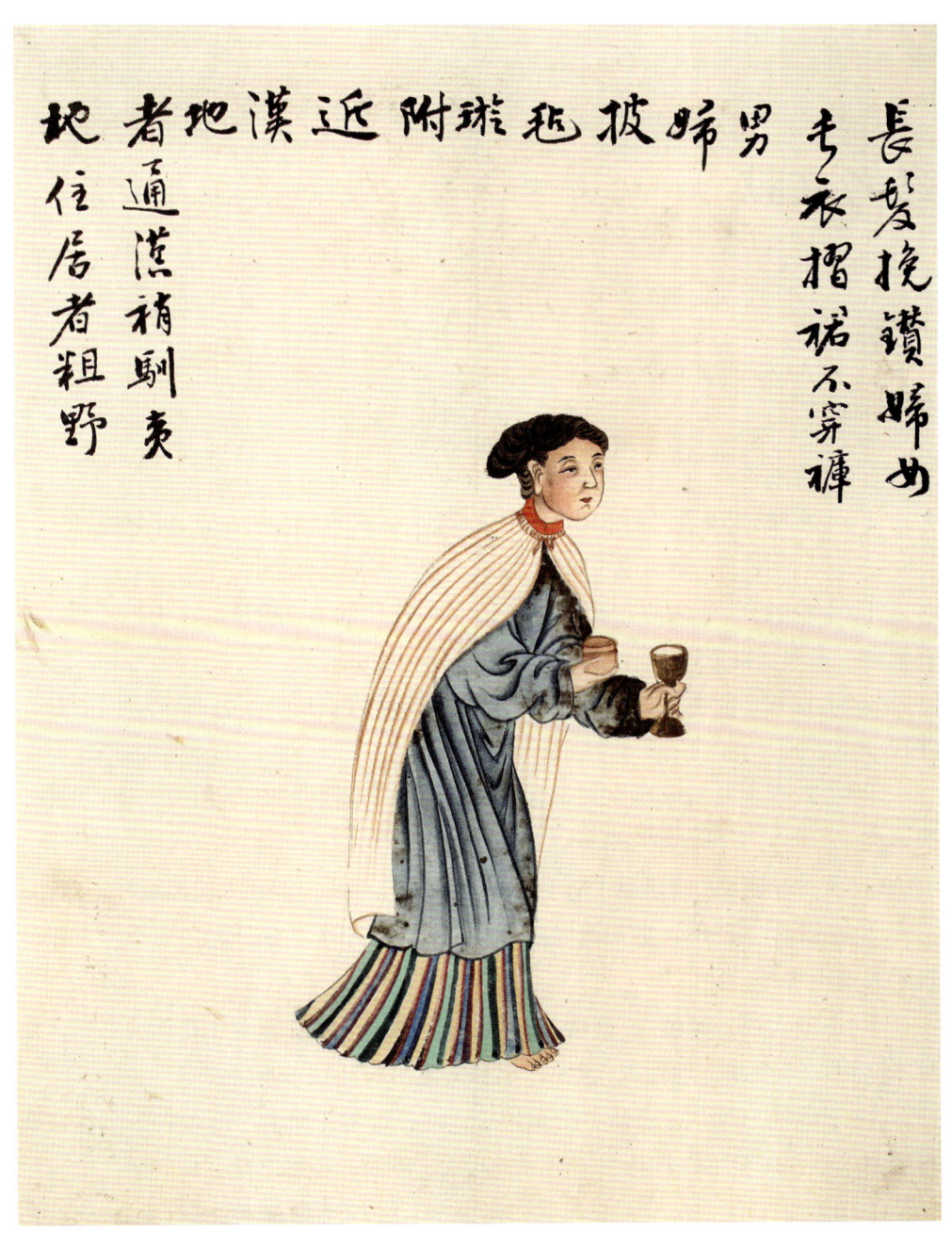

十二、長髮挽鑽[簪]。婦女長衣、摺[褶]裙，不穿褲。男婦披毡。於附近漢地者，通漢{語}，稍馴。夷地住居者粗野。

参考文献

[1] 常璩. 华阳国志 [M]. 刘琳，校注. 成都：巴蜀书社，1984.

[2] 刘昫，等. 旧唐书 [M]. 北京：中华书局，1975.

[3] 脱脱，等. 宋史艺文志 [M]. 黄虞稷，倪灿，撰订；徐松，叶德辉，等辑考. 上海：商务印书馆，1957.

[4] 祝穆. 宋本方舆胜览 [M]. 祝洙，补订. 上海：上海古籍出版社，2012.

[5] 刘应李. 新编事文类聚翰墨全书 [M] // 续修四库全书 1220：子部：类书类. 上海：上海古籍出版社，2002.

[6] 黄仲昭. 八闽通志 [M]. 明弘治刻本. 福州：福建人民出版社，1990.

[7] 沈庠，赵瓒. 贵州图经新志：点校本 [M]. 张祥光，点校. 贵阳：贵州人民出版社，2015.

[8] 刘大谟，杨慎. （嘉靖）四川总志 [M]. 嘉靖刻本 // 北京图书馆古籍珍本丛刊 42：史部：地理类. 北京：书目文献出版社，1996.

[9] 陆钶，等. （嘉靖）山东通志：四十二卷 [M]. 山东省图书馆藏明嘉靖刻本 // 四库全书存目丛书：史部一八八. 济南：齐鲁书社，1996.

[10] 谢东山，张道. （嘉靖）贵州通志 [M]. 嘉靖刻本. 张梓光，林建曾，王尧礼，点校. 贵阳：贵州人民出版社，2019.

[11] 杨慎. 全蜀艺文志 [M]. 刘琳，王晓波，点校. 北京：线装书局，2003.

[12] 王耒贤，许一德. 万历贵州通志 [M]. 万历二十五年刻本. 北京：书目文献出版社，1991.

[13] 王圻, 王尔宾. 三才图会[M]. 重修明万历己酉刊本. 哈佛大学哈佛燕京图书馆, 索书号: 990079101430203941.

[14] 邢其谦, 侯加乘. 万历济阳县志[M]. 抄本//中国地方志集成: 善本方志辑: 第一编: 30. 南京: 凤凰出版社, 2014.

[15] 郭子章. 黔记[M]. 明万历刻本//北京图书馆古籍珍本丛刊43: 史部: 地理类. 北京: 书目文献出版社, 1998.

[16] 高儒. 百川书志[M]. 上海辞书出版社图书馆藏本//续修四库全书919: 史部: 目录类. 上海: 上海古籍出版社, 2002.

[17] 赵琦美. 脉望馆书目[M]. 上海: 商务印书馆, 1924.

[18] 钱谦益. 绛云楼书目[M]. 粤雅堂丛书本. 陈景云, 注. 北京: 中华书局, 1985.

[19] 董其昌. 玄赏斋书目[G]//董其昌. 董其昌全集: 8. 上海: 上海书画出版社, 2013.

[20] 佚名. 近古堂书目[M]. 玉简斋丛书本//丛书成续编: 史部: 68. 上海: 上海书店出版社, 1994.

[21] 曹学佺. 蜀中广记（外六种）[M]. 上海: 上海古籍出版社, 1993.

[22] 田汝成. 炎徼纪闻[M]//中国野史集成: 先秦-清末: 23. 成都: 巴蜀书社, 1993.

[23] 冯任, 张世雍, 等. 天启新修成都府志[M]. 熊承显抄本//中国地方志集成: 四川府县志辑: 1. 成都: 巴蜀书社, 1992.

[24] 李中溪. 云南通志[M]. 民国二十三年龙氏重印本//西南稀见方志文献: 第二十一卷. 兰州: 兰州大学出版社, 2003.

[25] 沈瓒, 等. 五溪蛮图志[M]. 伍新福, 校点. 长沙: 岳麓书社, 2012.

[26] 刘文征. 滇志[M]. 古永继, 校点. 昆明: 云南教育出版社, 1991.

[27] 孙能传, 张萱, 等. 内阁藏书目录八卷[M]. 适园本//丛书集成续编: 史部: 67. 上海: 上海书店出版社, 1994.

[28] 佚名. 异域图志[M]. 明刻本. 剑桥大学图书馆, 索书号: FC.246.5.

[29] 杨廷望, 张沐. 上蔡县志[M]. 康熙二十九年刊本. 台北: 成文出版社, 1976.

[30] 曹申吉, 潘驯, 等. 康熙贵州通志三十三卷[M]. 晒印本//湖北省图书馆藏稀见方志丛刊: 86. 北京: 国家图书馆出版社, 2018.

［31］卫既齐，薛载德.（康熙）贵州通志［M］.清康熙三十一年刊本.法国国家图书馆，索书号：Chinois 1794.

［32］卫既齐，薛载德，阎兴邦.康熙贵州通志［M］.康熙三十六年刻本//中国地方志集成：省志辑：贵州.南京：凤凰出版社，2010.

［33］钱曾.述古堂藏书目（附宋版书目）［M］.北京：中华书局，1985.

［34］钱曾.也是园藏书目［M］.玉简斋丛书本.上海：上海书店出版社，1994.

［35］管庭芬，章钰.读书敏求记校证［M］.上海：上海古籍出版社，2019.

［36］曹抡彬，曹抡翰.雅州府志［M］.乾隆四年刊本//中国方志丛书：西部地方：第廿八号.台北：成文出版社，1969.

［37］王粤麟，曹维祺，曹达.（乾隆）普安州志［M］.乾隆二十三年刻本.贵阳：贵州人民出版社，2019.

［38］李其昌.乾隆南笼府志［M］.乾隆二十九年稿本//中国地方志集成：贵州府县志辑：27.成都：巴蜀书社，2016.

［39］蔡宗建，龚传坤，等.乾隆镇远府志［M］.乾隆刻本//中国地方志集成：贵州府县志辑：16.成都：巴蜀书社，2016.

［40］董朱英，陆元升.（乾隆）毕节县志［G］//中共毕节市七星关区委史研究室.毕节县志：乾隆、同治、光绪校注本.北京：方志出版社，2017：4-144.

［41］谢遂.皇清职贡图［M］.写本.台北故宫博物院，索书号：中画00004900000.

［42］毛贵铭.西垣诗钞二卷附黔苗竹枝词一卷［M］//徐丽华.中国少数民族古籍集成（汉文版）：第89册.成都：四川民族出版社，2002：1-31.

［43］鄂尔泰，靖道谟，杜诠，等.乾隆贵州通志：一［M］.嘉庆修补本//中国地方志集成：贵州府县志辑：4.成都：巴蜀书社，2016.

［44］师范.小停云馆芝言［M］.清嘉庆刊本.哈佛大学哈佛燕京图书馆，索书号：990070373020203941.

［45］王昫，翁元圻，等.（嘉庆）湖南通志［M］.清嘉庆二十五年刊本.哈佛大学哈佛燕京图书馆，索书号：990074648640203941.

［46］李宗昉.嘉庆黔记［M］.道光十四年刻本//中国地方志集成：贵州府县志辑：5.成都：巴蜀书社，2016.

［47］阮元.宛委别藏080：群书通要：三［M］.南京：江苏古籍出版社，1988.

［48］舒位．瓶水斋诗别集（及其他三种）［M］//丛书集成初编．北京：中华书局，1985．

［49］毛永柏，李图，刘耀椿．青州府志：二［M］．咸丰九年刻本//中国地方志集成：山东府县志辑：32．南京：凤凰出版社，2004．

［50］周作楫，萧琯，等．道光贵阳府志：一［M］．咸丰二年朱德璲绥堂刻本//中国地方志集成：贵州府县志辑：12．成都：巴蜀书社，2016．

［51］周作楫，萧琯，等．道光贵阳府志：二［M］．咸丰二年朱德璲绥堂刻本//中国地方志集成：贵州府县志辑：13．成都：巴蜀书社，2016．

［52］郭嵩焘．郭嵩焘日记：第一卷 咸丰时期［M］．长沙：湖南人民出版社，1980．

［53］马齐．清实录［M］．北京：中华书局，1986．

［54］兵部．兵部为奉上谕一道由［B］．1763年（乾隆二十八年）12月．内阁大库档案，登录号196716，"中央研究院"历史语言研究所．

［55］刘统勋．题覆广州协副将薛隆绍于该管守备王泰临弓马平庸、操防懈怠等情漫无觉察，含糊支饰，实系有心徇庇，照例降二级调用［B］．1765年（乾隆三十年）2月28日．内阁大库档案，登录号064604，"中央研究院"历史语言研究所．

［56］讬庸．题报湖南常德城守营游击等员缺候推游击薛隆绍等员拟补理合开列职名［B］．1766年（乾隆三十一年）2月15日．内阁大库档案，登录号063986，"中央研究院"历史语言研究所．

［57］陆湘．奏为恭报到任日期由［B］．1785年（乾隆五十四年）11月20日．军机处档折件，文献编号042887，台北故宫博物院．

［58］额勒春．奏报学政陆湘并无劣迹［B］．1786年（乾隆五十五年）12月16日．军机处档折件，文献编号046970，台北故宫博物院．

［59］佚名．苗瑶族生活图［M］．写本．普林斯顿大学图书馆，索书号：C-223/No.2146．

［60］陈枚．进贡苗蛮图［M］．写本．日本京都大学附属图书馆，索书号：RGTN:831008．

［61］佚名．狄狌狑狪瑶獞［M］．写本．威尔康典藏馆，索书号：WALRAVENS No. 99．

［62］佚名．贵州全省苗图［M］．写本．早稻田大学图书馆，索书号：二16 02532．

［63］佚名.黔省苗图［M］.写本.中国国家图书馆.

［64］佚名.夷人图说目录［M］.写本.哈佛大学哈佛燕京图书馆，索书号：990091358430203941.

［65］佚名.苗图 Miao tu ［Illustrations of Miao tribes］［M］.写本.大英图书馆，索书号：Or 4153.

［66］Anon. Chinesische Malereien auf Papier und Seide aus der Sammlung des Herrn Professor F. Hirth［M］. Dresden: Königliches Zoologisches und Anthropologisch-Ethnographisches Museum zu Dresen, 1897.

［67］BERNATZIK Hugo. Akha und Meau: Probleme der angewandten Völkerkunde in Hinterindien［M］. München: Verlag F. Bruckmann, 1951.

［68］BERTUCCIOLI Giuliano. Chinese Books from the Library of the Italian Geographical Society in Rome Illustrating the Lives of Ethnic Minorities in South-West China［J］. East and West, 1987, 37(1/4): 399-438.

［69］BISCHOFF Cordula. Chinoise Musterblätter. Vorlagen für die Angewandten Künste［C］// Staatliche Kunstsammlungen Dresden, BISCHOFF Cordula, KUHLMANN-HODICK Petra. La Chine: Die China-Sammlung des 18. Jahrhunderts im Dresdner Kupferstich-Kabinett. Dresden: Sandstein Verlag, 2021: 61-71.

［70］BOURZAT Catherine. Les chants du fil: Textiles tribaux du sud-ouest de la Chine［M］. Paris: éditions Olizane, 2016.

［71］BRÄUTIGAM Herbert. Über Miao-Alben［J］. Sonderdruck aus der Zeitschrift Mitteilungen des Instituts für Orientforschung, 1963, IX (2/3): 284-309.

［72］CHIU Chang-Kong. Die Kultur der Miao-tse: nach älteren chinesischen Quellen［M］. Hamburg: Kommissionsverlag, 1937.

［73］DE BEAUCLAIR Inez. A Miao Tribe of Southeast Kweichow and its Cultural Configuration［J］. Bulletin of the Institute of Ethnology Academia Sinica, 1960, 10: 127-199.

［74］DE BEAUCLAIR Inez. The Representatives of the Lao in Kweichow Province［J］. Annals of Academia Sinica, 1956, 3: 302-309.

［75］DE LACOUPERIE Terrien. Beginnings of Writing in Central and Eastern Asia, or, Notes on 450 Embryo-Writings and Scripts［M］. London: D. Nutt, 1894.

［76］DEAL David M, HOSTETLER Laura. The Art of Ethnography: A Chinese "Miao Album"［M］. Seattle: University of Washington Press, 2006.

[77] DEIMEL Claus, FREIHERR SPECK VON STERNBURG Wolf Dietrich. Das Yunnan-Album. Diansheng Yixi Yinan Yiren Tushuo. Illustrierte Beschreibung der Yi-Stämme im Westen und Süden der Provinz Dian. Sammlung Herrmann Feiherr Speck v. Sternburg, Lütschena [G] . Leipzig: Museum für Völkerkunde zu Leipzig, 2003.

[78] Deutsche Kunst-und Antiquitätenmesse. Die Weltkunst [N] . 28. September 1941.

[79] DI ANGELO ANTONIO Miriana, GIORGI Maria Luisa. L'altra faccia della Cina. L'etnia Miao negli Album della Società Geografica Italiana [C] . Roma: Società Geografica Italiana, 2008.

[80] EBERHARD Wolfram. Heiratssitten und Feste der Miaotse von Kueichou [J] . Der Weltkreis: Zeitschrift für Völkerkunde, Kulturgeschichte u. Volkskunde, 1931, 7-8: 114-121.

[81] EBERHARD Wolfram. Reviewed Work(s): Die Kultur der Miao-tse nach älteren chinesischen Quellen by Chang-kong Chiu [J] . Artibus Asiae, 1940, 8 (1): 63-64.

[82] EBERHARD Wolfram. Kultur und Siedlung der Randvölker Chinas [J] . T'oung Pao, 1942, 36: 1-506.

[83] EBERHARD Wolfram. Die Miaotse-Alben des Leipziger Völkermuseums [C] // EBERHARD Wolfram. China und seine westlichen Nachbarn: Beiträge zur mittelalterlichen und neueren Geschichte Zentralasiens. Darmstadt: Wissenschaftliche Buchgesellschaft, 1978: 314-328.

[84] FISCHER Otto. Chinesische Bilder aus der Sammlung Claude du Bois-Reymond [G] // MAX PERL. Auktion 178, Berlin: Max Perl, 1935: 55-58.

[85] FONAHN Adolf Mauritz, JUNKELMANN Erich. Japanische Bildermünzen [M] . Leipzig: K. W. Hiersemann, 1923.

[86] GRUNDMANN Dietmar. The Chinese Collections of the Grassi Museum of Ethnography in Leipzig [C] // CLART Philip, KASKE Elisabeth, SCHNEIDER Ulrich Johannes. Book Culture from China: Traces in Leipzig. Leipzig: Universitätsverlag Leipzig, 2021: 101-110.

[87] HE Yuming. Home and the World: Editing the "Glorious Ming" in Woodblock-Printed Books of the Sixteenth and Seventeenth Centuries [M] .

Cambridge: Harvard University Press, 2013.

［88］HIRTH Friedrich. Chinesische Ansichten über Bronzetrommeln［C］// SACHAU Eduard. Mitteilungen des Seminars für Orientalische Sprachen an der Königlichen Friedrich-Wilhelms-Universität zu Berlin. Berlin: Kommissionsverlag von Georg Reimer, 1904: 200-257.

［89］HIRTH Friedrich. Bemerkungen zu einem chinesischen Manuskript mit Aquarellzeichnungen, das Leben der Miao-tzŭ-Stämme in der Provinz Kuei-chou betreffend［M］. Forschungsbibliothek Gotha.

［90］HIRTH Kathrin. Das Yunnan-Album des Museums für Völkerkunde zu Leipzig［G］// DEIMEL Claus, FREIHERR SPECK VON STERNBURG Wolf Dietrich. Das Yunnan-Album. Diansheng Yixi Yinan Yiren Tushuo. Illustrierte Beschreibung der Yi-Stämme im Westen und Süden der Provinz Dian. Sammlung Herrmann Feiherr Speck v. Sternburg, Lütschena. Leipzig: Museum für Völkerkunde zu Leipzig, 2003: 21-27.

［91］HOFFMANN Beatrix. Das Museumsobjekt als Tausch-und Handelsgegenstand: Zum Bedeutungswandel musealer Objekte im Kontext der Veräußerungen aus dem Sammlungsbestand des Museums für Völkerkunde Berlin［M］. Münster: LIT Verlag, 2012.

［92］HOSTETLER Laura. Chinese Ethnography in the Eighteenth Century: Miao Albums of Guizhou Province［D］. Philadelphia: University of Pennsylvania, 1995.

［93］HOSTETLER Laura. Qing Connections to the Early Modern World: Ethnography and Cartography in Eighteenth-Century China［J］. Modern Asian Studies, 2000, 34(3): 623-662.

［94］HOSTETLER Laura. Qing Colonial Enterprise: Ethnography and Cartography in Early Modern China［M］. Chicago: The University of Chicago Press, 2001.

［95］HOSTETLER Laura. The Qing Court and Peoples of Central and Inner Asia: Representations of Tributary Relationships from the Huang Qing Zhigong tu ［C］// SCHORKOWITZ Dittmar, CHIA Ning. Managing Frontiers in Qing China: the Lifanyuan and Libu Revisited. Leiden: Brill, 2017: 185-223.

［96］JÄGER Fritz. Über chinesische Miaotse-Albums［J］. Ostasiatische Zeitschrift, 1916, 4: 266-283.

[97] JOEST Wilhelm. Die aussereuropäische deutsche Presse［M］. Köln: Verlag der M. DuMont-Schauberg'schen Buchhandlung, 1888.

[98] KARTHE Marco. Pressemitteilung 67-14: Neue Sonderausstellung „Gotha und der Ferne Osten: Kostbarkelten aus dem Chinesischen Kabinett"［M］. Gotha: Stiftung Schloss Friedenstein Gotha, 2014.

[99] LANCIOTTI Lionello. Reviewed Work(s): L'altra faccia della Cina. L'etnia Miao negli Album della Società Geografica Italiana by Miriana Di Angelo Antonio and Maria Luisa Giorgi［J］. East and West, 2007, 57(1/4): 415-416.

[100] LIŠČÁK Vladimír. "Miaoská alba" jako etnografický pramen［D］. Praha: UEF ČSAV, 1990.

[101] LIŠČÁK Vladimír. "Miao Albums": Their Importance and Study［J］. Český lid, 1991, 2: 96-101.

[102] LIŠČÁK Vladimír. Miao Albums and Their Study (An Introduction into the problem)［C］// BRÄUTIGAM Herbert. Beiträge zur Tagung "Kulturgeschichte Chinas": gemeinsam veranstaltet vom Staatlichen Museum für Völkerkunde Dresden und dem Institut für Sinologie der Humboldt-Universität zu Berlin vom 21. bis 23. November 1989 in Dresden. Dresden: Verlag für Interkulturelle Kommunikation, 1992: 67-72.

[103] LOMBARD-SALMON Claudine. Un exemple d'acculturation chinoise: La province du Guizhou au XVIIIe siècle［M］. Paris: École française d'Extrême-Orient, 1972.

[104] MAIATCKII Dmitri. Qing Ethnographic Albums: Political, Functional, or Commercial Goals?［R］. Leipzig: EACS, 2021.

[105] MAIR Victor H, STEINHARDT Nancy. SGOLDIN Paul R. Hawai'i Reader in Traditional Chinese Culture［C］. Honolulu: University of Hawai'i Press, 2005.

[106] MILLER Francis. A Miao Album for All of Guizhou Province: An Investigation, Explication, and Translation［D］. Philadelphia: University of Pennsylvania School of Arts and Sciences, 2013.

[107] Museum für Völkerkunde zu Leipzig. Vierundzwanzigster Bericht des Museums für Völkerkunde in Leipzig［M］. Leipzig: Museum für Völkerkunde zu Leipzig, 1896.

[108] Museum für Völkerkunde zu Leipzig. Vierter Bericht des Museums für Völkerkunde in Leipzig [M]. Leipzig: Museum für Völkerkunde zu Leipzig, 1877.

[109] Museum für Völkerkunde zu Leipzig. Das Museum für Völkerkunde zu Leipzig: Seine Geschichte, seine Aufgaben und Einrichtungen nebstvorläufigem Führer durch die Sammlungen [M]. Leipzig: Museum für Völkerkunde zu Leipzig, 1929.

[110] MÜLLER Herbert. Bericht über eine Tätigkeit in China vom Oktober 1912 bis zum Januar 1913 [G]// WALRAVENS, Hartmut. Herbert Müller (1885-1966): Sinologe, Kunsthändler, Jurist und Journalist. Berlin: C. Bell Verlag, 1992: 94-117.

[111] NENTWIG Ingo. Der Einbruch der Philologie in die Völkerkunde: Zur Geschichte der Asien-Ethnologie in Leipzig [C] // DEIMEIL Claus. Auf der Suche nach Vielfalt: Ethnologie und Geographie in Leipzig. Leipzig: Leibniz-Institut für Länderkunde, 2009: 79-94.

[112] PERTSCH Wilhelm. Die orientalischen Handschriften der Herzoglichen Bibliothek zu Gotha [M]. Gotha: Friedrich Andreas Perthes, 1893.

[113] POPOVA Irina. Depictions of Tributaries of the August Qing 皇清职贡图 and Hyacinth Bichurin's First Album [C] // TOKIO Takata. East Asian Studies: Festschrift in Honor of the Retirement of Professor Takata Tokio, Kyōto-shi: Rinsen Shoten, 2014: 401-415.

[114] PROSS Chiara. Gli "album dei Miao": Un esempio di rappresentazione dell'altro [D]. Venezia: Università Ca' Foscari Venezia, 2012.

[115] RUFF Peter W. Emil du Bois-Reymond: Biographien hervorragender Naturwissenschaftler, Techniker und Mediziner, Band 54 [M]. Leipzig: BSB B.G. Teubner Verlagsgesellschaft, 1981.

[116] TAPP Nicholas, COHN Don. The Tribal Peoples of Southwest China: Chinese Views of the Other Within [M]. Bangkok: White Lotus, 2003.

[117] WALRAVENS Hartmut. Chinesische und Manjurische Handschriften und seltene Drucke, Teil 6 [G]. Stuttgart: Franz Steiner Verlag, 2009.

[118] ZHU Jing. Empire and Visual Pleasure: Reinterpreting the Miao Albums of Yunnan and Guizhou [J]. British Journal of Chinese Studies, 2018, 8: 29-62.

[119] ZHU Jing. Visualising Human Differences in Late Imperial China: Body, Nakedness and Sexuality [J]. Ming Qing Studies, 2019, 23: 169-198.

[120] ZHU Jing.Visualising Ethnicity in the Southwest Borderlands: Gender and

Representation in Late Imperial and Republican China［M］. Leiden: Brill, 2020.

［121］МИРОНОВА Т С, СОМКИНА Н А. МАЯЦКИЙ Д. И. Нравы народов Китая.Иллюстрированное описание народов юга и запада провинции Юньнан［M］. Санкт-Петербург: Санкт-Петербургский государственный университет, 2020.

［122］宇佐美文理，木津祐子.京都大学所藏「苗蛮図」五種調査報告：平成30年度成果報告［R］，京都：京都大学，2019.

［123］安徽省地方志编纂委员会.安徽省志：文物志[M].北京：方志出版社，1998.

［124］白瑞斯.中国皮影戏在德国的传播与相关文物收藏［J］.叶进，译.艺术与民俗，2020（3）：52-60.

［125］白佐良.意大利地理学会图书馆珍藏的中文图志：对中国西南各族民风的图文阐释［J］.吴合显，皇甫睿，译.贵州大学学报（社会科学版），2017（4）：103-118.

［126］苍铭，熊燕.《开化府图说》及所绘中越边界夷人［J］.广西民族研究，2018（6）：85-92.

［127］陈文华.中国古代农业科技史图谱［M］.北京：农业出版社，1991.

［128］程龙.德裔美国汉学家夏德学术述论［J］.汉学研究通讯，2011，31（1）：38-46.

［129］揣振宇.滇省夷人图说［M］.北京：中国社会科学出版社，2009.

［130］杜薇.台湾新版《番苗画册》真伪及价值考辨［J］.民族研究，2000（4）：95-100.

［131］杜薇.百苗图汇考［M］.贵阳：贵州民族出版社，2002.

［132］段宝林.蔡元培与民俗学［J］.北京大学学报（哲学社会科学版），2000（4）：162-171.

［133］方国瑜.云南史料目录概说［M］.北京：中华书局，1984.

［134］干小莉.图像"滇夷"：明清云南苗（夷）图的民族考古研究［M］.昆明：云南人民出版社，2019.

［135］葛兆光.化"生"成"熟"？——从清代"苗蛮图像"思考民族史研究中的问题［J］.古今论衡，2019（33）：4-33.

［136］耿中耀，杨庭硕.简论白佐良其文所涉及到的几个关键问题［J］.贵州大学学报（社会科学版），2017（4）：119-124.

［137］龚荫.中国土司制度［M］.昆明：云南民族出版社，1992.

［138］贵州省地方志编纂委员会.贵州省志：教育志［M］.贵阳：贵州人民出版社，1990.

［139］贵州省文史研究馆.贵州竹枝词集［M］//续黔南丛书：第十二辑.贵阳：贵州人民出版社，2019.

［140］郭明芳."罗斯文库"广州旧藏流散考述［J］.古典文献与民俗艺术集刊，2013（2）：47-76.

［141］郝宇星.以图证史：《旬格图》研究［D］.北京：中央民族大学，2020.

［142］何罗娜.《百苗图》：近代中国早期民族志［J］.汤芸，译.民族学刊，2010（1）：105-119.

［143］何罗娜.图绘和民族志：早期近代的表现模式［J］.吴雪梅，译.华中师范大学学报，2015（2）：137-147.

［144］胡起望.东京所见"苗图"概述［C］//中央民族学院民族研究所.民族研究论文集：5.北京：中央民族学院民族研究所，1985：166-180.

［145］黄才贵.《黔苗图说》与民族识别［J］.贵州民族研究，1996（3）：85-93.

［146］黄金东.彩绘本《皇清职贡图》版本研究［J］.图书馆研究与工作，2020（10）：60-66.

［147］黄金东.《皇清职贡图》刻本考述［J］.文献，2020（6）：137-148.

［148］九经堂书店.九经堂书籍目录：第一期［M］.北京：九经堂书店，1936.

［149］赖毓芝.图像帝国：乾隆朝《职贡图》的制作与帝都呈现［J］."中央研究院"近代史研究所集刊，2012（75）：1-76.

［150］乐怡.百苗图八种［M］.南宁：广西师范大学出版社，2018.

［151］李丹.明代私家书目伪书考［J］.古籍研究，2007（1）：134-144.

［152］李丹，武秀成.一部伪中之伪的明代私家书目：董其昌《玄赏斋书目》辨伪探［J］.中国典籍与文化论丛，2006（9）：184-215.

［153］李德龙.《黔南苗蛮图说》研究［M］.北京：中央民族大学出版社，2008.

［154］李汉林.《百苗图》题解［J］.吉首大学学报（社会科学版），2000（3）：127.

［155］李汉林.百苗图校释［M］.贵阳：贵州民族出版社，2001.

［156］李汉林.《百苗图》族称名源探析例举［J］.船山学刊，2002（3）：120-124.

［157］李国栋，张宝元.日本早稻田大学所藏《蛮苗图说》评介［J］.贵州民族大学学报（哲学社会科学版），2016（3）：15-29.

［158］李孝友.《清代滇黔民族图谱》序［G］// 云南大学图书馆.清代滇黔民族图谱.昆明：云南美术出版社，2005：6-8.

［159］李学勤.十三经注疏·尚书正义［M］.北京：北京大学出版社，1999.

［160］李勇先，王强.日本藏中国西南地理文献珍本汇刊［M］.成都：巴蜀书社，2019.

［161］李泽奉，刘如仲.清代民族图志［M］.西宁：青海人民出版社，1997.

［162］李宗放.《黔苗图说》及异本的初步研究［J］.西南民族学院学报（哲学社会科学版），1995（4）：31-36.

［163］刘锋.百苗图疏证［M］.北京：民族出版社，2004.

［164］刘咸.苗图考略［J］.山东大学科学丛刊，1933（2）：351-365.

［165］刘铮云."中央研究院"历史语言研究所傅斯年图书馆藏未刊稿钞本：史部：第21册［G］.台北："中央研究院"历史语言研究所，2015.

［166］鹿忆鹿.异域、异人、异兽：《山海经》在明代［M］.台北：秀威经典，2021.

［167］吕名中.南方民族古史书录［M］.成都：四川民族出版社，1989.

［168］马国君，张振兴.近二十年来"百苗图"研究文献综述［J］.中央民族大学学报（哲学社会科学版），2011（4）：44-52.

［169］马晓霞.清乾隆罗福旼绘《百苗图》册页（六开）赏析［G］// Auction Art. Arts D'ASIE（Mardi 13 Décembre 2016）. Paris: Auction Art, 2016: 32-37.

［170］马雅贞.风俗、地方与帝国：《太平欢乐图》的制作及其对"熙皞之象"的呈现［J］."中央大学"人文学报，2011（45）：141-194.

［171］鸟居龙藏.苗族调查报告［M］.国立编译馆，译.贵阳：贵州大学出版社，2009.

［172］祁庆富.《皇清职贡图》的编绘与刊刻［J］.民族研究，2003（5）：

69-74.

［173］祁庆富，史晖，等.清代少数民族图册研究［M］.北京：中央民族大学出版社，2012.

［174］钱伟强.倪涛《六艺之一录》研究［D］.北京：中国美术学院，2013.

［175］秦国经.中国第一历史档案馆藏清代官员履历档案全编：第 24 册［G］.上海：华东师范大学出版社，1997.

［176］芮逸夫.川南的鸦雀苗及其家制［C］//"中央研究院"历史语言研究所.历史语言研究所集刊：第三十四本：下册.台北：历史语言研究所，1963：367-388.

［177］上海书店出版社.清代档案史料选编［G］.上海：上海书店出版社，2010.

［178］史晖.国外"苗图"收藏与研究［D］.北京：中央民族大学，2009.

［179］史为乐.中国历史地名大辞典［M］.北京：中国社会科学出版社，2005.

［180］石健中.《百苗图》与苗族的历史和文化［J］.中央民族大学学报（社会科学版），1997（1）：48.

［181］舒孝先，崔象谷. 民国临淄县志［M］. 民国九年石印本// 中国地方志集成：山东府县志辑：8. 南京：凤凰出版社，2004.

［182］宋兆麟.一幅珍贵的纳西族风俗画［J］.民族研究，1989（6）：59-66.

［183］谭卫华，罗康隆《百苗图》传世抄本收藏情况概说［J］.贵州文史丛刊，2010（1）：109-112.

［184］田涛.法兰西学院汉学研究所藏汉籍善本书目提要［M］.北京：中华书局，2002.

［185］王摺青.文禄堂书籍目［M］.北京：文禄堂书店，1935，哈佛大学哈佛燕京图书馆，索书号：990094289470203941.

［186］王立民，佘彦焱.钱曾藏书之来源概述［J］.图书馆杂志，2009（4）：75，76-79.

［187］畏冬.《皇清职贡图》创制始末［J］.紫禁城，1992（5）：8-12.

［188］畏冬.乾隆时期《皇清职贡图》的增补［J］.紫禁城，1992（6）：22-23.

[189] 畏冬.嘉庆时期《皇清职贡图》的再次增补[J].紫禁城,1993(1):44-46.

[190] 畏冬,刘若芳.《苗瑶黎僮等族衣冠图》册及《职贡图·第六册》考[J].故宫学术季刊,2009(27/2):193-240.

[191] 韦天亮,杨振宇.桂馥及其《黔南苗蛮图说》考略[J].兴义民族师范学院学报,2017(1):1-9,39.

[192] 温春来,黄国信.改土归流与地方社会权力结构的演变:以贵州西北部地区为例[J]."中央研究院"历史语言研究所集刊,2005(76/2):351-410.

[193] 吴雅迪.20世纪30年代之前欧美汉学界的"苗图"研究[J].艺术与民俗,2020(3):39-51.

[194] 吴雅迪.柏林藏《苗民图四十种》考释[J].文化遗产,2021(6):130-139.

[195] 萧霁虹.古代少数民族图像著述初探[C]//林超民.西南古籍研究.昆明:云南大学出版社,2005:259-270.

[196] 熊丽芬.从《普洱府图说》看清代当地民族风俗(上)[J].收藏家,2011(9):41-46.

[197] 熊丽芬.清代《普洱府图说》概况述略[C]//林超民.西南古籍研究.昆明:云南大学出版社,2011:381-389.

[198] 杨庭硕."百苗图"贵州现存抄本述评[J].贵州民族研究,2001(4):79-85.

[199] 杨庭硕,潘盛之.百苗图抄本汇编[M].贵阳:贵州人民出版社,2004.

[200] 杨庭硕.《百苗图》对(乾隆)《贵州通志·苗蛮志》的批判与匡正(上)[J].吉首大学学报,2006(4):83-88.

[201] 杨庭硕.《百苗图》对(乾隆)《贵州通志·苗蛮志》的批判与匡正(下)[J].吉首大学学报,2006(5):38-45.

[202] 杨庭硕,李凌霞.美国国会图书馆藏《苗蛮图册页》辨伪[J].贵州民族大学学报(哲学社会科学版),2016(3):1-14.

[203] 杨庭硕,张宝元,耿中耀.协和众志,同步中华:意大利所藏中国西南民族图志整理与研究[J].原生态民族文化学刊,2021(5):1-18.

[204] 杨庭硕.贵州省博物馆藏《黔苗图说》评述[J].贵州文史丛刊,

2021（4）：76-86.

［205］占跃海.桂馥的《黔南苗蛮图说》和作者的民族地区治理情结［J］.贵州大学学报（艺术版），2011（4）：90-96.

［206］占跃海.贵州省博物馆《百苗图》乙本及其同版印本［J］.贵州文史丛刊，2012（4）：97-108.

［207］张宝元.意大利地理学会图书馆所藏"百苗图"抄本述论［J］.贵州大学学报（社会科学版），2017（4）：125-134.

［208］张宝元.意大利藏"百苗图"抄本所涉贵州苗族文化生态研究：以生产生活工具为中心［D］.吉首：吉首大学，2018.

［209］张宝元.西南山涧湿地的苗族文化生态研究：以意大利藏"百苗图"所载"爷头苗"的特殊犁具为例［J］.原生态民族文化学刊，2018（4）：12-21.

［210］张琏.关于苗蛮图研究的一点商榷与一个建议［J］.遵义师范学院学报，2016（6）：17-21.

［211］赵荣.余上泗《蛮峒竹枝词》一百首［G］// 中国人民政治协商会议镇宁布依族苗族自治县委员会文史资料委员会.镇宁文史资料：第3辑.镇宁：中国人民政治协商会议镇宁布依族苗族自治县委员会文史资料委员会，1992：171-190.

［212］郑爽.《脉望馆书目》浅析［J］.图书馆界，2013（4）：21-22, 62.

［213］庄吉发.谢遂《职贡图》满文图说校注［M］.台北：故宫博物院，1989.

［214］庄吉发.谢遂《职贡图》研究［C］// 故宫博物院编辑委员会.中国艺术文物讨论会论文集：书画：上.台北：故宫博物院，1992：767-819.

［215］中国国家博物馆.中国国家博物馆馆藏文物研究丛书：绘画卷风俗画［M］.上海：上海古籍出版社，2007.

［216］中国国家博物馆：中国国家博物馆藏品总目（第二期）［DB/OL］.（2021-3-30）http://www.chnmuseum.cn/portals/0/web/zt/cangpin/colletionlistdetail.html?id=2.

［217］中国民族图书馆.百苗图［M］.石家庄：河北教育出版社，2002.

后记

目前在众多海外藏"苗图"中,已全文出版的藏本还不多。西南民族图册大都有时间跨度很长、背景非常复杂的传抄关系,要真正理解每个版本图文的含义,只分析一个或几个藏本是远远不够的。虽然"苗图"研究现在已成为一个学术热点,有很多优秀的学术成果问世,但尚有大量版本因为没有公布图像,一直以来被束之高阁。在这样的情况下,目前的"苗图"研究就好比一幅未完成的拼图,通过不全面的信息尝试解析"苗图"的源头、发展过程,或解读具体某一绘画的细节,都有可能陷入盲人摸象的困局。因此,如果能创造机会让尽可能多的国内外存世版本都获得有效利用,相信很多目前的谜题都能迎刃而解,我们也才能对这一类题材的早期民族图志有更全面、更深入的认识。

作为一个西南地区历史与民俗文化的研究者,一个土生土长的贵州人,笔者一直迫切希望这些反映西南尤其是贵州早期民风民俗的珍贵史料能够早日从尘封的历史中回到现代学者的视野。现在,在"海外藏珍稀中国民俗文献与文物数据整理、研究暨数据库建设"项目的支持下,这一设想得以变为现实。

首先要特别感谢项目负责人王霄冰教授,为了准备海外藏"苗图"的研究工作,这些年她多方调查走访,曾亲自到德国柏林民族学博物馆考察该馆藏本的情况。由于海外藏本数量庞大,结合笔者对其他欧洲版本的调查结果以及身处德国这一地理上的便利,课题组经过讨论最终决定,此次以国别为单位,出版我们搜集到的德国和捷克的几个藏本。正是在王教授的悉心指导和全力支持下,笔者才有机会和她一起找到这些珍贵的德国与捷克藏"苗图"以及《皇清职贡图》异本残页,并将它们公之于世。

在此书的准备工作期间,恰逢新冠疫情肆虐欧洲,博物馆、图书馆、大学等机构纷纷关闭，远程旅行也无法实现，这些无疑为笔者搜集资料、与馆藏机构沟通增添了困难。然而，在这一艰难的时刻，各馆藏机构的多位负责人仍全力配合笔者的工作，对本书的出版给予了尽可能的协助。笔者在此衷心感谢柏林民族学博物馆的 Henriette Lavaulx-Vrécourt 女士和 Caludius Kamps 先生提供的柏林本图像。感谢哥达研究图书馆的 Monika Müller 博士，她向笔者提供了图书馆的书目档案，并帮助笔者发现了该本内夏德的珍贵手稿。感谢莱比锡格拉西民族学博物馆的 Dietmar Grundmann 先生、Christane Klaucke 女士。莱比锡藏本原已公布的信息甚少，以至于学者普遍认为莱比锡仅藏一本云南图册。他们在笔者尚未见到这些藏本之前向笔者提供了很多相关资料，并促成了莱比锡藏本的首次电子化。感谢摄影师 Esther Hoyer 女士提供的莱比锡藏本高清图像。还要感谢捷克布拉格纳普斯特克博物馆的 Helena Heroldová 博士，她向笔者提供了布拉格藏本的版本信息及收藏信息，以最快的速度指导笔者获得了版权许可。另外，布拉格查理大学亚洲研究学院（Ústav asijských studií Univerzita Karlova）的 Veronika Zikmundová 教授，以及捷克共和国科学院东方研究所（Orientálního ústavu Akademie věd České republiky）的 Vladimír Liščák（李世佳）教授也向笔者提供了关于布拉格藏本的信息，瑞士苏黎世大学民族学博物馆（Völkerkundemuseum der Universität Zürich）馆长 Mareile Flitsch（傅玛瑞）教授对书稿提出了宝贵的修改意见，在此一并致谢！

除此之外，还要感谢项目组子课题负责人德国波恩大学（Rheinische Friedrich-Wilhelms-Universität Bonn）的 Berthold Riese（白瑞斯）教授，他不仅在笔者搜集图像的过程中给予了很多帮助，还为笔者提供了莱比锡乙本所涉文物商的背景资料。感谢项目组成员深圳大学陈雅新博士帮助笔者获得国内的相关书籍资料。更要感谢陕西师范大学出版总社邓微老师，从搜集资料的准备阶段到最后的出版阶段，她始终耐心解答笔者的问题，对工作一丝不苟的态度令人敬佩。

最后要特别感谢我的家人，尤其是我的父母对我的研究工作始终给予理解和鼓励，他们是我最坚实的臂弯。感谢我的先生 Andreas Hölzl（霍安顿）博士，他帮助我翻译了此书涉及的诸多法语、意大利语、俄语以及满文文献，更重要的是感谢他时刻都陪伴在我身边。

对海外"苗图"及其他中国民族图册的搜集、整理与研究工作目前尚处于起步阶段，囿于藏本多分布零散、公开的信息有限等原因，本书并未完全收录庋藏于德国和捷克的所有藏本。此书即将付梓前，笔者方获悉德国汉堡民族学博物馆也藏有一本"苗图"。除此之外，书中提到的出现于20世纪初数位汉学家论著中的慕尼黑藏本，笔者目前尚未寻得。希望通过本书的出版，未来会有更多尚不为人知的海内外藏本得到保护和重视。本人深感对"苗图"认识还很浅陋，在多方面尚存不足，请各位读者不吝赐教。

2021年4月19日于慕尼黑